JN457926

악(惡)과 죄종(罪宗)

토마스 아퀴나스의 『악에 대한 토론문제집』 풀어 읽기

이상섭

연세대학교 학부와 대학원을 졸업하고, 독일 보훔대학교에서 토마스 아퀴나스 연구(*Wirklichsein und Gedachtsein*)로 철학박사학위를 취득하였다. 현재 서강대학교 철학과 교수로 재직 중이다. 스콜라철학, 특히 토마스 아퀴나스와 마이스터 에크하르트를 연구하면서, 『신학대전 17. 인간적 행위』, 『마이스터 에크하르트. 유비, 일의성 그리고 단일성』 등을 번역하였고, 「지복직관, 누구의 것인가?」, 「의지의 자유선택에서 이성의 역할」, 「실제학문 vs. 보편학문」 등의 연구논문을 발표하였다.

서강학술총서
131

악(惡)과 죄종(罪宗)

토마스 아퀴나스의 『악에 대한 토론문제집』 풀어 읽기

이상섭 저

서강대학교출판부

서강학술총서 131
악(惡)과 죄종(罪宗)
토마스 아퀴나스의『악에 대한 토론문제집』풀어 읽기

초판 1쇄 발행 | 2021년 1월 20일

지 은 이 | 이상섭
발 행 인 | 박종구
편 집 인 | 전종호
발 행 처 | 서강대학교출판부
등록 번호 | 제2002-000170호

주 소 | 서울특별시 마포구 백범로 35(신수동)
전 화 | (02) 705-8212
팩 스 | (02) 705-8612

ⓒ 이상섭, 2021 Printed in Korea
ISBN 978-89-7273-370-6 (94080)
ISBN 978-89-7273-139-9 (세트)

값 36,000원

* 잘못된 책은 구입하신 곳에서 바꿔드립니다.
* 이 책의 판권은 지은이와 서강대학교출판부에 있습니다.
  양측 서면 동의 없는 무단 전재 및 복제를 금합니다.

* '서강학술총서'는 SK SUPEX 기금의 후원으로 제작됩니다.

선종하신 아버님, 이원우 바오로(†)께 존경을 담아 이 책을 바칩니다

들어가며

필자가 지금까지 토마스 아퀴나스를 비롯하여 스콜라철학을 공부하면서 주로 관심을 두었던 분야는 형이상학과 인식론이었다. 그러던 중 2012년 연구년을 맞아 『신학대전』 제2부를 다시 읽을 기회를 얻게 되었고, 그 시점부터 공부의 관심이 형이상학 및 인식론에서 점차 아퀴나스의 윤리학으로 옮아가게 되었다. 이러한 계기로 대학원과 학부에서 토마스 아퀴나스의 윤리학 저작을 수학기에 걸쳐 강독하였는데, 그 중에 『악에 대한 토론문제집』(quaestiones disputatae de malo = 이하 『악론』)이 포함되었다.

아퀴나스의 저작을 강독하면서 아쉽게 느낀 점 중의 하나가 특정한 주제나 이론이 아니라, 한 저작 전체를 읽을 때 도움을 받을 수 있는 해설서가 없다는 것이었다. 토마스 아퀴나스를 잘 이해하려면 직접 그의 원전을 읽는 것이 가장 좋은 길임은 부인할 수 없다. 그러나 사전 이해나 도움이 없는 상태에서 원전을 읽는 것은, 그것이 라틴어 원문이 아니라 번역, 특히 우리말 번역이라고 하더라도, 생각만큼 쉽지 않다. 이때 연구논문은 원전의 어떤 한 부분을 깊게 이해하는 데는 도움이 되겠지만, 원전 전체를 통독하는 데는 큰 도움이 되지 못한다. 이럴 때 독자들은 함께 원문을 따라가면서, 이 원문이 어떤 맥락에서 등장했고, 앞뒤 문장이 또는 앞뒤 단락이 어떻게 서로 연결되는지 일러주는 해설서로부터 도움을 받을 수 있을 것이다. 이러한 생각에서 아퀴나스의 저작을 풀어 읽는 책의 집필을 계획하게 되었고, 이 책은 이 계획의 첫 결과물이다.

『악에 대한 토론문제집』에 대하여

이 풀어 읽기는 일종의 『악론』 해설서이므로, 이 책에 대한 소개가 필요하겠다. 그렇지만 본문의 한 장을 차지할 만큼 자세한 소개는 아니기에 다소 어색하더라도 이곳에서 간단하게 소개해 보고자 한다.

이 책 『악론』은 13세기 스콜라 철학자 토마스 아퀴나스(1224-1274)의 학문적 원숙기에 집필되었다. 정확한 연대에 대해서는 이견이 있지만, 후기작품이라는 데에는 대부분 동의한다. 고티에(Gauthier)의 견해에 따르면 1266년에서 1267년에 로마에서 토론되었다고 한다(J. 와이스헤이플/이재룡 옮김, 『토마스 아퀴나스 수상-생애, 작품, 사상』, 서울: 성바오로, 1998, p. 543 참조). 그러나 토론집의 출판은 1270-1272년 제2차 파리 체류 기간에 이루어졌다는 것이 일반적으로 인정되는 의견이다. 토마스 아퀴나스의 『악론』은 그가 다양한 계기로부터 다양한 시기에 수행했던 토론을 기록한 수많은 토론문제집 중에서 세 번째로 긴 것으로, '악'(malum, 惡)이라는 표제어 하에 인간의 도덕적 행위와 관련하여 발견되는 수많은 형태의 악에 대한 깊은 성찰을 담고 있다. 총16문제(quaestiones) 101절(articuli)로 구성된 이 저작에서 토마스 아퀴나스는 당대 스콜라 철학자들에게 알려진 도덕적으로 악한 행위에 대한 고금의 성찰들을 분석, 종합하여 자신의 고유한 형이상학적, 신학적 체계로 재구성하였고, 그 결과 그는 이 주제에 대해 스콜라철학에서도 유래를 찾기 어려운 대작을 완성하였다(M. V. Dougherty, Introduction to: M. V. Dougherty(ed.), *Aquinas's Disputed Questions on Evil. A Critical Guide*, Cambridge: Cambridge University Press, 2016, pp. 1–3 참조).

위에서 말한 것처럼 이 책은 전체 열여섯 문제, 101절로 구성되어 있다. 열여섯 문제는 '악'과 관련된 열여섯 개의 주제를 가리키고, 각 문제는 해당 주제와 관련해 제기될 수 있는 구체적인 문제를 고찰하는 복수의 절들로 구성되어 있다. 다만 제6문제만 단일한 절로 이루어졌다. 이렇게 볼 때 『악론』에서 토마스는 악과 관련된 백 한 가지 문제를 다루고 있다고 말할 수 있다. 그러므로 전체 101개의 세부 문제와 이것들을 주제별로 묶고 있는 열여섯 개 문제는 『악론』의 전체 내용을 일별할 수 있는 좋은 길잡이가 된다. 그러나 연구에 따르면 『악론』의 전체 문제가 일관된 계획하게 집필된 것은 아니고 후에 삽입된 부분도 있다. 예를 들어 자유의지 문제를 다루고 있는 제6문제나 제16문제의 악령론은 나머지 다른 문제들과 다른 시기에 집필된 것으로 보인다(M. V. Dougherty, *Introduction to Aquinas's Disputed Questions on Evil*, p. 3 참조). 그러나 이와 같은 사후 보완, 내지 보충이 토마스의 악에 대한 사유 흐름을 방해하거나 일관성을 크게 떨어뜨리지는 않는다. 오히려 토마스가 어떤 문제를 특히 더 중요하게, 혹은 더 큰 관심이나 필요를 느꼈는지 보여준다고 할 수 있을 것이다.

『악론』의 주제는 물론 악(惡)이다. 그렇지만 악이라는 말이 의미하는 것과 가리키는 대상이 광범위하기 때문에, 토마스가 전체 주제로 삼고 있는 것이 무엇인지 말하기 위해서 『악론』의 구성을 간단히 살펴볼 필요가 있다. 『악론』의 전체 16개의 문제는 크게 악(惡)에 관한 형이상학적 고찰과 도덕적 악에 대한 구체적인 고찰, 더 정확하게 말하자면 소죄와 여덟 가지 '죄종'(peccatum capitale)에 관한 고찰로 나눌 수 있다. 전자는 제1문제에서 제6문제까지, 후자는 제7문제에서 제15문제까지에 걸쳐 있다. 악령의 문제를 다루고 있는 제16문제는 전자의 보론으로 볼 수 있을 것이다. 약간 세부적으로 보면 악에 대한 형이상학적 고찰을 하는 전반부에서 토마스는 악 일반의 존재론(제1문제), 도덕적 악의 본질 규정과 관련된 문제들(제2문제), 도덕적 악의 원인(제3문제), 원죄론(제4문제, 제5문제), 의지의 자유로운 선택(제6문제)에 대해 고찰하고 있다. 후반부에서는 소죄(제7문제)와 죄종의 의미에 대한 고찰(제8문제 제1절) 후에 여덟 가지 죄종을 교만(제8문제), 헛된 영광(제9문제), 시기(제10문제), 영적 태만(제11문제), 분노(제12문제), 탐욕(제13문제), 탐식(제14문제), 미색(제15문제)의 순서로 고찰한 후, 악령론을 부가적으로 다루고 있다. 이처럼 『악론』은 악에 대한 일반적인 논의에서부터 아주 세세한 도덕적으로 악한 행위의 문제로 진행하고 있다. 전반부의 악에 대한 형이상학적 고찰 및 도덕적 악에 대한 일반론은 후반부의 소죄 및 죄종에 대한 각론의 형이상학적 기초를 제공하며, 그런 점에서 죄종에 대한 이론은 악에 대한 형이상학적 고찰의 구체적 전개로 파악할 수 있을 것이다.

『악론』의 언급할 만한 특징 중 하나는 토마스가 죄종에 관한 이론을 전개하는 방식이다. 토마스는 윤리 신학적 저작으로 볼 수 있는 『신학대전』 제2부에서 죄종의 문제를 덕(德) 이론의 맥락 안에 위치시켜 덕에 대립하는 악습의 특수한 종류로서 고찰하고 있다. 이에 반해 『악론』에서 토마스는 여덟 죄종을 독립된 주제로 취급하면서 전체 저작의 전면에 부각시키고 있다.(Eileen C. Sweeney, "Aquinas on the Seven Deadly Sins: Tradition and Innovation", in: Richard G. Newhauser and Susan J. Ridyard(ed.), *Sin in Medieval and Early Modern Culture. The Tradition of the Seven Deadly Sins*, Croydon: York Medieval Press, pp. 85–106, 여기에서는 p. 86–88 참조). 여덟 가지 죄종에 대한 각론의 내용은 『신학대전』의 대응하는 부분들의 내용보다 『악론』에서 더 자세하고 더 체계적으로 고찰되고 있다. 이러한 관점에서 『악론』은 그레고리우스의 죄종에 대한 분류, 정의 및 설명을 바탕으로 토마스 자신의 죄종 이론을 전개하되, 그 이론적 근거로서 '악'에 대한 형이상학적 고찰과 이로부터 도출한 도덕적 악에 관한 이론을 제시하는 저작으로 볼 수 있다.

이 책에 대하여

이 책, 즉 『악과 죄종 – 토마스 아퀴나스의 「악에 대한 토론문제집」 풀어 읽기 – 』는 『악론』의 101개 절의 본문(corpus) 전체 내용을 – 아쉽지만 이론(異論, argumentum)과 이론에 대한 답은 차후 과제로 돌릴 수밖에 없을 것이다 – 필자의 방식대로 풀어 읽으면서, 본문의 구조와 논리 전개 및 이론적 근거에 대한 설명을 더한 책이다.

이 '풀어 읽기'는 아퀴나스의 윤리학에 학문적 관심이 있고 어느 정도 스콜라철학의 저작에 친숙하지만, 아퀴나스를 포함한 스콜라철학 원전을 직접 읽어내기에는 어려움이 있는 독자들의 원전 강독을 돕기 위한 책이다. 이를 위해서 이 책은 『악론』의 내용을 아퀴나스가 구성한 목차와 구조를(다시 말해 '문제'와 '절'을) 큰 틀에서 유지하면서 재구성하고, 아퀴나스의 논리 전개와 내용의 이해를 돕기 위해 각 절의 본문을 더 잘게 나누어 읽어나갔다.

사실 원래 계획은 토마스의 주장과 논증을 필자의 방식으로 재구성하는 방식으로 집필을 시작하였으나, 수정과정에서 필자의 재구성이 적잖이 필자의 오해를 반영하고 있음을 알게 되었다. 여러 차례 시행착오 끝에 악(惡)에 대한 토마스 아퀴나스의 생각을 가장 간결하고 명확하게, 그리고 오해를 최소화하여 전달할 수 있는 길은 결국 토마스의 논의 전개 자체를 충실하게 좇는 것이라는 결론에 이르게 되어 현재의 틀을 갖추게 되었다. 처음에 필자가 모범으로 생각했던 해설서는 독일의 14세기 스콜라 철학자 마이스터 에크하르트의 강론들을 번역하고 풀어 설명한 lectura eckhardi 시리즈였다. 그러나 이 시리즈도 한 강론(Predigt)에서 전개된 주요 이론에 대한 해설로 이루어졌다는 점에서 원래 필자의 의도와는 차이가 있다. 오히려 국내에서 출간된 현대철학 강독서, 특히 박찬국의 하이데거 강독(『하이데거의 「존재와 시간」 강독』, 서울: 그린비, 2014)이 이 책의 글쓰기 형식의 틀을 잡는데 필자가 중요하게 참조한 책이다.

그래서 이 책은 『악론』의 원문의 구조와 내용을 충실히 좇아 강독하면서, 의역이라고 할 정도로 본문 전체의 내용을 가능한 누락 없이 필자가 이해한 대로 풀어설명하면서 동시에 직접 번역으로는 보여줄 수 없는 원문의 논리 전개와 구조를 드러내려고 노력했다. 따라서 본문의 내용 자체가 필자가 설명과 함께 풀어 쓴, 그리고 때로 설명이 필요 없는 경우 그대로 우리말로 옮긴 토마스 아퀴나스의 말로 이루어졌기 때문에, 독자들은 이 책을 읽음으로써 최소한 『악론』의 '본문' 내용 전체를 거의 모두 접하게 될 것이다. '원전의 풀어 읽기'라는 글쓰기의 성격상 원전인 『악론』의 토마스 아퀴나스의 말에는, 그대로 옮긴 부분이라도 직접 또는 간접 인용 표시는 하지 않았고, 풀어 읽기 대상이 되는 '본문'(corpus)의 출처는 해당 단락의 각주에서 문제(quaestio)와 절(articulus)을 표시하여 밝혔다.

결론적으로 이 책은 『악론』의 의역과 해제의 중간에 있으면서 의역에 더 가깝다고도 말할 수 있다. 독자들이 이 책을 읽으면서, 비록 원전을 직접 읽는 것에는 미치지 못하겠지만, 어느 정도 원전을 읽는 느낌으로 아퀴나스의 생각을 좇을 수 있게 된다면 이 글이 소임을 다했다고 할 것이다.

풀어 읽기를 위한, 『악에 대한 토론문제집』의 텍스트는 Sancti Thomae Aquinatis *Quaestiones Disputatae cum Quodlibetis vol. I*, Parma, 1856, pp. 219–424; Thomas Aquinas, quaestiones disputatae de malo, in: *S. Thomae Aquinatis Doctoris Angelici Quaestiones Disputatae Volumen II*. Cura et studio P. Bazzi, M. Calcaterra, T.S, Centi, E. Odetto, P. M. Pession. Turin Rome: Marietti, 1953, pp. 437–699, 그리고 *Sancti Thomae de Aquino Quaestiones disputatae de malo*, Textum Taurini 1953 editum et automato translatum a Roberto Busa SJ in taenias magneticas denuo recognovit Enrique Alarcón atque instruxit; *S. Thomae Aquinatis Opera omnia iussu impensaque Leonis XIII* P.M. edita, tomus 23: *Quaestiones disputatae De malo*, Rom/Paris 1982를 이용하였고, 이 중 마리에티(Marietti)판과 부사(Busa)판을 토대

로 레오(Leo)판과 파르마(Parma)판을 참조하였다. 부사판과 레오판은 http://www.corpusthomisticum.org/에서 이용하였다. 번역으로 Thomas Aquinas, *On Evil*, Translated by Richard Regan. Edited with an Introduction and Notes by Brian Davies, New York: Oxford University Press, 2003을 참조하였다.

설명을 위해서 M. V. Dougherty(ed.), *Aquinas's Disputed Questions on Evil. A Critical Guide*, Cambridge: Cambridge University Press, 2016; Christian Schäfer, *Thomas von Aquins gründlichere Behandlung der Übel. Eine Auswahlinterpretation der Schrift De malo*, Berlin: Akademie Verlag, 2013, 그리고 Robert J. Barry, *From Metaphysical to Moral Evil: Thomas Aquinas' Theory of Evil and Sin in the Disputed Questions De Malo, Questions One to Three*, Ann Arbor 1996(Boston College Dissertation)을 주로 이용하였다.

집필과 출판을 위해 지원을 해준 서강학술총서 기획위원회에 감사를 드린다. 『악론』 강독에 참여해준 대학원생, 학부생들께도 감사를 드린다. 언제나 힘이 되어주는 아내 윤미정, 어머니, 특히 이 책을 쓰는 동안 선종하신 아버님께 특별한 감사를 드린다.

2020년 12월

이상섭

목　차

들어가며 _ Ⅶ

제1부 도덕적 악에 대한 형이상학적 고찰 _ 1

제1장 악의 존재론_2

1. 악의 비실재성_2
(1) '악'이라는 말의 두 가지 지시용법과 '선의 결여'로서의 악_4
1) '악'이라는 말의 두 가지 지시용법_4
2) 선의 결여로서 '악'_5
(2) 선의 결여로서 악의 비실재성의 존재론적 근거_6
1) 첫째 논증: 작용인의 질서와 목적인의 질서의 비례관계를 통한 논증_8
2) 둘째 논증: '자기에게 적합한 것'을 향한 실재의 경향성과 욕구로부터의 논증_11
3) 셋째 논증: 존재자와 선의 교호성으로부터의 논증_12
2. 악의 주체로서 선 _14
(1) 악의 주체로서 선의 이해를 위한 선의 여러 의미 구별_15
1) '절대적인 관점에서 선'과 '선한 어떤 것'의 구별_15
2) 절대적인 관점에서 선의 외연과 플라톤주의 비판_16
3) '어떤 이것'의 완전성으로서 어떤 이것의 선_18
(2) 악의 주체로서 완전성에 대한 가능태에 있는 존재자_19

3. 악의 원인으로서 선_23
(1) 본질적 원인을 갖지 않는 악_23
(2) 악의 우유적 원인으로서 선_26
(3) 선에 의한 악의 우유적 인과성_28
1) 자연에서의 인과성과 도덕의 영역에서의 인과성의 차이_28
① 두 가지 방식의 우유적 인과성_28
② 자연의 영역에서 우유적 인과성_29
③ 의지의 자유로운 선택에 의한 인과성_31
2) 도덕적 악의 원인으로서 의지_32
4. 이성적 존재자에 특수한 악_36
(1) 죄책의 악과 벌의 악의 구별 _36
1) 이성적 존재자에 고유한 악으로서 죄책과 벌_36
2) 제일 완전성과 제이 완전성의 구분에 대응하는 악의 구분으로서 벌과 죄책_39
3) 벌의 악의 가톨릭 신앙에 따르는 명명의 근거_40
4) 죄책의 악과 벌의 악의 세 가지 차이_43
(2) 벌의 악에 대한 죄책의 악의 중대성의 네 가지 근거_44
1) 첫째 근거_44
① 주체를 명명하는 성질과 명명하지 않는 성질의 구별_44
② 주체를 '악한 것'으로 명명하는 악으로서 죄책 _45
2) 두 번째 근거: 카리타스와 대립하는 작용으로서 죄책_48
3) 세 번째와 네 번째 근거_50

제2장 도덕적 악의 본질적 규정과 관련된 문제들_52

1. 불행위의 죄에 있어서 행위의 문제 _54
(1) 불행위의 죄에 있어서 행위의 유무에 대한 두 가지 견해_54
(2) 두 견해의 종합으로서 토마스의 견해_55
1) 본질적으로 행위가 포함되지 않는 불행위의 죄_55
① '규칙이나 척도에서 벗어남'으로서 죄(잘못된 행위)_56
② '긍정적 계명에서 벗어남'으로서 불행위의 죄_57
2) 불행위의 죄에 포함되는 행위로서 의지적 행위(작용)_58

① 불행위의 내적 원인으로서 의지 및 의지적 작용_58
② 불행위의 간접적 원인으로서 의지적 행위_60

2. 도덕적으로 악한 행위의 본질적 구성요소로서 의지와 외적 행위_62
(1) 외적 행위와 내적 행위 모두에서 발견되는 도덕적 악(형상을 잃음) _62
(2) 도덕적으로 악한 행위의 악에 있어서 의지의 우선성과 외적 행위의 우선성 _67

3. 그 자체로 선한 행위, 그 자체로 악한 행위 그리고 가치 중립적 행위 _71
(1) 행위의 종에 따라 그 자체로 선한 행위와 악한 행위 _71
1) 작용자의 본성에 따르는 작용의 선과 악_72
2) 행위의 종에 속하는 선과 악의 기준으로서 '이성을 따름'과 '이성에 반함'_74
(2) 상황에 근거한 도덕적 행위의 선과 악 _79

4. 악한 행위(죄)에 대한 상황의 관계_83
(1) 도덕적 행위의 종적 규정의 한 원천으로서 상황_83
1) 악한 행위의 종의 다양성의 원천과 이에 있어서 상황의 위치_84
① 질료에 따르는 악한 행위(죄)의 종적 구별_84
② 형상에 따르는 악한 행위의 종적 구별_86
2) 상황의 종류와 구분 근거 _87
3) 상황에 의한 악한 행위(죄)의 종적 구별_89
① 상황에 의한 악한 행위의 종적 구별의 조건과 기준_89
② 상황에 의한 죄의 종적 규정의 두 가지 방식_91
(2) 상황에 의한 죄의 중대성 정도의 심화와 그 근거_93
1) 악한 행위(죄)에 대한 상황의 세 가지 영향 방식 _93
2) 이성과의 관련성에 따르는 상황에 의한 죄의 종과 심각성 변화_94
(3) 상황에 의한 소죄의 대죄로의 변화 가능성_96

5. 도덕적으로 악한 행위(죄) 사이의 비동등성과 차이 _97
(1) 도덕적으로 악한 행위(죄)의 비동등성 _97
1) 스토아학파의 동등성 주장_97
2) 스토아학파의 주장에 대한 토마스의 비판과 결여 개념의 구분에 따른 죄의 차이_99

① 결여 개념의 구분: 순수한 결여와 순수하지 않은 결여_99
② 결여 개념의 차이를 고려한 죄의 비동등성과 차이_100
(2) 결여되는 선의 차이에 따르는 죄의 중대성의 차이_102
6. 본성에 대한 죄의 영향_106
(1) 죄에 의한 본성의 선의 약화_106
1) 일종의 작용으로서 감소와 다양한 작용방식의 구별_106
2) 은총 수용의 방해로서 죄와 이로 인한 본성의 약화_109
(2) 악한 행위에 의한 본성의 선 전체의 파괴 불가능성_111

제3장 악한 행위(죄)의 원인(causa peccati)_115

1. 악한 행위의 외적 원인_116
(1) 신과 악한 행위의 인과성_116
1) 악한 행위의 원인이 될 수 없는 신_116
① 악한 행위의 행위자로서 악행의 원인이 될 수 없음_117
② 악한 행위를 하게 만드는 원인이 될 수 없는 신_119
2) 행위인 한에서 악한 '행위'의 원인으로서 신_120
① 행위로서 악한 행위의 원인으로 신을 파악하는 입장과 그 근거_120
② 악한 행위의 '악'의 원인으로서 자유의지와 '행위'인 한에서 악한 행위의 원인으로서 신_122
(2) 악령과 악한 행위의 인과관계_124
1) 악한 행위의 외적 원인으로서 악령과 내적 원인으로서 의지_124
① 운동의 원인으로서 기질을 형성하는 것, 조언 또는 명령하는 것, 완성하는 것_125
② '완성하는 것'으로서 원인이 될 수 없는 악령_126
③ 의지를 작용으로 움직이는 외적인 것과 내적인 것_127
④ 악한 행위의 본래적 의미의 원인으로서 의지 자체와 간접적 원인으로서 악령_129
2) 설득을 통한 악령의 악한 행위의 유혹_131
① 가시적 방식의 설득_131
② 설득과 기질 형성을 통한 악행의 비가시적 방식의 유혹_131
③ 부설(附說): 아리스토텔레스 자연학에 의한 설명_134
3) 악한 행위의 기회원인으로서 악령_137

2. 악한 행위(죄)의 내적 원인_139
(1) 무지(ignorantia)_139
1) 악한 행위의 원인으로서의 무지 _140
① 운동인(작용인)으로서 무지와 본질적 운동인과 우유적 운동인의 구별_140
② 악행을 막는 실천적 지식을 제거하는 우유적 운동인으로서 무지_141
③ 실천적 삼단논법에 있어서 보편적 지식의 무지와 특수한 지식의 무지_142
2) 악행(죄)으로서 무지_144
① 부지, 오류, 무지의 구별_144
② 무지에 대한 세 가지 고찰방식에 따르는 무지의 악에 대한 고찰_146
3) 무지와 의지의 관계에 따르는 악한 행위의 면책 및 경감 가능성_148
① 의지에 선행하는 무지와 의지적인 것_149
② 무지에 선행하는 의지와 의지적인 것_151
③ 의지적 무지로부터 비롯된 행위와 비의지적 무지로부터 비롯된 행위의 죄의 정도_153
(2) 영혼의 허약함(의지의 허약함)과 도덕적으로 악한 행위_155
1) 알면서 악행을 범할 가능성 _155
① 소크라테스의 문제: '누구도 알면서 허약함 때문에 악행을 범하지 않는다'_155
② 실천적 삼단논법을 통한 '알면서 악행을 범할 가능성'에 대한 설명_158
2) 영혼의 허약함과 대죄_161
3) 허약함으로 인한 죄의 경중_164
(3) 악의(malitia)_166
1) 악한 행위의 의지적 선택: 강한 형태의 '알면서 악행을 저지름'_166
2) 악의에 의한 악행과 허약함으로 인한 악행의 중대함 비교 _170
3) 성령에 대한 죄로서 악의로 범한 죄_173
① 이전 학자들의 견해에 대한 아우구스티누스의 해석과 주장_173
② 토마스의 견해_177
4) 성령에 대한 죄의 용서 가능성_179

제4장 원죄론(de peccato originali)_182

1. 원죄란 무엇인가?_183

(1) 원죄의 본질적 규정_183
1) 출생으로부터 초래되는, 공동의 죄로서 원죄_183
2) 원정의가 결여된 욕정으로서의 원죄_188
(2) 원죄의 주체_192
1) 육체보다 영혼에 선재하는 원죄_193
2) 능력보다 영혼 자체(본질)에 앞서 존재하는 원죄_195
3) 능력 중에서 의지에 먼저 존재하는 원죄_197
(3) 생식(生殖)을 통해 아담으로부터 태어난 모든 사람의 죄로서 원죄_198
(4) 첫 부모 외의 조상이 범한 죄의 유전_201
2. 원죄의 벌(poena originalis peccati)_203
(1) 신적 직관의 결여_204
(2) 원죄와 각고(poena sensibilis)_206
(3) 원죄만 있고 현행의 죄 없이 세상을 떠난 사람의 벌_209
(4) 원죄의 결과로서 죽음과 결함(mors et defectus)_211
1) 원죄의 벌로서 죽음 및 다른 결함들_211
2) 질료의 관점에서 인간에게 자연적(본성적)인 것으로서 육체의 죽음_215

제5장 인간의 자유로운 선택(de electione humana)_219

1. 의지의 필연적 운동론의 문제점_220
2. 의지 운동과 관련해 고찰해야 할 두 가지 사항_221
(1) 인간의 행위(작용) 원리: 자연물의 작용 원리와의 유사성과 차이_221
(2) 능력의 두 가지 운동 방식: 주체의 측면과 대상의 측면_223
3. 실행의 관점과 종별화의 관점에서 의지 운동의 필연성과 자유_226

제2부 소죄와 여덟 가지 죄종 __ 233

제1장 소죄(De peccato veniali)_234

1. 소죄와 대죄의 구별_235
    (1) '용서받을 수 있는 죄'의 세 가지 의미_235
    (2) 소죄와 대죄의 본질적 구별_237
        1) 소죄와 대죄의 네 가지 비본질적 차이_237
        2) 외적 행위의 본질적 규정에 따르는 소죄와 대죄의 본질적 차이_239
        3) 영적 생명의 원리와 대립 관계의 차이에 따르는 소죄와 대죄의 구별_240
        4) 카리타스를 배제하는 죄와 배제하지 않는 죄_242
2. 소죄에 의한 카리타스의 약화(감소) 가능성_244
    (1) 세 관점에서 카리타스의 양적 증감 가능성_244
        1) 형상의 양에 대한 세 가지 고찰방식_244
        2) 세 고찰방식에 따른 카리타스의 양적 증감_246
    (2) 카리타스의 양적 증감에 대한 소죄의 영향_248
3. 소죄에서 대죄로의 전환_250
    (1) 의지작용에 의한, 유적인 소죄의 대죄로의 전환_250
        1) 소죄에서 대죄로의 '전환'의 유효하지 않은 두 의미_250
        2) 소죄의 대죄로의 전환의 두 가지 방식_253
    (2) 상황에 따른 소죄에서 대죄로의 전환_255
4. 영혼의 능력과 소죄_257
    (1) 상위 이성과 소죄_257
        1) 이성의 두 가지 작용_258
        2) 상위 이성의 잘못된 작용(죄)_259
    (2) 감각적 욕구와 소죄_262
5. 특수한 상황에서 소죄의 가능성과 벌_264
    (1) 무구(無垢)의 상태에서 소죄의 가능성_264
    (2) 불신자의 감각적 욕구의 첫 번째 운동(primi motus in

infidelibus)과 소죄_267
(3) 천사와 소죄_269
6. 소죄의 벌과 용서_271
(1) 카리타스 없이 저질러진 소죄와 영원한 형벌_271
(2) 연옥에서의 소죄의 용서 _273
1) 소죄와 대죄에 의한 지복의 방해_273
2) 소죄와 대죄의 용서의 차이_275
(3) 성수를 통한 소죄의 용서(사면)_277

제2장 죄종의 정의와 분류_280

1. 죄종의 본질적 규정_281
(1) '죄종'이라는 말의 어원적 의미_281
(2) 하나의 죄가 다른 죄의 원리가 되는 네 가지 방식_283
(3) 행위 자체의 목적의 관점에서 다른 죄의 원리가 되는 죄종_285
2. 죄종의 분류기준과 종류_286

제3장 교만(superbia)_289

1. 다른 죄와 구별되는 특수한 죄로서 교만의 특징_289
(1) 특수한 죄(speciale peccatum)로서 교만_290
1) 이성에 따르지 않는 자연적 욕구로서 죄_290
2) 자연적 욕구 대상인 탁월성에 대한 잘못된 욕구로서 교만_291
(2) 일반적 죄(generale peccatum)로서 교만_293
2. 교만의 주체_296
(1) 교만의 주체로서 욕구 능력_296
(2) 욕구 능력의 구별: 이성적 욕구와 두 종류의 감각적 욕구_297
(3) 교만의 주체로서 분노적 욕구와 의지_299
3. 교만의 종류 _300

제4장 헛된 영광(inanis gloria)_303

1. 헛된 영광의 죄로서의 성격 _303
   (1) '영광'의 의미_303
   (2) '헛됨'의 세 가지 의미에 따른 헛된 영광의 세 의미_305
   (3) 헛된 영광의 죄로서의 성격_307
2. 대죄인 헛된 영광과 대죄가 아닌 헛된 영광_308
3. 헛된 영광으로부터 파생되는 죄들 _311

제5장 시기(invidia)_314

1. 시기의 죄로서의 성격 _314
2. 대죄로서의 시기_317
   (1) 대죄의 기준과 시기_317
   (2) 대죄에 속하지 않는 시기의 사례_318
3. 죄종으로서의 시기_320
   (1) 시기가 죄종인 이유_320
   (2) 시기로부터 파생되는 죄_321

제6장 영적 태만(accidia)_323

1. 영적 태만의 죄로서의 성격_323
   (1) '참되고, 단적인 악'과 '참된 선이나, 외양적이고 특정한 관점의 악'_323
   (2) 외양적이고 특정한 관점의 악으로서 영적 선과 이에 대한 슬픔으로서의 영적 태만_325
2. 특수한 죄로서 영적 태만 _326
   (1) 영적 태만의 대상인 영적 선의 특수성과 공통성_326
   (2) 내적이고 신적인 선에 대한 슬픔으로서 영적 태만의 특수성_328
3. 대죄로서 영적 태만 _329
4. 죄종으로서 영적 태만 _330

제7장 분노(ira)_333

1. 분노의 선과 악 _333
   (1) 분노의 형상적 요소와 질료적 요소_333
   (2) 스토아학파의 오류와 분노의 선한 측면_335
2. 죄로서 분노_338
   (1) 욕구의 형상적 대상에 따르는 욕구 운동의 평가_338
   (2) 정의롭지 못한 복수에 대한 추구로서 악한 분노_340
3. 대죄로서 분노 _341
4. 분노, 미움, 시기의 비교_343
5. 죄종으로서 분노_345

제8장 탐욕(avaritia)_348

1. 다른 죄와 구별되는 탐욕의 죄로서의 특징_348
   (1) 일반적 죄로서 탐욕과 특수한 죄로서 탐욕_348
   (2) 후한 인심과 정의에 대립하는 죄로서 탐욕_350
2. 대죄로서 탐욕_351
3. 죄종으로서 탐욕_353
   (1) 행복의 세 가지 조건에 따른 죄종의 분류_353
   (2) 죄종으로서 탐욕이 낳는 죄_354
4. 이자를 받고 돈을 빌려주는 행위의 죄_355

제9장 탐식(gula)_358

1. 죄로서 탐식_358
2. 탐식의 대죄 여부_360
3. 탐식의 종류_362
   (1) 죄의 종적 분류기준_363
   (2) 탐식의 분류_364

4. 죄종으로서 탐식_365

제10장 미색(luxuria)_368

1. 죄로서 미색_368
(1) 욕망의 무질서와 행위 자체의 무질서_368
(2) 행위 자체의 무질서에서 기인하는 미색의 죄_370
2. 대죄로서 미색_372
3. 미색의 구분_374
4. 죄종으로서 미색_375

제3부 악령론(de daemonibus) _ 379

제1장_악령의 본성_382

1. 악령의 비육체성_382
(1) 지성작용에 대한 반성을 통한 비물질적 존재자의 발견_382
(2) 비물질적 존재자로서 영적 존재자의 존재 방식에 대한 다양한 이견의 불합리성 반박 _384
(3) 자연물 또는 영혼의 변형으로서 악령의 이해에 대한 반박_385
(4) 악령의 공기 육체 반박_386
2. 악령의 악의 성격: 본성적 악 또는 의지의 악_388
(1) 본성적 악의 의미_388
(2) 악령의 악으로서 본성적 악의 부적절성_389
(3) 악령의 악으로서 의지의 악_393

제2장 악령의 죄와 타락_396

1. 악령의 악으로서 신과의 동등성에 대한 욕구 _396
(1) 신과의 절대적 동등성에 대한 욕구의 불가능성_396

(2) 악령의 신과의 동등성 욕구의 양태_399

2. 악령의 죄의 시점_401

(1) 문제의 어려움과 이견(異見)의 반박_401

(2) 두 종류의 시간과 이에 대응하는 운동_403

(3) 악령의 본성의 창조와 악의 선택의 비동시성_404

3. 악령의 자유로운 결단과 선의 재선택 가능성 _407

(1) 자유로운 결단의 대상으로서 '다양한 것'의 세 의미_407

1) 오리게네스의 오류_407

2) 다양성의 세 가지 의미_409

(2) 악령의 선의 재선택 불가능성_412

제3장 악령의 인식_415

1. 의지에 의한 악령의 인식에 있어서 오류 가능성_415

(1) 자연적 인식 대상의 인식에 있어서 오류 불가능_415

(2) 교만한 의지에 의한 월권적 판단에 기인하는 오류_418

2. 미래사의 인식_420

(1) 미래사 그 자체의 인식_420

(2) 원인 안에서 미래사의 인식_422

3. 마음 안에 있는 생각의 인식_424

(1) 표지(기호)를 통한 내적 생각의 인식_424

(2) 생각 그 자체의 인식_425

1) 상의 측면에서 내적 생각 그 자체의 인식_425

2) '상의 사용'의 측면에서 내적 생각 그 자체의 인식_427

제4장 악령의 능력과 그것이 인간 및 하위 존재자에 미치는 영향_430

1. 물체의 변형_431

2. 물체의 장소이동_433

3. 감각적 인식에 미치는 영향_435
(1) 실재하지 않는 사물의 감각적 현전 가능성_435
(2) 물체의 장소이동을 통한 감각 지각에 대한 영향_437
4. 인간 지성에 대한 악령의 영향_440

나가며 __ 443

참고문헌_447
찾아보기_453

제1부

도덕적 악에 대한 형이상학적 고찰

제1장

악의 존재론

1. 악의 비실재성[1]

'악'(惡, malum)이 존재한다는 것은 경험적으로 부인할 수 없는 사실이다. '병'에 걸리거나 '전쟁'의 참화로 '고통'받는 사람이 있고, '자연재해' 등으로 '죽음'을 맞이하거나 '부상'을 당해 육체적 '괴로움'을 겪고, 그런 고통을 당하는 가족이나 이웃 때문에 '슬픔'을 겪기도 한다.

그러나 그리스도교 철학은 이와 같은 경험적 사실로부터 직접 '악' 자체가 '존재하는 것', '실재하는 것'이라는 주장으로 나아가지 않는다.

---

1 De malo, q. 1, a. 1: "악은 '어떤 것'인가?(an malum sit aliquid)"(절의 제목은 Busa판을 따랐다.) 악의 '비실재성'이라는 말이 '악의 존재'를 부정하는 말로 오해될 수 있다. 그러나 이 단락에서도 곧 언급되지만 토마스는 절대적인 의미에서 악의 존재를 부정하지는 않는다. 여기에서 악의 비실재성이라는 말은 악이 '자연존재자의 존재'와 같은 의미에서의 존재를 갖지 않는다는 것을 의미한다. 이에 대해서는 각주 15) 참조.

그 이유 중 하나는 신이 악의 원인이라는 결론을 피하기 위해서이다. 그리스도교 철학에 따르면 모든 존재하는 것들은 제일 원인인 신에 의해 창조된 것(피조물)이다. 또 그리스도교 철학은 신은 절대적으로 선한 존재자라고 가르친다. 그런데 절대적으로 선한 신이 악의 원인이 된다는 주장은 받아들이기 어렵다. 그렇다고 해서 이런 어려움을 피하기 위해 신은 비록 절대적으로 선한 존재이기는 하지만, 능력은 악을 막을 수 있을 만큼 크지는 않다고 말할 수도 없을 것이다. 이러한 문제에 직면해서 스콜라철학은 '결여로서의 악'(privatio boni)이라는 이론을 전개한다.[2] 토마스 아퀴나스도 이 이론을 여러 원천으로부터 수용하고 있다.[3] 예를 들어 그는 제1문제 제1절 반론 1에서 아우구스티누스의 『신국론』을 인용하면서 이 이론을 언급한다. 여기에서 아우구스티누스는 "악한 자들은 누구도 자연 본성에 의해서 악한 것이 아니다. 선의 상실로 악의 이름을 얻게 되는 것이다."라고 말하고 있다.[4]

2 이러한 맥락에 대해서는 레오 엘더스, 『토마스 아퀴나스의 형이상학』, 박승찬 옮김, 서울: 가톨릭출판사, 2003, 203쪽 이하 참조. 토마스 아퀴나스의 변신론적 문제에 관해서는 John F.X. Knasas, *Aquinas and the Cry of Rachel. Thomistic Reflections on the Problem of Evil*, Washington D.C.: The Catholic University of America Press, 2013. 토마스 아퀴나스의 『악론』 해설은 이 책 들어가며에서 언급한 책들이 있고, 도덕적 악에 대한 포괄적 해설로는 Collen McCluskey, *Thomas Aquinas on Moral Wrongdoing*, Cambridge: Cambridge University Press, 2017를 참고할 수 있다. 그리고 국내의 토마스 아퀴나스의 악 이론 연구로는 박주영, 『악이란 무엇인가 - 토마스 아퀴나스 철학에서 악의 문제에 대한 연구 -』, 서울:누멘, 2012가 있다.

3 이 개념의 역사적 배경과 토마스가 수용한 원천에 대해서는 Fran O'Rourke, "Evil as privation: the Neoplatonic background to Aquinas's De malo, I", in: M. V. Dougherty(ed.), *Aquinas's Disputed Questions on Evil. A Critical Guide*, Cambridge: Cambridge University Press, 2016, pp. 192 - 221.

4 아우구스티누스, 『신국론』 제11권 제9장, 성염 옮김, 왜관: 분도출판사, 2004, p. 1163. 이에 대해서는 John Wippel, "Metaphysical themes in De malo, I", in: M. V. Dougherty(ed.), *Aquinas's Disputed Questions on Evil. A Critical Guide*, Cambridge:

이 이론의 핵심은 '악이 존재한다'는 사실은 인정하되, '악'은 그 자체로는 '존재자'(ens)가 아니라는 주장에 있다. 일견 모순적으로 들리는 이러한 주장을 이해하기 위해서는 '존재(자)'에 대한 복잡한 형이상학적 논의가 선행해야만 한다. 바로 이 시점에서 이에 대해 자세한 설명을 할 수는 없겠지만, 적어도 '악'이 '존재자'가 아니라면 과연 그것은 '무엇인지', 그리고 '존재자'가 아닌 것이 어떤 의미에서 그리고 어떤 방식으로 '있다'고 말해야 하는지 설명해야 하는 과제는 피할 수 없다.

(1) '악'이라는 말의 두 가지 지시용법과 '선의 결여'로서의 악

1) '악'이라는 말의 두 가지 지시용법

이와 같은 맥락에서 토마스는 먼저 악은 (존재하는) '어떤 것'인가라는 물음을 제기한다.[5] 이와 관련하여 토마스는 악이라는 말을 '흰 것(album)'이라는 말의 용법과 비교하여 설명한다.[6] 토마스에 따르면 어

Cambridge University Press, 2016, pp. 12－55, 여기에서는 pp. 16 이하 참조. 또한 Fran O'Rourke, "Evil as privation: the Neoplatonic background to Aquinas's De malo, I", pp. 199－209 참조.

5 스콜라철학에서 '어떤 것(aliquid)'은 존재자(ens)와 교환해서 사용한 가능한(convertibile) 가장 보편적인 개념이며, 어떤 맥락에서는 존재자보다 더 보편적이고 포괄적인 개념이라 할 수 있다. 존재자는 실제로 존재하는 것(ens reale)만을 지칭하는 용어인 반면, '어떤 것'은 '관념적 존재자'도 포괄한다고 보기 때문이다. 이러한 생각의 배경에는 Stoa 학파의 'ti' 개념이 놓여있다. 이러한 맥락에서 근대 형이상학은 'tinology'라는 용어를 도입하기도 하였다. 이에 대해서는 Jan Aertsen, *Medieval Philosophy as Transcendental Thought. From Philip the Chancellor (ca. 122(5) to Francisco Suárez*, Leiden－Boston: Brill, 2012, p. 642 참조.

6 album은 문법적으로 형용사 'albus, －a, －um'의 중성 형태로, 여기에서는 명사화된 형용사로 사용된다. malum이나 bonum도 마찬가지이다. 따라서 앞으로 보게 되겠지만, '선'도 '선한 것'과 선한 것의 '선'을 가리키게 된다.

떤 것을 '흰 것'이라고 부를 수 있는 두 가지 어법이 있다. 첫째는 '흼'(albedo)의 주체가 되는 것(id quod est albedini subiectum), 즉 흼이 그 안에 있어서 희게 되는 어떤 것을 '흰 것'이라고 말할 수 있다. 예를 들어 '[흰] 눈'에 대해서 '눈이 희다'고 말할 때와 같이 '흰 눈'을 '흰 것'이라고 말할 수 있다. 둘째, '흼' 자체를(id quod est album, in quantum est album) 흰 것이라고 부를 수 있다. 같은 예를 들면 '*흰* 눈'의 흼을 '흰 것'이라고 부를 수 있다는 것이다. 이와 마찬가지로 '악'이라는 말도 첫째, 악이 속하는 주체를 가리킬 수도 있고, 둘째, 그 주체의 악 자체를 가리킬 수 있다. 예를 들어 시력이 나쁜(악한) '눈'을 '악한(나쁜) 것'이라고 말할 수도 있고, 시력이 나쁜(악한) 눈의 '[시력이] 나쁨' 자체를 '악'이라고 부를 수 있다는 것이다.

이처럼 '악'이라는 말의 두 가지 용법에 따라 악은 어떤 [실재하는] 것인가라는 물음에 대해서도 두 가지로 답할 수 있다. 즉 악의 주체라는 의미에서 악한 것은 존재하는 '어떤 것'일 수 있다. 나쁜(악한) '눈'은 분명히 존재하는 어떤 것이기 때문이다. 그러나 '[시력이] 나쁜 눈'의 '[시력이] 나쁨'이라는 의미에서 '악'은 어떤 특수한 선의 결여(ipsa privatio alicuius particularis boni), 즉 '시력의 결여'로서 '어떤 [존재하는] 것'이 아니라는 것이다.

2) 선의 결여로서 '악'

본문에서는 상세하게 전개되지는 않지만, 바로 여기에서 '선의 결여로서의 나쁨(악)'이라는 주장이 등장한다. 이와 관련하여 토마스는 예를 들어 '나쁜 눈'의 '나쁨(악)'은, '흰 눈'의 '흼'이 눈의 우유적 속성

(accidens)인 것과는 달리, 눈의 적극적인 성질이 아니라 그 눈이 본성상 가지고 있어야 할, 그리고 가질 수 있는 어떤 '선(좋음)'이 없는 상태, 즉 '어떤 특수한 선의 결여'를 가리킨다고 말한다. 사물을 볼 수 있는 일정한 시력은 눈에, 또는 일반적으로 말하자면, 사람에게 '좋은 것'(선)이다. 그런데 사람에게 좋은 것인 시력이 '약하거나', 더 나아가 '없다면' 그 사람은 '시력이 나쁜 사람', '시력이 없는 사람'이라 불린다. 이때 '시력이 약함' 또는 '시력이 없음'은 사람에게 '나쁜 것(악)'이다.[7] 그런데 이때 우리가 '악'이라고 부르는 것은 '있는 어떤 것'이 아니라 '있어야 하는데 없는 것' 또는 '부족한 것', 즉 '결핍된 것'임이 분명해 보인다.

그런데 사람에게는 많은 것들이 '없다'. 예를 들어 '아가미'가 없고, '날개'가 없다. 그러나 통상적으로 사람에게 이러한 것들이 없다고 해서 나쁘다(악하다)고 말하지는 않는다. 반면 '다리'가 없다거나, '시력' 또는 '이성'이 없으면 사람에게 '나쁘다(악하다)'고 말한다. 사람에게 아가미나 날개가 없다는 것이 단순한 부정(negatio)이라면, 시력이나 이성의 없음은 '있어야 할 것'의 없음을 가리킨다. 이러한 의미의 없음을 '결여'(privatio)라 부른다. 토마스를 비롯한 스콜라 철학자들은 이처럼 '악'을 단순히 어떤 것의 없음이 아니라 '있어야 할 것'의 없음이라는 의미에서 어떤 존재자에게 본성상 속해야 하는 '좋은 것(선)의 결여'로 정의한다.

(2) 선의 결여로서 악의 비실재성의 존재론적 근거

'악'이 실재하는 어떤 것인가라는 물음에 대한 답은 '악'이라는 용어의

7 미리 말하지만, 이때의 '악'은 도덕적인 의미의 악만을 가리키지는 않는다.

두 가지 지시용법과 결여로서의 악이라는 규정을 통해 이미 주어졌다고 볼 수 있다. 이제 토마스는 이 주장에 대한 존재론적 근거를 제공한다.

증명의 출발은 선(bonum)과 악(malum)의 대립 관계와 '가욕구적(可慾求的)인 것(appetibile)'이라는 선의 규정이다. 토마스는 아리스토텔레스의 선에 대한 정의를 받아들여, 본래적인 의미에서 선은 '욕구될 수 있는(가욕구적인) 어떤 것'으로 파악한다.[8] 이에 따라 선에 모순적으로 대립하는 것으로서 악은 '가욕구적인 것 자체와 대립하는 것'일 수밖에 없다.[9] 이로부터 토마스는 세 가지 증명을 통해서 악의 비실재성을 도

8 아리스토텔레스의 정의는 '선은 모든 것이 욕구하는 것이다'(bonum est quod omnia appetunt)로 정식화된다.

9 '모든 것이 욕구하는 것'이라는 선의 정의 및 '선과 대립하는 것'으로서 악이라는 이해는 토마스의 윤리학에서 중요한 역할을 한다. 토마스는 실천적인 것을 설명하기 위해서 이론적인 것(사변적인 것)과의 비교를 자주 한다. 언급된 선의 정의도 이러한 비교를 통해서 그것의 중요성을 설명할 수 있다. 파르메니데스의 유명한 명제, 즉 '존재하는 것은 존재하고, 존재하지 않은 것은 존재하지 않는다'는 명제가 있다. 이 명제는 동어반복적인 자명한 명제로 보인다. 왜냐하면 '존재하는 것', 즉 '존재자(ens)'는 그것의 본질적 규정 안에 '존재한다'는 것이 포함되어 있고, '존재하지 않는 것', 즉 '비-존재자'의 본질적 규정은 '존재하지 않는다'는 것을 그 자체로 포함하고 있기 때문이다. 그러므로 '존재자'에 '존재한다'는 술어를, '비-존재자'에 '존재하지 않는다'는 술어를 연결하는 것은 논리적으로 필연적이고, 그 반대의 술어, 즉 '존재자'에 '존재하지 않는다'는 술어를, '비-존재자'에 '존재한다'는 술어를 연결하는 것은 논리적 모순이다. 그러므로 존재자에 대해서 존재하지 않는다고 말해서는 안 되고, 비-존재자에 대해서 그것이 존재한다고 말해서도 안 된다. 모든 이론적(사변적) 사유의 기본적인 원칙인 모순배제율은 바로 '존재자' 및 그것의 부정인 '비-존재자(무)'의 본질적 규정으로부터 도출되는 원리이다. 이와 유사하게 '선'과 '악'의 상호 대립적 규정은 실천적인 것의 제일 원리를 낳게 된다. '선은 모든 것이 욕구하는 것이다'라는 정의는 '선'의 본질적 규정 안에 '욕구되는 것(appetibile)'이 포함되어 있다는 것을 보여준다. 그러므로 선은 욕구되는 것이라고 말할 수 있고, 그것과 모순적으로 대립하는 것인 '악'은 '욕구되어서는 안 되는 것', '피하고자 하는 것'이다. 이에 따라 선에 대해서는 '욕구되는 것'이라고 말해야 하고, 반면에 악에 대해서는 '피하려는 것'이라고 말해야만 한다. 만일 이와는 반대로 '선은 피하고자 하는 것이다'라든가 '악은 욕구되는 것이다'라고 말한다면, 모순이 발생할 수밖에 없다. 이로부터 우리는 '선은 추구(욕구)해야만 하고, 악은 피해야만 한다'는 실천이성의 제일 원리를

출한다.

1) 첫째 논증: 작용인의 질서와 목적인의 질서의 비례관계를 통한 논증

첫째 논증은 목적인의 질서와 작용인의 질서의 비례관계에 주목한 논증이다.[10] 이 논증은 다소 복잡하고 길지만, 토마스 윤리학의 형이상학적 기초를 살펴보기 위해서 주목할 가치가 있다.

구체적으로 토마스의 논증은 '가욕구적인 것'은 목적(finis)으로 규정된다는 진술로부터 시작한다. 토마스에 따르면 욕구(appetitus)란 어떤 것을 향해 움직이는 일종의 운동이다. 목적은 욕구 운동이 향하는 지향점이자 그것에 도달했을 때 욕구 운동이 멈추게 되는 끝 지점(terminus)으로서, 가욕구적인 것(욕구대상)이 바로 이러한 것이다. 이러한 의미에서 욕구대상(가욕구적인 것)은 '목적'이라는 규정을 포함하고 있다. 이로부터 선=가욕구적인 것=목적이라는 등식이 성립한다.

그런데 토마스에 따르면 작용자는 항상 '어떤 목적을 위해' '작용'하기 때문에, 목적의 질서와 작용인의 질서는 비례관계를 갖는다. 이

끌어낼 수 있다. 한편 이 원리는 또한 자연법의 제일 원리이기도 하다. 이에 대해서는 Martin Rohnheimer, *The Perspective of Morality. Philosophical Foundations of Thomistic Virtue Ethics*, tr. Gerald Malsbary, Washington D.C.: Catholic University of America Press, 2011, p. 269 이하 참조.

10 이러한 생각의 배경에는 플라톤적인 존재론의 위계질서가 놓여있다. 플라톤의 철학에 따르면 존재, 선, 진리 및 아름다움의 질서는 서로 비례관계에 놓여있다. 어떤 것이 높은 존재의 위계에 속할수록 그만큼 더 큰 진리와 선성을 소유하게 된다. 예를 들어 신은 존재의 최고 위치에 있으면서 최고의 선성을 보유한다고 말할 수 있다. 이러한 생각은 토마스의 두 번째와 네 번째 신 존재 증명에 반영되어 있다. 이에 대해서는 Christian Schäfer, *Thomas von Aquins gründlichere Behandlung der Übel*, pp. 41–42 참조.

에 따라 어떤 작용자가 높은 위치에 있으면 있을수록, 그만큼 더 보편적 목적을 위해서, 즉 더 보편적 선을 위해 작용을 한다. 이를 토마스는 인간 사회의 질서와 비교한다. 예컨대 시장은(rector civitatis) 어떤 특수한 선(bonum aliquod particulare), 즉 자기가 책임을 지고 있는 도시의 선을 지향하지만, 그보다 상위의 통치자인 왕은 시장보다 더 보편적 선, 즉 전체 국가의 평화를(totius regni pacem) 지향한다. 그런데 이러한 작용인의 위계질서를 따라 계속 위로 올라가다 보면, 우리는 존재함의 보편적 원인인 제일의 어떤 것에 도달하게 된다. 무한진행은 불가능하기 때문이다. 그리고 작용인의 질서와 목적(선)의 질서의 비례관계로부터 목적(선)의 질서에서도 모든 선을 그것으로 소급시킬 수 있는 어떤 보편적 선(bonum universale)이 존재해야 한다는 결론에 이르게 된다. 그런데 토마스에 따르면 이 보편적 선은 제일의, 보편적 작용인(prium et universale agens)이 아닐 수 없다.[11]

이 말을 이해하기 위해서는 가욕구적인 것(선)은 욕구를 자기에게

11 그리스 철학과 스콜라철학 일반이 전제하고 있듯이 원인을 찾아가는 과정을 무한히 진행할 수 없으므로 – 이것을 '무한소급(regress ad infinitum)의 불가능성'이라고 부른다 – 모든 존재하는 것들을 산출한 제일(첫 번째)의 존재 원인에 도달하지 않을 수 없다. 토마스 아퀴나스의 신 존재 증명은 바로 이러한 논리구조를 가지고 있다. 즉 경험에서 발견되는 어떤 현상에서 출발하여(예를 들어 어떤 사물이 '존재한다'는 것은 경험적으로 자명한 사실이다), 그 현상의 원인을 근원적으로 찾아가다 보면 궁극적으로 모든 것들의 '존재'의 원인, 즉 존재의 제일원인에 도달하게 되는데, 사람들은 그러한 존재의 제일원인을 우리가 신으로 이해한다는 것이다. 다섯 가지 경험적 사실에서 출발하기 때문에 토마스의 신 존재 증명을 '경험적(후험적) 신 존재 증명'이라고 규정하고 그 길을 '다섯 가지 길(quinque viae)'이라고 부른다. 그런데 이때 각 증명이, 특히 이글의 맥락에서 두 번째 증명(작용인을 통한 증명)과 다섯 번째 증명(목적인을 통한 증명)은 만일 작용인과 목적인의 비례 및 일치 관계가 없다면 '신' 존재 증명이 아닌 '신들'의 존재에 대한 증명이 될 것이다. 이에 대해서 Christian Schäffer, *Thomas von Aquins gründlichere Behandlung der Übel*, pp. 41 이하 참조.

로 끌어당김으로써, 즉 자기를 욕구하게 만듦으로써, 다른 것을 움직인다는 것을 생각해야 한다. 한편 제일 원동자(第一原動者)는 이러한 방식으로, 즉 욕구 운동을 일으키는 방식으로 다른 것을 움직이지만 자기는 다른 것에 의해 움직여지지 않는 것이다. 따라서 보편적이고, 제일의 가욕구적 대상은 제일의 보편적 선으로서, 그러한 '선으로서 자기 자신에 대한 욕구 때문에'(propter appetitum sui ipsius) 모든 '작용'을 한다는 것은 필연적이다. 토마스에 따르면 이와 같은 방식으로 보편적 선은 제일의 보편적 작용인이기도 하다. 그러므로 사물 안에 있는 것은 무엇이든 모두 이 제일의 보편적 존재 원인으로부터(a universali causa essendi) 생겨나듯이, 사물 안에 있는 것은 모두 보편적 선으로부터(a primo et universali bono) 생겨나야만 한다.

그러나 여기에서 주의해야 할 것은 원인이 보편적이라고 해서 그 원인으로부터 생겨난 것 자체가 보편적일 수는 없다는 사실이다. 즉 신은 존재하는 것의 제일의 보편적 원인이지만, 신에 의해 존재하는 것은 모두 개별적인 존재자(aliquod particulare ens)라는 것이다. 이와 마찬가지로 제일의 보편적 선으로부터 생겨난 것은 특수한 선(bonum particulare)일 수밖에 없다. 따라서 실재하는 것[12]은 모두 특수한 선(aliquod particulare bonum)이라는 것을 알 수 있다.

이로부터 실재하는 것은, 존재하는 것인 한, 본성상 선과 대립할 수 없다는 결론이 나온다. 그런데 위에서 선과 악은 서로 모순적으로 대립하는 것이라고 말하였기 때문에, 이로부터 토마스는 악은, 악인 한에서는 사물 안에 '있는(존재하는) 어떤 것'이라고 말할 수 없다는 결론

12 "quidquid est in rebus"의 번역으로, 직역을 하면 '사물들 안에 있는 것'

을 내릴 수 있다. 그래서 토마스에 따르면 사물 안에서 악이 발견된다면 그것은 어떤 실재하는 것이 아니라 어떤 특수한 선의 결여(alicuius particularis boni privatio)이며, 그런 의미에서만 '어떤 특수한 선에 내속하는 것'(alicui particulari bono inhaerens)이라고 말해야 한다는 것이다.

2) 둘째 논증: '자기에게 적합한 것'을 향한 실재의 경향성과 욕구로부터의 논증

둘째 논증은 실재하는 것은 모두 '자기 자신에게 적합한 어떤 것(sibi conveniens)'을 향한 경향성과 욕구를 갖는다는 주장을 바탕으로 진행한다. 그런데 위에서 말했듯이 가욕구적인 것은 모두 '선'이라는 규정성을 갖는다. 그래서 실재하는 것(사물 안에 있는 것)은 모두 '어떤 선과의 일치성'(convenientia)을 갖는다고 할 수 있다. 그런데 선과 악은 서로 모순적으로 대립하는 것이기 때문에 '악'은 결코 '선'과 일치하는 것이 없고, 서로 대립할 뿐이다. 그러므로 악은 결코 실재하는 것(사물 안에 있는 것)이 아니라고 말해야만 할 것이다.

토마스는 이 두 번째 논증을 일종의 귀류법적 논증을 통해서 강화한다. 즉 그는 악이 존재하는 어떤 사물이라고 가정할 경우, 그로부터 불합리한 결론이 도출된다는 것을 보여줌으로써 악은 실제로 존재하는 것이 아니라고 논증한다. 그에 따르면 만일 악이 존재하는 어떤 사물이라고 가정할 경우, 실재하는 어떤 것도(사물 안에 있는 어떤 것) 욕구 운동을 하지도, 욕구의 대상이 될 수도 없다는 것이다. 가욕구적인 것은 선이기 때문이다. 더 나아가 그는 '악'이 실재하는 사물이라면, 어떤 사물도 작용이나 운동을 한다고 말할 수 없다고 주장한다. 어떤 것도 목적(finis, 즉 선)의 욕구를 위해서가 아니라면 작용하지도 운동하지도 않기 때문이다. 이러한 고찰로부터 토마스는 악은 실제로 존재하는 어떤 것이 아니라고 말한다.

3) 셋째 논증: 존재자와 선의 교호성으로부터의 논증

셋째 논증은 존재자와 선의 교호성을 통해서 악의 비실재성을 주장한다. 이 세 번째 논증은『신학대전』에서도 이용된 논증이고, 스콜라철학의 초월자(transcendentia)론의 한 부분을 차지하는 논증이기도 하다.『진리론』제1문제 제1절에서 토마스는 존재자(ens) 및 존재자와 서로 교환해서 사용할 수 있는 가장 보편적인 여섯 가지 개념들에 대한 형이상학적 논의를 진행한다.[13] 그 여섯 가지 개념 중의 하나가 '선'이라는 개념이다.『진리론』의 논의에 따르면 '선'이라는 개념은 존재자와 일치하는 가장 보편적인 개념 중 하나로서, 두 개념의 교호성으로부터 '모든 존재하는 것은 선하다' 또는 '존재자와 선은 교환가능하다'(ens et bonum convertuntur)라는 유명한 스콜라철학의 명제가 탄생하게 된다. 토마스의 세 번째 논증은 존재자와 선의 교호성 증명의 한 부분을 이루는 논증이기도 하다.

이 논증은 다음과 같이 진행된다. 토마스에 따르면 '존재함'(esse ipsum)은 최고로(maxime) 욕구되는 것이다. 이것은 우리 자신을 포함해서 모든 사물에는 자기 존재의 보존에 대한 강한 욕구가 있다는 경험적 사실로부터 끌어낼 수 있는 주장이다. 즉 우리는 개별적으로 생명을 유

---

13 이에 대해서는 Jan Aertsen, *Medieval Philosophy and the Transcendentals. The Case of Thomas Aquinas*, Leiden – New York – Köln: E. J. Brill, 1996 참조.

지하기를 욕구할 뿐만 아니라, 종적(種的)으로도 우리의 존재가 유지되기를 본성적으로 욕구한다. 우리와 마찬가지로 모든 존재하는 것들은 모두 자신의 존재(esse) 보존에 대한 강한 욕구가 있어서, 자기 존재를 파괴하려는 것을 – 생명체의 경우 죽음을 – 피하려고 할 뿐만 아니라 그것에 강하게 저항한다는 것을 알 수 있다.

따라서 '존재' 자체는, '가욕구적인 것'인 한에서, 선이라고 말할 수 있다. 이것을 '존재하는 것은 모두 선하다'라는 스콜라철학의 명제가 표현하고 있다. 이제 악은 선과 모순적으로 대립하기 때문에, 악은 존재(esse)와 대립한다고 말할 수 있다. 그런데 '존재에 대립하는 것'이, 즉 존재를 거부하는 것이 '존재하는 어떤 것'일 수는 없다. 그러므로 악은 존재하는 어떤 것이라고 말할 수 없다는 결론이 필연적으로 도출될 수밖에 없다.

토마스는 이상의 세 가지 논거를 통해 악은 어떤 실재하는 것이 아니며, 오히려 선한 어떤 것이 없는 상태, 즉 '특수한 선의 결여'라는 주장을 논증한다. 물론 이때 '악'은 이 말의 두 번째 용법, 즉 '주체 안에 있는 악(나쁨)'이라는 의미에서 '악'을, 위의 예를 다시 사용하면, 시력이 나쁜(악한) 눈의 '시력의 나쁨(악)'을 가리킨다. 반면에 첫 번째 의미에서 악, 즉 '시력이 나쁜(악한) 눈'은 어떤 것이라고 말할 수 있다. 갖추어야 할 어떤 특수한 선이 결여된 사물은, 그래서 우리가 그것에 대해 '결여하고 있는 선의 관점에서 악하다(나쁘다)'고 말하는 것은 존재하는 어떤 것이기 때문이다. 시력이 나쁜(악한) '눈'은 존재한다. 그러나 눈의 시력이 '나쁨(악)'은 일정한 시력의 '결여'를 가리키기 때문에, 그것은 존재하는 '어떤 것'이 아니다. 바로 이러한 의미에서 토마스는 악은 어떤 것이 아니라고 주장한다.

2. 악의 주체로서 선[14]

선의 결여로서 악이라는 이론은 종종 '악이 존재하지 않는다'라는, 경험과 충돌하는 주장으로 오해되기 쉽다. 그런데 위에서 토마스에 따르면 악이 어떤 악한(나쁜) 것의 '악(나쁨)'을 가리킬 수도 있고(나쁜 눈의 '나쁨'), 그 안에 악(나쁨)이 있는 것(나쁜 '눈'), 즉 '악한 것'을 가리킬 수도 있다고 하였다. 전자의 의미에서 악은 선의 결여이다. 이렇게 이해하면 악은 존재한다고 말할 수 없다. 그러나 후자의 의미에서 악, 즉 '악한 것'은 어떤 의미에서 존재해야만 한다. 우리는 이미 '그 안에 악이 존재하는 어떤 것'이라는 말을 하고 있기 때문이다. 그러나 이렇게 악의 존재에 대해 말할 수 있지만, 여기에서도 두 가지 문제가 생겨날 수 있다. 그 자체로 존재하지 않는다고 말한 악이 어떤 것 안에 '존재' 한다고 말했기 때문이다. 첫째 문제는 악의 '존재'의 의미와 방식에 대한 것이고, 둘째 문제는 '악이 그 안에 존재하는 바의 것', 그것이 무엇인가라는 문제이다. 첫 번째 문제는 비존재의 존재와 관련된 형이상학적 문제로서 우리 앞에 있는 문제와 직접적인 관련이 없다.[15] 토마스는 여기에서 두

14 De malo, q. 1, a. 2: "악은 선 안에 있는가?(utrum malum sit in bono)"

15 악과 같이 그 자체로 고찰했을 때 '없는 것'을 어쩔 수 없이 '주체 안에 존재한다'라고 말할 수밖에 없는 이러한 상황 때문에 스콜라철학은 '존재[한다]'라는 말을 두 가지로 구별한다. 첫째는 존재함의 실제적 작용을 수행하는 것을 '존재한다'고 말한다. 이것을 식별하는 기준으로 어떤 것이 아리스토텔레스의 10가지 범주(실체와 아홉 가지 우유적 속성) 중의 어느 하나에 속하면 그것을 '실제로 존재하

번째 문제에 집중한다.

(1) 악의 주체로서 선의 이해를 위한 선의 여러 의미 구별

1) '절대적인 관점에서 선'과 '선한 어떤 것'의 구별

'[악의] 주체로서 그 안에 악이 존재하는 어떤 것'이 '존재하지 않는 것'일 수 없다는 것은 처음부터 분명해 보인다. 그렇지 않으면 '없는 것' 안에 '없는 것'이 존재한다는 말이 되기 때문이다. 그러므로 '악이 그 안에 존재하는 어떤 것'은 '존재하는 어떤 것'이라고 말해야 할 것이다. 앞 절에서 말했듯이 '존재(esse)'는 모든 존재하는 것(ens)이 '최고로 욕구하는 것'(maxime appetibile)이고 그런 의미에서 '존재하는 것'은 '선한 것'이기 때문에, '악'은 '선' 안에 '있다'라고 할 수 있다. 이러한 맥락에서 토마스는 '악은, 그것의 주체로서, 오직 선 안에만 있을 수 있다'라고 말하고 있다.

는 것(존재자)'이라고 부른다. 반면에 범주 중 어느 하나에도 속하지 않는다면, 그것은 실제로 존재하는 것이 아니라 단지 '관념적으로 존재하는 것'이라고 말하고 그러한 존재자를 '관념적 존재자'(ens rationis)라고 부른다. 여기에서 토마스는 '결여'는 존재하지 않는 것이지만 마치 존재하는 것처럼, 주체로서 선한 어떤 것 안에 '존재[한다]'고 말한다. 이때 '존재'라고 말할 수 있는 이유는 없는 어떤 것을 마치 실제로 '존재하는 것' 중의 하나인 것처럼 상정한 까닭이다. '전적으로 존재하지 않는 것(절대적 무)'에 대해서는 사유할 수 없기 때문이다. 이에 따라 정신이 만들어 낸 존재자(fictum)라는 의미에서 관념적 존재자라 부르는 것이다. 부정(negatio)이나 결여(privatio)가 대표적인 예이며, 더 넓은 의미로 사용하면 '키메라(chimaera)'와 같은 상상적 존재자도 정신이 만들어낸 관념적 존재자로 분류된다. 이렇게 현실 세계에는 존재하지 않지만 '그것에 대해 명제를 구성할 수 있는 것'을 넓은 의미의 존재자, 스콜라철학의 용어로는 ens rationis라고 부른다. 이에 대해서는 이상섭, 「보편학으로서의 형이상학과 지성의 존재 - 아리스토텔레스 형이상학의 대상규정을 둘러싼 논쟁의 한 사례 -」, 『중세철학』 9(2003), pp. 107 - 141 참조.

토마스는 악의 주체가 되는 선을 정확히 규정하기 위해서 먼저 '절대적인 관점에서 선'(bonum absolute)과 '이' 또는 '저' 선한 것(bonum hoc, 즉 특수한 선)을 구별한다. 이 또는 저 선한 것이란 예를 들어 '선한 사람' 또는 '좋은(선한) 눈'과 같이 특수한 사물의 선(좋음) 또는 그 선을 가진 사물을 가리킨다. 반면에 절대적인 관점에서 선(선한 것)은 이러한 특수성을 고려하지 않고 절대적으로(absolute) 고찰된 선을 가리킨다.[16]

2) 절대적인 관점에서 선의 외연과 플라톤주의 비판

토마스에게서 절대적인 관점에서 선은 '가능태에 있어서 선'을 포함하는 넓은 개념이다. 이를 설명하는 과정에서 토마스는 플라톤주의의 존재자개념에 대해 비판한다. 가장 보편적이고 넓은 외연을 가진 개념인 절대적인 관점에서의 선을, 토마스에 따르면, 플라톤주의자들은 외연에 있어서 심지어 존재자개념보다도 더 넓은 개념이라고 이해했다고 한다. 사실 플라톤은 『국가』에서 선의 이데아를 '존재'와 '인식'의 저편에 있는 것으로 규정하면서, 존재와 인식에 대한 선성의 우위를 주장한 바 있다.[17] 그런데 토마스가 보기에 플라톤주의자들은 외연에 있어서도 선이 존재자보다 더 넓다고 주장하고 있다는 것이다. 그러나 이와 달리 토마스는 '선'이라는 개념이 외연에 있어 '존재자'보다 더 보편적인

---

16 절대적 관점에서 선(bonum absolute)을 신, 즉 최고선(summum bonum)과 혼동해서는 안 된다. 마치 토마스에게서 형이상학의 대상인 공통존재자(ens commune)를 신으로 이해해서는 안 되는 것과 마찬가지이다. 오히려 절대적인 관점에서 선은 초월자로서 존재자와 같이 가장 보편적인 개념으로 이해해야 한다.

17 Platon, *Res Publica*, Platonis Opera Tomus IV, Burnet (ed), Oxford, 1978, 508b9 참조. 선과 존재자의 외연 문제를 둘러싼 논쟁에 대해서는 Jan Aertsen, *Medieval Philosophy as the Transcendentals*, pp. 306－314 참조.

개념이고 따라서 '존재자'보다 앞선다는 플라톤주의의 주장이 잘못된 근거에 기초한 주장이라고 본다. 즉, 위에서 말했듯이, 토마스는 선의 개념은 가장 보편적인 개념으로서 '존재자'와 상호교환해서 사용할 수 있다는 입장을 취하고 있다. 그만큼 외연이 넓은 개념임을 인정한다.

선의 외연과 관련해서 토마스는 먼저 이 개념은 목적과 수단 모두를 포함하는 개념이라고 말한다. 그에 의하면 선은 '가욕구적인 것'이고, 그 자체로 '가욕구적인 것'은 모두 그 자체로 선으로서, 목적이 바로 그러한 것이다. 가욕구적인 것, 선 그리고 목적의 동일성에 대해서 이미 언급한 적이 있다. 그런데 가욕구적인 것, 즉 선은 목적뿐 아니라 '목적을 향해 질서 지어져 있는 것'(ea quae ordinantur ad finem), 즉 수단도 포함된다. 수단은 목적과의 관계에서 선이라고 규정되기 때문이다. 이러한 맥락에서 목적을 위해 '유용한 것(utilia)'도 선으로 분류된다. 더 나아가 선의 개념은 '현실적인 것'뿐 아니라, '가능적인 것'(id quod est in potentia)도 포함하는 개념이다. 선에 대해 가능태에 놓여있는 것은 선을 향한 일정한 질서를 갖고 있다. '가능태에 있음'은 '현실태를 향해 질서 지어짐'을 의미하기 때문이다. 그러므로 '가능적인 것'은, '선에 대해 가능적인 것'이라는 의미에서 '선'이라고 부를 수 있다. 이는 '존재자' 개념이 현실태와 가능태로 구분되는 것에 대응한다고 말할 수 있다. 그러므로 모든 주체는 어떤 완전성(perfectio)을[18] 현실태로 소유하고 있지 않더라도 그것에 대해 가능태에 있다는 점에서, 그 완전성에 대한 가능태

18 곧 보게 되겠지만 토마스는 선(bonum)을 완전성 또는 완성(perfectio)으로 이해한다. 이에 대해서는 이상섭, 「선한 사람(homo bonus), 복된 사람(homo beatus): 토마스 아퀴나스의 이상적 인간에 대한 연구 – 덕의 연결(connexio virtutum)이론을 중심으로 –」, 『철학논집』 38(2014), pp. 67 – 102, 여기에서는 pp. 69 – 72 참조.

를 근거로 선한 것으로 규정될 수 있다. 토마스에 따르면 제일 질료도 이러한 종류의 주체에 포함된다.

바로 여기, 즉 제일 질료의 위상에서 토마스와 플라톤주의와의 차이가 나타난다. 토마스에 따르면 플라톤은 제일 질료를 일종의 결여로 잘못 이해했으며 그리고 결여는 비존재이기 때문에, 선이라는 개념은 '존재하지 않는 것'(비존재, 무)도 포함하는 개념이고, 그래서 존재자보다 더 넓은 개념이라는 잘못된 주장을 했다는 것이다. 그러나 토마스는 제일 질료는 순수한 가능태로서 존재자의 일종으로 파악한다. 제일 질료는 형상을 통해서 단적으로 존재하게 되며, 이 형상적 규정성에 대해서 본질적으로 가능태에 놓여있다고 주장한다. 그런데 바로 앞에서 토마스는 선의 본질적 규정에는 가능태도 속한다고 말했고, 따라서 제일 질료에도 본질적으로 '선'이 속한다고 추론할 수 있다.

3) '어떤 이것'의 완전성으로서 어떤 이것의 선

토마스에 따르면 모든 존재하는 것들은(존재자들은) - 존재 가능하다는 의미에서 존재하는 것이든, 아니면 현실적으로 존재한다는 의미에서 존재자이든 - 존재 양태를 고려하지 않은 절대적인 관점에서 '선'이라 불릴 수 있다. 그러나 이로부터 임의의 모든 사물이 '이 선한 것'(bonum hoc)'이라는 결론은 도출되지 않는다고 주장한다. 예를 들어 어떤 사람이 절대적인 관점에서 '선한 것'[19]이라고 불릴 수는 있어도, 이

19 '선한 사람'(bonus)이 아니라, '선한 것(bonum)'이라고 말한 것에 주목해야 한다. 즉 어떤 특정한 '사물'로서의 완전성에 도달했다는 점에서 '선한' 어떤 것이 아니라, 그러한 완전성을 고려하지 않고 단적인 의미에서 '선한 것'이라고 불릴 수 있다는 의미로 이해할 수 있을 것이다.

로부터 그가 '좋은(선한) 기타로스 연주자'라는 결론이 직접적으로 도출되지 않는다는 것이다. '좋은 기타로스 연주자'가 되려면 좋은 기타로스 연주자가 되기 위한 덕(virtus)을 갖추어야만 하기 때문이다. 따라서 인간은, 인간이라는 점에서는 '선한 어떤 것'(quoddam bonum)이라고 말할 수 있지만, '선한 인간'(bonus homo)이라고 말할 수는 없다는 것이다. 어떤 사람을 선한 사람이라고 부를 수 있으려면 선한 사람이 되기 위한 조건, 선한 사람의 덕(virtus)을 갖추어야만 하기 때문이다.

이렇게 각각의 사물들을 선한 것으로 만드는 것은 각각의 사물에 본래적으로 속하는 덕이다. 이 덕은 각 사물이 가지고 있는 '능력(potentia)의 궁극(ultimum)'이라고 할 수 있다. 예를 들어 기타로스를 연주할 수 있는 능력을 계발하고 그 능력을 완성하여 기타로스를 실제로(현실태에 있어서) 잘 연주할 수 있게 되었을 때 '좋은(선한)' 기타로스 연주자라 불리게 된다. 일반적으로 말하자면 이처럼 어떤 사물이든 그것이 자기의 고유한 능력에 대응하는 고유한 완전성(propria perfectio)을 가졌을 때 '이 좋은(선한) 어떤 것'(aliquid bonum hoc)이라 불리게 된다. 즉 인간은 인간의 완전성(perfectio hominis)을 소유했을 때, 눈은 눈의 완전성에 도달했을 때 각각 선한 사람, 좋은(선한) 눈이라고 불리게 된다는 것이다.

(2) 악의 주체로서 완전성에 대한 가능태에 있는 존재자

이상의 논의들로부터 토마스는 '선(선한 것)'이라는 말의 세 가지 용법을 구별하고, 이 중의 하나를 악의 주체로 특정한다. 첫째, 사물의 완전성 자체를 '선'이라고 부를 수 있다. 예를 들어 잘 보는 것은 '눈의 좋음(선)'('눈에 좋은 것')이고 덕은 인간의 선(인간에게 좋은 것)이라고 말할 때, '선'이라는 말을 바로 이러한 의미에서 사용하고 있다. 둘째, 자기의 고유한 완전성을 소유하고 있는 사물 자체를 선한 것이라고 말할 수 있다. 즉 덕을 소유한 사람(homo virtuosus)을 '선한 사람'이라고 말하고, 잘 보는 눈을 시력이 '좋은(선한) 눈'이라고 말하는 것과 같다. 셋째, 어떤 완전성을 현실적으로 가지고 있지는 않지만 그러한 완전성을 가질 수 있는 능력(가능성)이 있는 주체를 그 가능성에 근거해서 선한 것이라고 부를 수 있다. 예를 들어 덕에 이를 수 있는 영혼이나, 지금은 어떤 조건 때문에 잘 보지는 못하지만 잘 볼 수 있는 시각 능력이 있는 눈을 '(가능태에 있어서) 좋은 눈'이라고 부를 수 있다.

위에서 우리는 악은 오직 선한(좋은) 것 안에 존재한다고 말하였다. 그런데 이제 악의 주체가 되는 '선한 것'은 위에서 설명한 세 가지 의미로 말해질 수 있다. 토마스에 따르면 이 중 첫 번째 의미와 두 번째 의미의 선(한 것)이 악의 주체라고는 말할 수 없다는 것은 분명하다. 이 두 가지 의미의 선(한 것)에는 소유해야만 하는 선을 소유하지 않았다는 의미에서, 즉 선의 결여로서의 악이 발견되지 않기 때문이다. 즉 현실태에 있는 것에 대해 결여라는 말을 할 수 없다. 악은 어떤 사물이 본성적으로 소유해야 할 완전성의 결여이고, 이러한 결여는 오직 소유해야 할 완전성에 대해서 가능태에 있는 것에 대해서만 말할 수 있기 때문이다. 즉 우리가 본성적으로 가질 수 있고 또 갖지 못할 수도 있는 것에 대해서 '그것을 결여할 수 있다'고 말할 수 있다. 따라서 토마스에 따르면 선의 세 가지 의미 중에서 세 번째 의미, 즉 어떤 완전성에 대해서

가능태에 있는 것(주체)을 '그 안에 악이 있을 수 있는 선한 것'이라고 - 가능적인 것도 선한 것이라고 말할 수 있기 때문이다 - 말해야 한다.

기타로스 연주자의 예를 다시 들어보자. 만일 기타로스 연주와 아무런 관련이 없는 어떤 사람이 있다면 그 사람을 좋은 기타로스 연주자 또는 나쁜 기타로스 연주자라고 말하는 것은 아무런 의미가 없다. 아무 연관이 없는 것을 연관 짓고 있는 것이기 때문이다. 마치 날 수 있는 능력이 없는 사람에게 '잘 날지 못하는 비행자'라고 말하는 것과 같다. 중요한 것은 어떤 임의의 것이 없다고 해서 악한(나쁜) 것이 아니라, 본래적인 의미에서 마땅하게 소유해야 할 완전성의 결여(privatio debitae perfectionis)만이 악이라는 것이다. '나쁜(악한)' 기타로스 연주자라고 말하려면 기타로스 연주에 대한 가능성(능력)이 있는 사람이 그 능력을 현실화시키지 못했을 때, 즉 완전성을 결여하고 있어야 한다. 바로 그 부족한 점, 즉 결여가 악(한 것)이다. 그리고 이 '악'은 기타로스 연주라는 완전성의 '결여'로서, 좋은 기타로스 연주의 가능성을 가지고 있는 연주자(좋은 기타로스 연주자가 될 수 있는 사람) '안에 존재'한다.

토마스에 따르면 이처럼 악의 주체가 되는 선은 '결핍될 수 있는 것인 완전성과 그것의 주체로 구성된 것'(compositum ex subiecto et perfectione)이다. 그래서 이 합성된 선이 악을 통해서 약화되거나 상실될 수도 있지만 - 즉 완전성이 박탈(파괴)된다는 의미에서 - 그럼에도 그것의 주체로서 사물 자체는 남아 있게 된다. 예를 들어 맹성(盲性)이 시력을 빼앗지만, 눈은 남아 있어서 '눈이 시력을 잃었다' 또는 '약해졌다'고 말하는 것과 같다. 그래서 맹성은 그것의 주체로서 '눈의 실체 또는 동물 안에 있다'고 말할 수 있다. 이러한 방식으로 토마스는 결여로서 그 자체로는 '존재하지 않는 것'인 악이 '선한 것' '안에 있다'라고 주장한다. 그러나 엄밀하게 말하자면 '악'은 존재하지 않는 것이고, 악이 그 안에 있는, 즉 없는 것(결여)을 포함하고 있는 주체(선한 것)가 존재하는 것이다.

덧붙여서 말하자면 만일 어떤 존재자가 어떤 것에 대해서도 가능태에 있지 않고 모든 점에서 전적으로 완성된 상태에 있는 존재자, 즉 순수 현실태(actus purus)라고 했을 때, 그러한 존재자는 어떤 결핍도 있지 않기 때문에, 결코 악이 있을 수 없는 존재자이다. 토마스에 따르면 신이 바로 그러한 존재자이다.

이 말의 의미는 앞으로 우리가 다루게 될 인간에게 고유한 악인 도덕적 악에 대한 이해와 관련해서도 중요하다. 즉, '악'이 그 안에서 일어나는 '선한 것'은 오직 유한한 존재자라는 것이다. 무로부터 창조된 모든 존재자는 무로부터 비롯된 결여의 가능성을 가지고 있고[20] 그런 한에서 피조물의 세계에서 악은 피할 수 없는 숙명과도 같다.[21] 인간도 무로부터 창조된 피조물인 한에서 악을 피할 수 없다. 그런데 '가능태'라는 말은 일어날 수도 있지만, 일어나지 않을 수도 있다는 뜻이기도 하다. 특히 인간의 의지는 그러한 가능성을 자기 자신 안에 가지고 있다.[22] 인간은, 존재하는 한에서는 선한 '존재자'이지만, 인간으로서 본성

20 De veritate, q. 24, a. 8 co. 이에 대해서는 Jacques Maritain, *Saint Thomas and the Problem of Evil*, translated by Gordon Andison, Milwaukee: Marquette University Press, 1942, pp. 34–36 참조.

21 토마스는 유한한 존재자에게 '악', 즉 '선의 결여'의 가능성은 본성에 따른 것이다. 이에 대해서는 Summa Theologiae Ia, q. 48, a. 2 co. 참조. 이 부분의 해석에 대해서는 John Knasas, *Aquinas and the Cry of Rachel*, pp. 45 이하 참조.

22 Bernhard Welte, "Thomas von Aquin über das Böse", in: Bernhard Welte. *Gesammelte Schriften II/1. Denken in Begegnung mit den Denkern I; Meister Eckhart,*

적으로 갖추어야만 할 완전성 – 도덕적 완전성, 즉 덕이 바로 그러한 것이다 –을 갖추지 못했다면, 그만큼 '악한' 사람이라고 말할 수밖에 없다. 그렇지만 인간은 이러한 덕에 이르게 되면 선한 사람이 될 수 있다. 도덕적 완전성에 대해서 가능태에 있기 때문이다. 그런 의미에서 인간은 선과 악의 두 갈래의 길 앞에 놓여있는 존재자라고 할 수 있다.

3. 악의 원인으로서 선[23]

(1) 본질적 원인을 갖지 않는 악

악의 비실재성 및 주체 문제를 다룬 후 토마스는 악의 원인에 대한 고찰로 넘어간다. 도덕적 악의 원인에 대해서는 제3문제에서 상세하게 논의된다. 여기에서는 존재론적 관점에서 악의 원인에 대한 일반론이 전개된다.[24]

악의 원인과 관련하여 토마스의 입장을 한마디로 말하자면 '악은 선에 의해 일어난다'라는 것이다. 이 주장은 역설적으로 들린다. 그렇지만 악의 주체가 선이라는 주장을 생각해 보면 이해할 수 없는 주장은 아니다. 물론 이 주장을 정확히 이해하기 위해서는 악이 원인을 갖는

Thomas von Aquin, Bonaventura, Eingeführt und bearbeitet von Markus Enders, Freiburg · Basel · Wien: Herder, 2007, pp. 246 – 261, 특히 pp. 253 이하 참조.

23 De malo, q. 1, a. 3: "선이 악의 원인인가? (utrum bonum sit causa mali)"

24 제1문제 제3절의 악의 원인에 대한 설명은 Christian Schäfer, *Thomas von Aquins gründlichere Behandlung der Übel*, pp. 65 – 113 참조.

특수한 방식을 고려해야만 한다. 즉 악의 원인은 선이 원인을 갖는 것과는 다른 방식에서 이해해야만 한다는 것이다. 선과 달리 악은 그 자체로는 '어떤 실재하는 것'이 아니며, 따라서 악은 '실재하는 것(존재자)'이 원인을 갖는 것과는 다른 방식으로 원인을 가질 수밖에 없기 때문이다.

이와 관련하여 토마스는 먼저 악은 '본질적 원인'(causa per se)을 갖지 않는다고 말하고, 이를 세 가지 근거에서 설명한다.

첫째, 본질적 원인을 갖는 모든 것은 이 본질적 원인에 의해 의도된 것(intentum a causa sua)이어야 한다는 이유이다. 작용인의 의도 밖에서(praeter intentionem agentis) 생겨나는 것은 작용인의 본질적 작용 결과가 아니라, 그것의 우유적 결과(effectus per accidens)일 뿐이다. 예를 들면 무덤을 파다가 보물을 발견하게 되는 경우가 있다. 이때 무덤을 파는 것은 보물 발견의 원인이지만 본질적인 원인은 아니다. 보물 발견은 무덤을 파는 사람의 원래 의도 밖의 것이기 때문이다.

그런데 토마스에 따르면 악은, 악인 한에서, 행위자가 의도한 것일 수 없고, 또한 어떤 식으로든 의지(意志)하거나(volitum)[25] 욕구한 것(desideratum)일 수도 없다. 이 주장은 욕구와 '가욕구적인 것'의 관계를 생각해 보면 쉽게 알 수 있다. 우리는 위에서 토마스가 아리스토텔레스를 따라 '선은 모든 것이 욕구하는 것'이라고 정의하는 것을 보았다. 그리고 이로부터 '선은 욕구하고 악은 피하라'는 실천이성의 제일 원리가 도출된다는 것도 살펴보았다. 이에 따르면 가욕구적인 것은 모두 '선'이며, 선은 악과 대립하는 것이다. 물론 여기에서 말하는 선이 반드시 '참

25 volitum을 이렇게 번역하였다. 이 책에서는 voluntas – voluntarium – velle의 연관을 살리기 위해 '의지'(voluntas)를 기본어휘로 삼고, 이를 형용사 및 동사화한 '의지적(voluntarium)', '의지(意志)함(velle)'이라는 번역어를 사용하려고 한다.

된 의미에서 선한 것(vere bonum)'은 아닐 수도 있다. 왜냐하면 어떤 것은 '실제로는 악한 것'이지만 어떤 욕구 주체에게 '선한(좋은) 것'으로 보일 수 있기 때문이다. 그러나 이 경우에도 실제로는 나쁜(악한) 것이더라도, 욕구 주체는 그것을 '악'으로서 욕구하는 것이 아니라, 그에게 선으로 보이는 한에서(ut sibi videtur) 일종의 '선'으로서 욕구하는 것이다.[26] 토마스의 예를 들면, '혼외 관계를 하는 사람'은 감각적 쾌락의 향유를 선으로 여길 수 있고, 그런 이유로 그러한 행위를 한다는 것이다. 바로 그러한 의미에서 토마스는 '악'은, 악인 한에서, 행위자의 의도 밖에 있는 것으로서, 본질적 원인을 갖지 못한다고 주장한다.

둘째, 본질적 원인에 의해 생겨난 본질적 결과(effectus per se)는 원인과 유사성(similitudo)을 갖는다는 점에서 분명히 알 수 있다. 물론 이 유사성은 일의적 작용인(agens univocum)과 다의적 작용인(agens aequivocum)의 경우 각각 다르다. 일의적 작용인과 그것의 결과 사이에는 동일한 본질적 규정을 갖는 유사성이, 반면에 다의적 작용인과 결과 사이에는 결핍된 유사성이 있기 때문이다.[27] 그러나 이러한 차이에도 불구하고 일의적 작용인이건 또는 다의적 작용인이건, 작용인에 의해 산출된 작용결과는 작용인과 '유사성의 관계를 갖는다'는 점에서 공통성이 있다. 작용인은 모두, 현실태(actu)에 있는 한에서, 작용하기 때문이다. 그런데 '현실태에 있음'은 '선'이다. 완전성을 의미하기 때문이다.

---

26 이에 대해서는 De malo, q. 6 참조.

27 '일의적 작용인'은 사람이 사람을 낳는 경우를 생각하면 알 수 있다. 이때 낳은 '사람'과 낳아진 '사람'은 동일한 본질적 규정(예컨대 '이성적 동물'이라는 정의)을 가지며, 그러한 규정성의 관점에서 유사하다고 말할 수 있다. 한편 다의적 작용인의 사례로 토마스는 태양(sol)과 태양의 힘에 의해 산출된 것의 관계를 들고 있다. 이에 대해서는 Summa Theologiae Ia, q. 4, a. 3 co. 참조.

그러므로 악은 악인 한에서 현실태에 있는 작용인과 유사성을 갖지 않는다. 악은 완전성의 '결여'로서 현실태에 있는 것이 아니기 때문이다. 따라서 토마스는 악은 본질적 원인을 갖지 않는다고 말한다.

셋째, 본질적 원인과 그것의 작용결과 사이에는 확실하고 규정된 질서 관계가 있지만, 악의 경우는 그렇지 않다는 사실로부터 분명히 알 수 있다. 토마스의 이러한 논거는 악의 본질적 규정 자체로부터 직접 도출될 수 있다. 왜냐하면 악은 질서를 벗어났을 때,[28] 발생하는 것이기 때문이다.

(2) 악의 우유적 원인으로서 선

토마스는 이상과 같은 세 가지 이유에서 악은 본질적 원인을 갖지 않는다고 주장한다. 그러나 이 말이 곧바로 악이 전혀 원인을 갖지 않고 우발적으로 발생한다는 것을 의미하지는 않는다. 오히려 토마스는 악은 어떤 방식으로든 원인을 가져야만 한다고 강조한다. 악이 생겨나는 이유에 대한 설명이 필요하다는 것이다.

그 이유는 '악'이라는 것은 그것을 갖는 사물에 본성적으로 내재하는 것이 아니라는 데 있다. '악'은 그 자체로 실재하는 것이 아니라 '결여'로서 다른 것 안에 존재하는 것이며, 결여는 본성상 있어야 하는데 실제로 있지 않은 것의 '있지 않음', 즉 결핍(defectus)이기 때문이다. 그

28 'in praetermittendo ordinem'은 질서를 지나쳐서 놓치는 상황을 가리킨다. 그런 점에서 토마스에 따르면 악은 질서의 작용범위 밖에서 우유적으로 일어나는(accidit) 것이다. 이 용어의 해석에 대해서는 Christian Schäfer, *Thomas von Aquins gründlichere Behandlung der Übel*, p. 77 참조.

런데 결핍(있지 않음)이 어떤 사물에 본성적으로 속하는 것이라면, 그 결핍이 그 사물에 나쁜 것(악)이라고 말할 수는 없다. 위에서 말한 것처럼 인간에게 '날개가 없다'는 것은 자연적(본성적)이고, 그래서 '인간에게 나쁜 것(악)'이라고 말할 수 없다. 그러나 '새에게 날개가 없음'은 새의 본성에 반하는 것으로서 새가 마땅히 가져야 하는 것이 없는 상태(결여)로 '새에게 나쁜 것(악)'이다. 그런데 토마스에 따르면 이러한 일, 즉 어떤 사물이 본성적으로 가져야 하는 것을 갖지 못하는 일이 아무런 원인이 없이 일어날 수는 없다는 것이다. 예를 들어 물이 아무런 이유 없이 뜨거워질 수는 없고, 새가 아무런 이유 없이 날개가 없을 수는 없다. 이러한 이유로 선의 결여로서 어떤 주체 안에 내재하는 악이 아무런 원인이 없을 수는 없다는 것이다. 그런데 위에서 살펴본 것처럼 악은 본질적 원인을 갖지 않는다. 이에 따라 토마스는 악은 '우유적 원인'(causa per accidens)을 갖는다고 주장한다.

이제 토마스는 '선(좋은 것)'이 바로 악(나쁜 것)의 우유적 원인이라고 주장한다. 그는 이 최종적 결론에 이르기 위해서 우유적인 것은 본질적인 것으로 환원된다는 주장과 배중률을 이용하고 있다.[29] 토마스는 이미 위에서 여러 차례 언급한 것처럼 악은 본질적 원인을 갖지 않는다고 말하였다. 그러므로 악이 원인을 갖는다면 그것은 우유적 원인일 수밖에 없다. 이에 따라 악은 선에 의해 우유적으로 야기되거나, 또는 악에 의해 우유적으로 야기될 가능성이 있다. 일단 분명한 사실은 악은 본질적 원인을 갖지 않기 때문에, (그것과 모순적으로 대립하는) 선만이 본질적 원인을 갖는다는 것이다. 그리고 원인과 결과 사이에는 유사성

29 Christian Schäfer, *Thomas von Aquins gründlichere Behandlung der Übel*, p. 78 참조.

이 있기 때문에, 선의 본질적 원인은 선일 수밖에 없다는 결론이 도출된다. 이처럼 선은 선과 본질적 인과관계를 갖기 때문에 선이 악에 대해서 인과관계를 갖는다면 그것은 우유적 인과관계일 수밖에 없다. 따라서 악의 원인은 선인 한에서, 결국 선이 모든 악의 우유적 원인이라는 결론이 남게 된다.

물론 또 다른 가능성인 악에 의한 악의 우유적 발생도 생각할 수 있다. 이와 관련하여 토마스는 악은, '결함 있는 선(defectivum bonum)'으로서, 악의 우유적 원인이 될 수도 있다고 말한다. 토마스는 제1문제 제1절에서 '악'이라는 말의 두 가지 용법을 구별하였다. 즉 악은 선한 것 안에 있는 악 자체를 가리킬 수도 있다. 이러한 의미에서, 즉 결여로서 '악'은 인과성을 가질 수 없다. 한편 악은 그 안에 나쁨을 가지고 있는 선한 것(좋은 것), 예를 들어 '나쁜 눈'을 가리킬 수도 있다. 바로 이와 같은 의미에서 악(즉, 악한 '것')이 악의 우유적 원인이라고 말할 수도 있다.[30] 그러나 이 악(시력의 결여)을 가지고 있는 것은 선한 것(즉, 눈)이다. 그러므로 토마스에 따르면 우리가 궁극적으로 악의 – 본질적 원인을 갖지 않으므로 – 우유적 원인을 찾게 되면, 악의 제일원인은 선한 것으로서, 악은 선을 우유적 원인으로 갖는다는 결론에 이르게 된다.

(3) 선에 의한 악의 우유적 인과성

1) 자연에서의 인과성과 도덕의 영역에서의 인과성의 차이

① 두 가지 방식의 우유적 인과성

30 Christian Schäfer, *Thomas von Aquins gründlichere Behandlung der Übel*, p. 78 참조.

이제 악의 원인과 관련해서 남은 과제는 선이 악의 우유적 원인이 되는 방식을 설명하는 것이다. 토마스는 선으로부터 악이 우유적으로 생겨나는 두 가지 방식이 있다고 말한다. 그중 하나는 선이 결함이 있어서(inquantum est deficiens) 악의 원인이 되는 경우이고, 다른 하나는 선이 자신의 본성적 작용을 하는 과정에서 우유적으로 악을 발생시키는 경우이다. 이는 앞에서 고찰한 내용으로부터 도출될 수 있는 결론이다. 그는 이 두 가지 방식을 자연물의 영역과 의지의 영역(윤리의 영역)에 모두 적용한다.

② 자연의 영역에서 우유적 인과성

토마스는 먼저 자연물의 영역에서(in rebus naturalibus) 악의 우유적 인과성을 고찰한다. 이와 관련하여 그는 먼저 물과 불이 서로에게 미치는 부정적 작용영향을 사례로 들면서 선이 자신의 본성적 작용을 하는 과정에서 악의 발생을 설명한다. 불은 본성상 뜨거운 것이고, 그래서 그것의 본성적 작용은 다른 사물들에 자신의 형상인 열기를 전달하는 것이다. 그런데 불의 열기가 물에 가해지면, 물은 자신의 형상을 잃고 기화될 수 있다. 물의 입장에서 자신의 존재를 잃음이라는 '악'이 발생한 것이다. 그런데 이러한 작용을 하는 불의 능동적 힘은 물의 비존재, 즉 물의 기화를 우선적으로(principaliter) 그리고 본질적으로(per se) 의도한 것은 아니다. 다만 '불의 형상', 즉 열기를 어떤 질료(대상)에 가하는 것을 우선적으로 의도했지만, 이것이 필연적으로(ex necessitate) 물의 비존재(non esse aquae)와 연결된 것이다. 따라서 불의 측면에서 보자면 불 때문에 물이 존재하지 않게 되는 사건은 불의 본성적 작용의 의도 밖에 있는 우연적 사건이다.

한편 결함 있는 선에 의한 악의 우연적 발생 사례로 토마스는 종자의 결함으로 인한 기형이라는 악의 산출을 들고 있다. 그런데 여기에서 간과해서는 안 되는 점은 결함 있는 종자가 나쁜(악한) 출산의 원인이라고 하더라도 종자 자체는 실체적으로는 선(좋은 것)이고 악은 그것에 우유적으로 속한다는 것이다. 여기에서도 악은 본질적인 것이거나 실체적인 것이 아니며, 단지 우연적으로, 그것도 선에 의해 야기된 것이라는 토마스의 생각이 함축되어 있다.[31] 이러한 맥락에서 토마스는 종자에게 속하는 결함, 즉 악의 원인을 찾다 보면 이 악을 우연적으로 발생시키는 어떤 선(좋은 것)에 도달하게 된다고 말한다. 종자의 좋은 상태를 위해 필요한 성질이 있는데, 그러한 성질에 대립하는 성질을 종자 안으로 불러일으키는 어떤 변화의 원리(causa alterans)가 종자의 결함의 원인이라는 것이다. 그런데 변화를 일으키는 원리의 힘이 강할수록, 종자의 좋은 상태 유지를 위해 필요한 성질에 대립하는 성질이 더 초래되어, 종자의 결함을 더 크게 만들 것이다. 이처럼 종자의 결함 자체는 결함이 있는 한에서의(deficiens) 어떤 선(좋은 것)에 의해서 야기되는 것이 아니라, 오히려 완전한 것인 한에서(perfectus) 선(좋은 것)에 의해서, 물론 우연적으로(per accidens) 초래되는 것이다.

이처럼 토마스에 따르면 자연 사물에서 악의 발생은 선이 자기의 본성적 작용을 하는 과정에서 우연적으로 생겨나는 결과라고 말할 수 있다.

---

31 Christian Schäfer, *Thomas von Aquins gründlichere Behandlung der Übel*, p. 80 참조.

③ 의지의 자유로운 선택에 의한 인과성

토마스에 따르면 선에 의한 악의 우유적 인과성은 의지의 영역에도(in voluntariis), 즉 윤리의 영역에도 적용된다. 그러나 그는 자연의 영역과 의지의 영역은 유사성도 있지만, 본질적 차이가 있다고 강조한다. 자연의 영역에는 자연적 필연성이 지배하지만, 의지의 영역에서는 의지의 자유로운 선택이 있기 때문이다.

이성적 욕구로서 의지는 가욕구적 대상에 의해 움직여질 수 있다. 욕구는 가욕구적 대상을 향한 일종의 경향성이기 때문이다. 가욕구적 대상이 욕구에 주어지게 되면, 욕구는 그것을 향한 운동을 시작*할 수 있다*. 예를 들어 감각적 쾌락을 주는 어떤 것이 의지를 움직여 그 쾌락을 즐기도록 만들 수 있다. 토마스에 따르면 이 경우 이 감각적 쾌락이 이성과 신법의 질서를(ordinem rationis et legis divinae) 배제하는 것이라면 도덕적 악(malum morale)이 생겨난다.

그러나 중요한 것은 의지는 감각적 쾌락을 주는 것을 즐기려 하지 않고 거부할 수도 있다는 사실이다. 바로 여기에서 의지와 자연의 결정적 차이가 있다. 만일 자연의 영역에서 작동하는 것과 동일한 운동 메카니즘이 의지의 영역에도 적용된다면, 도덕적 악의 발생은 필연적인 것이 될 것이다. 왜냐하면 그 경우, 감각적 쾌락이라는 자극이 주어지면 그것을 향한 의지의 욕구 운동이 필연적으로 발생한다고 말해야 하기 때문이다. 그러나 이러한 동일화는 윤리를 전적으로 파괴하게 될 것이다. 그러한 이유로 토마스는 자연과 의지의 차이를 강조한다. 즉 토마스에 따르면 감각적 쾌락을 주는 자극이 의지 앞에 주어졌을 때, 그것을 받아들일지 아니면 받아들이지 않을 것인지는 전적으로 의지의 능력에 달려 있다고 강조한다. 불의 열기가 물에 가해지면 필연적으로 물이 기화하는 것과 달리 감각적 쾌락이 의지에 주어져도 의지가 필연적으로 쾌락을 향한 욕구 운동을 하는 것이 아니라는 것이다.

이처럼 토마스에 따르면 욕구 운동을 할 것인지 또는 말 것인지는 전적으로 '의지의 자유로운 선택'에 달려 있다. 그러므로 의지의 악인 도덕적 악, 즉 이성과 신법에 반해 감각적 쾌락을 받아들임에서 성립하는 도덕적 악의 원인은 의지의 욕구 대상이 아니라 의지 자체라는 것이다.

2) 도덕적 악의 원인으로서 의지

자연과 의지 사이에 이러한 근본적인 차이가 있지만, 의지가 도덕적으로 악한 행위의 원인이 되는 방식은 자연적인 것에서 살펴본 것과 같이 두 가지 방식이 있다. 즉, 선을 추구하는 과정에서 악을 우유적으로 발생시키는 한에서, 그리고 결함 있는 선(bonum deficiens)으로서 의지가 악의 원인이 될 수 있다.

첫 번째로 의지가 자기의 본성적 작용을 하는 과정에서 우유적으로 악의 원인이 되는 경우를 생각해 보자. 토마스에 의하면 의지는 이성적 욕구 능력이고 욕구는 선을 바라는 능력이기 때문에, 의지는 항상 '선'을 지향하게 된다. 그런데 의지가 욕구하는 것이 '어떤 특정한 관점에서만 선한 것이고, 실제로는 단적인 악(simpliciter malum)과 연결된 것(coniunctum)'일 수 있다. 의지는 어떤 것을, 그것이 실제로는 악한 것이라도 선으로 파악된 것인 한, 선으로서 욕구하기 때문이다. 위에서 든 예처럼 신법과 이성의 질서를 벗어나서 '감각적 쾌락을 주는 것'은 도덕적으로 악한 것, 즉 단적으로 악한 것이지만, 쾌락을 주는 한에서 '선(좋은 것)으로 보일 수 있다'. 그래서 의지는 의도에 있어서 '선'(이 경우 감각적 쾌락을 주는 것)을 욕구했지만, 그것이 단적인 악과 연결되어 있는 한, 악이 본래 의도와는 달리, 즉 우연히 발생할 수 있다. 또는 어떤 사람이 자기에게 닥친 위험을 피하는 과정에서 - 위험을 피하는 것은 선(좋은 것)이다 - 전혀 의도하지 않게 다른 사람에게 해를 끼치는 일이 발생할 수 있다. 이러한 방식으로 의지는 선을 바라지만, 우연적으로 악을 초래하는 원인이 될 수 있다. 이것은 자연의 영역에서 물과 불의 대립 작용의 사례에 대응하는 것이다.

두 번째로 의지가 '결함이 있는 선'인 한에서 악의 원인이 되는 경우를 생각해 보자.[32] 동물의 산출에 있어서 생식능력과 과정에 필요한 어떤 원리나 형상이 결함이 있을 때 잘못된 출산이 생겨나는 것과 마찬가지로, 의지 안에도 어떤 잘못된 선택을 낳는 결함이 있다고 생각할 수 있다. 이러한 관점에서 토마스에 따르면 결함 있는 선택에 앞서(ante ipsam electionem deficientem), - 즉 의지가 특정한 관점에서는 선이지만 단적으로는 악한 것(secundum quid bonum, quod est simpliciter malum)을 선택하게 하는 결함 있는 선택에 앞서, - 의지 안에서 어떤 결함이 반드시 먼저 발견되는 한에서, '결함 있는 선'으로서 의지는 도덕적 악을 야기(惹起)할 수 있다는 것이다.[33]

32 이에 대해서는 Jacques Maritain, *Saint Thomas and the Problem of Evil*; Edward Cook, *The Deficient Cause of Moral Evil According to Thomas Aquinas*, Washington, D.C. 1996 참조.

33 첫 번째 경우 의지가 선을 일차적으로 욕구하는 과정에서 그것과 연결된 악을 의지(意志)하지 않았음에도, 선의 욕구에 악이 부수적으로(우연적으로) 함께 일어나는 것이라면, 두 번째 경우에 의지는 비록 선을 직접적으로 욕구한 것이라

토마스는 결함 있는 선으로서 의지를 구체적으로 다음과 같이 설명한다. 하나(A)가 다른 하나(B)의 규칙(regula)이고 척도(mensura)일 경우, B는 A에 의해 규제되고 측정된다고 말할 수 있다. 이 경우 측정되고 규제되는 것인 B의 선은 그것의 규칙이고 척도인 A에 의해 측정되고 규제됨으로써 생겨난다. 반면에 B의 악은 A에 의해 규제되거나 측정되지 않는 데서 생겨난다. 예를 들어 '나무를 일정한 크기로 자름'이라는 행위에 있어서 '일정한 크기'라는 기준에 맞게 자르면 '잘' 자르는 행위(선한 행위)이고 그 기준에 맞지 않으면 '잘못' 자르는 행위(악한 행위)가 된다. 그런데 토마스에 따르면 도덕적 행위의 영역에서는, 즉 의지적인 것의 영역에서는 이성(ratio)과 신법(lex divina)이 바로 그러한 규칙과 척도이다. 그래서 인간사에서 쾌락과 같은 것은 이성과 신법의 규칙에 따라 측정되고 규제될 때 선이 되고, 그렇지 않을 때 악이 된다는 것이다.

이러한 맥락에서 토마스는 질서를 잃은 의지의 선택에 앞서, 즉 도덕적 악에 앞서, 의지 안에 '척도와 규칙으로서 이성과 신법을 사용하지 않음'(non uti regula rationis et legis divinae)이라는 결함이 먼저 발견된다고 말한다. 그런데 토마스는 '척도와 규칙을 사용하지 않음'의 이유를 의지 밖에서 찾을 필요는 없다고 말한다. '의지의 자유'(libertas voluntatis)로 충분히 설명된다고 생각하기 때문이다. '행위 함'(agere)과 '행위하지 않음'(non agere)은 의지의 자유로운 선택에 달려 있기 때문이다. 더 나아가 '의지(意志)함'(velle)과 '의지하지 않음'(non velle) 자체도 의

고 하더라도, 악도 함께 '의지적으로' 욕구한다는 차이가 있다.

지에 달려 있다.[34] 그런데 여기에서 토마스는 '이성의 규칙과 신법을 실제로 고찰하지 않는 것'은 도덕적 악이 발생하기 위한 전제이고 의지의 자유로운 작용이기는 하지만, 그 자체로는 악(malum)도, 죄책(culpa)도, 벌(poena)도 아니라고 말한다. 이러한 맥락에서 토마스는 이것을 단순한 '부정'(negatio)이라고 부른다.[35] 우리는 항상 이러한 규칙을 의식하고 있을 수는 없고, 의식하지 않을 때마다 죄를 짓는다고 말할 수 없기 때문이다. 그렇지만 그러한 규칙을 적용해야 할 상황에서 적용하지 않고 선택을 하게 된다면 이로부터 도덕적 악이 생겨난다.[36]

토마스의 예를 들자면, 재단사가 재단 일을 하지 않을 때 자를 사용하지 않는다고 해서 잘못이라고 말할 수 없다. 그러나 어떤 옷감을 재단할 때 자를 이용하지 않고, 임의의 기준(자기 기준)에 따라 자른다면 잘못을 범하는 것이다. 이와 마찬가지로 의지가 범하는 도덕적 악은 단순히 이성이나 신법의 규칙에 주목하지 않았다는 데서 성립하는 것이 아니라, 그러한 규칙이나 척도를 사용해야 함에도 사용하지 않고 행해야 할 행위를 선택하기 때문에 생겨난다. 토마스는 바로 이러한 의미

34 Summa Theologiae, Ia – IIae, q. 6, a. 3co. 참조.

35 '신법과 이성의 규칙을 사용하지 않음'은 '무로부터 창조된 의지의 자연 본성'에 속하는 것이다. 바로 그러한 이유에서 인간의 의지는 '본성상' 외적 도움(은총) 없이는 '죄를 범할 수 있음(posse peccare)'에 항상 노출되어 있다. 토마스는 의지는 그 자체로는 단적인 선(bonum simpliciter)을 지향하지만, 보편적이고 완전한 선의 근거(ratio universalis et perfecti boni)를 자신 안에 가지고 있지 않기 때문에 선이 결여된 행위를 하지 않을 수 없다고 말한다(De veritate q. 24, a. 7co. 참조). 이러한 점에서 인간은 악을 행하지 않을 수 없는 유한한 피조물의 영역에 속한다고 할 수 있다(Summa Theologiae, Ia, q. 48, a. 2co.참조) 이에 대해서는 Jacques Maritain, *Saint Thomas and the Problem of Evil*, pp. 26 이하 참조.

36 구체적으로 어떤 상황에서 또는 어떤 원인으로 이러한 일이 생겨나는지 De malo, q. 3에서 상세하게 고찰된다.

에서 의지는 결함 있는 선인 한에서 도덕적 악의 원인이라고 말하고 있다. 반면에 위에서 말한 것처럼, 단순히 '이성이나 신법을 적용하지 않음'은 의지의 결함이지만 도덕적 악이 아니라 단순한 부정(negatio)이라고 한다.

위와 같이 토마스는 의지의 영역에서 선에 의해 악이 생겨나는 두 가지 방식에 대하여 설명하였다. 이 중에서 특히 중요한 것이 결함 있는 선으로서 의지로부터의 도덕적 악의 발생이다. '이성과 신법을 사용하지 않음'이라는, 결함이 있는 의지의 자유로운 선택이 도덕적 악의 발생 원인이라는 것이다. 그런데 의지의 선택은 '선'을 향하기 때문에 결함 있는 선으로서의 의지는 악인 한에서 도덕적 악의 본질적 원인이 아니라, 악의 우연적 원인이라는 것을 강조해야 한다.

4. 이성적 존재자에 특수한 악[37]

(1) 죄책의 악과 벌의 악의 구별[38]

1) 이성적 존재자에 고유한 악으로서 죄책과 벌

제1문제 제4절과 제5절에 걸쳐 토마스는 악의 두 종류로 죄책의 악(malum culpae)과 '벌이 가져오는 악'(벌의 악, malum poenae)을 구분한

37 De malo, q. 1, a. 4-5.

38 De malo, q. 1, a. 4: "악을 벌과 죄책으로 구별하는 것은 적절한가?(utrum malum convenienter dividatur per poenam et culpam)"

다.[39] 죄책(culpa)이라는 용어에 대해서 제2문제 제2절에서 토마스 자신이 설명하기 때문에 여기에서는 행위자에게 악의 책임이 있는 도덕적으로 악한(잘못된) 행위(도덕적 악행), 즉 '도덕적 악'을 가리킨다는 것만을 지적하겠다.[40] 곧 보게 되겠지만 죄책과 벌은 모든 존재자에게서 발견되는 악이 아니라 이성적 존재자의 특수한 '악'으로서, 우리가 읽고 있는 『악론』의 본래적 주제인 도덕적 악에 속하는 개념들이다. 토마스는 악에 대한 일반론을 전개하는 제1문제에서 죄책과 벌의 악에 대해 논의함으로써, 도덕적 악에 대한 존재론적 정초를 하고 있다.

죄책과 벌, 이 두 개념은 우리가 흔히 죄를 짓고 그에 따르는 벌을 받는다고 말할 때 사용하는 개념에 거의 상응한다. 다만 벌에 속하는 악(벌의 악)에는 그리스도교의 교의에 따르는 특수한 의미가 더해진다. 좁은 의미의 형벌은 개인의 의지에 반하여 신체나 외적인 사물(재물)에 가해지는 것이라면, 여기에서 논의되는 벌은 도덕적 악행의 결과 행위자 내부에 형성되는 악한(나쁜) 습성 및 그로 인한 도덕적 능력의 상실

39 이 구별에 대해서는 Ludwig Hödl, "Die metaphysische und ethische Negativität des Bösen in der Theologie des Thomas von Aquin", in: C. Colpe und W. Schmidt-Biggemann (hrsg.), *Das Böse. Eine historische Phänomenologie des Unerklärlichen*, Frankfurt am Main: Suhrkamp, 2016, pp. 137-164, 여기에서는 pp. 155-159 참조.

40 De malo, q. 2, a. 2에서 상세하게 설명되겠지만, 용어를 엄밀하게 구별해서 사용해야 할 경우 culpa, peccatum, malum을 각각 죄책, 죄, 악으로 번역할 것이다. 이 중 죄는 '악한(잘못된) 행위'를, 죄책은 '도덕적으로 악한(잘못된) 행위'('도덕적 악행')를 가리킨다. 죄와 죄책 모두 '행위'의 악을 가리키며, 이중 엄밀한 의미에서 '도덕적으로 악한 행위'라는 의미에서 '도덕적 악(malum morale)'을 가리키는 말은 죄책이다. 한편 죄는 도덕적으로 악한 행위뿐 아니라, 기술(예술)적으로 잘못 수행된 행위도 가리키는 포괄적 개념이다. 그러나 실제로 토마스는 죄와 죄책을 모두 '도덕적 악'을 지시하는 데 사용한다. 이 글에서도 논리 전개상 엄격한 구별이 필요한 경우가 아니라면 구별 없이 죄와 죄책 모두를 '죄'로 통칭하거나, '도덕적 악' 또는 '도덕적으로 악한 행위(악행)' 등으로 풀어서 말할 것이다.

이나 감소를 포함하며, 더 나아가 첫 번째 인간인 아담의 죄의 결과가 우리에게 미친 영향인 원죄(原罪)와 같이, 우리가 직접적으로 범한 '현행의 죄'(peccatum actuale) 없이 우리가 겪는 악까지도 포함하는 넓은 개념이다.[41]

토마스는 죄책과 벌에 대한 논의를 이 두 개념의 구분이 필요한 이유를 설명하는 것으로부터 시작한다. 그에 따르면 인간을 포함한 지성적 피조물은 선이나 악과 특수한 방식으로 관계하기 때문에 이 구별의 필요성이 생겨난다. 지성이 없는 존재자들은 어떤 특수한 좋은 것(aliquod particulare bonum)으로 질서 지어져 있다. 다시 말하면 특정한 어떤 하나의 좋은 것으로 결정되어 있다는 것이다. 반면에 지성적 존재자(지성적 본성)는, 그리고 실제로는 오직 지성적 존재자만이 지성을 통해 선의 공통개념(ratio boni communis)을 파악하고, 의지의 욕구를 통해서 공동선(bonum commune)을 향해 움직여질 수 있다. 그래서 지성적 존재자들은 어떤 하나의 선으로 결정되어 있지 않고, 선의 관점에서 파악된 여러 가지 선한 것 가운데서 어떤 하나를 선택할 수 있다. 그러므로 지성적 존재자들은 자기 선택의 책임을 지게 되어, 잘못된 선택은 그에 따르는 벌이 부과된다. 이러한 이유로 지성적 존재자들의 악을 죄책의 악과 벌의 악으로 구분할 필요가 있다는 것이다.

토마스는 이성적 존재자에게만 이 구분이 유효하다는 주장을 아우구스티누스의 권위를 빌어 강화한다. 아우구스티누스에 따르면 죄책, 즉 자기 자신에게 책임이 있는 악행은 의지를 따르는(secundum voluntatem) 행위이고, 반면에 벌은 의지에 반하는(contra voluntatem) 것

41 이에 대해서는 Robert J. Barry, *From Metaphysical to Moral Evil,* pp. 186 이하 참조.

으로 규정된다. 그런데 이성적 욕구인 의지는 오직 지성적 존재자(이성적 본성)에게서만 발견된다. 따라서 이 구별은 이성적 존재자에게만 유효하다는 것이다.

2) 제일 완전성과 제이 완전성의 구분에 대응하는 악의 구분으로서 벌과 죄책

토마스는 이 구별의 철학적 근거를 선과 악의 본질적 규정으로부터 얻을 수 있다고 생각한다. 그에 따르면 악은 선에 모순적으로 대립하기 때문에, 악의 구분은 선의 구분에 대응하게 된다. 그런데 선은 완전성(perfectio)을 가리키고, 완전성에는 다시 두 종류가 있다.[42] 첫 번째 종류의 완전성에는 형상(forma)이나 습성(habitus)이라는 완전성(제일 완전성, prima perfectio)이 있고, 두 번째의 종류에는 작용(operatio)이라는 완전성(제이 완전성, secunda perfectio)이 속한다. 그런데 작용, 즉 제이 완전성은 제일 완전성인 '형상이나 습성의 사용(usus)'을 가리킨다. 따라서 우리가 행위나 작용을 할 때 사용하는 모든 것이 제일 완전성으로 환원될 수 있다. 예를 들어 우리가 무엇을 볼 때(시각 작용) 사용하는 시각 능력이나, 사유할 때(사유 작용) 사용하는 이성의 사유 능력이나 습성 등이 여기에 속한다.

이제 이 두 종류의 완전성에 대응하여 두 종류의 악을 발견할 수 있다. 악은 완전성의 결여이기 때문이다. 첫 번째는 행위자가 어떤 작용이나 행위를 할 때 사용하는, 다시 말해 작용을 위해 필수적인 형상

42 De malo, q. 1, a. 5의 제일 현실태(actus primus)와 제이 현실태(actus secundum)의 구별에 상응한다.

이나 습성과 같은 것들의 결여를 가리키는 악이 있을 수 있다. 위의 예를 다시 들면, 시각 작용을 위해 필수적인 시각 능력의 결여로서 맹성(caecitas), 또는 걸음을 걷기 위해서는 걷기에 적합한 다리 형태가 있는데, 그러한 형태의 결여가 있을 수 있다. 두 번째 종류의 악은 제일 완전성의 결여로부터 생겨나는 결함 있는 작용(actus deficiens)이나 행위를 가리킨다. 토마스의 예를 사용하면 걷기에 적합하지 않은 형태의 다리로부터 '잘 걷지 못함(claudicatio)'이 생겨난다.

이제 토마스는 의지를 통해 작용하는 지성적 존재자에게 이 구별을 적용한다. 먼저 제이 완전성의 결함으로서 의지 작용의 결함을 생각할 수 있다. 토마스는 이것을 '질서를 잃은 의지의 작용'(inordinata actio voluntatis)이라고 부른다. 그런데 질서를 잃은 의지의 작용은 행위자의 의지를 통해, 즉 의지적으로(voluntarie) 수행된 작용이기 때문에 행위자는 그 행위에 책임을 지게 된다. 그래서 질서를 잃은 의지의 작용은 '죄책'(culpa)이라는 규정성을 갖게 된다. 다른 한편 지성적 존재자에게도 제일 완전성의 결함에 대응하는 악이 있다. 즉 올바른 의지 작용의 수행을 위해 필요한 형상이나 습성의 결여가 발견될 수 있다. 이러한 종류의 결함은 영혼, 육체 또는 심지어 외적 사물(res exterior)에도 속할 수 있다. 토마스는 이러한 종류의 결여, 제일 완전성의 결여로서의 악을 특히 '벌'(poena)이라고 부르고 있다.

3) 벌의 악의 가톨릭 신앙에 따르는 명명의 근거

토마스는 바로 위에서 설명한 의지적인 것의 영역에서 제일 완전성의 결여로서의 악을 가톨릭 신앙의 판단에 따라 특히 '벌'이라 불러야만 한다고 주장한다. 그는 그렇게 불러야 할 이유 세 가지를 들고 있다. 모두 벌의 본질적 규정에 속하는 것들이다.

첫째, 벌은 죄책과의 관련성(respectus ad culpam)을 갖기 때문이다. 우리는 흔히 어떤 사람이 자신의 잘못으로 인해 고충(악)을 겪을 때 '벌을 받는다'고 말한다. 그런데 여기에서 토마스는 우리가 도덕적으로 올바른 행위를 위해 필요한 완전성의 결여가 우리의 잘못(죄책) 때문에 받는 벌이라고 말하는 것이다. 조금 더 강하게 말하자면 '도덕적으로 악한 행위'뿐 아니라 '그것의 원인'이 되는 결핍도 우리 탓이라는 것이다.[43] 토마스는 그 근거를 그리스도교 신앙 전통에서 찾는다. 즉 신앙의 전통에 따르면 이성적 피조물은 어떤 죄(악한 행위)가 개별인격 안에(in persona) 또는 적어도 본성 안에(in natura) 미리 존재하지 않는다면, 그의 영혼이나 신체 또는 외적 사물에 아무런 해를 겪지 않았을 것이라고 한다. 그래서 이성적 존재자가 – 인간뿐 아니라 천사도 포함된다 – 도덕적으로 올바른(선한) 행위를 하기 위해 필요한 선(완전성)의 결여를 모두 (선행하는 어떤 악행에 대한) 벌이라는 부르게 된다는 것이다. 따라서 이렇게 이성적 피조물의 모든 악은 죄책의 악이나 벌의 악에 속하게 된다고 한다.

둘째, 벌의 본질적 규정에는 '의지에 반함'(quod voluntati repugnet)이 속하기 때문이다. 모든 사람의 의지는 자신에게 고유한 선(proprium

43 이 벌이 원죄론과 밀접한 관련이 있는 것은 사실이나, 반드시 원죄에 따르는 벌로 이해해야만 할 필요는 없다. 예컨대 은총은 우리가 죄를 짓지 않도록 막아주는 도움인데, 사람은 죄를 지음으로써 은총을 받아들일 수 있는 성향(dispositio)을 상실하게 되고 그로 인해 더 큰 죄에 노출되게 된다. 이러한 상실도 죄에 대한 '벌의 악'으로 이해할 수 있다. 이에 대해서는 Robert Barry, *From Metaphysical to Moral Evil*, pp. 189 이하 참조.

bonum)을 향한 경향성(inclinatio)을 갖는다. 그러므로 이러한 선의 결여는 의지에 반하는 것이다. 그런데 토마스에 따르면 벌은 세 가지 관점에서 의지에 반하는 것이다. 즉 (1) 벌은 때로는 현실적 의지에(voluntati actuali) 반한다. 예를 들어 어떤 사람이 자기가 벌을 받는 것을 알면서(sciente) 그것을 감수해야만 하는 경우가 있다. (2) 한편 벌은 때로는 습성적 의지에(contra voluntatem tantum habitualem) 반한다. 예컨대 어떤 사람이 자기에게 속하는 선을 빼앗겼다는 사실을 모르는 경우가 있다. 그 사람은 그것을 몰랐을 때는 현실적으로 아무런 고통을 느끼지 못하지만, 만일 빼앗겼다는 사실을 알게 된다면 고통스러워할 것이다. 그리고 (3) 벌은 습성적 의지나 현실적 의지에 속하지 않더라도, 의지의 자연적 경향성에 반하는(contra naturalem inclinationem voluntatis) 것일 수 있다. 토마스에 따르면 의지에는 덕의 선을 향한 자연적 경향성(inclinatio naturalis ad bonum virtutis)이 있다. 그런데 덕의 소유를 의지(意志)하지 않는 사람은 '덕의 습성'을 결여한 사람으로서, 덕과 같은 습성의 결여, 즉 제일 완전성의 결여로서의 벌은 덕의 선을 향한 의지의 자연적 경향성에 반하는 것이라 할 수 있다. 이러한 세 가지 의미에서 벌은 의지에 반하는 것이라 할 수 있다.

셋째, 벌의 본질적 규정에는 '수동적 겪음'(passio)이 속하기 때문이다. 토마스에 따르면 의지에 반하여 일어나는 것은 내적 원리(principium intrinsecum)인 의지로부터 오는 것이 아니라, 외적 원리로부터(ex principio extrinseco) 오는 것으로서, 이러한 외적 원리의 결과가 바로 '수동적 겪음'이라고 불리는 것이다. 벌을 겪는 것이 이에 속한다고

할 수 있다.[44]

이러한 세 가지 근거에서 토마스는 가톨릭의 신앙에 따라 제일 완전성의 결여를 '벌의 악'이라 부를 수 있다고 말한다.

4) 죄책의 악과 벌의 악의 세 가지 차이

토마스는 이상의 논의를 종합하여 죄책의 악과 벌의 악의 차이를 세 가지로 정리한다.

첫째, 죄책은 행위 자체의 악(malum ipsius actionis)이고, 반면 벌은 행위자의 악(malum agentis)이다. 그런데 이 두 가지 악은 자연적인 것과 의지적인 것에서 서로 다른 질서 관계를 갖는다. 즉 자연적인 것의 영역에서는 행위자의 악으로부터 행위의 악이 결과한다. 예를 들면 걷기에 적합하지 않은 형태의 다리(행위 주체의 악)로부터 나쁜 걸음걸이(신체 활동의 악)가 생겨난다. 반면에 의지적인 것(도덕적인 것)의 영역에서는 행위의 악(죄책)으로부터 행위자의 악(벌)이 생겨난다. 토마스에 따르면 신의 섭리가 죄에 따라 행위자에게 벌을 내리기 때문이다.

둘째, 죄책은 의지에 따르는 것이고, 벌은 의지에 반하는 것이라는 데 양자의 차이가 있다.

셋째, 죄책은 능동적 작용에(in agendo) 있고, 벌은 수동적 겪음에(in patiendo) 있다. 토마스는 이 차이를 설명하기 위해 아우구스티누스의 『자유의지론』 제1권 제1장을 인용한다. 여기에서 아우구스티누스는 죄책을 우리가 행하는 악으로, 벌을 우리가 겪는 악으로 이름 붙이고 있다.

---

44 '수동적 겪음', 또는 '정념(passio)'에 대해서는 Summa Theologiae, Ia–IIae, qq. 22–48 참조. 정념의 여러 의미에 대해서는 특히 q. 22, a. 1co. 참조.

(2) 벌의 악에 대한 죄책의 악의 중대성의 네 가지 근거[45]

토마스는 제4절에서 벌의 악과 죄책의 악을 구별한 후 이제 제5절에서 이 중 어느 악이 더 큰 악인지 묻는다. 그는 이 물음은 겉으로 보기에 쉽게 답할 수 있어 보인다고 말한다. 그 이유는 많은 사람이 벌을 신체형으로 이해하거나, 또는 감각에 가해지는 것으로 보고 있는데, 이러한 종류의 벌은 의심의 여지 없이 은총이나 영광과 대립하는 죄책보다는 덜 악한 것으로 보이기 때문이다. 그러나 토마스에 따르면 은총과 영광의 결여(privatio)도 일종의 벌이고, 최고선의 결여도 일종의 벌로 규정된다.[46] 그러므로 만일 벌의 악과 죄책의 악이 각각 대립하고 있는 선을 고찰해 본다면, 벌의 악도 죄책의 악만큼이나 심각해 보인다.

그러나 토마스는 죄책의 악이 단적으로 벌의 악보다 더 큰 악이라는 것을 명확한 논증을 통해서 보여줄 수 있다고 강조한다. 그는 이에 대해서 네 가지 근거를 제시한다. 이를 통해서 그는 도덕적 선이나 도덕적 악은 의지에 달려 있다고 보는 자신의 주장을 아울러 분명하게 표현하고 있다.

1) 첫째 근거

① 주체를 명명하는 성질과 명명하지 않는 성질의 구별

토마스가 제시한 첫째 근거는 어떤 주체(subiectum)가 특정한 성질

45 De malo, q. 1, a. 5: "죄책과 벌 중에서 어느 것이 악의 규정성을 더 많이 갖고 있는가?(quid habeat plus de ratione mali, utrum poena vel culpa)."

46 이에 대해서는 De malo, q. 4, q. 5에서 전개되는 원죄론, 특히 q. 5의 '원죄의 벌'에서 설명될 것이다.

을 갖는 것으로(tale) 만드는 것은 그렇게 만들지 못하는 것보다 언급된 성질을 더 많이 갖고 있다는 데 있다. 예를 들어 어떤 것이 주체 안에 있으면서도 그 주체를 '흰 것'이라고 부르게 만들지 못한다면, 그것은 주체 안에 있으면서 그 주체를 '흰 것'이라고 부르게 만드는 것보다 '흼(흰 것)'이라는 규정성을 더 적게 갖고 있다고 말해야 할 것이다. 이렇게 주체를 명명하지 못하는 것은 특정한 관점에서(secundum quid) 그 주체 안에 있는 것이고, 주체의 성질을 바꾸고 명명할 수 있는 것은 단적으로(simpliciter) 주체 안에 있다고 말할 수 있다. 예를 들어 어떤 사람의 '흰 머리'와 '흰 피부'를 생각해 볼 수 있다. 흰 피부는 그 사람을 '하얗다'라고 말할 수 있게 하지만, 흰 머리는 그렇지 못하다.

토마스는 이러한 고찰을 죄책과 벌의 구별에도 적용할 수 있다고 본다. 즉 우리는 죄책의 악을 범한 사람을 그 죄책의 악 때문에 '악한(malus) 사람'이라고 부를 수 있지만, 벌의 악을 겪고 있다고 해서 그 사람을 '악한 사람'이라고 부르지는 않는다는 것이다. 이러한 맥락에서 토마스는 '처벌받음'(puniri) 자체가 악(나쁜 것)이 아니라, '벌 받을 만함'(fieri poena dignum)이 더 큰 악(나쁜 것)이라고 말한 디오니시우스(Dionysius)를 언급하면서 벌의 악보다 죄책의 악이 더 크다고 말하고 있다.

② 주체를 '악한 것'으로 명명하는 악으로서 죄책

죄책의 악은 그 악을 행한 사람을 '악한 사람'이라고 명명하게 하지만, 벌의 악은 그렇지 않다는 토마스의 주장은 근거 제시와 함께 보충 설명이 필요해 보인다. 토마스도 그 필요성을 의식하고 있으며, 이를 설명하기 위해 토마스는 '현실태 – 가능태'(또는 '작용(행위) – 능력')의 개념 쌍과 '단적인 선 또는 악'(bonum vel malum simpliciter)과 '특정한 관점의 선 또는 악'(bonum vel malum secundum quid)의 구별을 이용한다.

토마스는 '현실태에 있는 것'을 '단적인 선 또는 악'이라고 말하고, 반면에 '가능태에 있는 것'을 '특정한 관점의 선 또는 악'이라고 말한다. '선하거나 악할 수 있음'(posse esse bonum vel malum)은 단적으로(조건 없이) 선하거나 악한 것이 아니라, 특정한 관점에서, 즉 선하거나 악할 수 있다는 가능성(posse)이라는 관점에서 선하거나 악한 것이기 때문이다. 그런데 토마스에 따르면 현실태에는 두 종류, 즉 제일 현실태(actus primus)와 제이 현실태(actus secundus)가 있다.[47] 제이 현실태는 앎(scientia)이나 고찰함(considerare)과 같은 '작용(operatio)'을 가리키는 것이며, 제일 현실태는 작용을 위한 습성(habitus)이나 형상(forma) 등을 가리키는 개념이다. 그런데 여기에서 중요한 것은, 제이 현실태에 대해 제일 현실태는 현실태에 대한 가능태의 관계를 갖는다는 사실이다. 이 관계에 따라 어떤 주체 안에 제일 현실태가 내재할 때, 그 주체 안에는 제일 현실태에 더해(adhuc) 제이 현실태에 대한 가능태(potentia ad actum secundum)가 내재하게 된다. 예를 들어 '앎을 가지고 있는 자'(sciens)는 비록 현재 그 앎의 작용을 현실태에 있어서(actu) 발휘하지는 않더라도, 앎의 작용에 대해 가능태에 있고 언제든지 그 '앎의 작용'을 할 수 있다. 따라서 토마스에 따르면 우리는 제일 현실태, 즉 작용의 관점에서 '단적인 선 또는 악'이라는 말을 할 수 있고, 제일 현실태의 관점에서는 '특

47 De potentia q. 1, a. 1co.: "actus autem est duplex: scilicet primus, qui est forma; et secundus, qui est operatio." 참조. 이는 앞 절에서 구별한 두 종류의 완전성(제일 완전성과 제이 완전성)에 상응하는 구별이다.

정한 관점에서 선 또는 악'을 말할 수 있다.

그런데 토마스는 의지를 가진 존재자는 의지의 작용을 통해서(per actum voluntatis) 능력(가능성)과 습성이 '선한 작용(현실성)'으로(in bonum actum) 전환된다고 말한다. 이성적 욕구로서 의지는 '보편적 선'(universale bonum)을 대상으로 갖는데, 이 보편적 선에는 모든 특수한 선(omnia particularia bona)이 포함되어 있기 때문이다. 즉 작용과 습성의 목적으로서 – 예를 들어 지성 능력은 인식(작용)을 목적으로 지향한다 – 선도 특수한 선 가운데 하나로서 이 보편적 선에 포함된다. 그런데 토마스에 따르면 주된 목적(finis principalis)을 지향하는 능력은 명령을 통해 이차적 목적(finis secundarius)을 지향하는 능력을 움직인다. 예를 들면 항해술(gubernatoria ars)이 선박 건조술(navifactiva ars)을 명령하고, 전술이 기마술을 통제하는 것과 같다는 것이다.

그런데 토마스는 어떤 사람이 문법적으로 올바르게(bene) 말을 하는 까닭은 그가 단순히 문법 지식의 습성을 갖고 있어서가 아니라고 주장한다. 어떤 습성을 가지고 있는 사람은 그 습성을 사용하지 않을 수도 있고, 습성에 반하는 행위를 할 수도 있기 때문이다. 예를 들어 문법을 아는 사람은(grammaticus) 알면서도(scienter) 일부러 틀리게 사용할 수도 있다. 그러므로 엄밀히 말하면 그가 문법적으로 올바르게 말하고 있는 까닭은 그 지식을 올바르게 사용하려는 의지가 있기 때문이지, 단지 문법 지식의 습성이 있기 때문이 아니다.[48] 바로 이러한 맥락에서 토마스는 선한 의지(bona voluntas)를 가진 사람을 '단적으로 선한 사람

48 "... tunc recte operatur secundum artem, quando vult."

(simpliciter bonus homo)'이라고 부른다.[49] 선한 의지를 가진 사람은 그의 선한 의지의 작용을 통해, 능력이든 습성이든 자기가 가진 모든 것을 선하게(bene) 사용한다는 것이다. 반면에 특정한 습성이나 능력만을 가진 사람, 예를 들어 문법 지식의 습성을 가지고 있는 사람은 단적으로 선한 사람이라기보다는 '문법 지식의 관점에서 선한' 사람, 즉 '문법 지식이 좋은 사람(bonus grammaticus)'이라고 부를 뿐이다.

'악'에 대해서도 같은 말을 할 수 있다. 즉 토마스에 따르면 죄책의 악은 의지의 작용에 있어서 악(malum in actu voluntatis)이고, 반면에 벌의 악은 의지가 도덕적으로 선한 작용을 수행하기 위해 사용할 수 있는 것(형상이나 습성)의 결여(privatio)를 가리킨다. 그러므로 죄책의 악은 그것을 저지른 사람을 단적으로 악한 사람으로 만드는 반면, 벌의 악은 그것을 겪는 사람을 '특정한 관점에서 악한 사람'으로 만들 뿐, '단적으로 악한 사람'으로 만들지는 않는다는 것이다.

2) 두 번째 근거: 카리타스와 대립하는 작용으로서 죄책

토마스는 두 번째 근거를 죄책의 악이 벌의 악보다 신(神)에서 더 멀리 떨어져 있다는 사실에서 찾는다. 신은 '선성의 본질'(essentia bonitatis) 자체이기 때문에, 신에서 멀어질수록 그만큼 더 선성에서 멀어지고, 결국 그만큼 더 많이 악의 특성을 갖게 된다는 것이다. 그런데

49 토마스는 이러한 맥락에서 의지의 올바름(rectitudo voluntatis)이 인간을 단적으로 선한 사람으로 만든다고 여러 곳에서 강조한다. 예를 들어 Summa Theologiae, Ia-IIae, q. 4, a. 4co. 이에 대해서는 이상섭, 「선한 사람, 복된 사람」, p. 76; Rochus Leonhardt, *Glück als Vollendung des Menschseins. Die beatitudo-Lehre des Thomas von Aquin im Horizont des Eudämonismus-Problems*, Berlin · New York: Walter de Gruyter, 1998, pp. 204-205 참조.

그에 의하면 신은 벌의 원인이지만 죄책의 원인은 아니다. 그러므로 죄책이 신에서 더 멀리 떨어진 것이라 할 수 있다. 이러한 점에서 볼 때 죄책이 벌보다 더 큰 악이라는 것이 분명하다고 말할 수 있다.

그런데 여기에서 왜 신은 죄책의 원인이 아니지만, 벌의 원인(actor poenae)일 수 있는지 그 이유를 설명해야 할 필요가 있다.[50] 토마스는 그 이유를 죄책이 카리타스(caritas)와 대립하는 작용이라는 데서 찾는다. 앞서 살펴본 것처럼 죄책은 의지 작용의 악이다. 그런데 그에 따르면 카리타스는 바로 의지의 제일 완전성이고 주된 완전성(prima perfectio et principalis voluntatis)이다.[51] 따라서 죄책의 악이 카리타스의 작용과 직접적으로 대립한다는 것은 분명하다. 토마스에 따르면 카리타스는 신에 대한 사랑으로서 의지 작용을 신을 향하도록 한다. 그것도 신의 선(bonum divinum)을 단순히 향유하도록 이끄는 것뿐이 아니고(이것은 '욕망의 사랑'(amor concupiscentiae)이라고 부르는 사랑에 속하는 것이기 때문이다), 오히려 신의 선 그 자체를, 즉 신 안에 있는 한에서의 신의 선 자체(bohum divinum in ipso Deo)를 향유하도록 한다(이 사랑을 토마스는 '우정의 사랑'(amor amicitiae)이라고 부른다).[52]

그런데 만일 어떤 사람이 신의 선 그 자체를 의지(意志)하지 않는다고 가정했을 때, 그러한 일이 신 때문에 생겨났다고는 생각할 수 없다.

---

50 이에 대해서는 악의 외적 원인을 다루는 De malo, q. 3에서 더욱 상세하게 다뤄진다.

51 카리타스에 대해서는 Eberhard Schockenhoff, "The Theological Virtue of Charity (IIa – IIae, qq. 23 – 46)", in: Stephen J. Pope (ed), *The Ethics of Aquinas*, Washington D.C.: Georgetown University Press, 2002, pp. 244 – 258 참조.

52 욕망의 사랑과 우정의 사랑에 대해서는 Summa Theologiae, Ia – IIae, q. 26, a. 4co. II – II, q. 23, a. 1co. 이에 대해서는 Eberhard Schockenhoff, "The Theological Virtue of Charity(IIa IIae, qq. 23 – 46)", pp. 246 – 248 참조.

토마스에 따르면 인간의 의지는 신 자신이 의지(意志)하는 것을 의지(意志)하는(ad volendum quod ipse vult) 경향성을 신으로부터 부여받았기 때문이다. 그런데 신 자신은 바로 자기 자신 안에 있는 한에서의 최고선(summum bonum, secundum quod in se ipso est)을 의지한다. 이렇게 인간의 의지는 신 안에 있는 한에서의 최고선을 지향하는 경향성을 신으로부터 부여받았다. 그러므로 신 자신이 인간의 의지가 신으로부터 등을 돌리도록, 즉 죄책을 범하도록 만들었다고 생각할 수는 없다는 것이다. 바로 이것이 신은 죄책의 원인이 될 수 없는 이유라고 토마스는 말한다.

그러나 토마스는 신이 최고선 및 최고선 아래에 놓인 다른 어떤 선을 향유 할 자격이 없는 어떤 존재자로부터 그러한 선을 박탈하려는 의지를 갖는 것은 가능하다고 말한다. '가질 자격이 없는 것을 갖지 않도록 하는 것'이 '질서의 선'(bonum ordinis)에 속하기 때문이다. 그런데 벌이란 다름 아니라 창조되지 않은 선(bonum increatum)이나 그 밖의 모든 선을 그것을 누릴 자격이 없는 자(indignus)로부터 제거하는 것이라 할 수 있다. 토마스는 바로 이러한 이유로 신은 죄책의 원인이 될 수는 없지만, 벌의 원인이 될 수 있다고 말한다.

3) 세 번째와 네 번째 근거

세 번째 근거는 어떤 다른 악을 피하기 위해 용인되는 악은 원래 피하려는 악보다 덜한 악이라는 데 있다. 예를 들어 지혜로운 의사가 몸 전체를 살리기 위해 팔을 잘라내는 경우가 있다. 몸 전체의 파괴, 즉 생명의 상실보다는 팔의 절단이 덜 나쁜(악한) 것으로 보이기 때문이다.

그런데 토마스의 관점에 따르면 신의 지혜는 벌을 받는 사람이나, 또는 다른 사람들이 죄책을 범하지 않게 하려고 벌을 준다는 것이다. 따라서 피해야 할 악인 죄책이 그것을 피하기 위해 용인되는 악인 벌보다 더 큰 악임이 분명하다는 것이다.

마지막으로 네 번째 근거는 죄책의 악은 작용함(agere)에 있는 반면에, 벌의 악은 겪음(pati)에 있다는 데 있다. 이미 제4절에서 논의된 것처럼, 악한 작용을 하는 것은 이미 악한 것(iam esse malum)이지만, 악을 겪는 것은 악을 겪음으로 인해 그 자신이 악하다는 것을 보여주는 것이 아니라, 다만 '악으로 향해가고 있음'(esse quasi in via ad malum)을 보여줄 뿐이다. 어떤 것을 겪음으로써 그 어떤 것으로 움직여가고 있기 때문이다. 예를 들어 '걸음을 잘 걷지 못함'이라는 것은 다리가 이미 어떤 악(잘 걷지 못함) 아래에 놓여있다는 것을 보여준다. 그러나 '다리가 아프다'는 것은 다리가 결함 있는 작용을 할 수도(in via ad deficiendum) 있다는 것은 보여주지만, 이미 작용의 결함이 있다는 것을 보여주는 것은 아니라는 것이다. 이에 따라 토마스는 현실태에 있는 것(작용)이 현실태(또는 완전성)에 이르려는 운동(motus ad actum)보다 더 좋은 것이듯이, 현실태에 있는 악(악한 행위 또는 작용의 악, malum operationis)이 '겪음'의 악(malum passionis)보다 더 나쁘다고 말한다. 따라서 죄책이 벌보다 더 큰 악이라고 결론 내린다.

죄책과 벌의 구별은 제2문제 제11절과 제12절에서 죄에 의한 본성의 파괴를 논의할 때, 또는 원죄론에서 그 의미가 더 분명히 드러날 것으로 보인다.

제2장

도덕적 악의 본질적 규정과 관련된 문제들

제1문제에서 악의 존재론적 고찰을 전개한 후 토마스는 제2문제부터 『악론』의 본래 주제인 도덕적 악(malum morale)에 대해서 논의하기 시작한다. 이를 위해서 먼저 토마스 자신이 『악론』 제2문제 제2절에서 행한 용어상의 구분을 미리 살펴볼 필요가 있다. 여기에서 토마스는 악(malum)이라는 용어 자체가 아주 넓은 의미로 사용될 수 있다는 것을 지적한다. 우리가 제1문제에서 살펴본 것처럼 malum이라는 말은 악의 주체(악한 것)를 가리키기도 하고 주체 안에 결여 상태로 존재하는 악 자체를 가리키기도 한다. 그리고 이 말은 윤리적(도덕적) 악이나 자연 사물에 속하는 악 모두에 적용되며, 또한 제일 완전성(현실태)의 결여나 제이 완전성(현실태)의 결여에도 모두 적용된다. 이에 반해 죄(peccatum)라는 용어는 malum보다 외연이 좁다. malum이 어떤 좋은 작용을 위해 필요한 형상이나 습성의 결여와 그러한 결여로부터 비롯된 잘못된 작용 모두를 가리키는 데 반해, peccatum은 잘못된 '작용' 또는 '행위'만을 가리킨다는 것이다. 다시 말해 제이 현실태에서의 악만을 가리킨다. peccatum은 일반적으로 '악한(잘못된) 행위'를 가리키며, 흔히 '죄'라고 번역되지만 엄밀하게 말하면 위에서 언급한 토마스의 용법에 따르면 적절한 번역은 아니다. 우리는 일반적으로 '죄'라는 말을 도덕적으로 악한 행위(즉, 악행)를 가리키기 위해 사용하는 반면, 토마스의 엄밀한 어법에 따르면 peccatum은 도덕적 악행뿐 아니라, 자연물이나 기술(기예)에서의 '잘못된 작용'까지도 가리키는 말이기 때문이다.

토마스에 따르면 용어를 엄밀하게 사용했을 경우 도덕적으로 악한 행위를 가리키는 말은 culpa이다. 우리는 이 말을 위에서 죄책(罪責)이라고 번역해 왔다. 악한(잘못된) 행위, 토마스의 용어로 '질서를 잃은 행위(actus inordinatus)' 중에서 행위자에 의해 '의지(意志) 된' – 일상적으로 사용하는 표현으로는 '의도적으로' 또는 '고의로' 저지른 – 행위, 그래서 행위자에게 잘못의 책임이 귀속되는 그러한 행위를 culpa라고 부른다. 토마스는 이러한 의미의 잘못된 행위, 즉 도덕적으로 악한 행위를 특히 도덕적 악(malum morale)이라고 부른다. 바로 이 도덕적 악에 대한 논의가 제2문제에서 본격적으로 시작되고 있다. 그러나 이렇게 엄격하게 용어의 의미를 구별하였지만 실제로 토마스는 도덕적 악의 문제를 peccatum이라는 용어, 즉 도덕적 악뿐 아니라 자연이나 기예의 영역에서의 잘못된 작용까지 포함하는 넓은 의미에서의 peccatum이라는 용어를 사용하면서 다루고 있다. 이러한 맥락에서 그는 죄(peccatum), 즉 '잘못된(질서를 잃은) 작용(행위)'에 대한 일반론에서부터 논의를 시작

한다.[53]

1. 불행위의 죄에 있어서 행위의 문제[54]

(1) 불행위의 죄에 있어서 행위의 유무에 대한 두 가지 견해

'악한(잘못된) 행위(작용)'인 죄(peccatum)는 정의상 '행위'를 포함해야만 할 것으로 보인다. 그러나 다른 한편 어떤 죄는 행해야 할 것을 하지 않음으로써 생겨나는 것처럼 보인다. 이러한 맥락에서 토마스는 모든 악한 행위(죄)는 행위를 포함하고 있는지 묻고 있다. 그에 의하면 이 물음과 관련하여 크게 두 가지 견해가 있다고 한다.

첫째 견해는 모든 악한 행위에는, 심지어 '불행위(不行爲)'에서 성립하는 악한 행위인 불행위의 죄(peccatum omissionis)에도, 어떤 행위나 작용(actus)이 포함되어 있다는 것이다. 즉 불행위의 죄에도 최소한 불행위를 의지하는 내적 의지(interior voluntas)가 있거나 – 예를 들어 어떤 사람이 자선행위를 하지 않음으로써 죄를 범했을 때, '자선행위를 하지 않고자 하는 의지'가 있다고 말할 수 있다 –, 또는 마땅한 행위를 철회하게 만든, 불행위와 연결된 어떤 다른 외적 행위(actus exterior adiunctus)가 있다는 것이다. 이 연결된 행위는 놀기를 바라고 교회 가

53 우리는 앞으로 peccatum을 문맥에 따라 죄, '잘못된 행위', '[도덕적으로] 악한 행위', '도덕적 악', '악한 행위', '악행' 등으로 번역할 것이다.

54 De malo, q. 2, a. 1: "모든 죄(악한 행위)에는 행위가 있는가?(utrum in omni peccato sit aliquis actus)."

는 의무를 이행하지 않았을 때처럼 불행위와 동시에(simul) 일어날 수 있고, 또는 새벽기도에 참석해야 하는데도 전날 밤 다른 일에 몰두하느라 새벽기도에 가지 못했을 때와 같이, 연결된 행위가 불행위에 앞서서(antecedens) 일어날 수 있다. 토마스에 따르면 이 견해는 죄는 신법에 반하여(contra legem Dei) 말해지거나(dictum), 또는 행해지거나(factum), 또는 욕구된 것(concupitum)이라고 말한 아우구스티누스의 말에 의존하고 있다.

두 번째 견해는 '불행위'에서 성립되는 죄는 행위를 포함하지 않으며, '행위에서 물러남'(ipsum desistere ab actu) 자체가 바로 불행위의 죄라는 것이다. 이 견해는 바로 위에서 인용한 '죄는 말해지거나, 또는 행해지거나, 또는 욕구된 것'이라는 아우구스티누스의 말을 '욕구와 욕구하지 않음', '말함과 말하지 않음' 그리고 '행함과 행하지 않음'과 같이, 작용과 그것의 부정은 죄의 본질적 규정에 관한 한 서로 동일한 것으로 파악될 수 있다는 뜻으로 해석한다. 토마스는 이 견해도 합리적으로 보인다고 말한다. 긍정과 부정은 같은 유(類)에 속하기 때문이다.

(2) 두 견해의 종합으로서 토마스의 견해

1) 본질적으로 행위가 포함되지 않는 불행위의 죄

토마스는 위의 두 견해 모두 어느 정도 진리를 포함하고 있는 합리적인 의견들이라고 판단한다. 그 자신의 견해는 이 두 견해의 종합이라고 할 수 있다. 그는 죄가 성립하기 위해 요구되는 것(id quod requiritur ad peccatum)을 '죄의 본질에 속하는 것으로서' 그리고 '죄의 원인으로서' 두 관점을 나누어서 고찰함으로써 두 견해를 종합하고 있다. 그는 먼저 위에서 말한 두 번째 견해가 포함하고 있는 진리가 무엇인지 설명한다. 이와 관련하여 그는 '죄'의 본질(essentia peccati)에 속하는 것으로서 죄가 성립하기 위해서 요구되는 것을 고찰하면, '불행위의 죄'에는 행위가 요구되지 않는다고 말한다. 그 자체로 말하자면 불행위의 죄, 즉 '행위 하지 않음'의 죄는 '행위의 중지'에서(in cessatione ab actu) 성립한다는 것이다.

① '규칙이나 척도에서 벗어남'으로서 죄(잘못된 행위)

이 말을 이해하기 위해서는 죄, 즉 '악한(잘못된) 행위'의 본질적 규정에 주목할 필요가 있다. 토마스의 관점에서 아리스토텔레스에 따르면 잘못된 행위나 작용은 자연과 기예의 영역에서 모두 발생할 수 있다. 자연(본성) 또는 기예는 어떤 목적을 위해 작용을 하는데, 만일 자연이나 기예가 그 목적에 이르지 못했을 때 잘못된 작용이 발생한다는 것이다. 그런데 이러한 일은 자연이나 기예의 영역에서 작용이 [목적에] 합당한 작용의 척도나 규칙에서(a mensura vel regula debitae operationis) 벗어날 때 발생하게 된다. 이 척도나 규칙은 자연물의 경우에는 그것의 형상으로부터 생겨나는 자연(본성)의 경향성(naturae inclinatio) 자체이고, 기예의 영역에서는 기예의 규칙(regula artis) 자체를 가리킨다. 이렇게 볼 때 '잘못된 작용(죄)'와 관련하여 두 가지 것에 주목할 수 있다. 즉 '규칙이나 척도에서 벗어남'(recessus a regula vel a mensura)과 '목적에서 벗어남'(recessus a fine)이 그것들이다.

그런데 토마스는 목적에 합당한 작용을 위한 규칙이나 척도에서 벗어나지 않았음에도 목적에서 벗어나는 일이 생길 수 있다고 지적한다. 이것은 자연과 기예의 영역 모두에서 일어날 수 있다. 자연의 영역에서는 소화작용을 예로 들 수 있다. 소화작용은 음식물을 분해해서 영양을 섭취하는 것을 목적으로 한다. 그런데 이러한 목적을 위해 작용자의 측면에서 필요한 것이 모두 갖춰졌다고 하더라도, 만일 소화될 수 없는 물체, 예를 들어 돌을 섭취했다면 비록 '본성의 잘못'이 없다 하더라도, 소화작용은 소기의 목적을 이룰 수 없다. 한편 기예의 영역에서는 의사가 의술에 맞는 처방에 따라 약을 주었음에도 환자의 병이 낫지 않는 경우를 생각할 수 있다. 치료될 수 없는 병의 경우나, 또는 어떤 건강에 반하는 것이 작용하면 그러한 일이 생길 수 있다. 이 경우 의사는 비록 병의 치료라는 목적에 이르지 못했지만, '잘못된 (의료) 행위'를 했다고 말할 수 없다. 그러나 토마스는 이와 반대로 어떤 행위나 작용이 목적에는 도달했다 하더라도, 합당한 규칙이나 척도에서 벗어났다면, '잘못된 행위나 작용'(peccare)을 했다고 말할 수 있다고 주장한다.[55]

이러한 고찰로부터 토마스는 '목적에 이르지 못함'보다, '규칙이나 척도를 벗어남'(praeterire regulam actionis)이 더 '잘못된 행위(죄)'의 본질적 규정에 속한다는 결론을 도출한다. 즉 자연이나 기예의 영역, 또는 도덕의 영역 모두에서 행위(작용)의 '규칙에 대립함'이 '잘못된 작용(죄)'의 본질적 규정에 속한다는 것이다.

② '긍정적 계명에서 벗어남'으로서 불행위의 죄

토마스에 따르면 행위의 규칙은 '과잉과 결핍의 중용'(medium inter

55 이러한 고찰은 토마스의 윤리이론이 도덕적 선과 악의 문제에 있어서 결코 '결과주의적' 입장과는 거리가 있음을 잘 보여준다.

superfluum et diminutum)을 확립하는 것이기 때문에 어떤 규칙은 행위를 금지하고(resecet), 어떤 규칙은 명령을 내린다. 한편 토마스는 도덕적 행위의 척도는 자연 이성(ratio naturalis)과 신법(lex divina)이라고 여러 차례 강조하고 있다.[56]

여기에서 그는 아리스토텔레스의 중용론과 그리스도교의 가르침을 종합하고 있다. 그의 주장에 의하면 올바른 행위의 규칙인 자연 이성과 신법에는 모두 어떤 행위들을 배제하는 계명과 어떤 행위들을 정립하는 계명들, 즉 금지하는(부정적) 계명(praecepta negativa)과 행위를 요구하는(긍정적) 계명(praecepta affirmativa)이 있다. 이에 따라 어떤 인간적 행위가 이 두 계명 중 어느 하나와 대립할 때, 행위의 규칙이나 척도를 벗어난, 즉 질서를 벗어난 행위, 다시 말해 잘못된 행위(죄)가 된다. 그런데 긍정은 부정과 대립하고, 부정은 긍정과 대립하기 때문에, '행위-함'(agere)은 부정적 계명과 대립할 때 '잘못된 행위(죄)가 되고, 반면 '행위하지-않음'(non agere)은 긍정적 계명과 대립할 때 '잘못된 행위(죄)'가 된다. 따라서 이렇게 그 자체로 말하자면, 비록 역설적으로 들리지만, -'잘못된 행위(죄)'의 본질에 '행위'가 속함에도-불행위의 죄처럼 '행위가 요구되지 않는 잘못된 행위'가 있을 수 있다. 토마스는 이러한 점에서 두 번째 견해가 진리를 어느 정도 포함하고 있다는 본 것이다.

2) 불행위의 죄에 포함되는 행위로서 의지적 행위(작용)

① 불행위의 내적 원인으로서 의지 및 의지적 작용

그런데 토마스는 잘못된 행위의 원인(causa peccati)의 관점에서 잘못

56 De malo, q. 1, a. 3 참조.

된 행위(죄)가 성립하기 위해 요구되는 것을 고찰해 보면, 모든 잘못된 행위에는, 심지어 '불행위'에서 성립되는 '잘못된 행위'(불행위의 죄)라고 하더라도 어떤 행위나 작용이 요구된다고 말한다. '불행위'의 원인이 되는 행위나 작용이 있어야 하기 때문이다. 따라서 이러한 관점에서 토마스는 첫 번째 견해가 타당성을 갖는다고 말한다. 토마스는 이것을 자연학적 고찰로부터 정당화한다. 예를 들어 어떤 것이 어떤 때에는 움직여지고 다른 어떤 때에는 움직여지지 않는다면, 움직여짐의 원인뿐만 아니라 움직여지지 않음, 즉 정지의 원인도 생각해야만 한다. 이와 마찬가지로 행위의 영역에서도 만일 어떤 행위자가 '행해야만 하는 것'(quod agere debet)을 행하지 않았다면, 바로 이 '행위 하지 않음'의 원인이 있어야만 한다는 것이다.

그런데 토마스는 만일 그 원인이 전적으로 외적인 어떤 것이라면, 그러한 불행위는 잘못된 행위로 규정될 수 없다고 말한다. 예를 들어 어떤 사람이 떨어지는 돌에 다쳐서 교회에 가지 못했거나, 또는 기부하려던 금품을 도둑을 맞아서 자선행위를 하지 못했다면 그러한 불행위는 잘못이라고 할 수 없다는 것이다.

따라서 토마스에 따르면 오직 내적 원인에 의한 불행위만이 잘못된 행위가 된다. 그것도 임의의 모든 내적 원인이 아니라 오직 의지적 원인(causa voluntaria)이어야만 한다. 어떤 행위를 도덕적으로 선하거나 악한 행위라고 평가하기 위해서는 그 행위(또는 불행위)가 의지적 행위, 즉 의지로부터 비롯된 행위(또는 불행위)여야 하기 때문이다. 따라서 예를 들어 열병(febris)은 비록 행위자 내부에 있는, 일종의 내적 원인이지만 의지적 원인이 아니며, 따라서 외적 원인과 같은 이유로 잘못된 행위를 낳지 못한다고 한다. 따라서 토마스는 불행위가 도덕적으로 잘못된 행위가 되려면, 그것이 어떤 의지적 작용(actus voluntarius)으로부터 야기되어야만 한다고 강조한다.

이제 토마스는 이를 설명하기 위해서, 의지가 어떤 것의 원인이 되는 여러 방식을 구별한다. 즉, 의지는 한편으로는 본질적으로(per se) 어떤 다른 것의 원인이 되지만, 다른 한편으로는 우유적으로(per accidens) 어떤 것의 원인이 되기도 한다. 토마스에 따르면 어떤 결과를 지향하면서 특정한 행위를 하였을 때, 의지는 본질적으로 그 행위의 원인이 된다. 예를 들어 어떤 사람이 보물을 발견하려고 땅을 파다가 보물을 발견했다면 의지는 그 자체로 보물 발견의 원인이 된다고 말할 수 있다. 그렇지만 어떤 사람이 무덤을 조성하려고 땅을 파다가 보물을 발견했다면, 보물의 발견은 그 사람의 의도 밖의(praeter intentionem) 일이고, 따라서 이 경우 의지는 오직 우유적으로 보물 발견의 원인이 될 뿐이다.

② 불행위의 간접적 원인으로서 의지적 행위

이와 마찬가지로 의지로부터 생겨나는 의지적 행위는 어떤 때에는 그 자체로(본질적으로) 불행위의 원인이 될 수도 있고, 어떤 때에는 우유적으로 불행위의 원인이 될 수 있다.

첫째, 의지적 행위(actus voluntarius)는 본질적으로 '불행위'의 원인이 될 수 있다. 그러나 여기에서 잊지 말아야 할 것은 그럼에도 의지가 직접적으로 불행위를 지향한다는 것을 의미하지는 않는다는 사실이다.[57]

57 여기에서 actus voluntarius는 의지의 내적 작용만을 의미하지 않고, 의지적 [외적] 행위도 함께 가리키고 있다.

토마스에 따르면 비존재와 악은 행위자의 의도와 의지 밖에(praeter intentionem et voluntatem) 있는 것이기 때문이다. 반면에 의지의 대상은 선한 것(bonum)과 존재하는 것(ens)이다. 제1문제 제3절에서 살펴본 바와 같이 악은 본질적 원인을 갖지 않고 오직 우유적 원인만을 갖는 것과 같은 맥락이라고 할 수 있다. 이러한 주장에 따르면 불행위가 발생하는 과정에서 의지는 직접적으로 '불행위'를 지향하는 대신에, 어떤 긍정적인 행위가 불행위를 결과한다고 예견하고(cum praevisione omissionis consequentis), 그 긍정적인 행위를 지향함으로써 간접적으로(indirecte) 불행위를 지향한다고 말할 수 있다. 예를 들어 어떤 사람이 '교회에 가지 않음'이라는 죄를 범했을 때, 그는 '교회에 가지 않음'이라는 불행위를 직접적으로 지향한 것이 아니다. 그는 예컨대 '놀이를 함'(어떤 긍정적 행위)이 '교회에 갈 수 없음'(불행위)을 동반한다고 인식하면서(sciens), '놀이함'을 직접적으로 의지한 것이고, 이로부터 '교회에 가지 않음'이라는 불행위의 죄가 결과하는 것이다. 부정적 계명을 지키지 않음으로써(in transgressionibus)[58] 생겨나는 죄에 대해서도 같은 말을 할 수 있다. 예를 들어 어떤 사람이 절도의 죄를 범했을 때, 그는 죄가 포함하고 있는 '불의의 추악함' 자체를 직접적으로 의지했다고 말하기보다는, 황금을 취하려는 직접적 의도로 불의의 추악함을 회피하지 않았다는 것이다.[59]

58 물론 이 경우는 불행위의 죄가 아니라 행위의 죄이다. 하지 말라는 것을 행한 것이기 때문이다.

59 이러한 고찰은 '행위함'과 '행위하지 않음'이 전적으로 의지에 달려 있다는 토마스의 주장을 마치 의지가 선행하는 이성의 숙고 없이 '행위함' 대신에 '행위하지 않음'을 선택할 수 있다는 말로 이해할 수 없다는 것을 보여준다. 불행위의 선택은, 예를 들어 'A를 행함'과 'B를 행함' 사이에서 'B를 행함'을 선택함으로써 'A를 행하지 않음'이 선택되는 방식으로 일어난다는 것이다. 이러한 선택은 숙고된 의지의 선택이다. 이러한 설명방식에 대해서는 De malo, q. 3, a. 12 참조.

둘째, 의지적 행위가 우유적으로 불행위의 원인이 될 수 있다. 예를 들어 어떤 행위에 몰두하고 있는 사람이 자기가 반드시 행해야만 하는 것을 미처 생각하지 못하고 불행위의 잘못을 범할 수 있다.

그런데 토마스는 – 본질적 원인이든, 아니면 우유적 원인으로 작용하든 – 의지적 행위가 불행위와 동시에 일어났는지, 아니면 (어떤 일에 몰두해서 늦게 잠자리에 들어 새벽기도에 때맞춰 일어나지 못한 수도승의 경우처럼) 불행위에 선행하는지는 중요하지 않다고 말한다. 중요한 것은 불행위에서 성립되는 잘못된 행위에도 의지적 행위가 불행위의 원인으로서 요구된다는 것이다. 토마스는 이러한 점에서 첫 번째 견해, 즉 불행위에는 원인으로서 어떤 의지적 행위가 요구된다는 견해는 올바른 견해로 볼 수 있다고 말한다. 따라서 토마스에 따르면 불행위의 죄에 있어서 행위와 관련된 두 견해 모두 어떤 점에서 올바른 견해라고 할 수 있다.

2. 도덕적으로 악한 행위의 본질적 구성요소로서 의지와 외적 행위

(1) 외적 행위와 내적 행위 모두에서 발견되는 도덕적 악(형상을 잃음)[60]

60 De malo, q, 2, a. 2: "죄는 의지 작용만으로 성립되는가?(utrum peccatum consistat in actu voluntatis tantum)"

토마스는 『신학대전』 제2부의 1 제18문제에서 제21문제까지에 걸쳐 도덕적 행위의 선과 악의 문제를 고찰하면서 도덕적으로 악한 행위의 악(나쁨)은 오직 의지에서만 성립되는지 심도 있게 논의하였다. 『신학대전』에서 그는 비록 의지가 도덕적 행위의 선과 악의 원리(principium bonitatis et malitiae)라고 말하면서도 외적 행위 자체의 선과 악에 대해서도 긍정한다.[61] 이와 마찬가지로 토마스는 『악론』 제2문제의 제2절과 제3절에 걸쳐 도덕적으로 악한 행위의 악은 의지뿐 아니라, 외적 행위에서도 발견된다는 주장을 전개하고 있다. 이와 관련하여 먼저 그는 제2절에서 '죄는 의지 작용만으로도 성립되는가'라는 문제를 제기하고 있다.

도덕적으로 악한 행위의 악이 어디에 있는지 살펴보기 위해서는 행위의 구성요소를 먼저 생각해야 한다. '도덕적으로 악한 행위(죄)'라는 용어 자체만을 살펴보아도 알 수 있듯이, 죄를 구성하고 있는 여러 요소가 있다는 것을, 즉 적어도 '(행위의) 악'과 '(악한) 행위'로 구성된다는 것을 알 수 있다. 더 나아가 토마스에 따르면 행위는 내적 행위(의지)와 외적 행위로 세분될 수 있다. 그래서 도덕적으로 악한 행위에 대한 문제는 이러한 요소들을 모두 고려해야만 하고, 이에 따라 어느 요소에 방점을 두는지에 따라 위의 문제에 대해서도 여러 의견이 갈릴 수 있다.

토마스는 이에 관한 여러 견해를 크게 세 가지로 분류한다. 그에 따르면 어떤 견해는 내적이든 외적이든 행위는 그 자체로는 죄가 아니고, 오직 결여(privatio)에 악한 행위(죄)의 본질이 있다고 주장한다. 다른

61 Summa Theologiae, Ia–IIae, q. 19, a. 2co. 참조.

견해는 악한 행위의 본질적 규정은 오직 의지의 내적 작용(interior actus voluntatis)에 있다는 것이고, 마지막으로 세 번째 견해는 악한 행위(죄)는 의지의 내적 작용과 외적 작용(exterior actus) 모두에서 발견된다는 것이다. 토마스의 입장은 세 번째 견해에 가깝다고 스스로 말하고 있지만, 그렇다고 다른 두 의견에는 진리가 없는 것이 아니라고 말한다.

이와 관련하여 토마스는 먼저 이 세 가지 견해들이 모두 같은 것에 대해서 말하고 있지 않다는 점을 지적한다. 그래서 그는 – 우리가 이 절의 서두에서 먼저 살펴본 것처럼 – 먼저 '악'(malum), 악한(잘못된) 행위 또는 작용(peccatum), 그리고 도덕적으로 악한 행위(culpa)를 구별하고 그 의미를 분명히 밝히고 있다. 그에 따르면 이 세 가지 개념의 관계는 '보다 보편적인 것'과 '보다 덜 보편적인 것'의 관계에 있다고 한다. 이 중에서 '악'(malum)이 가장 보편적인 개념이다. 즉 모든 것은 – 그것이 주체(subiectum)이건 또는 작용(actus)이건 – 그 안에서 합당한(debita) 형상(forma)이나 질서(ordo) 또는 척도(mensura)의 결여가 발견되면, '악한(나쁜) 것'으로 규정된다. 우리는 '악'을 '선의 결여'라고 일반적으로 규정하였기 때문이다. 즉 악(malum)은 주체와 형상, 작용 모두에서 발견된다는 것이다.

한편 '악한(잘못된) 작용'(peccatum)은 올바른 질서나 형상 또는 척도를 결여한 작용(actus)을 가리킨다. 따라서 악한(잘못된) 작용(peccatum)이라는 개념은 '행위' 또는 '작용'의 악으로 좁혀진 외연을 갖는다. 이에 따라 우리는 '걷기에 적합하지 않은 형태를 가진 다리'를 '[걷기에] 나쁜 다리'라고 말하기는 하지만, 그것을 '나쁜(악한) 작용'이라고 말하지는 않는다. 그런데 토마스는 이렇게 우리가 흔히 '죄'라고 번역하는 '악한(나쁜) 작용(행위)'을 도덕적으로 악한 행위로 좁게 이해하지 않는다. 즉 그는 자연의 작용이든 인간적 기예의 작용이든 또는 도덕적 행위이건, 모든 종류의 '질서에서 벗어난 작용'(actus inordinatus)을 'peccatum'이라고 부른다. 엄밀한 의미에서 우리가 '죄'라고 부르는 것에 대응하는 토마스의 용어는 지금까지 죄책이라고 번역한 culpa이다. 토마스에 따르면 악한(나쁜) 또는 잘못된 행위, '질서를 벗어난 행위'가 의지로부터 비롯된 행위, 즉 의지적 행위(voluntarium)일 경우에, 그리고 오직 그러한 경우에 culpa(도덕적으로 악한 행위) 또는 '도덕적 악'이라고 규정된다. 그런데 우리는 우리가 통제할 수 있는 행위에 대해서만 '의지적(인 행위)(voluntarium)'이라고 말할 수 있다. 그러므로 모든 '질서를 벗어난 행위'(actus inordinatus)가 아니라, '행위자의 능력 안에 있는(in sua potestate) 질서를 벗어난 행위'만을 행위자의 탓으로 돌릴 수 있다. 이렇게 culpa는 '의지적인 것'인 한에서의 peccatum을 가리키는 용어이다.

위에서 말했듯이 이 절에서 제기된 문제에 대해 서로 다른 세 가지 견해들이 등장하는 이유는 방금 설명한 세 개념을 신학자들이 서로 달리 사용했기 때문이라고 한다. 특히 신학자들은 공통 어법으로 peccatum과 culpa를 거의 같은 의미로 이해했다고 한다. 그래서 어떤 사람들은 peccatum에서 malum, 즉 [선의] '결여'로서 '악'이라는 규정만을 고려하여, '행위의 실체'(substantia actus)보다는 '행위의 형상을 잃음'(deformitas actus)[62]이 peccatum이라고 말하였다(위의 첫 번째 견해). 반면

62 deformitas는 '추함', '수치스러움' 등으로 번역될 수 있다. 그렇지만 어떤 사물이 추하고, 수치스러운 이유는 그 사물이 자신의 forma(형상)에 부합되지 않기 때문이라는 점을 고려하면 '형상을 잃어버림'으로 직역을 하는 것이 윤리적 개념의 존재론적 근거를 보여주기에 적절해 보인다.

에 어떤 사람들은 peccatum의 구성요소 중에서 peccatum을 culpa로 규정되도록 만드는 근거에 초점을 맞추어, 악한 행위는 오직 '의지'에만 놓여 있다고 말하게 된 것이다. 죄책은 의지적인 행위로서 의지로부터 비롯된 행위이기 때문이다(두 번째 견해).

그러나 토마스는 악한(잘못된) 행위의 문제를 다룰 때 행위의 '악(형상을 잃음, deformitas)'에만 주목해서는 안 되고 그 악의 바탕에 있는 행위(actum deformitati substratum)에도 주목해야만 한다고 강조한다. 왜냐하면 '악한 행위는 '형상을 잃은 행위'(actus deformis)이지 '형상을 잃음'(deformitas)만을 가리키지는 않기 때문이다.[63] 여기에서 토마스는 다시 행위의 선과 악의 기준을 제시한다. 그에 따르면 어떤 행위에 있어 '형상을 잃음'(deformis)의 이유는 그것이 마땅하게 갖추어야 할 규칙, 즉 이성의 규칙이나 신법의 규칙에 어긋나기 때문이다.

그런데 중요한 것은 토마스의 주장에 의하면 바로 이러한 '형상을 잃음'이 의지의 내적 작용뿐 아니라 외적 작용에서도 발견된다는 데 있다. 따라서 도덕적 악은 오직 의지에만 있는 것이 아니라, 외적 행위 자체도 악을 포함할 수 있다는 것을 의미한다. 물론 악한 외적 행위가 '나'의 잘못이 되려면, 즉 '죄책'이 되려면 의지가 전적으로 필요하다. 내가 악을 '의지(意志)'했을 때 '나의 죄책(내 탓)'이 되기 때문이다.[64]

---

63 이미 살펴보았듯이(De malo, q. 1. a. 1co.), 토마스는 malum은 악한 '것'과 [악한 것의] '악', 둘 모두를 가리킨다고 말하였다.

64 그런 점에서 단순히 '기술적인 잘못'(malum artificiale)으로 그칠 수 있는 문제가, 의지가 개입함으로써, 즉 '의도된 잘못'이 됨으로써 도덕적 악(malum morale)이 된다. 예를 들어 기술이 부족해서 또는 실수로 공사를 잘못할 수 있지만, '의도적으로 잘못된 공사'를 할 수도 있다. 전자는 '기술적 악'이지만 후자는 도덕적 악이다. 이에 대해서는 De malo, q. 1, a. 5co. 참조.

따라서 토마스는 우리가 악한 행위를 구성하는 것 전체를 고려하기를 바란다면, '형상을 잃음'뿐 아니라, 또는 오직 의지의 내적 작용뿐 아니라, 외적 행위도 고려해야 한다고 강조한다.[65] 그리고 이것은 '하지 말아야 할 것을 행함'(transgressio)뿐 아니라, '해야 할 것을 하지 않음', 즉 불행위(omissio)에서 성립되는 악한 행위(죄) 모두에 적용된다.

여기에서 강조된, '외적 행위' 자체도 악한 것으로 규정될 수 있다는 토마스의 주장은 이어지는 문제의 해결에 있어서 거듭 중요한 역할을 한다.

(2) 도덕적으로 악한 행위의 악에 있어서 의지의 우선성과 외적 행위의 우선성[66]

도덕적 악의 문제에 있어서 '외적 행위' 자체의 악에 대한 토마스의 주장은 '의지' 또는 '의도'와 외적 행위의 관계 문제, 그리고 선과 악의 가치평가에 있어서 의지와 외적 행위 가운데 어느 것을 '우선적으로' 고려해야 하는지 등과 같은 문제를 낳을 수 있다. 이러한 맥락에서 토마스는 이 절에서 도덕적으로 악한 행위의 악은 '주로'(우선적으로) 의지

65 같은 절에서 토마스는 의지의 내적 작용과 외적 작용의 관계를 형상과 질료의 관계로 파악한다(De malo, q. 2, a. 2, ad 5). 『신학대전』에서는 외적 작용을 내적 작용의 대상 및 목적으로 규정하기도 한다. De malo, q. 2, aa. 2-4에서 의지와 외적 작용의 관계에 대해서는 Thomas M. Osborne, Jr., "The goodness and evil of objects and ends", In: M. V. Dougherty(ed.), *Aquinas's Disputed Questions on Evil. A Critical Guide*, Cambridge: Cambridge University Press, 2016, pp. 126-145. 여기에서는 pp. 134-139 참조.

66 De malo q. 2, a. 3: "죄(악한 행위)는 주로 의지 작용에서 발견되는가?(utrum peccatum principaliter consistat in actu voluntatis).

작용에서 발견되는지 묻고 있다.[67]

이 문제를 다루면서 토마스는 먼저 행위자의 의도와 무관하게 '그 자체로(secundum se) 악한 행위'와 '부패한 의도 또는 의지로부터(ex corrupta intentione vel voluntate) 악한 행위'를 구분한다. 예를 들어 '자선 행위'는 그 자체로 선한 행위이지만, 행위자가 다른 사람들의 인정을 받고자 하는 의도에서 자선을 베푼다면, 이 행위는 헛된 영광(inanis gloria)이라는 악한 행위로 규정된다. 토마스에 따르면 이러한 종류의 악한 행위(죄)는 전적으로 악한 의지로부터 생겨난 것으로, 이 경우에 의지 또는 의도가 결정적이고 가장 중요한 요소임은 분명하다. 다른 한편 절도나 간통 또는 살인과 같은 행위는 어떤 의도로 저질렀건 간에 그 자체로(secundum se) 잘못된 외적 행위라고 한다.

그런데 토마스는 이 절에서 외적 행위 자체는 선하지만 악한(부패한) 의도 때문에 도덕적으로 악한 것으로 규정되는 행위는 고찰의 대상에 포함하지 않는다. 여기에서 그가 문제 삼고 있는 악한 행위는 행위자의 의도와 무관하게 '그 자체로, 도덕적으로 악한 외적 행위'이다. 그는 이러한 행위에 있어서 의지와 외적 행위 가운데 어느 것에 도덕적 악이 '주로(principaliter)' 놓여 있는지 묻고 있다.

이와 관련하여 토마스는 두 가지 구별을 한다. 첫째는 'principaliter'라는 말의 두 가지 용법의 구별이다. 그의 구별에 의하면 'principaliter'라는 말은 '시원적'(primordialiter)이라는 의미로 사용될 수 있고, '완성적'(completive)이라는 의미로도 사용될 수 있다. 둘째는 '본질적 규정에

67 토마스는 『신학대전』에서 악한 행위의 악의 원리는 의지이고(Summa Theologiae, Ia-IIae, q. 19, a. 2co.), 의지의 악은 이성에 의존한다(Summa Theologiae, Ia-IIae, q. 19, a. 3co.)고 말한다.

따르는 외적 행위의 파악(apprehensio secundum suam rationem)'과 '외적 행위의 실행(operis executio)'의 구별이다.

이러한 두 종류의 구별에 따라 토마스는 그 자체로 악한 외적 행위와 관련하여 그것의 본질적 규정에 따르는 파악의 측면에서 그리고 실행의 측면에서 의지가 각각 '시원적으로' 그리고 '완성적으로' 작용하는지 살펴보고 있다. 토마스는 절도와 살인이라는, 그 자체로 악한 행위를 사례로 고찰한다.

토마스는 이 문제를 먼저 행위의 본질적 규정에 따르는 파악의 측면에서 살펴본다. 그는 살인이나 절도는 본질적 규정에 따라 파악하면, '악'의 규정성(ratio mali)이 시원적으로(primordialiter) 의지가 아니라 행위 자체에서 발견된다고 말한다. 그에 의하면 살인이나 절도와 같은 행위들이 악한 것으로 규정되는 이유는 합당한 상황(조건)들을 갖추지 못했기 때문이다. 그러한 외적 행위는 '악한(malus)', 즉 합당한 양태, 형상, 및 질서를 '결여한(privatus)' 행위이기 때문에, 도덕적으로 '악한' 행위'라는 규정성(ratio peccati)을 갖게 된다. 그런데 이러한 규정성은 행위 자체에서 발견되는 것이지 의지에서 발견되는 것이 아니라는 것이다.

그 근거를 외적 행위는, 그 자체로 고찰하면, 의지(意志)된 것인 한에서(prout est volitus), 의지에 대해서 대상의 위치에 있다는 데서 찾을 수 있다.[68] 한편 그에 따르면 작용(actus)은 능력(potentia)에 앞서고, 대상(obiectum)은 작용보다 앞선다. 바로 이러한 관점에서 보자면 '악'이라는 규정 또는 '도덕적 악'이라는 규정은 의지 작용보다는 그렇게 고찰된

68 이에 대해서는 Thomas M. Osborne, Jr., "The goodness and evil of objects and ends", p. 138 참조.

외적 행위에서 '시원적으로' 발견된다고 할 수 있다. 그러나 죄책(culpa)은, 즉 엄밀한 의미의 도덕적 악(malum morale)은 의지 작용이 더해져야만 도덕적 악으로서의 완전한 규정성(ratio)을 갖추게 된다. 즉 죄책의 본질적 규정은 의지 작용에 의해 완성된다. 이러한 점에서 [파악에 따라 고찰하면] '죄책'의 악은 '완성적으로(completive)' 의지 작용에서 발견된다.

한편 행위의 실행이라는 관점에서 죄의 '행위(actus)'를 고찰하게 되면, 죄책은 시원적으로(primordialiter) 그리고 선차적으로(per prius) 의지에 있다고 말해야 한다.

요약해서 말하면, 외적 행위를 본질적 규정에 따르는 파악의 측면에서 고찰하게 되면 '악'은 선차적으로(per prius) 외적 행위에서 발견되지만, 반대로 행위의 실행이라는 측면에서 고찰하면 외적 행위보다 의지에서 먼저 악의 규정성이 발견된다는 것이다. 위에서 말했듯이 외적 행위는 의지 작용에 대해서 '목적'이라는 규정성을 갖는 '대상'으로서 관계하기 때문이다. 그런데 토마스에 따르면 목적은 의도에 있어서(in intentione) 앞서지만, 존재에 있어서는(in esse) 늦다. 그러므로 실행의 질서에서 악의 규정성은 의지에서 먼저 발견된다고 말한다.

3. 그 자체로 선한 행위, 그 자체로 악한 행위 그리고 가치 중립적 행위

위에서 살펴본 것처럼 토마스는 제2문제의 제2절과 제3절에서 직 · 간접적으로 '외적 행위'가 행위자의 의도와 무관하게 '그 자체로' 악한 것으로 파악될 수 있다고 주장하였다. 물론 이 말이 도덕적 행위가 의지의 내적 작용이 없이 외적 행위만으로도 이루어질 수 있다는 것을 의미하지는 않는다. 의지 작용이 없는 외적 행위는 '의지적' 행위가 아니기 때문이다. 그러나 우리는 행위자의 의도와 무관하게 (외적) 행위 자체의 본질적 규정을 파악할 수 있다. 그리고 이 규정에 따라 외적 행위의 선과 악에 대해서 말할 수 있다는 것이다. 이제 이어지는 문제는 어떤 경우에 행위가 행위자의 의도와 독립적으로 그 자체로 '악'하거나, 또는 '선'할 수 있는지 그 기준과 방식에 관한 문제이다.

이와 관련하여 토마스는 먼저 종적인 관점에서 행위의 선과 악에 대해서 고찰하고, 그다음으로 상황에 따르는 행위의 선과 악에 대해 고찰한다.

(1) 행위의 종에 따라 그 자체로 선한 행위와 악한 행위[69]

토마스는 제2문제 제4절에서 모든 행위가 가치 중립적(indifferens)인지 묻고 있다. 이러한 문제가 제기되는 배경에는 모든 행위는 그 자

69 De malo, q. 2, a. 4: "모든 행위가 가치 중립적인가?(utrum omnis actus sit indifferens)"

체로는 도덕적으로 가치 중립적이라는 주장과 그 자체로 선하거나 악한 행위가 있다는 주장이 대립하고 있기 때문이다.[70] 이 두 입장은 각각 외적 행위는 그 자체로 가치 중립적이며 행위자의 의도 또는 의지에 선과 악이 달려있다는 주장, 그리고 의도나 의지를 고려하지 않고 그 자체로 악한 또는 선한 행위가 있다는 주장을 대변한다. 토마스 자신은 도덕적 행위의 선과 악의 원리는 의지라는 것을 강조하면서도, 행위자의 의도에 앞서 그 자체로 선하거나 악한 외적 행위가 있다는 주장을 전개한다.

1) 작용자의 본성에 따르는 작용의 선과 악

토마스는 이 절의 논의를 선(bonum)과 완전성(perfectio)의 개념으로부터 출발하고 있다. 그에 따르면 선의 개념은 완전성을 함축하고 있으며, 이 완전성의 결여가 바로 악(malum)이다. 그래서 그는 완전성이라는 말을 적합한(conveniens) 척도(mensura), 형상(forma) 그리고 질서(ordo)를 자체 안에 포함하는 넓은 의미로 사용한다고 말한다. 그에 따르면 이러한 맥락에서 아우구스티누스는 그의 저서 『선의 본성』에서 선의 개념을 정도(modus), 형상(species) 그리고 질서(ordo)에서 찾고, 이것의 결여를 악의 개념으로 파악하고 있다고 한다.[71]

그런데 모든 사물이 똑같은 완전성을 갖는 것이 아니라 사물이 다

70 토마스는 여기에서 그러한 주장을 한 학자들이 누구인지 명확히 밝히지 않고 있다.

71 아우구스티누스, 『선의 본성』, 성염 역주, 서울: 분도출판사, 2019, c. 3, 4. 여기에서 아우구스티누스는 정도(程度, modus), 형상(species), 질서(ordo)라는 용어를 사용하고 있다. 한편 modus는 moderatus(절도있다)에서 유래한 말이다. (같은 책, p. 45, 주 11 참조).

양하면 완전성도 다를 수밖에 없다. 여기에서 사물의 다양성(diversitas)은 예컨대 말과 소 사이의 다양성처럼 '종적인 다양성'일 수도 있고, 동물과 사람 사이의 다양성(차이)처럼 '유와 종 사이의 다양성'일 수도 있다. 동물의 완전성에는 속하지 않는 것이 사람의 완전성에 속할 수 있기 때문이다. 따라서 사물의 다양성에 따라 선이 달라야 하듯이, 선의 결여인 악의 고찰도 마찬가지로 이러한 다양성이 고려되어야만 한다. 토마스가 든 예를 사용하면, 사람이 손이 없는 것은 나쁜 것(악)이지만 말이나 소에게 손이 없는 것은 나쁜 것(악)이 아니며, 이것은 동물인 한에서 동물에게도 마찬가지라고 한다.

이와 마찬가지로 행위나 작용의 선과 악에 대해서도 여러 다양성을 고려해야만 한다. 행위(작용)인 한에서 행위(작용)(actus secundum quod est actus)의 선과 악에 대한 고찰과 다양한 특수한 행위에 있어서(in diversis specialibus actibus) 선과 악에 대한 고찰은 다르기 때문이다. 토마스에 따르면 행위(작용)인 한에서 행위(작용)를 고찰하게 되면, 행위의 선함(bonitas)은 일종의 '행위자(작용자)의 능력에 따르는 유출(quaedam emanatio secundum virtutem agentis)'에 있기 때문이다. 따라서 행위자(작용자)의 다양성에 따라 행위에 있어 선과 악이 달리 파악되어야 한다. 토마스는 이 문제를 자연 사물과 인간의 행위로 나누어서 고찰하고 있다.

첫째, 자연 사물의 경우 작용자의 본성에 부합되는 작용은 좋은(선한) 작용이고, 반면에 작용자의 본성에 부합되지 않는 작용은 나쁜(악한) 작용이라고 할 수 있다. 이에 따라 우리는 같은 작용이라 하더라도 그 작용을 하는 작용자의 다양성에 따라 다른 판단을 내리게 된다. 즉 작용자의 다양성에 따라, 작용(행위)의 선악이 달리 파악될 수 있다. 예를 들어 '위로 움직여짐'이라는 작용은 불과 관련해서 고찰하면 좋은 작용이라 할 수 있다. 이것은 불에 자연적인 작용이기 때문이다. 그렇지만 땅과 관련해서 고찰하면 나쁜 작용이 된다. 위로 올라가는 것은 땅의 본성에 반하기 때문이다. 그러나 물이나 불과 같은 특수성으로부터 추상하여 가동적(可動的) 물체 일반(corpus mobile in communi)에 적용하면, '위로 움직여짐'이라는 작용은 좋은 것도 나쁜 것도 아닌 중립적 작용으로 파악된다.

2) 행위의 종에 속하는 선과 악의 기준으로서 '이성을 따름'과 '이성에 반함'

둘째, 토마스는 이어서 이 문제를 인간의 행위와 관련해서 고찰한다. 그는 고찰에 앞서 인간의 행위를 고찰하는 관점을 명확하게 규정한다. 즉 그에 따르면 우리는 여기에서 인간의 행위나 작용에 대해서 고찰하고 있으므로, 이 절의 주제인 행위의 선악은 인간인 한에서 인간에게 고유한 것의 관점에서 파악해야만 한다는 것이다. 그런데 토마스에 따르면 이성(ratio)이 바로 인간에게 고유한 것이다. 그러므로 인간적 행위에 있어서 선과 악은 그 행위가 '이성에 부합'되는가에[72] 따라 고찰

72 토마스가 여기에서 도덕적 행위의 기준으로 제시한 이성은 정확히 말하면 '신법에 의해 형상화된 이성(ratio informata lege divina)'이다. 그리고 '신법에 의한 이성의 형상화'는 자연적인 것(naturaliter)이거나, 가르침을 통해서(per doctrinam), 또는 주입에 의해서(per infusionem) 일어날 수 있다. 『신학대전』에서 토마스는 "인간 의지의 선은 이성에 의해 측정되지만, 인간 이성은 영원한 이성(ratio aeterna)으로 되돌아가지 않으면 불충분하므로, 인간 이성보다 영원법(lex aeterna)에 더 의존한다"고 말한다(Summa Theologiae, Ia–IIae, q. 19, a. 4co.). 한편 그는 신법은 인간을 자연 본성을 통해서는 도달할 수 없는 초자연적 최종목적을 향해 인도하는, 신으로부터 주어진 법으로서 자연법보다 더 높은 방식으로 영원법을 분유하는 것이라고 말한다(Summa Theologiae, Ia–IIae, q. 91, a. 4, ad 1). 이에 대

되어야만 한다. 이러한 맥락에서 토마스는 '영혼의 악은 이성을 벗어남(praeter rationem esse)'이고 '육체의 악은 본성을 벗어남(praeter naturam)'이라는 디오니시우스의 말을 인용한다.

따라서 토마스는 만일 '이성에 따름(esse secundum rationem)' 또는 '이성을 벗어남(이성에 반함)'(esse praeter rationem)이 인간적 행위의 '종(species actus humani)'에 속한다면, 어떤 종류의 인간적 행위('이성에 따름'이 속하는 행위)는 '그 자체로 선'(secundum se boni)하고, 어떤 종류의 인간적 행위('이성을 벗어남'이 속하는 행위)는 '그 자체로 악'(secundum se mali)하다 말할 수밖에 없다고 주장한다. 토마스가 여기에서 '종에 속함'을 강조하는 이유는 어떤 것에 그 자체로 속하는 것은 '유의 관점에서 속하는 것'뿐만 아니라 '종의 관점에서 속하는 것'도 포함되기 때문이다.[73] 예를 들어 '이성적임'과 '이성이 없음'은 유의 관점에서 고찰한(동물인 한에서) 동물에게 속하지 않지만, 종의 관점에서 고찰한 동물에게 그 자체로 속하는 것이다.

그러나 반면에 '이성을 따름'이나 '이성에 반함'이 어떤 인간적 행위의 종에 속하지 않는다면, 그러한 종류의 인간적 행위는 그 자체로 선하지도 악하지도 않고, 다만 가치 중립적(indifferentes)이라는 결론이 나오게 된다. 예를 들어 인간이 그 자체로는 (인간인 한에서는) 검지도 않고 희지도 않다고 말해야 하는 것과 같다. 따라서 토마스에 따르면 '모

해서는 Christoph Mühlum, *Zum Wohl des Menschen, Glück. Gesetz, Gerechtigkeit und Gnade als Bausteine einer theologischen Ethik bei Thomas von Aquin*, Bonn: Berstein, 2009, pp. 263 이하 참조.

73 종은 '유'와 구분되기도 하지만, '개별(특수)'과 구별될 수 있다. 다음 절에서 보게 되겠지만 구체적 '상황'으로부터 추상되어 고찰될 수 있기 때문이다.

든 행위가 중립적인가'라는 물음의 진리는 바로 '이성을 따름'이나 '이성에 반함'이 인간적 행위의 종에 속하는가에 달려있다고 할 수 있다. 이제 인간적 행위가 어떻게 종적으로 구별되는지 파악하는 일이 중요하다.

토마스에 따르면 행위는 대상(obiectum)으로부터 종적으로 규정된다. 그러나 이때 대상의 어떤 특성(ratio obiecti)은 행위의 어떤 한 능동적 원리(activum principium)와 관련하여 행위를 종적으로 규정하는 반면, 그 행위의 다른 능동적 원리와 관련해서는 행위를 종적으로 규정하지 않는다는 것을 고려해야만 한다. 예를 들어 '색을 인식함'(colorem cognoscere)과 '소리를 인식함'(sonum cognoscere)이라는 두 작용은 감각이라는 능동적 원리와 관련해서 서로 종적으로 구별되는 인식 작용이다. 소리나 색이라는 대상은 그 자체로 가감적(可感的) 대상으로서 감각과 관련되는 것이기 때문이다. 그러나 '소리를 인식함'과 '색을 인식함'이 이성과 관련되었을 때는 – 즉 이성의 관점에서 고찰하면 – 서로 종적으로 구별되는 인식 작용이 아니다. 이성은 대상을 공통적 관점에서, 즉 존재자(ens)나 참(verum)의 관점에서 파악하기 때문이다. 마찬가지로 '흰 것을 지각함'과 '검은 것을 지각함'은 시각과 관련해서 종적으로 구별되는 작용이지만, 미각과 관련해서는 종적으로 구별되지 않는다. '색'은 미각과 본질적으로 관계하는 대상이 아니기 때문이다. 이처럼 토마스에 따르면 모든 능력의 작용은 그 능력에 그 자체로 속하는 것에 따라서 종적으로 규정되지, 우유적으로 그 능력에 속하는 것에 따라서는 종적으로 규정되지 않는다.

따라서 이성의 관점에서 서로 구별되는 대상이 고찰되면, 그 대상과 관계하는 인간의 행위는, *이성의 작용(행위)인 한에서*, 서로 종적으로 다른 행위가 된다. 물론 같은 대상을 비록 이성이 아닌 다른 능력의 작용과 관련해서 고찰한다면 그러한 대상을 갖는 행위는 종적으로 구별되는 행위가 될 수 없다. 토마스가 사용한 예를 들면 '자기 배우자와 동침함'과 '자기 배우자가 아닌 사람과 동침함'은 이성에 속하는 어떤 것의 관점에서 구별되는 대상을 갖는 작용(행위)이다. '자기 것'과 '자기 것이 아닌 것'의 구별은 이성의 규칙에 따르는 구별이기 때문이다. 이렇게 이성에 따라 구별되는 대상을 갖는 행위를 인간적 행위의 능동적 원리인 이성[74]과의 비교를 통해서 고찰하면, 다시 말해 이러한 행위들이 인간적 행위인 한에서, 즉 이성의 숙고를 통한 작용인 한에서, 그 행위들은 종적으로 서로 구별되는 행위가 된다. 그렇지만 이렇게 이성에 따라 구별되는 대상을 갖는 행위들을 이성이 아닌 다른 능력(능동원리), 예를 들어 생식능력이나 감각적 욕구 능력과의 관계에서 고찰한다면, 이 구별은 단지 – 이 원리에 대해서 – '우유적 구별'일 뿐이다. 따라서 '자기 배우자와 동침함'과 '자기 배우자가 아닌 사람과 동침함'은 이성의 행위 또는 작용(actus rationis)인 한에서 종적으로 구별되지만, 생식능력이나 감각적 욕구 능력의 작용인 한에서 종적으로(specie) 구별되는 작용이 아니다. 이러한 방식으로 인간의 행위는, '인간적' 행위(actus humanus)인 한에서,[75] 즉 이성의 작용인 한에서, 이성에 속하는 차이를 가진 대상에 의해 종적으로 구별된다. 따라서 이러한 방식으로 대상에

74 이때의 이성은 행위 주체의 측면에서 행위의 원리로서 이성을 가리킨다.

75 이러한 맥락에서 토마스는 『신학대전』에서 인간의 행위(actio hominis)와 인간적 행위(actio humana)를 구별한다. (Summa Theologiae, Ia – IIae, q. 1, a. 1co.)

의해 종적으로 구별되는 인간적 행위는, 그것에 '이성을 따름'이 속하는 한에서 종적으로(ex sua specie) 선하거나, 또는 '이성을 벗어남'이 속하는 한에서 종적으로 악한 행위라는 것이 분명하다고 토마스는 주장한다.

토마스는 이로부터 어떤 인간적 행위는 그 자체로 선하거나 악하며, 따라서 모든 인간의 행위가 가치 중립적 행위는 아니라는 결론을 내린다. 그는 물론 인간적 행위를 유(genus)에 있어서 고찰하면 가치 중립적일 수 있다는 것도 인정한다. 동물인 한에서 동물은 '이성적'이지도 '비이성적'이지도 않다. 이와 마찬가지로 인간적 행위(actus humanus)는 행위 또는 작용(actus)인 한에서, -즉 '인간적(humanus)' 행위라는 종적 측면이 아니라, '행위'라는 유적 측면에서 고찰하면-, 만일 그 행위를 종적으로 한정하는 어떤 것이 더해지지 않는 한에서는, 도덕적 선이나 악이라는 규정을 갖지 않는다.

마지막으로 토마스는 행위가 '인간적 행위'라는 사실로부터, 더 나아가 '존재자'라는 사실로부터도 선의 규정을 가질 수 있다고 덧붙인다. 그러나 이러한 의미의 선은 '이성을 따름'이라는 도덕적 선을 의미하는 것이 아니고, '존재자는 선하다'라는 의미에서의 존재론적 선으로서 윤리학이 아니라 형이상학의 대상이 된다.[76]

---

76 이러한 의미의 선에 대해서는 특히 Summa Theologiae Ia, q. 5, a. 1co. 참조. 이에 대해서는 Jan Aertsen, "Thomas Aquinas on the Good: The Relation between Metaphysics and Ethics", in: Scott MacDonald & Elenore Stump(ed.), *Aquinas's Moral Theory. Essays in Honor of Norman Kretzmann*, Ithaca & London: Cornell University Press, 2008, pp. 235-253 참조.

(2) 상황에 근거한 도덕적 행위의 선과 악[77]

토마스는 이 절에서 과연 도덕적으로 선하지도 악하지도 않은, 가치 중립적인 인간적 행위가 있을 수 있는지의 문제로 넘어간다. 앞 절의 결론은 어떤 인간적(도덕적) 행위들은 종적으로 고찰했을 때 그 자체로 선성(bonitas)이나 악함(malitia)을 갖는 행위가 있다는 것이었다. 이제 이 절에서 토마스는 도덕적 행위는 종에 근거해서(ex sua specie) 갖는 선과 악 외에도, 도덕적 행위의 우유(accidentia)라고 할 수 있는 상황에 근거해(ex circumstantiis) 악이나 선성을 가질 수 있다는 주장을 전개한다. 윤리적 행위와 관련된 상황 자체에 대한 본격적인 논의는 이어지는 절(제6절-제8절)에서 이루어진다. 여기에서는 행위의 선과 악에 관련된 한에서 상황이 논의된다. 이 문제에 대한 토마스의 논의 전개를 이해하기 위해서 이 절에서 토마스는 상황에 의한 행위의 선과 악의 문제를 '가치 중립적 행위'의 가능성 맥락에서 다루고 있다는 점을, 그리고 종에 근거해서 선하거나 악한 행위와의 비교를 통해서 다루고 있다는 점을 고려해야 할 것이다.

토마스는 상황을 일종의 행위의 우유로 파악한다. 이에 따라 토마스는 유(genus)와 종(genus)의 관계, 그리고 종과 우유의 관계에서부터 논의를 시작한다. 그에 따르면 유는 본질적 규정상 종차(differentia)를 고려하지 않고 고찰될 수 있지만, 종은 종차를 고려하지 않고서는 있을 수 없다. 이와 마찬가지로 종은 그것의 본질적 규정상 우유 없이 고찰

77 De malo, q. 2, a. 5: "어떤 행위들은 가치 중립적인가?(utrum aliqui sint actus indifferentes)"

될 수 있지만, 개별자(individuum)는 우유 없이는 존재할 수 없다. 예를 들어 종으로서 '인간'의 본질적 규정에는 '희다' 또는 '검다'라든가 혹은 그러한 종류의 술어가 포함되지 않기 때문에, 이러한 것을 고찰하지 않고서도 인간의 본질적 규정을 고찰할 수 있다. 그렇지만 '개별적인 한 인간'이 색이라는 우유 없이 존재할 수는 없다. 그러므로 이와 마찬가지로 종적으로 고찰된 도덕적 행위는 유적(ex genere)으로 선하거나 악하다고 말할 수 있지만, 상황에 근거한 선과 악은 종적으로 또는 유적으로 고찰된 행위에는 속하지 않는다. 이와 같은 상황에 의한 선과 악은 특수한 개별 행위에는 속할 수 있다.

이에 따라 토마스는 종(種)의 관점에서 도덕적 행위에 대해서 말한다면, 모든 도덕적 행위가 선하거나 악한 것은 아니고, 어떤 행위는 가치 중립적일 수 있다고 말한다. 도덕적 행위의 종은 이성과의 관계에 따라 대상으로부터 취해지기 때문이다. 즉 도덕적 행위와 관계하는 대상 가운데에는 '이성에 적합한 것'(aliquid conveniens rationi)을 포함하며 행위를 유적으로(ex genere) 선하게 만드는 대상도 있고 – 토마스의 예를 들면 '헐벗은 사람에게 옷을 입힘' –, '이성에 반하는 것(aliquid discordans a ratione)'을 포함하고 있어 행위를 유적으로 악한 것으로 만드는 대상도 있지만('타인의 것을 취함'), 이성에 적합하거나 반하는 것을 전혀 포함하지 않는 대상도 있을 수 있기 때문이다. 토마스는 '땅에서 지푸라기를 집어 올리는 행위'를 이러한 행위라고 말한다. 이러한 행위는 선이나 악과 무관한 가치 중립적 행위이다. 이에 따라 인간적 행위는 종적으로 고찰하면 선한 행위, 종적으로 악한 행위, 그리고 중립적 행위로 삼분할 수 있다.

그러나 토마스는 도덕적 행위를 특수한 개별 행위로서(secundum individuum) 고찰하게 되면 가치 중립성을 인정할 수 없다고 주장한다. 즉 그에 따르면 모든 개별적인 도덕적 행위는 그 행위가 처한 상황 때문에(propter aliquam circumstantiam) 반드시 선한 행위이거나 또는 악한 행위가 된다는 것이다. 개별 행위는 상황이 없이는 생겨날 수 없기 때문이다. 이때 상황이 어떤 행위를 올바른(rectum) 행위로 또는 그릇된(indirectum) 행위로 만드는 것이다. 즉 어떤 행위가 합당한 시간에, 합당한 장소에서, 합당한 방식으로 수행되었다면, 그러한 행위는 질서 있고 선한(ordinatus et bonus) 행위이고, 반면에 이러한 상황 중 어떤 것[들]을 결여한다면 질서를 벗어난 악한(inordinatus et malus) 행위가 된다.

다음 절에서 상황의 종류를 고찰할 때 알게 되겠지만 여러 상황 중에서 행위자의 행위 '목적(finis)'이라는 상황이 선과 악을 가장 크게 결정한다고 한다.[78] 즉 정당한 필연성 때문에(propter iustam necessitatem) 또는 마땅하고 올바른 유용성 때문에(propter piam utilitatem) 실행된 행위는 칭찬할 만한(laudabiliter) 행위이고 선한 행위이지만, 올바른 필연성이나 유용성을 결여한 행위라면 무익한 것(otiosum)으로 평가된다는 것이다.

이렇게 토마스에 따르면 유적으로 선한 행위와 유적으로 악한 행위는 서로 대립하는 행위이지만, 종적으로 고찰했을 때 중립적인 행위가 있을 수 있다. 종의 관점에서 고찰하면 선하지도 악하지도 않은 행위가 있다는 것이다. 그러나 상황에 따르는 행위는 선과 악의 중간을

78 Summa Theologiae, Ia – IIae, q. 18, a. 9co. 참조. 목적은 '의도'와 관련되어 있고, '목적으로 인도함'은 이성의 일이기 때문이다.

허용하지 않는다. 상황으로부터 선하거나 악한 행위는 긍정과 부정의 대립이라는 관점에서 구별되는 행위이다. 그런데 이러한 상황에 따르는 선과 악은 개별적 행위에 고유한 속성이기 때문에, 어떠한 개별적인 인간적 행위도 가치 중립적일 수 없다는 것이다.

그런데 토마스는 여기에서 선과 악이라는 도덕적 가치를 갖는 인간적 행위(도덕적 행위)를 명확하게 규정하고 있다. 즉, 모든 인간의 행위가 도덕적 가치를 갖는 인간적 행위가 아니고, 오직 숙고된 의지에(a voluntate deliberata) 의한 행위를 인간적 행위로 이해한다고 분명하게 말하고 있다. 여기에서 토마스는 인간적 행위를 구성하는 두 원리를 '숙고된 의지'라는 말로 표현하고 있다. 즉 이성의 숙고를 거친 의지에 의해 수행된 행위가 인간적 행위라는 것이다. 오직 그러한 행위만이 도덕의 영역(genus moris)에 속하는 행위이며, 만일 숙고 없이 오직 상상(ex sola imaginatione)으로부터만 생겨난다면(예를 들어 아무 생각 없이 '수염을 비비는 행위') 그러한 행위는 도덕의 영역에서 벗어나게(extra genus moris) 된다.[79] 토마스에 따르면 그러한 종류의 행위는 인간적 행위가 아니며, 따라서 도덕적 선성이나, 악을 분유하지 않는다. 즉 도덕적 평가의 대상이 아니라는 것이다.

---

79 이러한 맥락에서 토마스는 도덕적 행위에는 자연적 존재(esse naturae)와 다른 존재 방식, 즉 도덕적 존재(esse morale)가 속한다고 주장한다. 이에 따라 도덕적 행위는 도덕적 존재에 따르는 행위(actus secundum esse morale)를 가리킨다(De malo, q. 2, a. 6, ad 3 참조). 토마스에게서 '도덕적 존재'에 대해서는 Ludwig Hödl, "Die metaphysische und ethische Negativität des Bösen in der Theologie des Thomas von Aquin", p. 154 참조.

4. 악한 행위(죄)에 대한 상황의 관계[80]

앞 절에서 토마스는 특수한 개별 행위는 상황에 근거한 선이나 악이 속하고, 중립적일 수 없다고 말함으로써 『악론』에서 상황에 대한 논의를 시작하였다.[81] 토마스는 이후 제2문제 제6절부터 제8까지 총 3절에 걸쳐 상황에 따르는 도덕적 행위의 선과 악의 문제를 심층적으로 다루고 있다.

(1) 도덕적 행위의 종적 규정의 한 원천으로서 상황[82]

토마스는 먼저 제6절에서 상황이 악한 행위(죄)에 종을(speciem) 부여하거나, 또는 어떤 한 종류의 악한 행위(죄)를 다른 유(genus)로 변화시킬 수 있는지 묻고 있다. 그는 이 문제에 적절히 답하기 위해서 세 가지를 고찰해야 한다고 말하면서, 이에 대응하는 세 가지 문제를 제기한다. 첫째, 행위의 종이 무엇으로부터 결정되는지의 문제, 둘째, 상황이란 무엇인가라는 문제, 그리고 셋째, 어떻게 상황이 행위, 특히 악한 행위(죄)에 종을 부여하는가의 문제이다. 이에 따라 제6절을 세 단락으로 나누어 단계적으로 살펴볼 수 있다.

80 q. 2, aa. 6–8.

81 이에 상응하는 『신학대전』의 논의는 Summa Theologiae, Ia–IIae, q. 7 참조.

82 De malo, q. 2, a. 6: "상황은 죄에 종을 부여하거나 죄의 유를 변화시키는가?(utrum circumstantia det speciem peccato, vel variet in aliud genus peccati)"

1) 악한 행위의 종의 다양성의 원천과 이에 있어서 상황의 위치[83]

위에서 언급한 세 문제 중에서 첫 번째 문제, 즉 행위의 종이 무엇으로부터 결정되는지의 문제는 상황이 논의되는 맥락이 무엇인지를 보여준다. 이 문제와 관련해서 토마스는 먼저 악한 행위이건 선한 행위이건 도덕적 행위란 '이성으로부터 비롯된 의지적 행위'(actus qui est a ratione procedens voluntarius)라는 사실을 지적한다. 그리고 이로부터 그는 도덕적 행위는 [행위의 능동적 원리인] 이성과 질서 관계를 갖는 [도덕적 행위의] 대상에 대해서 고찰된 어떤 것에 따라, 즉 이성과의 질서 관계 안에서 고찰된, 대상에 속하는 어떤 것에 따라 종(species)을 부여받는다고 말한다.[84] 그래서 도덕적 행위는 이성에 부합되면(conveniens rationi) 종적으로(secundum speciem) 선한 행위가 되고, 이성과 대립하면(discordans a ratoine) 종적으로 악한 행위가 된다.

그런데 '고찰된 대상에 있어 이성에 부합되지 않는 것', 즉 행위를 종적으로 악한 것으로 만드는 대상의 요소는 두 가지 방식으로 악한 행위(죄)의 종을 다양하게 구별(diversificare)할 수 있다. 첫째, 그것은 악한 행위를 질료적으로(materialiter) 구별할 수 있게 하고, 둘째 형상적으로(formaliter) 구별할 수 있도록 만든다.

① 질료에 따르는 악한 행위(죄)의 종적 구별

토마스에 따르면 대상에 있어서 이성에 부합되지 않는 것은 덕(德, virtus)과의 대립 관계를 통해서 악한 행위(죄)의 종을 질료적으로 구별

83 De malo, q. 2, a. 6의 첫째 문제: "무엇으로부터 죄는 종을 부여받는가?(unde peccatum speciem habeat)"

84 이에 대해서는 바로 앞 절에서 상세하게 논의된 바 있다.

할 수 있다. 덕은 도덕적 행위가 관계하는 질료(대상)에 따라 구별되기 때문이다. 즉 덕은, 이성이 다양한 질료(materia, 즉 도덕적 행위가 관계하는 대상) 안에서 중용(medium)을 발견함에 따라, 서로 종적으로 구별될 수 있다. 예를 들어 정의(iustitia)는 이성이 '교환과 분배' 등에 – 이것이 정의라는 덕이 관계하는 질료이다 – 있어서 중용을 수립함으로써 구현된다. 그리고 절제는 이성이 '욕정(concupiscentia)'[85] 안에서 중용을 발견함으로써, 용기는 '두려움과 대담함'에서 중용을 발견함으로써 성립된다는 것이다.

그런데 일반적으로 질료의 다양성은 종이 아니라 개별자의 다양성의 원인으로 간주된다. 스콜라철학에서 질료는 흔히 개별화의 원리로 여겨지기 때문이다.[86] 토마스는 이 점 때문에 질료가 개별 행위가 아니라 행위의 종류를 규정한다는 주장을 일견 불합리한 주장으로 볼 수도 있지만, 질료의 다양성이 덕의 다양성을 낳을 수 있다는 주장은 불합리하지 않다고 말한다. 그에 따르면 자연 사물도 질료의 다양성이 형상의 다양성을 요구할 때, 질료의 다양성으로부터 종의 다양성이 야기될 수 있기 때문이다. 이와 마찬가지로 그는 도덕적인 영역에서도(in moralibus) 다양한 질료에 대해 종적으로 구별되는 덕이 관계한다고 말한다. 이성은 이 다양한 질료 안에서 서로 다른 방식으로(diversimode) 중용을 발견하게 된다. 위에서 든 예처럼 이성은 '욕정'이라는 질료에서 '절제'(temperantia)라는 덕을 발견하고, '대담함과 두려움'이라는 질료에

85 토마스에 따르면 concupiscentia는 가변적 사물에 대한 욕구 자체를 가리킨다. Summa Theologiae, Ia – IIae, q. 82, a. 3co. 참조.

86 스콜라철학의 개체화(개별화)의 문제는 조지 그라시아, 『스콜라철학에서의 개체화』, 이재룡 · 이재경 옮김, 서울: 가톨릭출판사, 2003 참조.

서 용기(fortitudo)라는 덕을 발견한다. 그런데 절제라는 중용은 과잉된 욕구를 억제함으로써, 반면에 용기라는 중용은 선을 향한 소극적 태도를 고무시킴으로써 발견된다. 그러므로 욕정과 관련해서는 덕이 과잉보다는 결핍이라는 형상에 더 가깝게, 반면에 대담함과 두려움과 관련해서는 결핍보다는 과잉에 가깝게 덕이 형성된다. 다른 덕의 경우도 마찬가지이다. 이렇게 하나의 질료에 하나의 덕(중용)이 대응하며, 질료의 다양성에 따라 덕이 다양화될 수 있다.

이렇게 질료에 따라 종적으로 구별되는 덕과의 대립을 통해서, 도덕적으로 악한 행위(죄)가 – 예를 들어 살인, 간통이나 절도 등 – 그것이 관여하는 질료에 따라 종적으로 구별될 수 있다고 토마스는 말한다.

② 형상에 따르는 악한 행위의 종적 구별

그런데 중요한 것은 '하나의' 질료와 관련해서 '하나의' 덕이 있는 반면에, 덕과 대립하는 악한 행위는 하나의 질료에 대해서도 종적으로 다양한 악이 있을 수 있다는 사실이다. 그러므로 악한 행위의 종적 다양성을 고찰하기 위해서는 질료적으로 뿐 아니라, 형상적으로도(formaliter) 고찰해야 할 필요성이 대두된다.

여기에서 고려되는 형상적 요소 중 첫 번째로 고려해야 할 요소는 과잉(superabundantia)과 결핍(defectus)의 관점이다. 덕은 중용이지만, 악습(惡習)은 중용에서 벗어난 양극단에서 발견되기 때문이다. 이에 따라 하나의 질료에 대해 과잉과 결핍에 따라 두 가지 악한 행위가 구별될 수 있다. 예를 들자면 과잉의 관점에서 죄를 지었는지 아니면 결핍의 관점에서 죄를 범했는지에 따라 소심함(timiditia)과 과신(praesumptio)이

다르고, 인색함(illiberalitas)과 낭비(prodigalitas)가 구별될 수 있다.

이와 관련하여 두 번째로 고려될 수 있는 형상적 요소가 바로 이 절의 주제인 '상황'이다. 토마스에 따르면 도덕적으로 악한 행위는 상황의 차이에 따라 달라질 수 있다. 예를 들어 '탐식'이라는 죄와 관련해서 어떤 시점에서, 어떤 방식으로, 어떤 정도로("praepropere, laute, nimis, ardenter, studiose") 취식(取食)하는가에 따라 탐식(gula)[87]과 관련된 여러 종류의 죄가 생겨날 수 있다. 바로 여기가 악한 행위의 종적 구별과 관련하여 상황이 논의되는 맥락이다. 이로부터 토마스는 상황 자체에 대한 설명으로 넘어가게 된다.

2) 상황의 종류와 구분 근거[88]

도덕적 행위를 종적으로 구별할 수 있는 요소인 상황이란 무엇인가(quid sit circumstantia)? 토마스에 따르면 '상황'은 문자 그대로 이해해서 '행위를 에워싸는 것(quod circumstat actum)'으로서, 행위의 실체 바깥에(extra actus substantiam) 있는 것으로 고찰된 것이다. 이러한 상황의 구분을 위해서 토마스는 행위의 원인(causa), 척도(mensura), 행위 자체(actus ipsus)의 관점을 나누어 생각한다.

먼저 원인의 측면에서 행위를 고찰하여 상황을 구분할 수 있다. 그런데 원인에는 목적인, 작용인, 도구인이 있다. 따라서 이에 상응하는 다양한 상황을 식별할 수 있다. 즉 목적인의 측면에서 '왜' 행했는가(cur fecerit)를 고찰할 수 있고, 주된 작용인의 측면에서(ex parte agentis

87 탐식에 대해서는 De malo, q. 14에서 상세하게 다뤄진다.

88 De malo, q. 2, a. 6의 둘째 문제: "상황이란 무엇인가?(quid sit circumstantia)"

principalis) '누가(quis)' 행했는가를 고찰할 수 있다. 한편 도구의 측면에서(ex parte instrumenti) '어떤 도구로(quo instrumento)' 또는 '무엇의 도움으로(quibus auxiliis)' 행했는지를 구별할 수 있다. 이렇게 원인의 측면으로부터 이와 같은 종류의 상황을 얻게 된다.

둘째, 행위를 그것의 척도의 측면에서 '둘러싸는 것'이 있을 수 있다. 이와 관련하여 '어디에서(ubi)' 또는 '언제(quando)'[행했는가]라는 행위의 상황을 얻을 수 있다.

셋째, 행위 자체의 측면에서 행위의 상황을 구별할 수 있다. 이와 관련하여 '행위(작용) 방식(modus agendi)'을 고찰하거나 – 가볍게 또는 강하게(lente vel fortiter), 자주 또는 가끔(frequenter, aut semel) 때렸는지 고찰 – 또는 '행위의 대상이나 질료를' 고찰할 수 있다. 그래서 우리는 '아버지'를 때렸는지 또는 '가족이 아닌 사람'을 때렸는지 고려할 수 있다. 또한 '행위를 통해서 야기된 결과(effectus)'를 고찰할 수도 있다. 즉 때림으로써 상처를 입혔는가, 아니면 죽음을 초래했는지 고찰할 수 있다.

토마스는 이러한 고려사항들을 다음의 한 구절로 요약하여 상황의 종류를 일별할 수 있게 하였다: 누가(quis), 무엇을(quid), 어디에서(ubi), 무엇의 도움으로(quibus auxiliiis), 왜(cur), 어떻게(quomodo), 언제(quando). 그런데 토마스는 이 분류에서 '무엇'(quid)은 결과(effectus)뿐 아니라 대상(obiectum)도 포함한다고 부연한다. 이에 따라 그는 '무엇'을 다시 '무엇(quod[을 행했는가])'과 '무엇과 관련해(circa quid)'로 세분할 수 있다고 덧붙인다.

3) 상황에 의한 악한 행위(죄)의 종적 구별[89]

토마스는 이상과 같이 앞선 두 단계의 논의를 거쳐 제6절의 본래 물음, 즉 상황에 의한 도덕적으로 악한 행위(죄)의 종적 구별의 가능성 물음에 이르게 되었다. 이 물음은 다시 두 단계로 진행된다.

① 상황에 의한 악한 행위의 종적 구별의 조건과 기준

첫 단계에서 토마스는 상황이 비록 도덕적 행위의 실체에는 속하지 않지만, 도덕적 행위에 종(species)을 부여할 수 있다고 주장한다. 즉, 종적으로 고찰된 행위에 외적인 어떤 한 상황이 어떤 특수한 행위에는 그 자체로 속하는 요소가 되어 어떤 한 종을 부여할 수도 있고, 그렇지 않을 수도, 다시 말해 특수한 행위에도 여전히 외적인 것, 즉 상황으로 남아 있을 수도 있다. 이에 따라 토마스는 어떤 경우에 상황이 행위의 한 종을 구성하게 되는지 설명하기 위해 먼저 '상위의 것(superius)'과 '하위의 것(inferius)' 또는 유(genus)와 종(species)의 관계를 고찰한다.

그에 따르면 '하위의 것(종)에 내적으로 속하는 것'이 상위의 것(유)에는 '외적인 것'일 수 있다. 예를 들어 인간의 본질적 규정("이성적 동물")에 속하는 '이성적임(rationale)'은 '동물'의 본질적 규정에는 속하지 않는다. 이와 마찬가지로 어떤 특수한 관점에서 고찰된 행위의 관점에서는 상황이라고 불릴 수 없는 것이, 공통적으로 고찰된 행위의 관점에서는 상황이 될 수 있다는 것이다. 토마스의 예를 들면, '돈을 취함(accipere pecuniam)'과 '절도(furtum)'는 각각 돈과 관련하여 공통적으로 고찰된 행위와 특수하게 고찰된 행위로 볼 수 있다. '돈을 취함'의 본

89 De malo, q. 2, a. 6의 셋째 문제: "어떻게 상황이 죄에 종을 부여하는가?(quomodo circumstantia dat speciem peccato)"

질적 규정에는 '다른 사람의 것(alienum)'이라는 것이 본질적으로 속하지 않기 때문에, '돈을 취함'과 관련하여 '다른 사람의 것'이라는 규정은 [돈을 취함이라는] '행위의 외부에 있는 것', 즉 상황으로 관계한다. 반면에 '절도'에는 '다른 사람의 것'이 본질적으로 포함되어 있다. 따라서 절도의 경우에는 '다른 사람의 것'이라는 규정은 상황이 아니라 [절도라는] '행위의 실체'를 구성하는 요소이다.

그렇지만 그 반대의 경우, 즉 상위의 것의 본질적 규정(ratio superioris)에 속하지 않는 것이 모두 하위의 것의 본질적 규정에는 속하게 된다고 볼 수도 없다. 예를 들어 '흼'은 동물의 본질 규정에는 속하지 않듯이 '인간'의 규정에도 속하지 않는다. 이처럼 상위의 것과 하위의 것 모두에 우유적인 것이 있을 수 있다. 이와 마찬가지로 '더 공통적으로 고찰된 행위'(communior actus)에 상황으로 간주 되는 것이 모두 '덜 공통적으로 고찰된 행위'의 본질적 규정에도 속하지는 않고, 따라서 행위에 있어 어떤 한 종을 구성하지 않을 수 있다. 오직 그 행위에 그 자체로 속하는 것만이 행위의 한 종을 구성하기 때문이다.

그런데 토마스에 따르면, 위에서 이미 고찰한 바와 같이, 도덕적 행위에 종을 부여할 수 있는, '도덕적 행위에 그 자체로 속하는 것'은 바로 '이성에 적합한 것'(conveniens) 또는 '이성에 반하는 것'(repugnans)으로 고찰된 것이다. 이 기준은 상황에 대한 고찰에도 마찬가지로 적용된다.[90] 그래서 만일 상황이 이성에 대해 아무런 특별한 대립 관계를 포함

90 결국 상황이 행위에 종을 부여하게 되는 근본적 이유는 이성에 달려 있다고 볼 수 있다. 이와 관련하여 토마스는 『신학대전』에서 다음과 같이 말한다: "자연 사물의 영역에서 사물에 우유적인 것은 종을 구성하는 차이로 이해될 수 없다. 그러나 이성의 과정은 어느 하나로 결정되어 있지 않다. 어느 한 지점에서 이성

하지 않는다면, 그러한 상황이 부가되어도 특수한 종류의 도덕적 행위가 구성되지는 않을 것이다. 예를 들어 '흰' 물건을 사용함은 이성에 속하는 어떠한 것도 행위에 더하지 않는다. 그래서 '흰' 물건을 사용하거나 '검은' 물건을 사용하거나 물건의 색은 '물건을 사용함'이라는 행위의 특수한 종을 구성하지 않는다. 그러나 '다른 사람의 물건을 사용함'은 '이성에 속하는 어떤 것', 즉 나의 것과 남의 것이라는, 이성에 따르는 구별을 '물건을 사용함'이라는 행위에 더하고 있으므로, ['다른 사람의 것'이라는 상황은] 특수한 종류의 도덕적 행위를 구성할 수 있게 된다.

② 상황에 의한 죄의 종적 규정의 두 가지 방식

이상의 고찰을 한 후 토마스는 이성에 속하는 것을 더하는 상황은 두 가지 방식으로 특수한 종류의 도덕적으로 악한 행위를 구성할 수 있다고 말한다.

첫째, 부가된 상황을 통해서 구성된 도덕적으로 악한 행위가 그 이전의 행위[더 공통적인 행위에서 고찰되었던 악한 행위]의 한 종류일 수 있다. 이것은 한편으로 질료적인 측면에서(materialiter) 새로운 죄일 수 있다. 예를 들어 '다른 사람에게 속하는 것을 [비밀리에] 사용함'이라는 '절도'의 규정성에 '[다른 사람의] 배우자'라는 상황이 더해졌을 경우,[91] 이 경우는 토마스에 따르면 절도가 아니라 간통(adulterium)이라는 특수한 종류의 죄가 생겨난다. 다른 한편 형상적으로(formaliter) 특수한

은 더 진행해 들어갈 수 있기 때문이다. 따라서 하나의 행위에서 행위를 종적으로 규정하는 대상에 부가된 상황으로 파악되는 것이 질서를 부여하는 이성에 의해 행위의 종을 결정하는 대상의 주된 조건으로 파악될 수 있다."(Summa Theologiae, Ia-IIae, q. 18, a. 10 co.)

91 토마스는 여성이나 아이를 '가장에게 속하는 존재'로 파악하고 있다.

종류의 죄가 될 수도 있다. 예를 들어 '다른 사람의 물건'을 '성스러운 장소로부터'(de loco sacro) 훔친다면, 이것은 절도의 한 종류로서 성물절도(sacrilegium)가 된다.

둘째, 위의 경우와는 달리 상황의 부가를 통해서 기존의 행위에 속하지 않는, 새로운 종류의 죄가 생겨나는 경우가 있다. 예를 들어 살인이나 성직매매를 저지르기 '위해서' [즉, 목적이라는 상황의 부가] 절도를 하는 경우, 이로부터 살인이나 성직매매라는, 절도와 전혀 다른 종의 죄가 생겨난다.

이와 같은 방식으로 토마스는 상황이 도덕적 행위의 우유이면서, 그것의 종류에 있어서 변화를 가져오게 되는 두 가지 방식을 설명하였다.[92] 그는 이 두 가지 방식의 차이를 다음과 같이 설명한다. 즉 전자의 경우처럼 더해지는 것(id quod additur)이 원래의 도덕적 행위(cui additur)를 내적으로(per se) 구분하게 된다면, 더해진 것이 '원래 행위'의 새로운 종을 구성하게 된다. 반면에 후자의 경우처럼 더해진 것이 원래 행위와 우유적으로 관계하는 것이라면, 원래 행위의 종이 아니라 '더해진 것'의 종을 구성하게 된다. 어떤 것에 대해 우유적인 것은 그 어떤 것과 그 자체로 하나가 되지 않기 때문이다.

이러한 고찰을 통해 토마스는 상황은 어떤 점에서 죄의 종을 구성하게 되며, 어떤 경우에 그렇게 되는지 설명하였다.

---

92 그에 따르면 이러한 사정을 자연물에서도 확인할 수 있다. 예를 들면 '색이 있는 사물'이라는 규정에 더해 '흼'을 고찰하게 되면, 기존에 고찰한 것('색이 있는 사물')의 새로운 종('흰' 것)이 생겨나지만, 여기에 '달콤함'이 더해지면 전혀 다른 종이 생겨나는 것을 볼 수 있다.

(2) 상황에 의한 죄의 중대성 정도의 심화와 그 근거[93]

앞 절의 문제는 상황이 악한 행위에 종을 부여하는 방식에 논의의 초점이 맞춰졌다. 토마스는 이제 두 절에 걸쳐 상황이 죄를 무겁게 만들 수 있는지를 묻는다. 제7절에서는 상황이 죄에 어떤 새로운 종을 부여하지 않으면서 단지 기존의 죄를 무겁게 만들기만 할 수도 있는지를 묻는다.

1) 악한 행위(죄)에 대한 상황의 세 가지 영향 방식

토마스는 제7절의 논의를 상황과 악한 행위가 관계하는 방식을(상황이 죄의 행위에 영향을 미치는 방식을) 세 가지로 구별하면서 시작한다. 그에 따르면 첫째, 상황은 때로는 악한 행위의 종을 결정하지도, 죄를 무겁게 하지도 않는다. 예를 들어 어떤 사람이 '검은 옷을 입은' 사람을 때리거나, '붉은 옷을 입은' 사람을 때리거나 '사람을 때림(구타)'이라는 죄의 종류가 변화하지 않을 뿐만 아니라, 죄의 심각성도 달라지지도 않는다.

그러나 둘째, 때로는 상황이 죄의 종을 규정할 수 있다. 토마스는 상황이 죄의 종류를 변화시키는 (이 두 번째) 경우를 다시 세 가지로 세분한다. 즉 그는 상황이 더해지는 행위가 유적으로 가치중립인 경우, 유적으로 선한 행위인 경우, 그리고 유적으로 악한 행위인 경우를 나누어서 생각하고 있다. 상황이 더해지는 행위가 유적으로 가치 중립적인 행위인 경우, 예를 들어 '지푸라기를 집어 올리는 행위'라는 가치 중

93 De malo, q. 2, a. 7: "상황이 죄에 종을 부여하지는 않으면서, 죄를 더 무겁게 할 수 있는가?(utrum aliqua circumstantia aggravet peccatum cui non det speciem)"

립적 행위는 '다른 사람을 유혹하기 위해서'(in contemptu)와 같이 목적(의도)이라는 상황이 더해지면 죄로 변화한다. 한편 유적으로 선한 행위도 – 예를 들면 자선 행위 – 합당하지 않은 목적(의도)하에 – 예컨대 '칭찬을 받기 위해서' – 실행되면 죄가 되기도 하며, 유적으로 악한 행위(절도)에 장소적 조건이 더해지면서(성스러운 장소) 다른 종류의 죄, 즉 단순 절도에서 성물절도로 변화하기도 한다.

마지막으로 셋째, 상황은 때로 새로운 종류의 죄를 낳지는 않지만, 문제가 되는 죄를 더 무겁게 하는 경우가 있다. 예를 들어 어떤 사람이 '많은 것(multum)'을 훔쳤을 때, '적은 것을 훔친 행위'에 비해 더 무거운 죄가 되어 양형에 있어 더 한 처벌을 받게 된다.[94]

2) 이성과의 관련성에 따르는 상황에 의한 죄의 종과 심각성 변화

상황이 이러한 차이들을 낳는 근거는, 앞 절에서 살펴본 것처럼, 어떤 행위에 더해지는 상황과 이성(ratio)의 관련성에 있다. 즉 더해지는 상황이 이성과 아무런 관련이 없는 것이라면, 그 상황은 새로운 종의 악행을 구성하지도, 악행을 더 무겁게 만들지도 않기 때문이다. 예를 들어 구타를 당하는 사람이 흰옷을 입었는지 또는 붉은 옷을 입었는지는 이성과 아무런 관련이 없으므로, 어느 옷을 입은 사람이 구타를 당했는지는 '사람을 때림(구타)'이라는 악한 행위 자체에 아무런 변화를 가져오지 않는다.

그렇지만 상황이 이성과 비교를 통해서 어떤 차이를 갖게 된다면

94 한편 이 절의 말미에 토마스는 네 번째 범주는 있을 수 없다고 말한다. 즉 죄에 종적 규정성을 부여하지만, 죄를 무겁게 하지는 않는 상황의 경우는 있을 수 없다는 것이다.

사정은 달라진다. 이를 설명하기 위해서 토마스는 다시 이 경우를 세분해서 살펴본다.

첫째, 상황이 일차적으로 그리고 그 자체로(primo et per se) 이성에 반하는 것(aliquid repugnans rationi)을 포함할 수 있다. 이 경우 상황은 악한 행위에 종을 부여할 수 있다. 예를 들어 '다른 사람의 물건'을 취하는 행위는 '절도'라는 행위를 낳는다.

둘째, 상황이 일차적으로 그리고 그 자체로는 이성에 반하는 것을 포함하지 않지만, 그러한 것(일차적으로 그리고 그 자체로 이성에 반하는 것)과의 비교를 통해서 이성에 반하는 경우가 있다. 예를 들어 '어떤 것을 *많이* 취하는 것'(accipere aliquid in magna quantitate)은 그 자체로는 이성에 반하는 것이 없다고 말할 수 있다. 그러나 '*다른 사람의 것을 많이* 취하는 것'(accipere alienum in magna quantitate)은 이성과 '많은' 대립을 포함하게 된다. 그러므로 그러한 상황은['많이'] 악한 행위의 종류를 결정하는 상황['다른 사람의 것']과 결부되면서 문제가 되는 죄를 더 심각한 죄로 만들고 있다. 즉 '많이'라는 상황은 그 자체로는 악한 행위의 종을 구성하지 않지만, 악한 행위의 종을 결정할 수 있는 상황인 '다른 사람의 것'이라는 상황과 관련되어 그 악한 행위를 무겁게 하는 결과를 가져온다는 것이다.

토마스에 따르면 이 두 번째 경우와 같이 어떤 상황은 죄에 종을 부여하지는 않지만, 죄를 더 심각하게 만들 수 있다.

(3) 상황에 의한 소죄의 대죄로의 변화 가능성[95]

앞 절에서 토마스는 상황은 이성과의 관련 방식에 따라 새로운 종의 악한 행위를 구성하기도 하고, 그렇지 않을 수도 있고, 다른 한편 새로운 종의 죄를 만들지는 않더라도 죄를 더 위중하게 만들 수 있다고 말하였다. 이와 연결하여 토마스는 상황이 죄를 무한히 무겁게 만들어서 소죄(peccatum veniale)를 대죄(peccatum mortale)로 만들 수 있는지 묻는다. 이 문제는 소죄와 대죄가 무엇인지 고찰하는 제7문제에서[96] 상세하게 다뤄질 것이다.

토마스는 여기에서 소죄와 대죄는 같은 종에 속하는 죄가 아니라는 점을 먼저 언급하고 논의를 진행한다. 즉 그에 따르면 어떤 도덕적 행위가 유적으로 선하고, 어떤 행위는 유적으로 악한 것과 마찬가지로, 어떤 죄는 유적으로 소죄(peccatum veniale ex suo genere)이고, 다른 죄는 유적으로 대죄(peccatum mortale ex suo genere)라는 것이다.

따라서 토마스는 새로운 종의 죄를 구성할 정도로 죄를 심각하게 만드는 상황은[97] 대죄의 종을 구성할 수 있고 그렇게 무한히 죄를 증가시킬 수 있다고 말한다. 예를 들어 어떤 사람이 경박한 말을 통해 다른

---

95 De malo, q. 2, a. 8: "상황이 소죄를 대죄로 만들 정도로, 무한히 죄를 무겁게 만들 수 있는가?(utrum circumstantia aggravet peccatum in infinitum, ita ut de veniali fiat mortale)"

96 De malo, q. 7, a. 4 참조. 소죄와 대죄의 본질적 규정 및 차이에 대해서도 De malo, q. 7에서 고찰될 것이다.

97 바로 위에서 살펴본 것처럼 죄의 정도를 무겁게 만드는 상황이 때로는 죄의 종을 변화시키기도 하지만 때로는 죄의 종을 변화시키지는 않고 다만 정도만을 악화시키기도 한다.

사람을 자극해서 욕정을 품게 하거나 미움을 갖게 만들 수 있다.[98]

그러나 만일 죄를 무겁게 만들기는 하지만 새로운 종의 죄를 구성하지 않는 상황은 죄를 무한히 무겁게 만들어 소죄를 대죄로 만들 수 없을 것이다. 죄의 심각성은 죄의 종류를 결정하지 못하는 상황보다는 죄의 종류에 더 크게 의존하기 때문이다.

5. 도덕적으로 악한 행위(죄) 사이의 비동등성과 차이

(1) 도덕적으로 악한 행위(죄)의 비동등성[99]

1) 스토아학파의 동등성 주장

도덕적으로 악한 행위(죄)는 '질서를 벗어난 행위'이며, 질서를 벗어난 행위는 행위의 규칙을 벗어난 행위, 즉 이성의 올바름(rectitudo rationis)을 벗어난 행위를 가리킨다. 그런데 도덕적으로 악한 행위가 이성을 벗어나 있는 행위라면, 모든 악한 행위가 이성을 벗어난 행위인 한에서 다 동등하다고 말할 수 있을 것처럼 보인다. 토마스에 따르면 스토아학파가 바로 그러한 입장을 옹호하였다고 한다. 이 절에서 토마스는 이러한 스토아의 입장을 반박하고, 도덕적으로 악한 행위에 있어 악(잘못)의 경중에 대해서 말할 수 있는 근거를 마련하고 있다.

토마스의 파악에 의하면 스토아학파는 죄의 본질적 규정을 오직

98 경박한 말은 소죄에 해당하지만, 타인이 죄를 짓게 만드는 것이나 미움은 대죄에 해당한다.

99 De malo, q. 2, a. 9: "모든 죄가 동등한가?(utrum omnia peccata sint paria)"

'이성의 올바른 질서를 벗어남'(praeter rectitudinem rationis)에서만 찾고 있다. 그들은 이를 근거로 모든 죄가 동등(paria)하다고 주장하며, 이로부터 죄뿐 아니라, 공로(merita), 보상(praemium), 징벌(supplicia)에도 차이가 없다는 이단적 주장이 파생되었다고 한다. 예를 들어 스토아에 따르면 간통은 '여성과의 동침(commisceri mulieri)'이 그 자체로 악한 것이라 죄가 되는 것이 아니라, 그러한 행위가 이성의 올바름에 '거슬러서' 일어났기 때문에 악한 것이라고 한다. 다른 악한 행위도 마찬가지라고 한다. 그런데 이와 같은 주장을 '이성의 올바름'이라는 기준뿐 아니라, 또 다른 행위 규칙인 '신법에 반함(praeter legem divinam)'에 대해서도 할 수 있을 것이다. 왜냐하면 '이성의 올바름을 벗어남'이나 '신법에 반함'은 모두 일종의 결여[privatio, 즉 기준을 벗어남(praeter)]를 포함하고 있기 때문이다. '벗어난 한에서' 모두 같아 보인다는 것이다.

이처럼 스토아학파에 따르면 결여는 그것의 본질적 규정상 일종의 부정으로서 '많고 적음(magis et minus)'을 허용하지 않는 것처럼 보인다. 그래서 어떤 것이 무엇인가를 결여함으로써 악하다고 말한다면, 일단 결여한 이상, 어떤 방식으로 결여하고 있는지는 차이를 낳지 않는 것처럼 보인다는 것이다. 예를 들어 판관(iudex)이 어떤 사람에게 '명확한 한계를(certum limitem)' 설정했는데, 그 사람이 그 한계를 넘어섰다면, 많이 넘어섰는지 또는 적게 넘어섰는지는 중요하지 않다는 것이다. 이처럼 스토아학파의 관점에서 어떤 사람이 악한 행위를 범했을 때, 그 행위가 이성의 올바름을 벗어난 한에서, 어떠한 방식으로 또는 어떠한 이유에서 '범했는지는 [본질적으로] 문제가 되지 않는다. 다만 이성의 올바름을 '벗어남'만이 문제가 된다는 것이다. '죄지음'은 '정해진 선을 넘어섬'(quasdam positas lineas transire)에 다름 아니라고 보기 때문이다.

2) 스토아학파의 주장에 대한 토마스의 비판과 결여 개념의 구분에 따른 죄의 차이

① 결여 개념의 구분: 순수한 결여와 순수하지 않은 결여

토마스에 따르면 이러한 스토아학파의 주장은 공로 있는 행위에 대한 보상이나 과실 있는 행위에 대한 징벌에 있어서 어떠한 차이를 두지 않고 모든 종류의 죄를 똑같이 취급해야 한다는 불합리한 결론에 이를 수 있다. 이러한 결론을 피하려면 '결여'에 대해서도 많고 적음을 말할 수 있는 근거가 마련되어야 할 것이다. 이를 위해 토마스는 결여를 통해서 말해지는 것에서 '많고 적음'이 어떻게 발견될 수 있는지, 또는 발견될 수 없는지를 고찰한다.

이와 관련하여 토마스는 먼저 결여를 두 종류로 구분한다. 하나는 '순수한 결여'(privatio pura)로서, 예를 들면 '조금의 빛도 남겨두지 않는 어두움'이나 '삶을 조금도 남겨두지 않은 죽음'과 같은 것이 있다. 다른 하나는 '순수하지 않은 결여'(privatio non pura)로서 무엇인가를 남겨 놓는 결여(aliquid relinquens)이다. 순수하지 않은 결여는 단순히 결여일 뿐만 아니라 대립(contrarium)이기도 하다. 예를 들어 건강함의 척도를 완전히 파괴하지 않고 어느 정도 건강함을 남겨 놓는 병(aegritudo)은 건강의 결여이면서, 건강에 대립하는 것이기도 하다. 수치스러운 것, 유사하지 않은 것, 동등하지 않은 것 또는 거짓된 것(de turpi et dissimili et inaequali et falso) 등도 이와 비슷하다고 한다.

토마스의 설명에 의하면 이 두 종류의 결여는 다음과 같은 차이를

더 갖는다. 순수한 결여는 이를테면 '[이미] 파괴됨'(quasi in corruptum esse)에 있고, 반면에 순수하지 않은 결여는 '파괴의 과정(길)에 있음'(quasi in via corruptionis)을 가리킨다. 이처럼 순수한 결여는 전체의 결여로서, 여기에서는 긍정적으로 말할 수 있는 것이 전혀 남아 있지 않다. 따라서 토마스가 보기에 순수한 결여에서는 어떤 이유로 또는 어떤 방식으로 결여가 되었는지는 아무런 차이를 낳지 않는다. 그러므로 이러한 종류의 결여에서는 '더' 또는 '덜' 결여되었다(magis vel minus privatus)라는 말을 하는 것이 의미가 없다. 하나의 부상 때문에 죽은 사람이 둘 또는 그 이상의 부상으로 죽은 사람보다 '덜' 죽었다고 말할 수 없는 것과 마찬가지라는 것이다.

반면에 순수하지 않은 결여는 전체가 결여된 것이 아니다. 그러므로 이러한 의미의 결여에는 긍정적으로 말해지는 것이 '결여적으로 말해지는 것'(위의 예를 들면 병)의 본질적 규정 안에 포함되어 있고, 따라서 긍정적으로 말할 수 있는 것이 남아 있다. 따라서 토마스에 따르면 이 경우에는 긍정적으로 말해지는 것의 정도의 차이에 따라 많고 적음을 허용할 수 있다. 예를 들어 어떤 병이 건강을 크게 해치거나 더 큰 병을 키우는 원인이 된다면, 큰 병이라고 말하는 것과 같다. 같은 말을 수치스러운 것, 유사하지 않은 것 등에 대해서도 할 수 있을 것이다.

② 결여 개념의 차이를 고려한 죄의 비동등성과 차이

토마스는 이제 이와 같은 결여 개념의 차이를 고려하여 악한 행위에 있어 차이를 고찰한다. 그런데 죄는 어떤 것을 이행하지 않음으로써 발생하기도 하고(불행위의 죄, peccatum omissionis) 또는 금지된 것을 행함으로써 저질러지기도 한다(선을 넘는 죄, peccatum transgressionis). 토마스에 따르면 전자에는 순수한 결여 개념이, 후자에는 순수하지 않은 결여 개념이 적용될 수 있다.

먼저 불행위의 죄는, 그 자체로 말하자면, 이행하지 않은 계명의 결여에 그 본질적 규정이 놓여있다. 여기에는 '순수한 결여' 개념이 적용된다. 토마스에 따르면 불행위의 죄의 경우 원래 '이행했어야 할 행위의 조건'은 불행위에 우유적이기 때문에, 이러한 조건은 결코 불행위의 죄를 그 자체로 말해서 더 큰 죄 또는 더 작은 죄로 만들지 않는다. 예를 들어 어떤 사람에게 '교회에 가야 한다'는 계명이 주어졌음에도 교회에 가지 않았을 때, 그 사람이 교회에 가까운 곳에 사는지 또는 멀리 사는지는 불행위 자체에 결정적인 요소가 아니라는 것이다. 이러한 조건은 더 큰 죄를 만들거나 작은 죄를 만들지 않고 다만, 큰 비난이나 작은 비난을 낳는다는 점에서 죄에 우유적으로 관여할 수는 있다. 물론 그렇다고 해서 모든 불행위의 죄가 동등하다는 결론이 도출되지는 않는다고 토마스는 덧붙인다. 명령을 내리는 존재의 권위가 다르거나, 계명의 위엄이나 필연성의 차이에 따라 모든 계명이 동등한 것은 아니기(disparata) 때문이다.

한편 금지된 것을 강행함으로써 범해지는 죄는 수행된 행위의 '형상을 잃음'(deformitas)에 그 본질이 있다. 그런데 토마스에 따르면 이러한 죄의 본질적 규정에 속하는 '이 형상을 잃음'은 이성의 질서를 전체적으로 파괴하지 않고 다만 어떤 특정한 것(aliquid eius)만을 파괴할 뿐이다. 즉 여기에는 순수하지 않은 결여 개념이 적용된다. 예를 들어 어떤 사람이 먹어서는 안 될 '때' 음식을 먹었다고 해도, 그 행위는 시간과 관련된 금지를 어겼다는 점에서 그것과 관련된 형상성을 결여하고 있지만, 여전히 적절한 '장소'에서 행해지거나 행위의 합당한 '이유'를 가질 수 있다. 불행위의 죄와 달리 금지를 어기는 행위의 잘못은 '행위'에 의한 잘못이고, 그래서 행위가 남아 있는 한 이성과의 관계는 완전히 파괴될 수 없기 때문이다.[100]

따라서 토마스는 '형상을 잃어버린 행위'로서 악한 행위인 죄가 모두 동등한 방식으로 형상성이나 질서를 결여하는 것은 아니라고 주장한다. 이는 마치 신체가 결여한 형상이 모두 같지 않은 것과 마찬가지라는 것이다. 예를 들어 시각을 잃는 것과 신체가 신진대사의 균형을 잃는 것은 같은 것이 아니다. 이처럼 죄에서도 형상의 결여(deformitas)나 무질서(inordinatio)가 모두 동등한 것은 아니고, 하나가 다른 것보다 더 크거나 작을 수 있다. 따라서 토마스는 스토아학파와 달리 모든 죄가 동등한 것은 아니라고 말한다.

(2) 결여되는 선의 차이에 따르는 죄의 중대성의 차이[101]

토마스는 앞 절에서 결여 개념의 구분에 근거하여 모든 죄가 동등하지 않고 어떤 죄는 다른 것보다 더 크고 심각하다고 말하였다. 그런데 악은 선의 결여로서 선과 대립하는 것이므로, 만일 어떤 악한 행위

---

100 이와 관련하여 토마스는 아리스토텔레스를 인용하며 만일 악이 통전적이라면(integrum) 유지될 수 없고(importabile), 자기 자신을 파괴하게 될 것이라고 한다.

101 De malo, q. 2, a. 10: "죄는 더 큰 선과 대립하기 때문에 더 무거운가?(utrum peccatum sit gravius, eo quod maiori bono opponitur)"

가 더 큰 선과 대립할수록 더 큰 악을 포함하는 행위라고 말할 수 있을 것이다. 이러한 맥락에서 토마스는 어떤 '악한 행위(죄)는 더 큰 선과 대립하기 때문에 더 무거운 죄인가'라는 문제를 제기하면서, 도덕적으로 악한 행위의 중대성의 정도에 대한 문제를 다루고 있다.

그런데 토마스에 따르면 이 문제를 정확하게 파악하기 위해서는 악한 행위의 중대성(gravitas peccati)을 두 가지 관점을 구별하여, 즉 첫째, 행위 자체의 측면에서, 둘째, 행위자의 측면에서 고찰해야 한다.

첫째, 악한 행위의 중대성은 행위 자체의 측면에서(ex parte ipsius actus) 고찰할 수 있다. 그런데 토마스는 행위 자체와 관련하여 두 가지를 고려해야 한다고 말한다. 하나는 행위의 종(species)이고 다른 하나는 '행위의 우유'(accidens), 즉 상황이다. 그런데 토마스에 따르면, 그리고 이것은 위에서도 여러 차례 강조된 바 있는데, 행위의 종(species)은 행위의 대상에 따라 결정된다. 따라서 종의 측면에서 행위의 중대성은 행위의 대상이나 질료의 측면으로부터 고찰되어야 한다.[102] 이러한 고찰에 따르면 더 큰 덕에 대립하는 죄가 유적으로 더 중대한 죄라고 말할 수 있다.

토마스는 아우구스티누스를 따라 덕의 선(bonum virtutis)은 사랑의 질서(ordinatio amoris)에 있다고 말한다.[103] 그런데 사랑의 질서에 따르면

---

102 이에 대해서는 De malo, q. 2, a. 6을 참조. 위에서 토마스는 악한 행위의 종류를 덕과의 대립 관계를 통한 고찰로부터 구별하였다. 그런데 덕은 그것이 관계하는 질료(materia)에서의 중용(medium)에 있다. 따라서 악한 행위(죄)도 그것에 대립하는 덕이 관계하는 질료에 따라 구별될 수 있다. 이때 '질료'는 "materia ex qua"가 아니라 "materia circa quam" 또는 "materia in qua"의 의미이다 (Summa Theologiae, Ia–IIae, q. 55, a. 4 참조).

103 사랑 또는 카리타스의 질서에 대해서는 Summa Theologiae, Ia–IIae, q. 26 참조.

우리는 신을 다른 모든 것보다 더 사랑해야만 한다. 그러므로 이 질서에 따르면 신에 반해서 저질러지는 잘못, 예를 들어 우상숭배나 신성모독과 같은 죄가 유적으로 가장 중대한 죄로 간주 되어야만 한다. 그런데 사랑은 신에 대한 사랑을 통해서 이웃(proximus)에 대한 사랑으로 퍼져나간다. 이에 따라 이웃에 대한 죄 중에서 이웃의 더 큰 선에 대립하는 죄가 다른 죄보다 더 중대한 것이라고 할 수 있다. 그런데 이웃에게 속하는 선 중에서 무엇보다 생명이 가장 앞서는 것이다. 따라서 '인간의 생명(vita hominis)'이라는 선에 대립하는 악행, 즉 살인이 이웃에 대한 사랑에 가장 크게 반하는, 가장 무거운 죄라 할 수 있다. 그런데 토마스에 따르면 살인이 이웃의 현실적 생명을(actualem vitam) 전적으로 파괴하는 것이라면, 미색(迷色)의 죄(peccatum luxuriae)는 사람의 '가능적 생명(vita hominis in potentia)'에 대립하기 때문에[104] 이 죄도 다른 것보다 더 무겁게 취급된다.

이러한 고찰방식에 따라 토마스는 이웃에 대한 모든 악행 중에서 살인이 유적으로 가장 중대하고, 간통(adulterium)과 사통(fornicatio) 및 그러한 종류의 미색과 관련된 잘못들이 두 번째로 무거우며, 세 번째로 중대한 죄에는 이웃의 외적인 선(물질적 재화)에 피해를 주는 절도나 강도 등과 같은 죄가 속한다고 말하면서, 이웃에 대한 악행의 중대성에 정도의 차이를 준다. 그런데 이러한 언급된 악행의 유(類) 각각에도, 악과 대립하는 선이 카리타스를 통해서 '더 또는 덜' 사랑받아야 하는 한

104 토마스에 따르면 미색은 후손의 출생 행위(작용)과 관련된 일종의 무질서이기 때문이다. 미색은 여덟 죄종 가운데 하나로서 De malo, q. 15에서 구체적으로 다뤄진다.

에서, 다양한 등급이 있다.[105]

한편 상황의 측면에서 행위 자체의 관점에서 죄의 중대성을 구별할 수 있다. 그러나 상황이 행위의 우유인 한에서, 이에 따르는 차이는 행위의 종적인 구별이 아니라 우유적 차이라 할 수 있다.

둘째, 행위자의 측면에서도(ex parte agentis) 죄의 정도 차이를 구별할 수 있다. 이것은 악행을 저지르는 행위자의 고의성에 따라, 즉 행위자가 더 또는 덜 의지적으로(magis vel minus voluntarius) 죄를 범함에 따라 죄의 중대성의 차이를 구별할 수 있다는 것을 의미한다. 의지가 바로 죄의 원인이기 때문이다.[106] 그런데 토마스에 따르면 행위자의 의지성은 정도의 측면에서는 중대성을 더해주지만, 종의 측면에서는 죄에 중대성을 더해주지 않는다.

그러므로 토마스는 죄의 종의 관점에서 죄의 중대성을 고찰했을 때, 죄가 결여한 선의 크기에 따라, 즉 그것이 더 큰 선에 대립할수록 더 중대한 잘못이 발견된다고 주장한다.

105 위에서 말했듯이 '하나의 질료'에는 하나의 덕이 있지만, 이와 대립하는 악덕이나 죄에는 하나의 질료 안에 여러 죄가 있을 수 있고, 그것들 간에 정도의 차이를 둘 수 있다. 이에 대해서는 De malo, q. 2, a. 6 참조.

106 이러한 맥락에서 토마스는 『신학대전』에서 '의지적인 것(voluntarium)'과 '비의지적인 것(involuntarium)'이 무엇인지, 그리고 어떤 요소가 의지적인 것을 약화 또는 강화시키는지 고찰하고 있다(Summa Theologiae, Ia–IIae, q. 6의 여덟 절).

6. 본성에 대한 죄의 영향

(1) 죄에 의한 본성의 선의 약화[107]

1) 일종의 작용으로서 감소와 다양한 작용방식의 구별

토마스는 선의 결여로서 '악한 행위'를 통해서 인간 본성에 속하는 선이 감소 될 수 있는지 묻는다. 예를 들어 인간에게는 영혼과 영혼에 속하는 능력(지성과 의지 등)이 있으며 이것에 속하는 선이 있고 신체에 속하는 선도 있으며, 그 밖에 본성에 속하는 여러 가지 선이 있다. 그런데 토마스는 도덕적으로 악한 행위를 함으로써 이러한 선이 감소하거나 파괴될 수 있는지 묻고 있다.

이와 관련하여 토마스는 먼저 '감소'(diminuere)'가 일종의 행위 또는 '작용(agere)'이라고 말함으로써 이 절의 논의를 시작한다. 이에 따라 그는 도덕적으로 악한 행위로 인해 본성의 선이 감소하는지 그리고 어떻게 그렇게 될 수 있는지 알기 위해서는, 어떤 것이 작용하는 여러 방식에 대해서 고찰해야만 한다고 말한다. 그럼으로써 '감소'라는 작용이 본성의 선에 미치는 영향을 설명할 수 있는 작용방식이 있는지 살펴보고 있다.

그는 먼저 '본래적인 의미에서 작용자(agens)'와 '그것을 통해 작용자가 작용하는 것(id quo agens agit)'을 구별하고, 전자의 작용을 본래적 의미에서의(proprie) '작용', 그리고 후자의 작용을 비본래적 의미에서, 즉

---

107 De malo, q. 2, a. 11: "죄는 본성의 선을 약화시키는가?(utrum peccatum diminuat bonum naturae)"

파생적 의미에서의(abusive) '작용'이라고 말한다. 예를 들어 작용자인 화가(pictor)는 본래적 의미에서 벽을 희게 만드는 행위(작용), 즉 '벽을 희게 만듦'이라는 작용을 산출한다고 말할 수 있다. 그런데 이때 화가는 '흼(albedo)'을 통해서 벽을 희게 만들기 때문에, '흼'은 '화가가 그것을 통해서 작용하는 것'으로서 파생적 의미에서 벽을 희게 만드는 작용을 한다고 말할 수 있다. 따라서 '본래적 의미에서 작용인'의 작용방식이 있는 만큼, 그만큼 '그것을 통하여 작용하는 것'(id quo agens agit)의 파생적인 의미에서의 작용방식이 있을 수 있다.

이러한 구별을 한 후 토마스는 본래적 의미에서 작용자의 여러 작용방식을 구별한다. 첫째, 그에 따르면 '주 작용자'(agens principaliter)는 '본질적으로(per se)' 그리고 '우유적으로(per accidens)' 어떤 작용을 한다. 자신의 본래적 형상에 따라(secundum propriam formam) 작용을 하는 '주 작용자'는 '본질적으로 작용하는 것'이고, 반면에 '방해하는 것을 제거함'으로써(removendo prohibens) 작용하는 주 작용인은 '우유적으로 작용' 한다고 말할 수 있다. 예를 들어 태양은 '집을 본질적으로 비춘다'고 말할 수 있고, 집 안으로의 빛의 유입을 방해하는, 닫혀 있는 창문을 여는 자는 '우유적으로 빛을 비춘다'고 말할 수 있다.

둘째, '주 작용자'는(principale agens) 일차적으로(primo) 작용을 하거나, 또는 결과적으로(consequenter) 어떤 작용을 한다고 말한다. 예를 들어 어떤 사물의 산출자(generans)는 '일차적으로' ['산출되는 사물'에] '형상을 부여'하고, 형상을 부여한 결과 그 형상에 따르는 변화나 운동(motus), 또는 그 밖의 형상을 따라 일어나는 모든 것을 [일차적으로] 산출된 사물에 '결과적으로 부여'했다고 말할 수 있다. 이러한 의미에서 무거운 것이나 가벼운 것의 산출자는 그것에 형상을 부여함으로써 무거운 것이 아래로 향하거나 가벼운 것이 위로 향하는 운동을 부여하였기 때문에, '결과적으로' '무거운 것 또는 가벼운 것을 움직이게 하는 자'라고 말할 수 있다.

이상의 고찰은 적극적(긍정적) 결과들을 산출하는 경우에(in effectibus positivis) 적용되는 것이다. 그런데 토마스에 따르면 이것을 결여와 같은 부정적 결과를 산출하는 작용(effectus privationis)에도 적용할 수 있다고 한다. 즉 '[피작용자의 형상을] 파괴하는 것'(corrumpens) 또는 '감소시키는 것'(diminuens)도 일종의 작용으로서 – 형상을 부여함으로써 사물을 산출하는 것을 또는 '증가시키는 것'을 운동인(movens)이라고 부르는 것과 마찬가지로 – [그것을 움직이게 하는] 운동인이라 부를 수 있다는 것이다.

토마스는 이상과 같은 복잡한 구별을 바탕으로 은총 및 죄와 본성의 관계를 설명하는데 적용될 수 있는 것을 중심으로 다음과 같이 간략하게 요약 정리한다. 즉 '빛의 방해물을 제거하는 자'는 '우유적으로 빛을 비춘다'고 말할 수 있고, 이에 대응해서 방해물의 제거(remotio obstaculi) 자체도, [방해물의 제거를 통해서 우유적으로 빛을 비추는 작용을 하기 때문에, 즉 '그것을 통해서 작용을 하는 것이기 때문에] '파생적 의미에서 빛을 비춘다'고 말할 수 있다. 이와 마찬가지로 '빛의 비춤을 방해하는 방해물을 세우는 자'(ponens obstaculum lumini)는 일종의 운동인(작용인)으로서 어둡게 함(obtenebrare)이라는 [본래적] 작용을, 그리고 그것을 통해서 어둡게 하는 것인 방해물 자체도 '[파생적 의미에서] 어둡게 함'이라는 작용을 한다고 말할 수 있다.

2) 은총 수용의 방해로서 죄와 이로 인한 본성의 약화

토마스는 이제 빛과 어둠을 사례로 한 작용에 대한 이러한 고찰을 신의 은총과 영혼의 관계에 적용한다. 그에 따르면 마치 빛이 태양으로부터 공기로 주입되듯이, 영혼의 본성을 넘어서 있는 은총[gratia, 빛과 비유됨]은 신[=태양과 비유됨]에 의해 영혼[=공기에 비유됨]에 주입된다. 그런데 은총은 그 자체로는 영혼의 본성을 넘어서(supra naturam animae) 있는 것이다. 그러나 토마스에 의하면 영혼의 본성에는 또는 모든 이성적 피조물의 본성에는 은총을 수용할 적합성(aptitudo quaedam ad gratiae susceptionem)이 포함되어 있다. 인간은 이렇게 수용된 은총을 통해서 합당한 행위에 있어(in debitis actibus) 행위 능력이 강화될 수 있다.

그런데 토마스는 죄(악한 행위)는 영혼과 신 사이에 놓여 있는 일종의 방해물(obstaculum)과 같다고 말한다. 이것을 그는 다음과 같이 설명한다. 즉, 집 안에 있는 공기는 태양에 직접(directe) 노출되지 않는다면 태양에 의해 비춰질 수 없다. 그러한 태양과의 직접적 접촉을 막는 것을 조명의 방해물이라고 부를 수 있다. 이와 마찬가지로 만일 영혼은 직접적으로 신으로 전향하지 않는다면, 은총의 수용을 통해서 신에 의해 조명될 수 없을 것이다. 그런데 도덕적으로 악한 행위가 바로 이러한 [신에로의] 전향(conversio)을 가로막는다는 것이다. 악한 행위(죄)는 영혼을 신과 반대 방향으로 향하도록, 즉, 신법에 대항하게(contra legem Dei) 만드는 것이다. 따라서 토마스에 따르면 도덕적으로 악한 행위는 은총의 수용을 방해하는 일종의 장애물이라는 것이 분명하다.

그런데 토마스는 완전성(perfectio)이나 형상(forma)의 수용을 가로막는 모든 방해물은 형상이나 완전성을 배제하는 동시에, 수용 주체 자체를 그 형상이나 완전성의 수용에 덜 적합한 것으로 만들거나 수용 능력을 약화시키게 된다고 주장한다. 그럼으로써 악한 행위는 [형상의 수용이 가로막혀 형상의 결여로 이어지고] '결과적으로' 주체 안에서 형상이나 완전성이 발휘하는 작용 결과(effectus)도 방해하게 된다. 그런데 만일 이 방해물이, 현실적이든 아니면 습성적이든, '행위자에 내재하는 어떤 것'이라면 그것의 방해 작용이 아주 클 것이다. 어떤 한 운동(변화)을 하는 것이 동시에 그것과 반대되는 운동(변화)을 하지는 않으며, 또한 이 반대되는 운동(변화)을 할 소질이나 능력이 덜 할 것이기 때문이다. 예를 들어 '뜨거운 것'은 열기를 주면서 동시에 냉기를 주지는 않으며, 또한 냉기에 의한 변화를 받아들이기에는 덜 적합한 것이다. 냉기의 주입을 수용하기 어렵기 때문이다.

따라서 토마스는 악한 행위(죄)는 은총의 수용을 방해하는 방해물로서 영혼이 은총을 받아들이지 못하게 막아섬으로써 은총을 배제할 뿐만 아니라, 또한 은총을 받아들이는 영혼의 소질이나 능력 자체가 약해지도록 만든다고 말한다. 그에 의하면 악한 행위는 바로 이러한 방식으로 은총에로의 적합성(aptitudo vel habilitas ad gratiam)을 본성의 선으로부터 빼앗아 감소시키는 작용을 한다. 그런데 위에서 말했듯이 은총 자체는 영혼의 본성을 넘어서는 것이다. 그러나 이처럼 은총을 받아들일 수 있는 능력(habilitas)은 영혼의 본성에 속하는, [영혼에] 일종의 본성의 선(bonum naturae)이라 할 수 있다. 그러므로 죄는 그러한 선을 가로막는 것이기 때문에 '본성의 선을 감소'시킨다고 말할 수 있다.

토마스는 은총은 지성의 측면에서 그리고 의지의 측면에서, 그리고 이성에 복종하는 영혼의 낮은 부분들의 측면에서 – 분노적 욕구(irascibilis)와 욕정적 욕구(concupiscibilis)를 말한다 – 영혼의 자연(본성)을 완전하게 한다고 말한다. 따라서 도덕적으로 악한 행위는 은총 또는 은총과 같이 자연 본성을 돕는 것을 배척함으로써 자연(본성)을 훼손하는 작용을 한다고 말할 수 있다. 토마스에 따르면 '무지', '악의' 등과 같은 것들이 바로 악한 행위로부터 결과하는 자연(본성)의 상처(naturae vulnera)와 같은 것이라고 말한다.

(2) 악한 행위에 의한 본성의 선 전체의 파괴 불가능성[108]

그런데 토마스는 비록 악한 행위가 은총의 [수용의] 소질이나 능력의 방해 및 감소를 낳는다는 의미에서 본성의 선을 약하게 만든다고 하더라도, 전적으로 그것을 파괴할 수는 없다고 주장한다. 그러나 유한한 존재자인 인간에게 속하는 본성의 선도 역시 유한할 것이기 때문에, 선이 지속적으로 감소하게 된다면 언젠가는 전체적으로 파괴될 수도 있을 것이라는 우려가 생겨날 수 있다.

토마스에 따르면 이러한 우려를 어떤 사람들은 '지속적 유한(continuum finitum)'과 비교해서 해결하려고 시도했다고 한다. 지속적 유한이란 일정한 비율로 분할을 계속하면, 분할이 무한히 이루어지는 것을 가리킨다. 예를 들어 유한한 선분에서 3분의 1을 차감하고, 이어서 남아 있는 부분에서 같은 비율의 분량을 계속 차감해 간다면, 이러

108 De malo, q. 2, a. 12: "죄는 본성의 선 전체를 파괴할 수 있는가?(utrum peccatum possit corrumpere totum bonum naturae)"

한 차감은 무한히 진행될 것으로 보이며 그래서 전체적인 파괴는 불가능하다는 것이다.

곧 보게 되겠지만 토마스도 도덕적으로 악한 행위는 영혼의 본성의 선을 완전히 파괴하지는 않는다는 견해를 가지고 있지만, 언급한 이 논증 자체는 이 문제에서 유효하지 않다고 본다. 일반적으로 같은 비율로 선을 분할 해가면, 두 번째로 빼고 남은 부분이 첫 번째로 빼고 남은 부분보다 항상 작을 수밖에 없다. 즉 전체의 3분의 1은 남아 있는 두 부분 각각의 3분의 1보다 더 크고, 다른 경우에도 마찬가지이다. 그러나 이와 달리 첫 번째 악한 행위를 통해서 감소하는 능력(habilitas)보다, 두 번째 잘못된 행위를 통해서 감소하는 능력(habilitas)이 항상 더 작다고 말할 수는 없다. 감소하는 능력이 두 경우 동등하거나, 또는 심지어 두 번째 죄가 더 심각한 것이라면 더 많은 능력이 감소할 수도 있기 때문이다.

그래서 토마스는 죄에 의한 능력(habilitas)의 감소는 다른 방식으로 이해해야만 한다고 말한다. 그에 따르면 이는 두 가지 방식으로 일어날 수 있는데, 하나는 차감을 통해서(per subtractionem), 다른 하나는 대립적인 것을 더함으로써(per contrarii appositionem) 일어날 수 있다. 예를 들어 어떤 물체가 자기가 가지고 있는 열기를 통해서 다른 것을 뜨겁게 만들 수 있는 능력이 있다고 가정해 보자. 그런데 만일 그것이 가지고 있는 열기가 감소하면 다른 것을 뜨겁게 하는 힘(능력)도 감소하게 된다. 이것이 바로 '차감의 방식'이다. 다른 한편 예를 들어 열기에 의해 뜨거워진 물은 차가워질 수 있는 자연적 적합성이나 능력이 있지만, 더 강하고 많은 열기를 부가하게 되면, 이 능력이 줄어들게 된다. 이것이 대립하는 것의 더함을 통한 감소의 방식이다. 그런데 토마스에 의하면 이 후자의 감소 방식은 주로 수동적이고 수용적인 능력에 적용되는 반면, 전자의 감소 방식은 주로 능동적 능력에 적용된다. 그렇지만 이 두 방식은 모두 어느 정도 두 능력에서 모두 발견될 수는 있다고 한다.

차감을 통한 능력의 감소가 있는 경우 그 능력을 낳는 것이 제거되면, 전적으로 그 능력이 제거될 수 있다. 위의 예를 다시 사용하면, 열기를 통해서 다른 것을 뜨겁게 만들 수 있는 능력이 있는 사물은 열기를 제거하면 이 능력도 없어지게 될 것이다. 그렇지만 대립하는 것을 더함으로써 능력의 감소가 발생하는 경우, 대립하는 것을 더함으로써 주체가 파괴되는지 그렇지 않은지를 고찰해 보아야만 한다. 그렇게 해서 주체가 파괴될 수 있다면 능력이 전체적으로 파괴될 수 있기 때문이다. 예를 들면 물을 파괴할 수 있을 만큼 물의 열기가 증가할 수 있다. 이렇게 되면 물의 종(種)으로부터 생겨나는 능력이 전체적으로 파괴된다. 그러나 대립하는 것을 지속적으로 증가시켜도 주체 자체가 파괴되지 않는다면 [그 주체에게 본성적인] 능력이 전적으로 파괴되지는 않을 것이다. 그 능력의 뿌리가 되는 주체가 여전히 존재하고 있기 때문이다. 예를 들어 열기가 아무리 증가하여도 물의 형상을 수용할 수 있는 제일 질료의 능력은 파괴되지 않을 것이다.[109]

토마스에 따르면 이성적 존재자의 은총에 대한 능력은 일종의 수용 능력(potentia susceptiva)으로서, 이러한 수용 능력은 이성적 본성(rationalis natura) 자체로부터 나오는 능력이다. 그런데 이러한 이성적

---

109 아리스토텔레스-스콜라철학에서 '제일 질료'는 그 자체로는 형상이 없지만, 형상을 수용할 수 있는, 형상에 대한 순수 가능성을 가리킨다.

본성으로부터 나오는 능력은 차감의 방식이 아니라 대립하는 것의 더함을 통해서 감소한다고 한다. 즉 이성적 피조물이 신으로부터 등을 돌림으로써 신과 대립하는 것을 향할 때 감소가 발생한다는 것이다. 사실 토마스의 존재론에 따르면 이성적 본성은 [이성의 본질 규정으로부터] 파괴될 수 없으며 또한 존재하기를 그치지 않는 것이다. 그러므로 이성적 존재자인 인간이 아무리 악한 행위를 되풀이하더라도 – [인간 영혼에 부여된] 은총의 선에 대한 능력(habilitas)은 비록 잘못의 반복과 더해짐을 통해 항상 감소하게 되지만, – 이성적 본성 자체는 결코 전적으로 파괴되지는 않는다고 말해야 할 것이다. 그래서 토마스는 악한 행위를 통해 '대립하는 것의 부가'에 의한 방식으로 무한히 은총의 수용 능력의 감소가 무한히 일어날 수 있다고 주장한다. 이성적 본성은 여전히 남아 있기 때문이다. 이는 선분의 분할을 무한히 진행하여도, 분할될 부분이 남아 있는 것과 같다.

이상과 같은 고찰을 통해서 토마스는 악한 행위는 은총의 수용이라는 의미에서 본성의 선의 감소를 가져오지만, 전적으로 본성의 선을 파괴하지는 않는다고 주장한다.

제3장
악한 행위(죄)의 원인(causa peccati)

토마스는 제3문제에서 도덕적으로 악한 행위(惡行), 즉 죄의 원인을 고찰한다. 토마스는 악 일반의 원인에 대해서 제1문제 제3절에서 논의한 바 있다. 제3문제에서는 이 책의 주제인 도덕적 악의 원인에 대해 고찰한다.

이와 관련하여 토마스는 먼저 악한 행위의 원인을 크게 두 가지로 구별한다. 외적 원인과 내적 원인이 그것이다. 도덕적 행위의 내적 원리 자체에 죄의 요인이 있을 수 있거나, 또는 이러한 내적 원리에 외부로부터 영향을 미치는 외적 요인이 있을 수 있기 때문이다. 토마스는 먼저 악한 행위의 외적 원리에 대해서 논의하고, 그다음 내적 원인을 다룬다. 외적 원리와 관련하여 그는 특히 신과 악령이 악한 행위의 원인이 될 수 있는지 묻는다.

1. 악한 행위의 외적 원인

(1) 신과 악한 행위의 인과성

악이 존재한다는 사실로부터 신의 존재를 부정하는 논변이 있을 만큼 신과 악의 양립 가능성에 회의적인 견해들이 많다. 이러한 회의의 배경에는 신이 악의 원인이 된다면 최고선이라는 신의 본질 규정이 침해될 수 있다는 우려가 놓여 있다.[110] 최고로 선한 존재인 신이 어떤 방식으로든 악의 원인일 수 있겠는가? 그러나 신과 악행의 연결을 전적으로 끊어 놓는다면 인간의 – 비록 악한 행위일지라도 – '행위'가 신과 아무런 연관을 갖지 않는다는 주장을 함축하게 되지는 않을까? 이러한 우려를 토마스도 우회하지 않는다.

1) 악한 행위의 원인이 될 수 없는 신[111]

먼저 토마스는 신이 악한 행위를 일으킬 수 있는지 묻는다. 이와 관련하여 토마스는 어떤 것이 '악한 행위의 원인'이 될 수 있는 두 가지 방식을 구분한다. 첫째, 어떤 행위자가 직접 악한 행위(죄)를 저질렀을 때(ipse peccat), 그 행위자를 악한 행위의 직접적 원인이라 부를 수 있다. 둘째, 다른 행위자가 악한 행위를 저지르도록 만든다(facit alterum peccare)는 의미에서 악한 행위의 원인이라고 할 수 있다. 그런데 토마스는 이 가운데 어떤 의미에서도 신은 악한 행위의 원인이 될 수 없

---

110 이에 대해서는 레오 엘더스, 『토마스 아퀴나스의 형이상학』, pp. 203 참조.

111 De malo, q. 3, a. 1: "신은 악한 행위의 원인인가?(utrum Deus sit causa peccati)"

다고 주장한다. 그에 따르면 신은 자신이 직접 악행을 저지르지도 않을 뿐만 아니라, 다른 행위자가 악행을 저지르도록 만들지도 않기 때문이다.

① 악한 행위의 행위자로서 악행의 원인이 될 수 없음

첫째, 신이 직접 악한 행위를 저지르지 않는다는 것은 '악한 행위'의 공통적 규정, 그리고 죄책(culpa), 즉 엄격한 의미에서 '도덕적으로 악한 행위'의 고유한 규정으로부터 분명하게 도출될 수 있다. 토마스에 따르면 '일반적인 의미에서 잘못된(악한) 행위'(peccatum comminiter dictum)는 행위자가 행위의 목적에 이르지 못함으로써 생겨난다.[112] 이는 자연물뿐 아니라, 기예의 산물, 즉 인간의 행위를 통해서 산출되는 사물(artificium)에 모두 공통적인 사실이다. 행위의 목적에 이르지 못하는 일은 대개 능동적 원리의 결함으로부터(ex defectu activi principii) 발생한다. 예를 들어 문법학자(grammaticus)가 어법에 맞게 글을 쓰지 못하는 이유 중의 하나는 – 어법에 맞게 쓰고자 하지만 – 어법에 맞는 글쓰기의 기예(ars)가 부족한 탓일 수 있다. 자연물의 경우, 예를 들어 동물의 출산에서 살못이 생길 때, 예를 들어 기형세가 생겨난다면 그것은

112 토마스는 De malo, q. 2, a. 1에서는 '규칙이나 척도에서 벗어남'이 '목적에서 벗어남'보다 더 중요한 중요한 규정이라고 말하였다. 다시 말해 '목적에 이르지 못한 행위는' 모두 '잘못된 행위'이지만, 그렇다고 모든 목적에 이른 행위가 올바른 행위는 아니라는 것이다. 척도에서 벗어났지만, 행위 자체의 목적에 도달한 행위도 있고, 반면에 척도에서 벗어나지 않았으면서도 외적 요인에 의해 목적에 이르지 못한 행위도 있기 때문이다. 그러므로 행위의 선과 악의 더 중요한 기준은 행위 '내적 기준'이 되어야만 한다는 것이다. 그런데 행위의 척도로서 '신법'에서 벗어남은 '신으로부터 등돌림'과 관계된 한에서 '부당한(잘못된) 목적 지향'을 가리킨다. 이러한 맥락에서 이 절에서 말하는 '목적에 이르지 못함'은 이러한 '부당한 목적의 지향'으로서 '척도에서 벗어남'을 의미한다고 볼 수 있다.

정자의 능동적 힘의 결핍으로부터 생겨난다는 것이다.[113] 한편 도덕의 영역에서(in moralibus) 잘못된 행위, 즉 도덕적으로 악한 행위는 의지와 관련된다. 토마스에 따르면 도덕적으로 악한 행위(죄)는 죄책(culpa)으로 규정되며, 이는 의지가 합당한 목적(finis debitus)에서 벗어남으로써, 즉 부당한 목적을(in finem indebitum) 지향함으로써 발생한다.[114]

그런데 만일 우리가 신 자신이 직접적 행위자로서 직접 악한 행위를 한다는 의미에서 악한 행위의 원인이라고 말할 수 있으려면, 신에게서 행위의 능동적 원리 또는 의지에 결함이 있다고 말할 수 있어야 할 것이다. 그러나 토마스에 따르면 신의 능력은 무한하기 때문에, 신에게서 결함 있는 능동적 원리가 있다고는 생각할 수는 없다. 또한 신의 본성 자체와 동일한 신의 의지는 최고선(summum bonum)으로서, 모든 의지의 궁극적 목적이고 제일 규칙(prima regula) 자체이다. 따라서 신의 의지는 본성적으로 자기 자신인 최고선에 유착해 있으며, 최고선을 결핍할 수도 없다. 유한한 자연 사물의 자연적 욕구도 자기의 본성적 선(suum bonum naturale)을 욕구하지 못할 수 없는 것과 같다.

따라서 토마스는 신 자신이 악한 행위를 직접 범한다는 의미에서 악한 행위의 원인이 될 수 없다는 것은 명백하다고 주장한다.

113 이와 관련하여 악의 원인으로서 '결함 있는 선[한 것]'에 대한 논의(De malo, q. 1, a. 3) 참조.

114 여기에서 finis는 외적 행위와 행위자의 의도 모두를 가리키는 것으로 볼 수 있다. 위에서(De malo, q. 2. a. 2) 언급하였듯이, 의지의 내적 행위에 대해 외적 행위는 대상 또는 목적의 관계에 있기 때문이다. 다시 말해 의지가 '도덕적으로 선한 행위'(의지의 합당한 목적)를 지향하지 않고, '도덕적으로 악한 외적 행위'(합당하지 않은 목적)를 지향함으로써 악한 행위가 발생할 수 있다. 물론 행위자의 의도라는 의미에서 목적을 가리킬 수도 있다. 즉 어떤 행위를 선한 목적(의도)을 위하지 않고 악한 목적을 위해 실행할 경우에도 악한 행위가 일어나기 때문이다.

② 악한 행위를 하게 만드는 원인이 될 수 없는 신

둘째, 신은 다른 존재자가 악한 행위를 하게 만든다는 의미에서 악한 행위의 원인이 될 수도 없다. 우리는 위에서 일반적 의미에서 잘못된(악한) 행위를 합당한 목적과의 관계에서 규정하였다. 그런데 특히 도덕적으로 악한 행위는 바로 '창조된 의지가 궁극적 목적으로부터 등 돌림'(aversio voluntatis creatae ab ultimo fine)에 있다. 그런데 우리는, 바로 위에서 말한 것처럼, 신 자신이 모든 의지의 궁극적 목적이라는 것을 알고 있다. 그렇다면 신이 간접적으로 다른 행위자가 악행을 저지르도록 만든다는 의미에서 악한 행위(죄)의 원인이 되려면, 모든 의지의 궁극적 목적인 신 자신이 다른 행위자가 자기 자신(즉 신)에게 등을 돌리도록 만들어야 할 것이다.

그러나 이것이 가능하지 않다는 것을 토마스는 창조된 작용인(작용자)에 대한 관찰로부터 입증해낸다. 그의 주장에 의하면 창조된 작용인은 모두 공통적으로 제일 작용인을 모방한다. 제일 작용인은 모든 사물에, 그 사물이 받아들일 수 있을 만큼, 자기의 유사성(similitudo)을 부여한다. 그런데 토마스는 모든 창조된 작용인은 자기의 작용을 통해서 자기와 다른 것을 어떤 식으로(quodammodo) 자기와 유사한 것으로 만듦으로써(동화시킴으로써), 자기 자신에게로 끌어당기는 현상이 발견된다고 말한다. 창조된 작용인들은 이러한 일을 형상의 유사성을 통해서(per similitudinem formae) – 뜨거운 것이 뜨겁게 만듦으로써 – 또는 다른 것들을 자기 자신(작용인)의 목적을 지향하게 함으로써(convertendo alia ad finem suum) – 예를 들어 어떤 사람이 명령을 통해서 다른 사람들을 자기(명령자)가 지향하는 목적으로 향하게 하는 경우 – 수행한다.

피조물의 사정이 그렇다면 창조자의 경우에는 더욱 그러하다고 할 수 있다. 즉 모든 것들을 자기(신) 자신에게로 향하도록 하는 것, 그래서 어떤 것도 자기(신)에게서 벗어나지 않도록 하는 것, 이것이 모든 작용인이 모방하는 제일 작용인으로서 신에게 적합한 일이라고 합리적으로 추론할 수 있다. 그러므로 신이 '다른 존재자가 자기(신) 자신에게서 벗어날 것'을 의지한다고 생각하는 것은 불합리하다고 토마스는 결론 내린다. 그러므로 신이 '최고선에서 벗어남' – 이것이 죄책의 본질적 규정이다 – 의 원인이 된다는 것은 자기 모순적 주장이라고 할 수 있다.

요약하자면 다음과 같이 말할 수 있다. 신은 최고선이다. 그러므로 신은 의지가 최고선에서 벗어나게 만드는 원인이 될 수 없다. 그것은 신의 본성 자체에 반하기 때문이다. 다른 한편 '최고선에서 벗어남'에 도덕적으로 악한 행위의 본질적 규정이 있다. 그러므로 최고선인 신이 위에서 언급한 두 가지 방식 중 어느 것으로도 도덕적으로 악한 행위의 원인이 된다는 것은 불가능하다고 결론 내릴 수 있다.

2) 행위인 한에서 악한 '행위'의 원인으로서 신[115]

① 행위로서 악한 행위의 원인으로 신을 파악하는 입장과 그 근거

신이 '악한' 행위의 원인은 아니라 하더라도, 그것이 일종의 '행위'인 한에서 신에 의해 일어난다고 말할 수 있지 않을까? 이러한 문제 제기에서 알 수 있듯이 우리는 '악한 행위'를 [행위의] '악'과 '행위' 자체로 분석할 수 있다. 우리가 만일 '악'에 초점을 맞춘다면 악한 행위는 위에

115 De malo, q. 3, a. 2: "죄의 행위는 신으로부터 생겨나는가?(utrum actio peccati sit a Deo)"

서 살펴본 것처럼 결코 신으로부터 생겨날 수 없다고 말해야 할 것이다. 토마스에 따르면 어떤 고대철학자들도 바로 이러한 견해를 취했다고 한다. 이들은 악행의 '추함'(deformitas)에 주목하고 이것은 신으로부터 생겨난 것일 수 없다고 보았다.

그렇지만 우리는 '행위'라는 측면에서 악한 행위를 고찰할 수 있고 이 경우 신을 악한 행위의 원인으로 볼 수 있을 것 같다. 토마스의 보고에 의하면 이러한 견해를 피력한 사람들이 있으며, 그들은 신에 의해 정립된 행위의 본질(essentia)에 주목해서 악한 '행위'가 두 가지 근거에서 신으로부터 생겨난다고 보았다.[116]

첫째 근거는 공통적 근거이다. 토마스는 오직 신만이 자기의 본질을 통해서 존재하는 자(ens per suam essentiam)로서, 신에게는 존재와 본질이 동일하다고 주장한다. 반면 신을 제외한 모든 것은 자기 자신의 존재와 다르며, 일종의 분유를 통해서 존재하는 것(entia per participationem)이다. 그런데 분유를 통해서 존재하는 것은 본질을 통해서 존재하는 것으로부터 파생된다. 따라서 악한 행위도 일종의 '행위'인 한에서 존재자의 하나로서 존재자의 범주 안에 놓이기 때문에, 악한 행위도 행위인 한에서 신으로부터 존재하게 된다고 말해야 한다는 것이다.

두 번째 근거는 특수한 근거이다. 마치 모든 하위물체의 운동들이 천체로부터 야기되는 것과 마찬가지로, 이차적 원인의 모든 운동은 제일 운동자로부터 야기되어야만 한다. 그런데 토마스에 따르면 신은 모든 운동, 즉 영적인 운동과 물체적 운동의 제일 원동자이다. 한편 '악한 행위(죄)'라는 행위도 일종의 운동, 즉 자유 선택의 운동(motus liberi

116 한편 이와 관련해서는 '악의 주체'에 대한 논의 참조.

arbitrii)이라고 할 수 있다. 그러므로 도덕적으로 악한 행위도 행위(작용)인 한에서, 모든 운동의 제일 원동자인 신에게서 비롯된다고 말해야만 할 것이다.

이상과 같이 토마스는 고대철학자들의 견해를 요약하였다. 토마스는 이제 행위인 한에서 악한 '행위'의 원인과 '악한' 행위의 '악'의 원인을 구별해서 고찰하면서 자신의 주장을 전개한다.

② 악한 행위의 '악'의 원인으로서 자유의지와 '행위'인 한에서 악한 행위의 원인으로서 신

토마스는 자신의 주장을 먼저 제일 원동자와 그것으로부터 운동을 받아들이는 것의 관계를 통해서 설명하기 시작한다. 이와 관련하여 그는 모든 가동적(可動的)인 것들이 단일한 형태와 방식으로 제일 운동자의 운동을 받아들이는 것이 아니라, 각자에게 고유한 양태에 따라 받아들인다고 말한다. 즉 생물이나 무생물이나 모두 천체 운동의 영향을 받지만, 예를 들어 식물이 햇빛의 영향을 받는 방식과 무기물이 햇빛의 영향을 받는 방식은 다르다는 것이다. 이 차이는 사물들이 어떠한 상태에 있는가에 달려 있다. 토마스에 따르면 바로 여기에 제일 운동자인 신으로부터 생겨나는 행위의 '불완전성'이나 '결함'이 생겨나는 이유가 있다고 한다. 제일 운동자의 운동을 받아들이는데 합당한 상태에 놓인(in debita dispositione) 사물은 제일 운동자의 의도를 따르는 완전한 작용을 하게 되지만, 그렇지 않은 사물은 불완전한 작용이 뒤따른다는 것이다.

그런데 여기에서 주목해야 할 사실은 이때 작용(actio)에 속하는 것

은 그것의 원인인 제일 운동자에게로 소급되지만, 불완전성 또는 결함(defectus)에 속하는 것은 그 원인으로서 제일 운동자에게로 소급될 수 없다는 것이다. 토마스에 따르면 불완전성 또는 결함은 '행위자가 제일 운동자의 질서에서 벗어남'으로 인해, 그것의 행위에 있어 생겨나는 것이기 때문이다. 토마스의 예를 들어 '다리를 절룩이는 운동'을 하는 동물이 있다고 하자. 이때 운동에 속하는 것은 동물의 운동능력으로부터 오는 것이 분명하다. 그렇지만 '결함에 속하는 것', 이 경우에는 '절룩임'은 동물의 운동능력에서 비롯된 것이 아니라, 운동을 하는 '다리'의 문제에 속한다는 것이다. 다리가 운동능력을 통해 운동할 수 있는 적합성이 결핍된 것이라고 보기 때문이다.

토마스에 따르면 도덕적으로 악한 행위와 관련해서도 같은 말을 할 수 있다. 신은 모든 운동의 제일원인이다. 그런데 운동하는 것 가운데는 자기가 자신을 움직이는(ipsa seipsa movent) 그러한 방식으로 신에 의해 움직여지는 것도 있다. 자유로운 선택(liberum arbitrium)을 하는 존재자가 여기에 속한다고 한다. 그러므로 만일 자유 선택 능력이 있는 존재자가 신의 운동을 받아들이기에 합당한 성향과 질서의 상태에(in debita dispositione et ordine debito) 놓여 있다면, 선한 행위(actiones bonae)가 뒤따르게 된다. 그리고 이러한 행위들은 전적으로 그 원인으로서 신에게로 소급되게 된다. 반면에 자유 선택을 하는 존재자가 합당한 질서를 벗어난다면, 질서를 잃은 행위(actio inordinata), 즉 악한 행위(peccatum)가 뒤따르게 된다. 그런데 토마스는 이때 이 질서를 잃은 행위, 즉 악행의 '질서를 잃음(inordinatio)' 또는 '형상을 잃음(deformitas)'은 자유 선택에 그 원인이 있지, 신에게 그 원인이 있지 않다고 말한다.

이렇게 토마스는 행위인 한에서 악한 '행위'(죄)가 신에게서 비롯된다고 말할 수 있지만, '악한' 행위인 한에서는 신이 원인일 수 없다고 주장한다.

(2) 악령과 악한 행위의 인과관계

토마스가 악한 행위의 가능한 또 다른 외적 원인으로 고려하는 두 번째 대상은 악령(diabolus)이다.[117] 토마스가 제3문제에서 강조하고자 하는 바는 인간이 범하는 악행의 원인은 인간의 외부에 있지 않고 인간의 내부, 즉 의지에 있다는 것이다. 그에 의하면 의지가 아닌 악령과 같은 외적 원인에 인간의 잘못된 행위의 탓을 미루는 것은 선과 악의 두 원리를 상정한 마니교의 잘못을 되풀이하는 것과 큰 차이가 없다.[118] 이러한 맥락에서 토마스는 악령이 인간의 악행을 일으키는 방식을 세밀하게 고찰함으로써, 인간의 악행을 악령의 개입으로 돌리려는 태도를 최소한으로 허용한다.

1) 악한 행위의 외적 원인으로서 악령과 내적 원인으로서 의지[119]

토마스는 이 절에서 악령이 사람을 움직여서 악한 행위를 하도록 만들 수 있는지 고찰한다. 결론을 미리 말하자면 악령은 본래적 의미에서(proprie) 악행의 원인이 될 수 없다는 것이 토마스의 주장이다. 그에

---

117 악령의 문제는 다시 『악론』 제16문제 전체에서 다루어진다.

118 이에 대해서는 Christian Schäfer, *Thomas von Aquins gründlichere Behandlung der Übel*, pp. 100 이하 참조.

119 De malo, q. 3, a. 3: "악령은 죄의 원인인가?(utrum Diabolus sit causa peccati)"

의하면 악행의 본래적 의미의 원인은 의지 자체이다.

이것을 보여주기 위해 토마스는 본래적 의미에서 의지를 움직여서 악한 행위를 하게 만드는 것이 무엇인지 고찰한다. 그리고 이러한 고찰을 통해서 의지 자체가 악한 행위를 낳는 본래적 원인이라는 것을 보여주며, 이를 통해서 결론적으로 악령은 직접 의지를 행위(작용)하도록 움직이지는 못하고, 따라서 단지 간접적인 방식으로만 악행의 원인이 될 뿐이라는 것을 보여주게 된다.

① 운동의 원인으로서 기질을 형성하는 것, 조언 또는 명령하는 것, 완성하는 것

이를 위해 토마스는 먼저 어떤 것이 다른 어떤 것을 움직이는 원인이 될 수 있는 여러 방식을 구별하면서 논의를 시작한다. 그에 따르면 어떤 때에는 '어떤 기질이나 성향을 형성하는 것'(id quod est disponens)을 원인이라고 부르고, 또 어떤 때에는 '조언을 하거나 명령을 하는 것'(quod est consilians, vel quod est praecipiens)을 원인이라고 부르기도 하고, 또는 '작용 결과를 낳는 것', 즉, '완성하는 것'(id quod est perficiens)을 원인이라고 부르기도 한다. 토마스는 이 중에서 '완성하는 것'이라는 의미에서의 원인을 본래적이고 참된 의미의 원인이라고 부른다. 그에 의하면 [어떤 작용 결과의] '본래적이고 참된 의미의 원인(proprie et vere causa)'이란 그것으로부터 직접적 작용 결과(effectus)가 뒤따르는 것을 가리키기 때문이다. 반면에 성향이나 기질을 형성함으로써, 또는 설득이나 조언을 함으로써 어떤 다른 것을 움직이는 것은 작용 결과를 직접적으로 산출하는 것이 아니다. 설득이나 조언은 그것을 따르려고 하지 않

는 자를 강제할 수 없기 때문이다.[120]

② '완성하는 것'으로서 원인이 될 수 없는 악령

그런데 이상의 구별 후 토마스는 악령은 설득의 방식으로 또는 어떤 기질을 형성시킴으로써, 더 나아가 명령의 방식으로 행위자가 잘못된 행위를 하도록 유도함으로써 악한 행위의 원인이 될 수는 있지만, 완성하는 것의 방식으로는 악한 행위의 원인이 될 수 없다고 한다. 어떤 것이 완성하는 것으로서 악한 행위의 원인이 되려면, 악한 '행위'를 하도록 작용자(행위자)를 직접 움직일 수 있어야만 한다. 토마스에 따르면 완성하는 원인은 형상의 산출과 관련해서는 그것(원인)의 작용으로부터 형상이 직접 산출되어야 하고, 작용의 산출과 관련해서는 그것의 작용으로부터 작용자의 작용이 직접 산출될 수 있어야 하기 때문이다. 따라서 어떤 것이 악한 행위의 본질적(per se) 원인으로서 완성하는 원인이 되려면 직접 의지를 움직여서 의지가 악한 행위를 실행하도록 만들 수 있어야 한다. 죄, 즉 악한 행위란 형상(forma)이 아니라 행위(actus), 그것도 '의지적 행위(actus voluntarius)'이기 때문이다.

따라서 만일 악령이 악한 행위의 완성하는 원인이 되려면 악령의 작용으로 인해 인간의 의지가 직접적으로 움직여져서 악한 행위를 하게 되어야만 한다. 그런데 토마스에 따르면 인간의 의지는 이러한 방식으로 악령에 의해 움직여지지 않는다는 것이다.

120 토마스는 여기에서 기질 형성이나 설득과 조언의 방식을 하나로, 완성하는 것을 또 다른 하나로 보아 크게 두 가지 운동의 원인을 구별하고 있는 셈이다.

③ 의지를 작용으로 움직이는 외적인 것과 내적인 것

이제 토마스는 악행을 하도록 의지를 직접 움직이는 것이 무엇인지 고찰한다. 그에 따르면 의지는 두 가지 방식으로 움직여져서 어떤 행위를 하게 된다. 첫째, 의지는 외적인 것(ab exteriori), 즉 '파악된 대상'에 의해(ab obiecto apprehenso) 움직여질 수 있다. 의지는 선(bonum)을 지향하는 능력이므로, 선한 것으로 파악된 대상, 즉 파악된 선이 의지를 움직일 수 있다. 그러므로 어떤 것이 의지 앞에 선한(좋은) 것으로 나타나 보이도록(apparare) '설득'하거나 '조언' 함으로써, 의지가 특정한 대상을 향해 움직이도록 할 수 있다. 둘째, 의지는 내적인 것에 의해서 움직여질 수 있다. 즉 의지 작용 자체를 산출하는 것에 의해 움직여질 수 있다.

그런데 토마스는 의지는 외적인 것, 즉 선으로 파악되어 의지 앞에 놓인 대상(obiectum propositum voluntati)에 의해 필연적으로(ex necessitate) 움직여지지 않는다고 말한다. 즉 대상은 의지를 본래적 의미에서 움직일 수 있는 것이 아니다. 다시 말해 대상(파악된 선)이 의지 앞에 놓인다고 해서, 의지가 반드시(필연적으로) 그것을 향한 운동을 하는 것이 아니다.[121] 이러한 점에서 의지와 지성은 차이가 있다. 지성은 자기 앞에 놓인 진리에(propositae veritati) 필연적으로 동의하기 때문이다.

토마스에 따르면 지성이나 의지 모두 '자연적으로(naturaliter)' 질서지어진 것을 향한 필연적 경향성을 갖는다. 지성은 자연적으로 인식되는 인식의 제일 원리에(principiis primis naturaliter notis) 동의하지 않을 수 없고, 반면에 이와 대립하는 것에는 동의할 수 없다. 이와 마찬가지

121 바로 여기에 자연물의 운동과 의지 운동의 차이가 있다.

로 의지도 자연적으로(naturaliter) 그리고 필연적으로(ex necessitate) 행복(beatitudo)을 의지(意志)하고, 반면에 결코 불행(miseria)을 의지할 수는 없다. 또한 지성은 제일 원리와 필연적 정합성(necessaria cohaerentia)을 갖는 것들에 대해서도 동의하지 않을 수 없다. 예를 들어 제일 원리에 의해 증명된 결론에 – 만일 지성이 제일 원리와 그로부터 도출되는 결론의 필연적 연결을 인식 한다면 – 지성은 동의하지 않을 수 없다. 만일 이러한 결론에 동의하지 않는다면 제일 원리 자체도 부인하는 셈이 된다. 그러나 제일 원리와 필연적 정합성을 갖지 않는 것들에 대해서는, 즉 우연적인 사실들(contingentia)이나 그것의 반대가 참일 개연성이 있는 것(opinabilia)에 대해서는 필연적으로 동의하지는 않는다. 또한 지성은 제일 원리와 결론의 필연적 연결이 '인식되기 이전에는' 결코 필연적으로 결론에 동의하지 않는다. 이와 마찬가지로 의지도 지복과 필연적 연결(necessaria connexio)을 갖지 않는 것으로 보이는 것들에 의해서는 필연적으로 움직여지지 않는다. 그런데 토마스에 따르면 그것이 없이도 사람이 행복할 수 있는 그러한 개별적(특수한) 선은 지복과 필연적 연결을 갖지 않는다. 따라서 이것들 가운데 어떤 것이 인간 앞에 '선한(좋은) 것'으로(ut bonum) 제시되더라도, 의지는 필연적으로 그것을 향한 운동을 하지는 않는다는 것이다.

그런데 토마스의 주장에 의하면 비록 완전한 선(bonum perfectum)인 신은 그 자체로 지복과 필연적으로 연결되어 있지만 – 신 없이는 행복할 수 없기 때문이다. –, 신과 지복의 연결이 이생에서(in hac vita) 신의 본질을 인식할 수 없는 인간의 유한한 지성에게 항상 명백하게 드러나지는 않는다고 한다. 그러므로 이생에서 인간의 의지는 필연적으로 신에 유착(inhaerere)하지 않는다. 즉 의지가 이생에서는 신을 향한 운동을 필연적으로 하지는 않는다는 것이다. 신이 아닌 것, 예를 들어 부나 명예, 쾌락에서 행복을 추구하는 사람이 있다는 것은 경험적으로도 분명한 사실로 보인다. 물론 신을 본질을 통해서 인식하고, 신이 인간의 지복이라는 사실을 명백히 인식하는 자, 즉 복자(福者)의 의지는 신에 유착하지 않을 수 없다. 우리 의지가 행복을 의지(意志)하지 않을 수 없는 것과 같다.

이러한 고찰로부터 토마스는 대상(obiectum)은 의지를 필연적으로 움직이지 않는다고 주장한다.[122] 즉 대상은 본래적 의미에서 의지를 작용하도록 움직이는 것이 아니라는 것이다. 따라서 의지를 직접 움직여 작용하도록 하는 것은 대상과 같은 외적인 것이 아니라, 내적인 어떤 것이라는 주장이 남게 된다.

④ 악한 행위의 본래적 의미의 원인으로서 의지 자체와 간접적 원인으로서 악령

토마스는 이제 의지를 작용하도록 움직이는 것, 그럼으로써 의지 작용을 완성하는 본래적 의미의 원인(causa perficiens et propria voluntarii actus)은 오직 의지 안에서 내적으로(interius) 의지를 움직이는 것, 즉 제일원인(causa prima)으로서 신, 그리고 제이원인(causa secunda)인 의지 자체라고 주장한다.

토마스에 따르면 의지 작용(actus voluntatis)은 '의지된 것(volitum)'을 향하는 의지의 자연적 경향성(inclinatio)에 다름 아니다. 이는 일반적으

---

122 따라서 토마스는 대상을 매개로 의지를 움직이는 설득(persuasio)이나 명령은 인간을 필연적으로 행위하도록 만들지 않는다고 덧붙인다.

로 말해 자연적(본성적) 욕구(appetitus naturalis)가 '어떤 것을 향한 자연(본성)의 경향성'인 것과 같다. 그런데 이러한 자연(본성)의 경향성은 본성적(자연적) 형상으로부터 생겨나는 것이고, 보다 근본적으로 말하자면, 본성에 그러한 형상을 부여한 자로부터 생겨나는 것이다. 예를 들어 불은 자신의 '가벼움'이라는 형상 때문에, 그리고 이러한 형상을 산출한 원인 때문에, 위로 향하는 운동을 한다는 것이다. 이와 마찬가지로 의지 작용은 직접 의지 자체로부터, 그리고 의지의 원인인 신으로부터 생겨난다고 말할 수 있다. 토마스는 오직 신만이 의지 내부에서 작용하여, 의지가 자기가 원하는 것으로 향할 수 있도록 그것을 움직일 수 있다고 주장한다.

그런데 여기에서 토마스는 최종적 결론을 내리기 전에, 위에서 살펴본 것처럼 신은 악행의 원인이 될 수 없다는 점을 다시 언급한다. 즉 신은 비록 의지 작용의 내적 원인이지만 '악한' 작용의 원인은 아니라는 것이다. 그러므로 직접 의지를 움직여서 악한 행위를 하게 하는, 인간적 악행의 본래적 의미에서의 원인은 '의지' 자체라는 결론이 남게 된다.

이상의 고찰을 통해서 토마스는 인간의 악한 행위의 본래적 의미의 원인은 의지 자체라는 주장을 전개하고 있다. 이로부터 처음의 질문, 즉 악령이 악한 행위의 원인인가라는 질문에 대해서 토마스는 악령은 본래적 의미에서 악한 행위의 원인이 될 수 없고, 만일 악령이 악한 행위의 원인이 될 수 있다면, 그것은 설득자의 양태로(per modum persuadentis) [대상이 의지를 움직이는 방식으로] 의지를 움직이는 간접적 원인일 수밖에 없다고 주장한다.

2) 설득을 통한 악령의 악한 행위의 유혹[123]

① 가시적 방식의 설득

토마스는 악령은 의지를 직접 움직이는 방식으로 악행의 원인이 될 수는 없고, 일종의 설득을 함으로써 악행의 간접적 원인이 될 수 있다고 말하였다. 그는 이제 설득의 양태를 상세하게 고찰함으로써, 어떤 방식으로 악령이 인간의 행위에 영향을 미치는지 설명한다. 그에 따르면 설득의 양태는 크게 가시적인 방식(visibiliter)과 비가시적인 방식(invisibiliter)으로 구분할 수 있다.

가시적 방식의 설득 사례로 토마스는 뱀의 형상으로 첫 인간을 유혹하거나, 또는 사막에서 감각적으로 지각 가능한 모습으로 그리스도 앞에 나타나서 유혹하는 악령의 경우를 들고 있다. 이처럼 어떤 특정한 형상을 띠고 인간에게 현상하거나 말을 걸어와서 악행을 부추기는 경우가 이에 해당한다.

② 설득과 기질 형성을 통한 악행의 비가시적 방식의 유혹

토마스는 만일 악령이 오직 가시적인 방식으로만 인간을 죄로 꾀어낸다고 말할 경우, 다른 악행은 악령의 자극으로부터 생겨나지 않을 것이라는 그릇된 결론이 나올 수 있다고 지적한다. 이와 함께 그는 악령에 의한 악한 행위의 비가시적인 방식의 유혹에 대한 고찰로 나아간다. 토마스에 따르면 비가시적인 방식의 유혹은 설득의 양태로(per modum persuasionis) 일어날 수도 있지만, 인간에게 어떤 기질을 형성함

123 De malo, q. 3, a. 4: "악령은 내적으로 설득함으로써 인간이 악한 행위를 하도록 부추길 수 있는가?(utrum Diabolus possit inducere homines ad peccandum interius persuadendo)"

으로써도(per modum dispositionis) 일어날 수 있다.

설득의 방식으로 악행을 범하도록 하는 것은, 앞 절에서도 언급하였던 바대로, 어떤 것이 좋다고 믿도록 설득하거나, 또는 어떤 좋은 것(선)을 파악할 때 조언을 하는 경우처럼, 좋은 것(선)으로 파악되는 대상을 매개로 일어난다. 즉 어떤 것을 인식능력 앞에 '좋은 것으로'(ut bonum) 제시하는 것을 의미한다. 그런데 인간에게 주어진 인식(파악)능력은 이성(지성)과 감각 능력이 있으며, 감각 능력은 다시 외적 감각과 내적 감각으로 구분된다. 이러한 구분에 상응해서 설득은 세 가지 방식으로 일어날 수 있다.

먼저 토마스는 인간 지성은 천사와 같은 영적 존재의 조명(illuminatio)을 통해서 어떤 것을 인식하도록 도움을 받을 수 있다고 생각한다. 천사는 비록 직접 의지 작용을 일으킬 수 없지만 – 앞 절에서 말한 것처럼 의지 작용은 내적인 것으로부터 발생하는 경향성이기 때문이다 – 지성에 지식을 주입할 수는 있기 때문이다. 토마스에 따르면 인식능력은 지성이든 감각이든 모두 어떤 것을 '받아들임'으로써 작용하게 된다. 그러므로 천사는 그러한 받아들이는 능력에 지식을 주입(imprimere)함으로써 도움을 줄 수 있다.

영적 존재자인 악령도 인간 지성을 조명함으로써 어떤 것을 인식할 수 있도록 만들 수 있어 보인다. 그러나 토마스는 악령은 인간 지성을 조명할 수는 있지만, 실제로는 이러한 일을 하려 하지 않을 것이라고 한다. 지성은 조명될수록 그만큼 더 진리를 인식하게 되고, 그만큼 더 기만과 속임에서 벗어날 수 있게 되는데, 사실 이 기만과 속임이 본래적으로 악령이 지향하는 것이기 때문이다.

그러므로 토마스가 말하는 악령의 설득 방식은 지성의 조명을 통하지 않고, – 내적이든 외적이든 – 감각 능력에 상(species)을 각인하는 것 외는 없다. 감각 능력에 상을 각인하는 구체적인 방식에 대한 토마스의 설명은 아리스토텔레스의 자연학과 생리학에 의존하는 바가 크다. 논의의 흐름을 이어가기 위해 이에 대한 자세한 설명은 부설(附說)로 덧붙이도록 하겠다.[124] 토마스의 주장을 간단히 말하면 악령은 인간의 체액이나 혈액의 흐름에 영향을 미쳐서 특정한 상(species)의 출현을 유도함으로써 이성의 사용을 방해할 수 있다는 것이다. 즉, 악령은 사람이 깨어있는 동안이나 꿈속에서 특정한 상을 떠올리도록 함으로써 이성의 사용에 영향을 미치고, 그럼으로써 특정한 대상에 대해 사유하도록 유도할 수 있다는 것이다. 이것은 내적 감각뿐 아니라 외적 감각에도 마찬가지라고 보고 있다. 토마스의 주장에 의하면 인간 지성(이성)은 그 자체로는 비물질적인 능력으로서 직접적으로는 물체의 영향을 받지 않는다. 그러나 신체와 연결된 한에서 그리고 육체의 형상인 한에서 인간 지성은 작용을 위해 감각 능력에 의존하기 때문에 이러한 설명이 기능하다.

한편 악령은 특정한 기질을 성향을 형성함으로써(per modum disponentis), 비가시적인 방식으로 인간이 악행을 범하도록 유혹할 수 있다. 토마스는 설득의 방식을 설명할 때 의존한 생리학적 이론을 바탕으로 악령이 어떤 사람을 다른 사람보다 더 화를 잘 내는 기질을 갖도록 하거나, 또는 욕정을 더 잘 느끼는 기질로 만듦으로써 악한 행위를 하도록 유도할 수 있다고 주장한다. 사람의 신체가 어떤 식으로든 특정

124 이 설명은 악령에 대해 고찰하는 De malo q. 16, a. 10과 a. 11에서도 등장한다.

한 기질이 형성되어 특정한 정념에 대한 경향성을 갖게 되면, 사람은 분명히 욕정이나 분노를 쉽게 일으키게 되고 그러한 정념들로 인해 올바르지 않은 행위의 실행에 동의하게 될 수 있다. 토마스에 따르면 이것이 악령이 인간을 내적으로 부추겨 악한 행위를 범하도록 만드는 방법이라고 한다.

③ 부설(附說): 아리스토텔레스 자연학에 의한 설명

앞에서 미뤄두었던 악령이 내적 능력에 상을 각인하는(imprimere) 방식에 대해서 아리스토텔레스-스콜라철학의 자연학을 기초로 한 토마스의 설명을 보충하겠다. 앞으로 보겠지만 제16문제에서도 이 이론이 적용된다. 토마스는 악령이 물체의 장소이동을 통해서 인간의 인식에 영향을 미칠 수 있다고 보고 그것에 대한 자연학적 기초를 다음과 같이 설명한다.

토마스에 따르면 물체적 본성(natura corporalis)은 자연적으로 영적 본성(natura spiritualis)에 의해 장소 운동(motus localis)을 하게 된다. 그런데 물체적 본성은 영적 본성에 의해 직접 형상을 받지 않고, 어떤 물체적 작용인에 의해서 형상을 받도록(formari) 자연적으로 조건 지어져 있다. 따라서 물체적 질료는 장소 운동의 관점에서 선하거나 악한 영적 존재자(즉 천사나 악령)에 복종하는 것이 자연적이라고 한다. 토마스는 아우구스티누스를 인용하면서 악령은 이러한 방식으로, 즉 장소 운동을 통해서 기적과 같은 방식으로(mirabiliter) 어떤 결과를 산출하는데 필요한 종자(種子, semen)를 수집할 수 있다고 말한다.[125] 그러나 토마스

125 이에 대해서는 아우구스티누스, 『삼위일체론』, 성염 역주, 왜관: 분도출판사, 2015, 제3권 8.13. 참조. 아우구스티누스에 따르면 "몸체를 갖고 눈에 보이게 태

에 의하면 '형상을 줌(formatio)'과 관련해서 물체적 질료는 영적 피조물에 복종하게 되어 있지는 않다. 그래서 악령은 물체적 종자의 힘 없이는 물체적 질료에 형상을 줄 수 없다. 따라서 물체적 질료의 장소 운동으로부터 발생할 수 있는 것은 무엇이든, 신이 막지 않는 한 악령에 의해 일어날 수 있다고 토마스는 보고 있다.

이제 토마스는 이러한 설명을 인식에 적용한다. 그의 말에 의하면 내적 기관에 보존된 감각상(species sensibilis)은 물체적 질료의 장소 운동을 통해서 현시되거나 표상될 수 있다. 아리스토텔레스는 『꿈과 잠』에서 꿈의 현상의 원인을 규명하면서 동물이 잠을 잘 때, 많은 혈액이 '감각 원리(principium sensitivum)'로 되돌아가고, 동시에 이 혈액과 함께 감각 대상(감각 가능한 것)의 운동에서 남아, '감각적 증기' 안에 보존된 운동이나 인상도 함께 되돌아가 '파악 원리(principium apprehensivum)'를 움직인다고 말하였다.[126] 이렇게 해서 감각 원리가 마치 실제로 외적 사물에 의해 영향을 받는 것처럼, 운동과 인상이 나타나게 된다는 것이다.

따라서 토마스에 따르면 꿈의 현시와 관련하여 잠을 자는 사람에게 증기와 체액의 자연적 장소 운동으로부터 생겨나는 것이 악령이 일으키는 장소 운동으로부터도 생겨날 수 있다. 이것은 어떤 때에는 잠을 자는 사람에게, 어떤 때에는 깨어있는 사람에게도 일어날 수 있다. 깨어있는 사람에게서 악령은 내적 증기와 체액을 움직여서 심한 경우에 이성의 사용을 완전히 막아버릴 수도 있다. 이것은 악령에 사로잡힌 사

어나는 사물들 전부는 어떤 비밀스러운 씨앗을 이 세계의 저 물리적 원소들 속에 숨기고 있다."고 한다.

126 아리스토텔레스에게서 꿈의 발생과정에 대해서는 장영란, 『아리스토텔레스의 인식론』, 서울: 서광사, 2000, pp. 198－200 참조.

람에게서 볼 수 있는 현상이다 (왜냐하면 증기나 체액이 큰 방해를 받아 이성 작용이 방해를 받는 것은 분명하기 때문이다. 환각을 보는 사람이나 잠을 자거나 취한 사람에게서 볼 수 있는 현상이다). 한편 어떤 때에 악령은 깨어있으면서 이성을 사용하는 사람의 경우처럼 이성 능력을 묶지 않고, 증기와 체액의 의지적 운동을 통해서 내적으로 보존된 상을 보관소로부터 끌어내어 감각 원리로 가져가 어떤 사물이 표상되도록 할 수 있다. 따라서 악령은 깨어있고 이성을 사용하는 사람에게 이렇게 작용하기 때문에, 어떤 사람이 특정한 정념에 의해 묶여 있으면 있을수록 그만큼 더 쉽게 원리로 가져간 상을 지각하고, 그것의 생각에 머무르게 된다고 한다. 어떤 사람이 정념에 빠져 있으면 작은 상에 의해서도 움직여지게 되는 것이, 마치 사랑하는 사람이 사랑의 대상과 조금 닮은 것에 의해서도 움직여지는 것과 같다고 한다.

그에 의하면 바로 이런 이유로 악령은 유혹자(tentatores)라고 불린다. 악령은 인간의 작용이나 행위를 통해서 인간이 어떤 정념에 더 종속되어 있는지 알게 되기 때문이다. 악령은 이러한 점에서 인간의 상상에 그들이 의도하는 것을 보다 효과적으로 각인시키게 된다.

비슷한 방식으로 악령은 감각적 증기의 운동을 통해서 외적 감각에 상을 각인할 수 있다. 외적 감각은 감각적 증기의 응축과 확산에 따라 예민하게 또는 무디게 지각하기 때문이다. 어떤 사람은 감각적 증기가 풍부할 때 예민하게 듣고 보며, 반대의 경우 둔하게 감각한다. 따라서 악령은 외적이든 내적이든 감각 능력에 상을 각인함으로써 내적으로 죄를 설득한다고 토마스는 말한다. 이렇게 토마스는 아리스토텔레스의 자연학과 생리학적 이론을 바탕으로 악령이 인간의 행위에 영향을 끼치는 방식을 설명하였다.

3) 악한 행위의 기회원인으로서 악령[127]

인간이 범하는 모든 악한 행위가 악령의 부추김으로부터 비롯되었다고 말할 수 있을까? 이 문제에 대해서 토마스는 악한 행위의 직접적 원인과 간접적 원인, 즉 죄의 기회원인을 구별하여 답한다.

그에 의하면 어떤 것은 간접적으로 악한 행위의 원인이 될 수 있다. 예를 들어 어떤 작용자(agens)가 [다른 작용자가] 특정한 결과를 낳을 수 있는 기질(dispositio)을 형성하는 경우, 그 작용자는 간접적으로(indirecte) 그리고 기회 원인적으로(occasionaliter) 그 결과의 원인이라고 말할 수 있다. 토마스에 따르면 악령은 이처럼 악한 행위의 실행에 있어서 인간에게 단지 악한 행위의 기회를 제공하는 방식으로(기회 원인적으로), 즉 간접적인 방식으로 작용할 뿐이다. 이것은 예를 들면 나무를 태우는 것은 불이고, 나무가 잘 탈 수 있도록 나무를 말린 사람은 나무가 잘 탈 수 있도록 기회를 제공한 것과 같다. 토마스에 따르면 첫 인간이 악령의 유혹을 받아 죄를 지은 이후 그의 후손에게 모든 죄를 향한 성벽(性癖, pronitas ad omnia peccata)이 형성되었다고 한다. 바로 그런 의미에서 모든 죄가 악령에게서 비롯되었다고 말할 수 있다.

한편 어떤 것에 직접적으로 작용하는 것은 직접적으로 그것의 원인이 된다. 그런데 토마스는 악령은 이러한 방식으로는 모든 악한 행위의 원인이 되지 않는다고 본다. 사람의 모든 악행이 악령의 부추김으로

127 De malo, q. 3, a. 5: "모든 악한 행위가 악령의 제안으로부터 생겨나는가?(utrum omne peccatum veniat ex suggestione Diaboli)"

인해 저질러지는 것은 아니기 때문이다. 오히려 사람은 어떤 악행들을 살의 타락(ex carnis corruptione)과 결단의 자유 때문에(ex libertate arbitrii) 범하게 된다. 토마스는, 오리게네스를 인용하면서, 음식과 성적인 것 등에 대한 인간의 욕구가 만일 이성을 통해서 억제되거나 통제되지 않는다면, 그리고 무엇보다 본성의 부패(corruptio naturae)를 상정한다면, 악령이 없다고 하더라도 이와 관련된 많은 무질서함(inordinatio)이 발생하게 될 것이라고 주장한다. 그러한 욕구를 억제하고 질서를 부여하는 것은 자유로운 결단에 속하는 일이다. 따라서 인간의 모든 잘못이 악령의 부추김 때문에 생겨난다고 말할 수 없다는 것이다.

토마스는 이처럼 악한 행위의 원인을 자유로운 의지에서 찾으면서도, 여전히 악령의 부추김에 의한 악행의 발생을 전적으로 배제하지는 않는다. 그의 주장에 의하면 인간의 어떤 악행이 악령의 자극으로부터 생겨났다고 말한다면, 그것은 인간은 악령이 인류의 첫 부모를 속인 그 감언이설에 속아 악행을 범하게 된 것이라는 의미라고 말할 수 있기 때문이다. 그리고 만일 악령의 부추김 없이 어떤 죄를 저질렀다고 하더라도, 인간은 앞서 잘못을 범한 사람을 모방하여 그 잘못을 범하는 한에서, 자기가 저지른 그 잘못 때문에 '악령의 아들(filii diaboli)'이 된다고도 할 수 있다. 이처럼 토마스는 모든 악행이 악령의 부추김으로 일어나지는 않는다고 하더라도, 여전히 악령의 부추김으로 일어나지 않을 악행은 없다고 말하고 있다.

2. 악한 행위(죄)의 내적 원인

(1) 무지(ignorantia)

무지는 인간적(윤리적) 행위의 내적 원리 중 하나인 이성의 작용과 관련된 것이다. 인간적 행위, 즉 의지적 행위는 이성이 없이는 생겨날 수 없다. 심지어 이성의 작용이 선행하지 않는 의지 작용은 이성적 욕구로서 의지의 본질 규정에 모순된다고 말할 수 있다.[128] 의지의 작용은 선(좋은 것)을 향한 작용이고, 선은 인식능력에 의해 그러한 것(좋은 것)으로 파악되어 의지 앞에 대상으로 놓이기 때문이다.[129] 그러나 다른 한편으로 이성이라는 영혼의 능력이 의지 없이 실행될 수 없다는 것은 분명하다. 예컨대 '알고자 하는 욕구(의지)' 없이 앎의 작용(인식)이 있을 수 없다. 그러므로 인식의 결함인 무지가 의도된 것일 수 있다. 즉 무지는 악한 행위의 원인이면서, 또한 무지 자체가 악한 행위일 수도 있다는 것이다. 이러한 맥락에서 토마스는 악한 행위의 원인으로서 무지를 고찰한 후, 무지 자체가 악행인지를 묻고 있으며, 이러한 고찰을 바탕으로 무지가 악행의 경중에 영향을 미칠 수 있는지를 묻는다. 먼저 악한 행위의 원인으로서 무지에 대한 토마스의 고찰을 살펴보자.

---

128 Summa Theologiae, Ia–IIae, q. 6, a. 2, ad 1 참조. D. Gallagher, "Free Choice and Free Judgment in Thomas Aquinas", In: *Archiv für Geschichte der Philosophie* 76. Bd(199(4), pp. 247–277, p. 248 참조. 이상섭, 「의지의 자유선택에 있어서 이성의 역할–토마스 아퀴나스에게서 의지와 이성의 관계에 대한 하나의 고찰」, 『철학연구』 145(2018), pp. 325–350 참조.

129 Summa Theologiae, Ia, q. 10, a. 2; De malo q. 6 참조.

1) 악한 행위의 원인으로서의 무지[130]

① 운동인(작용인)으로서 무지와 본질적 운동인과 우유적 운동인의 구별

토마스는 무지가 도덕적으로 악한 행위의 원인이 될 수 있다고 말한다. 다음 절에서 무지의 의미가 더 명확하게 설명되겠지만, 미리 말하자면 무지란 도덕적으로 선한 행위를 하기 위해 필요한 지식(scientia)의 결핍을 가리킨다. 그런데 무지가 도덕적으로 악한 행위의 원인이라면, 과연 어떤 종류의 원인인가라는 물음이 제기될 수 있다. 이에 대해서 토마스는 악한 행위의 원인으로서 무지는 작용인(causa efficiens) 또는 운동인(causa movens)의 유(類)에 속한다고 말한다.

그런데 토마스에 따르면 작용인 또는 운동인은 다시 두 종류로 나뉠 수 있다. 하나는 본질적 운동인(movens per se)이고, 다른 하나는 우유적 운동인(movens per accidens)이다.[131] 본질적 운동인은 움직여지는 것에게 움직임을 낳는 형상(forma)을 부여하는 것을 가리킨다. 예를 들어 가벼운 것은 위로 향해 움직이고 무거운 것은 아래로 움직이는 운동을 한다. 그러한 움직임(운동)은 가벼운 것이나 무거운 것의 형상으로부터 비롯된다. 토마스는 그렇게 형상을 부여하는 산출자(generans)를 본질적 운동인이라 부른다. 반면에 우유적 운동자는 움직임(운동)의 방해물을 제거하는 것을 가리킨다. 예를 들어 기둥을 제거하게 되면 기둥이 받치고 있던 물체는 아래로 움직이게(떨어지게) 된다. 이처럼 물체의 움직임을 막는 것을 제거하여, 그것이 움직일 수 있게 하는 것을 우유적 운동

130 De malo, q. 3, a. 6: “무지는 죄의 원인일 수 있는가?(utrum ignorantia possit esse causa peccati)”

131 작용인의 작용방식에 대한 구별은 De malo, q. 2, a. 11에서 상세하게 설명되었다.

인이라 부른다.

② 악행을 막는 실천적 지식을 제거하는 우유적 운동인으로서 무지

실천에 있어 올바르기 위해서, 우리는 무엇을 행해야 하고 무엇을 행하지 말아야 하는지 알아야 한다. 토마스는 그러한 종류의 지식을 인간의 행위를 지도 또는 인도하는 지식으로서(directiva in humanis operibus), '실천적 지식'(scientia practica)이라 부른다. 우리는 바로 이 실천적 지식을 통해서 '행해야만 하는 것'(선한 행위)으로 인도되고, '행해서는 안 되는 것'(악한 행위)을 멀리할 수 있다. 이러한 의미에서 실천적 지식은 '악행을 막는'(prohibitiva malorum) 지식이라고도 할 수 있다.

토마스가 여기에서 말하는 무지는 바로 그러한 지식의 결여이며, 그러한 지식을 제거하는 것이다. 따라서 무지는 '[악을 행하는 것을] 막는 것을 제거하는 것'(removens prohibens)이라는 의미에서 악한 행위의 원인이 된다고 말할 수 있다. 이것은 특히 기예(ars)의 경우에 분명히 알 수 있다. 예를 들어 문법에 대한 지식은 정합적으로 말하도록 이끌고, 그럼으로써 '비-정합적인 말을 하지 않도록' 막아준다. 그 때문에 문법에 대한 무지는 [잘못 말하는 것을] 막는 것(방해하는 것)을 제거하는 것, 또는 제거 자체(ipsa remotio prohibentis)를 가리키며, 그러한 방식으로 '결함 있는 말'의 원인이라고 말할 수 있다. 문법 지식과 비슷하게, 실천적 지식은 [도덕적 행위에 있어서] 우리를 지도(인도)하는 것이고, 따라서 그러한 지식의 결여는 해야 할 것을 하지 않거나, 행하지 말아야 할 것을 하게 만든다는 점에서 도덕적으로 악한 행위의 원인이 된다.

③ 실천적 삼단논법에 있어서 보편적 지식의 무지와 특수한 지식의 무지

토마스는 무지를 우유적 운동인으로서 악행의 원인이라고 규정한 후, 무지가 도덕적 행위의 실행에서 어떻게 작동하는지 설명한다. 그에 따르면 행해야 할 것과 행하지 말아야 할 것에 대한 도덕적 판단은 '실천적 삼단논법'을 통해서 이루어진다. 그런데 실천적 삼단논법은 보편 명제로 이루어진 대전제와 특수 명제로 이루어진 소전제로 구성된다.[132] 이에 따라 악한 행위를 막는 실천적 지식에도 두 종류가 있을 수 있다.

첫째는 보편적 지식(scientia universalis)이다. 이것을 통해서 우리는 어떤 행위가 올바른(rectus) 행위이거나 또는 결함이 있는(deformis) 행위라고 판단을 내리게 된다. 사람들은 때때로 그러한 보편적 지식을 통해서 악행을 막을 수 있다. 예를 들어 어떤 사람이 '사통(fornicatio)'이라고 부르는 종류의 행위가 악행이라는 사실을 고려함으로써, '사통'이라는 행위를 피할 수 있다. 그런데 무지로 인해 그러한 지식이 제거된다면, 이때 무지는 바로 '사통이라는 행위'의 원인이 될 것이다. 그러나 여기에서 주의할 것이 있다. 무지가 곧바로 '도덕적으로 악한 행위'의 원인이 되지는 않는다는 것이다. '죄책(culpa)'의 의미에서 '악한 행위'는 '의지적 행위'로서 행위자에 의해 '의지(意志)된 또는 의도된 행위'이다. 그런데 무지는 때때로 행위를 '비의지적인 것(involuntarium)'으로 만들거나, 행위의 의지성(意志性)을 약화시키는 경우가 있을 수 있다. 이러한 경우에 무지는 '행위의 종에 있어서 악한 것으로 규정된 어떤 행위'의

132 실천적 삼단논법에 대한 개괄적 설명에 대해서는 Thomas M. Osborne, Jr., "Practical Reasoning", in: Brian Davies, Elenore Stump (eds), *The Oxford Handbook of Aquinas,* New York: Oxford University Press, 2012, pp. 276–286 참조.

원인일 수는 있지만, 의지된(의도된) 행위로서 '악한 행위'의 원인이라고 말할 수 없을 것이다(이에 대해서는 나중에 다시 다뤄질 것이다). 그러므로 토마스는 '사통은 악행이다'라는 사실을 알지 못함(무지)이 일종의 '극복할 수 없는 무지(ignorantia invincibilis)'로서, 그래서 전적으로 죄를 면책해줄 수 있는 무지가 아닐 경우에야, 그러한 무지가 '사통이라는 악행'의 원인이 될 것이라고 주장하고 있다.

두 번째 종류의 지식은 '특수한 지식'(scientia particularis)이다. 이것은 '행위의 상황에 대한 지식'(scientia circumstantiarum ipsius actus)이다. 특수한 지식은 행위와 직접적으로 관련된 지식이다. 보편적 지식은 특수한 지식 없이는 운동을 낳지 못하기 때문이다. 그래서 우리는 특수한 지식을 통해서 구체적 상황에서 잘못을 피할 수 있다.

그런데 특수한 지식, 즉 상황에 대한 지식을 통해서 피할 수 있는 악행(죄)에도 구분이 필요하다. 상황에 대한 지식을 통해서 우리는 한편으로는 '단적인 의미의 악행(죄)(peccatum simpliciter)'을 하지 않게 되거나, 또는 다른 한편으로는 단적인 의미의 악행이 아닌 '어떤 특수한 종류의 악행'(tale genus peccati)을 막을 수 있다. 예를 들어 어떤 궁수(弓手)가 자기 앞으로 지나가는 물체가 사람이라는 사실을 알고서는 [살인의 의도가 없다면] 결코 활을 쏘지 않을 것이다. 그러나 '사람이 아니라 사슴이 지나가고 있다고 생각해서'(무지) 활을 쏘아 사람을 죽일 수 있다. 이러한 상황의 무지는, 이 무지가 전적으로 면책될 수 있는 무지가 아니라면, 당연히 살인죄를 낳게 될 것이다. 이 경우에 '상황에 대한 지식'은 살인이라는 단적인 의미에서의 죄를 막았을 것이다. 그러나 상황에 대한 지식이 어떤 특정한 종류의 죄를 막을 수도 있다. 예를 들어 만일 어떤 궁수가 자기의 아버지가 아닌 어떤 사람을 죽이려는 의도가 있었을 때, 자기 앞을 지나가는 사람이 - 그 사람이 자기 아버지라는 것을 알았다면, 궁수는 결코 활을 쏘지 않았겠지만 - 자기 아버지가 아니라 자기가 원래 죽일 의도가 있었던 사람이라고 오인을 하고 활을 쏘아 자기 아버지를 죽이게 된 경우를 생각해 보자. 이 경우 궁수가 가졌어야 할 지식은 살인이 아니라 살인의 한 특수한 형태인 '친부 살해'를 막았을 것이지만, '살인'은 막지 않았을 것이다. 따라서 그 궁수가 살인죄를 지은 것은 명백하다. 그러나 자기가 죽인 사람이 자기 아버지라는 사실을 몰랐었기 때문에 '친부 살해'로 유죄판결을 받지는 않을 수 있다.

이러한 고찰을 통해서 토마스는 무지는 여러 가지 방식으로 악행의 원인이 될 수 있다고 주장한다.

2) 악행(죄)으로서 무지[133]

① 부지, 오류, 무지의 구별

위에서 살펴본 것처럼 토마스는 무지(ignorantia)는 죄의 원인이 될 수 있다고 보았다. 이제 토마스는 무지 자체가 악한 행위일 수 있는가라는 문제를 제기한다. 이 문제를 다루기 위해 토마스는 먼저 부지(不知, nescientia), 무지(無知, ignorantia) 그리고 오류(error)를 구별한다.

그에 따르면 '부지'는 지식의 단순한 부정(simplex negatio)을 포함하고 있지만, 무지는 지식의 결여(scientiae privatio)를 가리킨다. 그러므로 부지와 달리 무지는 '자연적(본성적으로) 가져야만 하는 앎의 결핍'에 다름 아니다. 이것, 즉 '본성적으로 가져야 할 것의 결핍'이 바

133 De malo, q. 3, a. 7: "무지는 죄인가?(utrum ignorantia sit peccatum)"

로 결여(privatio)의 본질적 규정에 속하는 것이기 때문이다. 그런데 무지는 때로는 '지식에 대립하는 어떤 것'으로서, '비뚤어진 성향의 무지'(ignorantia perversae dispositionis)라 불리기도 한다. 예를 들어 어떤 사람이 '잘못된 원리들과 잘못된 의견들의 습성(habitus falsorum principiorum et falsarum opinionum)'을 가지고 있어서, 이 때문에 진리 인식이 방해를 받는 경우가 있다.

한편 토마스에 의하면 오류(error)는 진리가 아니라 거짓을 승인(approbare falsa pro veris)하는 행위를 가리킨다. 따라서 오류는 무지에 어떤 작용(actus)을 더한 것이다. 우리는 '우리가 무지한 것(모르는 것)'에 대해 판단을 내리지 않고, 그저 그것에 대해 무지한 채로 있을 수 있다. 판단을 내리지 않을 때, 우리는 무지한 것일 뿐이지, 오류를 범하는 것은 아니다. 그렇지만 우리가 알지 못하는 것에 대해서 잘못된 판단을 내릴 수 있는데, 이때 우리는 본래적 의미에서 오류를 범한다고 말한다.

이렇게 부지, 오류 및 무지를 구별한 후 토마스는 각각의 것이 그 자체로 '잘못된(악한) 작용'이 될 수 있는지 살펴본다. 먼저 오류와 관련해서 그는 그것을 잘못된 행위(작용)라고 말한다. 그에 따르면 문자 그대로 '잘못된 행위(작용)'는 '행위(작용)'에서 성립한다. 그러므로 오류가 '잘못된 행위'로 규정될 수 있다는 것은 분명해 보인다는 것이다. 토마스는 어떤 사람이 자기가 알지 못하는 것에 대해서 판결(sententia)을 내리는 것, 특히 위험이 도사리고 있는 사안에 대해 판결을 내리는 것은 '자기 과신'(praesumptio)이라는 죄가 없지 않다고 보고 있기 때문이다. 반면 그는 '부지'는 그 자체로는 죄책으로도, 또는 벌로도 규정되지 않는다고 말한다. 사람들이 그것을 아는 것이 자기의 일이 아닌 것들에 대해 또는 본성적으로 알 수 없는 것들에 대해 알지 못하는 것은 잘못도 벌도 아니기 때문이다.[134] 이제 토마스는 무지에 대해 다음과 같이 길게 논의한다.

② 무지에 대한 세 가지 고찰방식에 따르는 무지의 악에 대한 고찰

토마스에 따르면 무지는 그 자체로는 '벌'로 규정될 수 있지만, 모든 무지가 '죄책'의 성격을 갖지는 않는다고 한다. 우리가 '반드시 알아야만 하는 것이 아닌 것'에 대해 무지할 때, 도덕적으로 잘못된 행위를 저지른 것은 아니기 때문이다. 그러나 '알아야만 하는 것'에 대해서 알지 못하는 무지는 잘못이 없지 않다고 해야 할 것이다.

이와 관련하여 토마스는 우리 인간은 모두 인간에게 고유한 행위와 관련하여(in propriis actibus) 우리를 올바르게 인도하는 것들에 대해서는 반드시 알아야만 한다고 강조한다. 예를 들어 우리는 믿음에 속하는 것을 알아야 한다. 믿음은 '지향'[135](intentio)을 인도하기 때문이다. 또한 십계명(praecepta Decalogi)을 알아야만 한다고 한다. 이를 통해서 우리는 악을 피하고 선을 행할 수 있기 때문이다. 이에 더해서 우리는 우리 각자의 직무(suum officium)에 속하는 것을 알아야만 한다. 예컨대 주교는 주교직에 속하는 것을, 사제는 사제직에 속하는 계명들을 알아야만 한다. 만일 이것들에 대해서 무지할 경우, 잘못(culpa)이 없다고 할 수 없기 때문이다.

134 이러한 맥락에서 토마스는 디오니시우스를 인용하면서 복된 천사들에게도 '알지-못함(부지)' 있다고 덧붙인다.

135 토마스에게 '지향'은 목적에 대한 의지(意志)를 의미한다. 이에 대해서는 Summa Theologiae, Ia-IIae, q. 12, aa. 2-3 참조.

이제 토마스는 이러한 '알아야만 하는 것'에 대한 무지를 세 가지 방식으로 고찰할 수 있다고 말한다.

첫째, 무지를 그 자체로(secundum se) 고찰할 수 있다. 이렇게 고찰된 무지는 죄책으로 규정되지는 않지만, 벌이라는 규정성을 갖게 된다. 왜냐하면 위에서 말했듯이[136] 죄책의 악(malum culpae)은 '행위에 있어서 질서의 결여(privatio ordinis in actu)'이고, 반면에 벌의 악(malum poenae)은 '행위 주체의 완전성의 결여(privatio perfectionis a subiecto agente)'이기 때문이다. 그러므로 은총이나 지식의 결여도 그 자체로 고찰한다면 벌이라는 규정성을 갖게 된다는 것이다.

둘째, 우리는 무지를 그것의 원인과의 관계에서 고찰할 수 있다. 이러한 관점에서 고찰하면 지식은 정신(영혼)을 앎의 작용으로 적용(applicatio animi ad sciendum)함으로써 생겨나고, 반면에 무지는 '정신(영혼)을 앎의 작용으로 적용하지 않음'(animum ad sciendum non applicare)으로써 생겨난다고 말할 수 있다. 다시 말해 부지와 달리, '알아야만 할 것에 대한 지식의 결여로서' 무지에는 의지 작용이, 즉 [알아야 할 것을] '알려고 하지 않음'이라는 의지 작용이 개입하고 있다. 그런데 이처럼 '정신(영혼)을 알아야만 하는 것을 아는 작용으로 적용하지 않는 것'은 불행위의 죄(peccatum omissionis)에 속하는 잘못이다. 그러므로 토마스에 따르면 무지라고 하는 결여를 그것의 선행하는 원인과 함께 파악하게 되면, 불행위의 죄가 도덕적으로 악한 행위로 규정되듯이, 무지도 '현행의 죄'(peccatum actuale)가 될 것이다.

셋째, 무지를 그것의 결과와 비교해서(per comparationem ad id quod

136 De malo, q. 2, a. 2, a. 3 참조.

ex ea sequitur) 고찰할 수 있다. 이렇게 고찰했을 때 무지는 때로는 악행(죄)의 원인이 된다는 것은 이미 앞에서(제6절) 살펴본 바 있다.

토마스는 위와 같이 무지에 대한 세 가지 고찰방식에 더해 무지를 원죄(peccatum originale)의 관점에서 설명한다. 이를 위해 그는 후고(Hugo de sancto Victore)의 견해를 인용한다. 이에 대해서는 원죄론을 논의할 때[137] 더 상세하게 다루게 되지만, 여기에서 그는 원죄론을 압축적으로 설명하고 있다. 토마스는 무지가 원죄에 있어 '질료적인 것'의 위치를 차지한다고 주장한다. 그에 따르면 원죄에는 형상적인 어떤 것(formale), 즉 '원정의의 결여(carentia iustitiae originalis)'가 있다. 이것은 의지와 관련된 것이다. '원정의'는 의지를 신과 연결하여 주는 것인데, 이로부터 완전성이 다른 능력들로 흘러넘치게 되고, 그 결과 이성에서는 진리의 인식이 조명되고, 감각적 욕구(욕정적 욕구와 분노적 욕구)는 이성으로부터 올바름(rectitudo)을 부여받는다. 그러나 의지로부터 이러한 원정의가 제거되면, 이성(지성)에게는 진리 인식의 결여가 일어나고, 감각적 욕구는 올바름이 결핍된다. 현행의 죄에서는 가변적 선에로의 지향이 질료적인 것의 위치에 놓이듯이, 원죄에서는 무지와 '도화선'(fomes)이[138] 질료적인 것(materiale)의 위치에 있다고 토마스는 말한다.

3) 무지와 의지의 관계에 따르는 악한 행위의 면책 및 경감 가능성[139]

137 De malo, q. 4와 q. 5에서 원죄론을 전개한다.

138 감각적 욕구 또는 욕정(concupiscentia)를 이렇게 표현하였다. 감각적 욕구가 의지와 이성의 '잘못된 행위'를 촉발시킬 수 있다는 의미로 이해할 수 있다.

139 De malo, q, 3, a. 8: "무지는 죄를 면책하거나, 약화시키는가?(utrum ignorantia

토마스는 여기에서 무지로 인해 범한 악행의 경우, 무지가 그 행위를 면책시키거나 행위의 악을 경감시킬 수 있는지 묻고 있다. 이 문제는 무지가 인간적 행위, 즉 의지적 행위와 어떤 관계를 맺고 있는지에 달려 있다. 토마스에 따르면 도덕적으로 악한 행위는 '질서를 잃은 의지적 행위'로 규정되고, 따라서 악행(죄)의 본질적 규정에는 '의지적-임'이 포함되기 때문이다. 따라서 만일 무지가 의지적 행위로부터 '의지적-임'이라는 규정을 제거 또는 약하게 할 수 있다면, 무지 때문에 범한 어떤 악한 행위는 전적으로 또는 부분적으로라도 면책을 받을 수 있을 것으로 보이기 때문이다. 이와 관련해서 토마스는, 그의 표현을 그대로 사용하면, 무지는 '[무지에] 후행하는 의지적인 것(voluntarium sequens)'을 제거할 수 있지만, '선행하는 의지적인 것(voluntarium praecedens)'을 제거하지는 않는다고 말한다. 이에 따라 우리는 의지와 무지의 선후 관계를 고려하여 이 문제를 다루어야만 할 것이다.

① 의지에 선행하는 무지와 의지적인 것

토마스는 먼저 무지는 '지성 안에 있다'고 말한다. 이에 따라 무지와 의지적인 것의 질서관계(ordo ignorantiae ad voluntarium)는 의지에 대한 지성의 질서 관계로부터(ex ordine intellectus ad voluntatem) 고찰될 수 있다.

토마스에 따르면 '인식된 선'(bonum intellectum)이 바로 의지의 대상(voluntatis obiectum)이기 때문에, 지성 작용은 '필연적으로' 의지 작용에 선행한다고 말해야 한다.[140] 그러므로 만일 무지 때문에 지성에서

excuset vel diminuat peccatum)"

140 이에 대해서는 De malo, q. 6에서 다시 논의된다.

지식이 제거된다면, 의지 작용도 함께 제거되고, 따라서 '무지한 것(모르는 것)'에 있어서, 다시 말해 모르고 행한 것에 있어서 '의지적인 것(voluntarium)'이 제거될 것이다. 그래서 만일 하나의 동일한 행위에서 어떤 부분은 인식하고 행해진 것(scitum)이고, 어떤 부분은 무지한 채 행해진 것(ignoratum)이라면, 인식된 부분은 '의지적인 것'이지만 무지한 부분은 '비 - 의지적인 것'(involuntarium)이라 할 수 있다.

그런데 토마스에 따르면 무지로 인한 행위의 비의지적 성격은 한편으로는 자기가 행한 행위의 비도덕성(deformitas actus)을 알지 못했을 때 생겨날 수 있다. 예를 들어 어떤 사람이 사통이라는 행위가 도덕적으로 잘못된 것임을 몰랐을 때, 그는 의지적으로(voluntarie) 사통이라는 '행위'를 하는 것이지만, 그럼에도 의지적으로 '죄(악한 행위)'를 범한 것은 아니라 할 수 있다. 다른 한편 무지로 인한 행위의 비의지적 성격은 상황에 대한 무지와 관련된 것일 수도 있다. 토마스의 예를 사용하면, 어떤 사람이 자기 아내라고 잘못 생각하여 다른 사람의 아내와 동침을 했을 때, 그는 분명히 의지적으로 '여성'과 동침한 것이지만, '자기 배우자가 아닌 여성과의 관계'를 의지(意志)한 것은 아니라고 할 수 있다.

여기에서 주의해야 할 점이 있다. 즉, 무지가 항상 '의지적이지 않은 것'(non voluntarium)을 초래하는 것은 사실이지만, 항상 '비의지적인 것'(involuntarium)을 야기하는 것은 아니라는 것이다. '의지적이지 않은 것'은 의지 작용의 제거만으로도 생겨나지만, '비의지적인 것'은 일어난 것과 의지가 서로 대립해야 하기 때문이다. 이에 따라 '비의지적인 것'은 의지에 반하는 것으로서 그것이 행해진 후에는 후회와 슬픔(tristitia)이 뒤따르지만, '의지적이지 않은 것'은 항상 후회가 뒤따르지는 않는다고 한다.

토마스는 '의지적이지 않은 것'을 다음과 같이 설명한다. 예를 들어 어떤 사람이 '자기 배우자'라고 잘못 믿고, '다른 사람의 배우자'와 동침했을 때, 이것은 분명히 무지로부터 행한 일이고 그런 의미에서 실제로 의지(意志)한 것은 아니었을 수 있다. 그러나 그가 '습성적으로(habitu)' 그것을 의지했었을 수도 있다. 그래서 자기 배우자가 아니라는 것을 알았다 하더라도 실제로(actu) 그 관계를 의지(意志)했었을 수도 있고, 이에 따라 나중에 자기 배우자가 아니라는 것을 알게 되었어도, -만일 그 사이에 의지가 바뀌지 않았다면-슬퍼하지 않고 오히려 즐거워했을 수도 있다는 것이다.[141]

② 무지에 선행하는 의지와 의지적인 것

반면에 예를 들어 어떤 사람이 [어떤 것에 대해] '알기를 의지(意志)' 할 때와 같이, 의지의 작용이 지성의 작용을 앞설 수 있다. 같은 근거에서, 무지도 의지(意志)된 것일 수 있고, 그 경우 무지는 '의지적인 무지(의도된 무지, ignorantia voluntaria)'가 된다. 그런데 토마스에 따르면 '의지적인 무지'는 세 가지 방식으로 일어날 수 있다.

첫째, 어떤 사람이 자기가 사랑하는 죄를 억제하지 않기 위해서 구원에 대해 무지하기를 '직접적으로(directe) 의지(意志)'할 때 생겨날 수 있다.

둘째, 사람들이 알고자 하는 노력(studium)을 하지 않았을 때, '간접적으로(indirecte) 의지적'인 무지가 생겨날 수 있다. 토마스는 이것을 '경

141 이 경우 무지가 죄책을 경감시키거나 용서의 이유가 되지 못할 것이다.

시의 무지'(ignorantia negligentiae)라고도 부른다. 그런데 우리는 어떤 사람이 단순히 어떤 것을 알려고 하지 않았기 때문이 아니라 '마땅히 알아야 하는 것'을 알려고 하지 않았을 때, 그리고 오직 그 경우에만 알려고 하지 않는 사람을 '경시(무시)하는 사람'이라고 부를 수 있다. 따라서 자기 정신을 '모든 것'을 아는데 적용하지 않았다고 해서 그 사람을 '경시'하는 사람이라고 부를 수는 없다. 이처럼 '단적인 의미에서 그리고 모든 때에(simpliciter et secundum omne tempus) 알아야만 하는 것'을 알려고 하지 않는 경우, 또는 '어떤 특수한 경우에 알아야만 할 것'을 알려고 하지 않았을 때, 그러한 무지만을 '경시'라고 부르는 것이다. 전자의 예는 법에 대한 무지(ignorantia iuris)를 들 수 있고, 후자의 예는 어떤 사람이 불특정한 사람들이 지나다니곤 하는 곳에서 활을 쏠 때, 사람이 지나가는지 확인해야 하는데 그렇게 하려고 애쓰지 않았을 경우를 들 수 있다. 토마스는 그러한 '경시에 의한 무지'는 의지적인 것으로 판단된다고 말한다.

셋째, 어떤 무지는 우유적으로 의지적(voluntaria per accidens)이라고 불린다. 이러한 의미의 무지는 어떤 사람이 직접적으로든 간접적으로든 무지를 결과하는 어떤 것을 의지(意志)함으로써 생겨난다. 예를 들어 술을 마시면 자기가 이성의 사용에 방해를 받는다는 것을 잘 아는 사람이 과도하게 술을 마시기를 의지할 때, 그는 '무지를 낳는 어떤 것'을 직접적으로 의지(意志)하는 것이다. 한편 무지를 결과하는 것을 간접적으로 의지(意志)하는 사례는 어떤 사람이 정념의 운동이 일어나는 것을 막는 것을 경시할 때 발견할 수 있다. 즉 어떤 사람이 정념이 일어나는 것을 막지 않아서 정념이 점차로 커지고 그래서 어떤 특수한 상황에서 정념으로 인해 이성의 사용이 방해를 받게 된다면, 그는 무지의 야기를 간접적으로 의지(意志)함으로써 우유적으로 의지적인 무지가 생겨나게 했다고 할 수 있다. 토마스에 따르면 바로 이러한 관점에서 우리는 모든 사악한 사람은 무지하다고 말할 수 있다. 도덕적으로 악한 행위에는 최소한 간접적이라도 의지가 개입하고 있다는 인식을 반영하고 있다.

③ 의지적 무지로부터 비롯된 행위와 비의지적 무지로부터 비롯된 행위의 죄의 정도

토마스는 도덕적 문제에 있어서 '의지적인 것으로부터 야기된 것'도 또한 의지적인 것으로 간주 되어야 한다고 주장한다. 위에서 살펴본 것처럼 의지가 무지에 선행할 때 의지적인 것이 생겨난다는 것을 알 수 있다. 이것을 고려하여 의지된 무지에 의해 범해진 악한 행위의 면책 문제를 살펴보자.

먼저 무지가 직접적으로 의지(意志)된 것인 경우를 생각해 보자. 토마스에 따르면 그러한 무지(의지적인 무지)로부터는 '의지적이지 않은 것(non voluntarium)'이 야기될 수 없고, 그 결과 의도된 무지에 의해 행해진 악행은 면책될 수 없다. 그러므로 어떤 사람이 어떤 [하고 싶은] 행위가 잘못이라는 것을 알게 된다면 자기가 그 행위를 할 수 없게 될지 몰라, '직접적으로 [하고자 하는 행위의 악에 대해서] 무지하기를 의지(意志)'한다면, 그러한 [직접적으로 의도된] 무지로 인해 범해진 악한 행위는 전체적으로도 부분적으로도 용서받을 수 없고 오히려 행위의 악(잘못)을 더 증가시키게 된다. 이 경우 그는 악한 행위에 대한 큰 사랑

때문에 자기 마음대로(libere) 죄에 머무르기 위해서, '지식의 부재'를 감수하려는 의지가 있는 것으로 보이기 때문이다.

한편 이와 유사하게 어떤 사람이 배우는 것을 경시해서 그 결과 무지하기를 간접적으로 의지(意志)할 때, 또는 직접적으로든 간접적으로든 '무지를 야기하는 어떤 것'을 의지(意志)함으로써 무지를 '우유적으로' 의지(意志)할 때도, 그러한 무지(간접적으로 의지된 무지와 우유적으로 의지된 무지)로부터 결과한 행위 역시 전적으로 비의지적인 것이 아니다. 토마스에 따르면 '의지적인 무지로부터 결과한 행위'는 '의지적 무지'로부터 결과했다는 점에서 일정 부분(quodammodo) 의지적인 것이기 때문이다.

그렇지만 '의지에 선행하는 무지'(ignorantia praecedens)는 '의지적인 것'을 어느 정도 감소시키게 된다. 그러한 무지로부터 생겨난 행위는, 알면서(무지함 없이) 그러한 행위를 선택했을 때보다는 덜(minus) 의지적이기 때문이다. 그래서 토마스에 따르면 그러한 종류의 무지는, 비록 그로부터 생겨나는 행위를 전체적으로(a toto) 면책시켜주지는 않더라도, 그것이 비의지적인 정도만큼은(a tanto) 면책될 수 있다.[142]

그런데 여기에서 또 하나 주목해야 할 것은 무지로부터 비롯된 행위(actus sequens, 무지 때문에 수행된 행위)와 선행하는 무지(ignorantia

142 전적으로 면책될 수 있는 행위는, 곧이어 토마스가 설명하듯이, '극복할 수 없는 무지(ignorantia invincibilis)'로 인한 행위'일 것이다. 그런데 토마스는 '극복할 수 없는 무지'를 정신이상(dementia)과 같은 한정된 경우로 좁게 이해한다(Quaestiones Quodlibetales, III, q. 12, a. 2, ad 2 참조). 그러므로 무지는, 아주 특수한 경우를 제외하고는 행위를 전적으로 비의지적인 것으로 만들지 않는다고 보아야 한다. 더욱이 앞선 논의에서 살펴보았듯이 토마스는 무지 자체도 일종의 의지로부터 비롯된 잘못된 작용이라고 말하였다.

praecedens)는 때로는 하나의 죄를 구성한다는 것이다. 욕정(voluptas)과 그것의 외적 행위를 하나의 죄라고 말하는 것과 같다는 것이다. 그래서 토마스는 무지로부터 비롯된 행위가 무지로 인해 행위의 의지적 성격이 약화되어 면책되는 것 못지않게, 무지가 갖는 의지적 성격 때문에 죄가 무거워질 수 있다고 말한다.

마지막으로 토마스는 무지가 전적으로 의지적인 것이 아닌 경우를 언급한다. 즉 만일 무지가 위에서 설명한 의지와 무지의 여러 관계 방식 가운데 어느 하나의 방식으로도 의지적인 무지가 아니라면, 예를 들어 '극복할 수 없는 무지(ignorantia invincibilis)'이고, 그 안에 의지의 무질서를 전혀 포함하지 않는다면, 그러한 무지로부터 생겨나는 행위는 전적으로 비의지적인 행위가 된다고 말한다.

(2) 영혼의 허약함(의지의 허약함)과 도덕적으로 악한 행위

1) 알면서 악행을 범할 가능성[143]

① 소크라테스의 문제: '누구도 알면서 허약함 때문에 악행을 범하지 않는다'

토마스는 위에서 인간적(도덕적) 행위를 구성하는 계기 중 인식적 측면에서의 결함인 무지가 도덕적으로 악한 행위의 원인이 될 수 있다는 것을 고찰하였다. 그런데 어떤 행위자가 인식의 측면에서는 결함이 없음에도 불구하고, 즉 어떤 행위가 도덕적으로 악하다는 것을 '알면서

143 De malo, q. 3, a. 9: "알면서 허약함 때문에 죄를 짓는가?(utrum sciens ex infirmitate peccet)"

도(sciens)' 그것을 행하는 경우가 있다. 이 문제는 철학사에서 흔히 '의지의 허약함'이라는 문제로 알려져 있다.[144] 소크라테스의 것으로 알려진 주장에 따르면 우리는 악행이라는 것을 알면서도 악행을 범할 수는 없다. 사람이 악행을 저지르는 이유는 오직 무지에 있다는 주장이다.

토마스는 이 절에서 바로 이 문제를 다루고 있다. 그는 이에 대한 논의를 많은 사람이 '허약함 때문에(ex infirmitate) 저질러진 악행이 있다'고 주장한다는 사실에서 출발한다. 여기에 더해 토마스는 만일 어떤 사람이 알면서도 허약함으로 인해 잘못을 범하는 것이 가능하지 않다면, 허약함으로 인한 악행과 무지로 인한 악행이 구별되지 않을 것이라고 덧붙인다. 그러므로 토마스는 '악행이라는 것을 알면서도 허약함 때문에 악행을 범하는 것이 가능하다'는 것을 인정해야만 한다고 주장한다.

토마스는 자신의 주장을 증명하기 위해서 먼저 '허약함(infirmitas)'이라는 말의 의미를 설명한다. 그는 이것을 신체의 허약함과의 유비를 통해서(ex similitudine infirmitatis corporis) 설명한다. 스콜라철학의 생리학 이론을 바탕으로 토마스는, 예를 들어 어떤 체액(humor)이 지나친 열기 또는 냉기를 가지고 있어 전체 신체의 통제력(virtus regitiva)에 복종하지 않을 때, '신체가 허약하다'고 말한다고 한다. 그런데 토마스에

---

144 이 문제에 대한 철학사적 고찰에 대해서는 Tobias Hoffmann(ed.), *Weakness of Will from Plato to the Present,* Washington D.C.: CUA Press, 2008; Risto Saarinen, *Weakness of Will in Renaissance and Reformation Thought,* New York: Oxford, 2011 참조. 토마스 아퀴나스의 '의지의 허약함'론에 대한 연구는 Denis J. M. Bradely, "Thomas Aquinas on Weakness of the Will", in: Tobias Hoffmann(ed.), *Weakness of Will from Plato to the Present,* Washington D.C.: CUA Press, 2008, pp. 82–114; Bonnie Kent and Ashley Dressel, "Weakness and willful wrongdoing in Aquinas's De malo", in: M.V. Dougherty(ed.), *Aquinas's Disputed Questions on Evil,* Cambridge: Cambridge University Press, 2016, pp. 34–55 참조.

따르면 신체를 통제하는 힘이 있듯이, 우리의 모든 내적 감정을 통제하는 힘(vis regitiva)이 있는데 이성(ratio)이 바로 그러한 힘이라고 한다. 그러므로 어떤 감정(affectio)이 이성의 통제(regimen rationis)에 따라 적절히 조절되지 못하고 과잉되거나 결핍되었을 때, '영혼의 허약함(infirmitas animae)'이라는 말을 하게 된다는 것이다.

이 영혼의 허약함은 두려움(timor)이나, 분노(ira), 욕정(concupiscentia)과 같은, 우리가 정념(passiones)이라고 부르는 감각적 욕구의 감정과 관련하여 가장 크게 발생한다. 이러한 맥락에서 고대철학자들은 그러한 영혼의 정념을 '영혼의 병(aegritudines animae)'이라고 부르곤 하였다.[145] 따라서 토마스에 따르면 바로 이렇게 분노나 두려움 또는 욕정과 같은 정념 때문에 어떤 잘못을 범하는 것을 두고 사람들은 '허약함 때문에 잘못을 범하였다'라고 말한다는 것이다.

그런데 아리스토텔레스의 보고에 따르면 소크라테스는 지식(scientia)의 항구성(firmitas)과 확실성(certitudo)에 주목해서 지식은 결코 정념에 지배될 수 없다고 주장하였고, 이로부터 '어떠한 사람도 정념 때문에 지식에 반하여(contra scientiam) 어떤 잘못된(악한) 행위를 할 수 없다'는 결론을 끌어내었다. 그래서 소크라테스는 모든 덕(virtus)을 지식이라고 부르고, 반면에 악습(vitia)이나 악한 행위(peccata)를 무지라고 부르게 되었다는 것이다. 이러한 소크라테스의 주장을 스콜라철학의 명제로 정식화하면 '어느 누구도 알면서 허약함 때문에 악한 행위를 하지 않는다'는 주장이 된다.

145 아우구스티누스는 『신국론』 제14권 제7권 제2절(성염 옮김, 1455쪽)에서 키케로가 '슬픔'을 이렇게(aegritudo) 불렀다고 보고하고 있다. 토마스는 이것을 인용하고 있다.

② 실천적 삼단논법을 통한 '알면서 악행을 범할 가능성'에 대한 설명

토마스는 이러한 주장에 반대한다. 그에 따르면 소크라테스의 주장은 우리의 일상적 경험과 충돌한다. 이에 대한 자신의 주장을 설명하기 위해서 토마스는 '지식을 가짐(habere scientiam)'이 여러 가지 방식으로 일어날 수 있다는 것을 고려해야 한다고 말한다. 그는 이와 관련하여 이중의 구별을 한다. 한편으로 우리가 소유하고 있는 지식의 종류와 관련해서 우리는 보편적이거나(in universali) 또는 특수한(in particulari) 지식을 구별할 수 있고, 다른 한편으로 소유 양태와 관련하여 우리는 지식을 습성적으로(in habitu) 소유하거나 현실적으로(in actu) 소유할 수 있다는 것이다.

우리는 예를 들어 '살인'이나 '미색'의 본질적 규정과 선, 악에 대한 보편적 지식을 가지고 있을 수 있고, '이' 또는 '저' 특수한 행위가 살인이나 미색에 속한다는 특수한 지식을 가지고 있을 수 있다. 그런데 우리는 이러한 지식을 실제로(현실적으로) 사용하고 있을 수도 있지만, 어떤 이유로 실제로 사용하지 않고(못하고) 단지 습성적으로만 소유하고 있을 수도 있다. 그런데 토마스에 따르면 우리가 어떤 지식을 실제로 사용하지 않고, 단지 습성적으로 소유한 경우에도 '알고 있다'고 말할 수 있다는 것이다. 따라서 그에 의하면 '어떤 행위가 악하다'는 지식을 습성적으로 소유하고 있으면서도 어떤 이유로 그것을 행위에 적용하지 않아 '악한 행위'를 범한 경우에도 '알면서 악한 행위를 한다'고 말할 수 있다는 것이다.

이에 따라 토마스는 우리가 소유하고 있는 지식이 실제로(현실적으로) 고찰되지 못할 여러 가능성을 고찰한다.

첫째, 우리는 정념 때문에(ex passione) 습성적으로 알고 있는 것을 현실적으로 고찰하지 못할 수 있다. 우리는 우리에게 있는 여러 능력 중 어떤 한 능력을 발휘하는 동안에는, 다른 능력을 발휘하지 못할 수 있다. 예를 들어 우리가 다른 사람의 말을 경청하는 동안에는 주변에 다른 사람이 지나가는 것을 깨닫지 못하는 경우가 있다. 토마스에 따르면 우리의 모든 능력은 하나의 영혼에(in una anima) 뿌리를 두고 있어서, 영혼이 하나의 능력을 발휘하도록 강하게 지향을 하면(intentus) 다른 능력의 발휘에 대한 지향이 약해질 수 있다는 것이다. 따라서 만일 어떤 사람에게 욕정이나 분노와 같은 정념이 강하게 일어난다면, 그로 인해 지식의 고찰이 방해를 받을 수 있다.

둘째, 감각적 욕구의 운동인 영혼의 정념은 특수한 것(particulare)과 관계하지만 – 예를 들어 '바로 이 달콤한 것'(hoc dolce)을 지각하듯이, '이 쾌락'을(hanc delectationem) 욕구한다 –, 지식(학문)은 보편적인 것과 관계한다. 그런데 인간의 행위는 특수한 것이므로, 보편적 지식이 행위의 원리가 되기 위해서는 특수한 것에 적용되어야만 한다. 따라서 정념이 강하게 어떤 특수한 것과 관계하고 있는 동안에는, 그 정념은 그 특수한 대상과 관련된 지식의 고찰을 산만하게 하거나,[146] 또는 대립하는 힘으로 지식의 고찰을 파괴함으로써, 자기[정념]와 대립하는 지식의 운동을 방해할 수 있다. 그래서 어떤 강한 정념에 사로잡힌 사람은 보편적인 것을 고찰하고 있다 하더라도, 그것을 개별적인 것에 적용하는 데 있어서 방해를 받게 된다. 이경우 우리는 분명히 보편적인 지식을 가지고 있으면서도 악한 행위를 할 수 있다고 말할 수 있다.

146 첫 번째 경우에서 설명한 바와 같다.

셋째, 한편 우리는 이성의 사용(usus rationis)이 어떤 신체의 변화를 통해서 제약을 받아, 전적으로 아무것도 고찰할 수 없거나, 또는 자유롭게 고찰할 수 없을 수 있다. 예를 들어 잠을 자는 사람이나 정신을 잃은 사람의 경우가 그렇다. 마찬가지로 정념 때문에 신체에 강력한 변화가 일어나서 사람이 완전히 제정신이 아닐 수(in insaniam) 있다. 그래서 어떤 사람에게 정념이 강력하게 나타날 때는 그의 신체에 변화가 일어나고 그로 인해서 이성이 마비되며, 그 결과 행위의 대상인 개별적인(특수한) 것에 대해 자유로운 판단(liberum iudicium)을 내리지 못할 수 있다. 토마스에 따르면 이 경우 보편적인 것에 대한 습성적 인식이 있음에도 허약함 때문에(per infirmitatem) 악행을 저지를 수 있다고 말할 수 있다.

이처럼 토마스에 따르면 우리는 도덕적으로 올바른 행위가 무엇이고 잘못된 행위가 무엇인지 습성적으로 그리고 보편적인 관점에서 알고 있지만[물론 현실적으로 그리고 개별적인 것과 관련해서는 오류가 있을 수 있다. 그래서], 구체적이고 특수한 상황에서 정념으로 인한 영혼의 허약함 때문에 잘못된 행위를 선택하는 일이 벌어진다는 것이다.[147] 토마스의 주장에 의하면 바로 이러한 의미에서 '우리는 알면서도

---

147 따라서 어떠한 측면에서는 무지가 있지만, 어떤 측면에서는 인식이 있다고 할 수 있다. 이러한 관점에서 '자제력이 약한 사람(incontinens)'과 '무절제한 사람(intemperatus)'은 차이가 있다. 이러한 문제를 토마스는 같은 절 제7이론에 대한 답변(ad 7)에서 잘 설명해 주고 있다. 토마스에 따르면 절제가 있는 사람과 무절제한 사람은 다른 방식으로 삼단논법을 수행하고, 자제력이 있는 사람과 자제력이 약한 사람도 다른 방식으로 수행한다. 절제있는 사람은 오직 이성의 판단에 따라서만(tantum secundum iudicium rationis) 움직여진다. 그러므로 그는 세 명제로 구성된 삼단논법을 이용하면서, 예를 들어 다음과 같이 추론을 한다: '어떠한 사통도 저질러서는 안 된다', '이 행위는 사통이다', '따라서 이 행위는 해서는 안 된다.' 반면 절제가 없는 사람은 전적으로 욕정을 따르기 때문에 절제 있는 사람

허약함 때문에 악행을 범한다'고 말할 수 있다.

2) 영혼의 허약함과 대죄[148]

토마스는 제10절과 제11절 두 절에 걸쳐 영혼의 허약함으로 인해 범해진 악행의 무게에 대해서 고찰한다. 제10절에서는 허약함으로 인해 악행을 저지른 경우에도 '대죄(peccatum mortale)'로 문책받아야 하는지 묻고 있다. 이에 대해 토마스는 영혼의 허약함으로 인해 범해진 죄라도 대죄가 될 수 있다고 말한다. 그에 따르면 예를 들어 베드로가 두려움 때문에 그리스도를 부인했을 때와 같이, 이것이 두려움이라는 정념으로 인한 영혼의 허약함 때문에 범한 죄일지라도 대죄가 아니라고 말할 수 없듯이, 정념이나 영혼의 허약함으로 범한 간통과 같은 잘못도

과 마찬가지로 세 명제로 구성된 삼단논법을 이용하되, 다음과 같이 추론한다: '모든 쾌락적인 것을 향유해야 한다.' '이 행위는 쾌락을 준다.', '따라서 이것을 향유해야만 한다.' 이에 반해 자제력이 있는 사람과 없는 사람은 이성에 따라서는 죄를 피하는 방향으로, 반면에 욕정에 따라서는 죄를 저지르는 방향으로 움직여진다. 이때 자제력이 있는 사람은 이성의 판단이, 반면에 자제력이 약한 사람은 욕정의 운동이 마지막에 승리한다. 이에 따라 이 두 사람은 모두 네 가지 명제로 이루어진 삼단논법을 구사하여, 각각 반대의 결론에 도달한다. 즉 자제력이 있는 사람은 이성의 판단에 따라 '어떠한 죄도 범해서는 안 된다.'는 명제를 전제를 세운다. 그러는 동안에도 그는 욕정의 운동에 따라서 '모든 쾌락적인 것을 좇아야만 한다.'라는 명제가 마음에 들어서지만, 결국 이성의 판단이 승리하기 때문에, 그는 첫 번째 대전제 아래에서 '이것은 죄이다', '따라서 이것을 해서는 안 된다'라고 생각하고 죄를 피하는 결론을 내린다. 반면에 자제력이 약한 사람은 욕정의 운동이 승리를 해서 두 번째 전제 아래에서 '이것은 쾌락적인 것이다.' '따라서 이것은 추구되어야만 한다.'라는 도덕적으로 악한 행위를 선택하는 결론을 내리게 된다. 토마스에 따르면 바로 이러한 사람이 본래적인 의미에서 '허약함으로 인해' 죄를 짓는 사람이다. 따라서 그는 보편적인 것에서는 알고 있지만(licet sciat in universali), 개별적인 것에서는 알지 못하고(non tamen scit in particulari) 있다고 말할 수 있다(De malo, q. 3, a. 9, ad 7).

148 De malo, q. 3, a. 10: "허약함으로 인해 범해진 죄가 인간에게 대죄로 문책될 수 있는가?(utrum peccatum ex infirmitate factum imputetur homini ad culpam mortalem)". '대죄'라는 용어와 규정에 대해서는 De malo, q. 7, a. 1 에서 논의된다.

때로는(quandoque) 대죄로 문책받아야만 한다는 것이다.

허약함으로 인한 잘못이 대죄가 아닐 수 있다고 보는 논거는 '영혼의 허약함'과 '잘못을 범함' 사이에 '필연적 연관성(necessitas)'이 있다는 것이다. 필연적으로 일어나는 일은 의지의 선택과 무관한 일로 보이기 때문이다. 토마스도 우리가 도덕적 책임을 지는 행위는 자유롭게 행해진 의지적 행위에 한한다고 주장한다. 그러므로 정념에 묶여 있는 이성으로부터 잘못된 선택이 생겨나는 것이 '필연적이라면' 잘못이 면책되어야 하거나, 적어도 중죄로 문책받는 것은 부당하다는 반론이 있을 수 있다.

이에 대해 토마스는 만일 필연성(necessitas)이 '의지에 복종하는 어떤 것(id quod subiacet voluntati)'을 전제한 행위에 속한다면, 그 필연성은 의지적으로 '범해진 행위'의 대죄로서의 성격을 파괴하는 것은 아니라고 주장한다. 예를 들어 '칼'로 사람을 죽이는 행위를 생각해 보자. 여기에서 '칼'은 사람의 의지로 사용하는 물건(즉, 의지에 복종하는 어떤 것)이라 할 수 있다. 그런데 생명과 관련된 신체 기관이 칼에 찔렸을 때는 목숨을 잃는 것은 필연적이라 할 수 있다. 따라서 '칼에 찔림'과 '죽음' 사이에 필연적인 연관성이 있다는 것은 분명하다. 그러나 '칼로 찌름'은 의지적인 행위(voluntaria)이다. 그러므로 '칼에 찔린 사람의 죽음'은 '의지적으로 칼로 찌른 사람'의 '대죄'로 문책받아야만 할 것이다.

토마스에 따르면 의지의 허약함으로부터 범한 잘못된 행위도 이와 마찬가지이다. 이성이 정념에 의해 묶였을 때, 비뚤어진 선택(perversa electio)이 뒤따르는 것은 필연적이라 할 수 있다. 즉 이성은, 영혼의 지향이 강하게 감각적 욕구의 작용에 '적용'(applicatio)[149]되어, 정념에 의해 묶이게 되면, 그 결과 보편적인 것과 관련하여 습성적으로 인식하고 있는 것을 특수한 상황에서 고찰하지 못하게 된다.[150] 즉 정념에 의해 이성이 '행해야 할 것'에 대한 잘못된 판단을 하고 의지가 이를 따를 때 잘못된(악한) 행위의 선택이 일어날 수 있다.

그러나 중요한 것은 토마스에 따르면 의지에는 '정념에 의한 이성의 묶임(ligamen rationis)'에 저항할 수 있는 능력이 있다는 것이다. 다시 말해 '(영혼의) 지향을 어떤 것으로 적용하거나 적용하지 않는 것'은 의지의 능력에 있다고 한다. 그러므로 의지의 능력에는 정념에 의한 이성의 묶임(속박)을 배제하는 것도 포함된다. 따라서 의지가 그러한 속박에 저항하지 않음으로써, 이러한 속박으로부터 저질러진 행위는 의지로부터 비롯된, 의지적 행위라고 말해야 할 것이다. 그러므로 토마스는 그러한 행위는 의지적 행위인 한에서, 비록 허약함 때문에 저질러진 잘못이라 하더라도 대죄가 되는 것을 피할 수는 없다고 말한다.

물론 의지의 능력 안에 그러한 '정념에 의한 묶임'을 제거할 힘이 조금도 남아있지 않게 된다면, 예를 들어 어떤 정념이 사람의 정신을 완전히 잃게 만든다면 그가 저지르는 모든 것은 그의 책임이 아니라고 말할 수도 있을 것이다. 이렇게 저질러진 행위는 의지적인 행위라고 말하기 어렵기 때문이다. 그러나 그러한 정념의 원리(principium)는 의지적인 것(voluntarium)이고, 그래서 정념의 원리의 관점에서 보자면, 그

149 어떤 능력이 작용으로 전환되는 것을 '적용'(applicatio)이라고 부른다. Summa Theologiae, Ia–IIae, q. 16, a. 1co. 참조.

150 이와 같은 과정에 대해서는 앞 절에서 논의되었다.

러한 경우에도 반드시 행위자의 책임이 아니라고 말할 수는 없을 것이다. 왜냐하면 의지는 정념이 그렇게 진행하지 않도록 처음부터 막을 수도 있었기 때문이다. 예를 들어, 토마스에 따르면, 술김에 범한 살인도 행위자의 죄책으로 인정하는데, 그 이유는 '술취함의 원리(시작)' 자체가 바로 의지적인 것이기 때문이다.

3) 허약함으로 인한 죄의 경중[151]

토마스는 이어서 제11절에서 영혼의 허약함이 죄(악한 행위)를 더 무겁게 또는 가볍게 만들 수 있는지 묻는다. 그에 따르면 '허약함으로 인해 악행을 저지르는 것(peccare ex infirmitate)'은 곧 '정념 때문에 악행을 저지르는 것(peccare ex passione)'이다. 그런데 영혼의 허약함은 어떤 경우에는 저질러진 죄를 더 중한 것으로 만들고, 어떤 경우에는 약한 것으로 만들 수 있다고 한다. 그 이유는 정념이 어떤 방식으로 의지의 운동에 영향을 주거나, 또는 영향을 받아 일어나기 때문이다. 그러므로 영혼의 허약함이 어떤 경우에 악행을 더 무거운 것으로 만들고, 어떤 경우에 가볍게 만드는지 알기 위해서는 악행을 낳는 정념이 의지와 어떤 관계를 맺는지 살펴보아야만 한다.

이와 관련하여 토마스는 감각적 욕구의 정념은 의지의 운동과 두 가지 방식으로 관계한다고 말한다. 즉 정념은 의지의 운동에 선행하는 것으로(ut praecedens) 관계하거나, 또는 후행하는 것으로서(ut consequens) 관계한다는 것이다.

151 De malo, q. 3, a. 11: "허약함이 죄를 가볍게 하거나 무겁게 하는가?(utrum infirmitas alleviet vel aggravet peccatum)"

첫째, 정념이 의지의 운동에 선행하는 경우는 정념 때문에 의지가 어떤 것을 의지(意志)하는 경향성을 보일 때이다. 이 경우 정념은 행위의 공로(meritum)와 과실(demeritum)을 감소시키게 된다. 토마스에 따르면 행위의 공로나 과실은 (의지에) 선행하는 이성을 근거로 한 선택에 달려 있기 때문이다. 그런데 위에서 살펴본 것처럼 정념은 바로 그러한 이성의 판단을 어둡게 하거나 묶어 놓을 수 있다. 그리고 의지는 이렇게 정념의 영향을 받은 이성의 판단을 매개로 움직여진다. 그런데 바로 위에서 말했듯이 인간적 행위의 공로와 과실은 이성의 숙고를 통한 의지의 선택에 있기에, 이성의 판단이 더 순수할수록, 즉 정념의 영향을 받지 않을수록, 선택은 더 큰 공로가 있거나, 더 과실이 큰 행위가 된다. 그래서 오직 영혼의 정념 때문에 선행을 한 사람보다는 순수한 이성의 판단에 근거해서 – 마음에 내키지 않음에도 – 선행을 베푼 사람이 더 큰 칭찬을 받는 것이고, 반대의 경우에는 더 큰 비난을 받게 되는 것이다. 정념 때문에 선행을 베푼 사람은 그 정념이 합당하지 않아 실수할 가능성이 있기 때문이다. 마찬가지로 치밀하고 냉정하게 악행을 숙고하여 저지른 사람은 우발적으로 홧김에 잘못을 저지른 사람보다 더 큰 잘못을 저지른 것이다. 따라서 토마스는 이와 같은 방식으로 의지의 운동에 선행하는 정념은 행위의 공로와 과실을 약하게 하고, 죄를 경감시킬 수 있다고 말한다.

둘째, 다른 한편 강력한 의지 운동으로부터 하위 욕구가 정념으로 움직여질 때 정념은 의지에 후행하는 것으로 고찰된다. 이처럼 정념이 의지의 운동에 후행적인 것으로서 관계하는 경우, 정념은 범해진 악행을 더 심각한 것으로 만들 수 있다. 토마스에 따르면 이 경우 정념 자체가 의지의 운동으로부터 생겨난 것으로서, 의지 운동의 강력함의 표시(signum)이기 때문이다. 그래서 토마스는 선행하는 의지 운동으로부터 생겨난 더 큰 동정심을 갖고(cum maiori compassione) 자선을 베푸는 사람이 더 공로가 많은 사람이고, 같은 방식으로 선행하는 의지로부터 생겨난 더 큰 정욕으로(cum maiori libidine) 잘못을 범한 사람은 더 큰 잘못을 범하는 사람이라고 말한다. 그만큼 더 강한 의지로부터 생겨난 잘못이기 때문이다. 이러한 맥락에서 토마스는 이러한 의지에 후행하는 정념에 의한 행위는 정념으로부터, 즉 영혼의 허약함으로부터 생겨난 것이 아니고, 오히려 선과 악의 의지적 선택으로부터(ex electione boni vel mali) 생겨난 것이라고 말한다.

(3) 악의(malitia)[152]

1) 악한 행위의 의지적 선택: 강한 형태의 '알면서 악행을 저지름'[153]

'악의(惡意)'와 악한 행위의 관계 문제는, '영혼의 허약함'의 문제와 관련해서 다뤘던, '악한 행위라는 것을 알면서도 행하는 것이 가능한가'라는 문제의 연장에서 다뤄질 수 있다. 이 절의 물음 자체에서 즉시 확

152 악의(惡意)는 malitia의 번역이다. 토마스는 『신학대전』에서 bonum－malum의 대립에 대응해서 bonitas와 malitia를 대비시킨다(Summa Theologiae, Ia－IIae, q. 20, a. 1 co.). 이러한 맥락에서 malitia는 '악함' 또는 '악한 성질'로 번역될 수 있을 것이다. 그러나 악한 행위의 원인과 관련해서 malitia는 악한 행위를 하는 행위 주체의 '의지의 악한 성질'을 가리키기 때문에 '악한 의지' 또는 '악의'로 번역하였다.

153 De malo, q. 3, a. 12: "악의로부터 또는 확실한 지식이 있으면서 죄를 범할 수 있는가?(utrum aliquis possit ex malitia vel certa scientia peccare)"

인할 수 있듯이 토마스는 '악의로부터(ex malitia) 또는 확실한 지식으로부터(ex certa scientia)'[154]라는 선택지를 병렬시킴으로써, 위의 문제를 악행(죄)이라는 것을 확실하게 알면서도, '악의로부터 악행을 범할 수 있는가'라는 물음으로 이해한다. 이에 따라 토마스는 akrasia(의지의 약함)의 문제를 이 절에서 계속해서 그리고 더 전형적으로 다루고 있다고 볼 수 있다.[155]

이러한 맥락에서 토마스는 자신의 논의를 『니코마코스윤리학』을 인용하여 어떤 사람들은 '아무도 의지적으로 악하지 않다(nullus voluntarie est malus)'라고 주장한다는 말로 시작한다. 토마스는 이 주장에 반대하며 아리스토텔레스의 입장을 소개한다. 그에 따르면 아리스토텔레스는 '어떤 사람이 간통을 범하기를 의지(意志)했지만, 올바르지 않기를(iniustus) 의지하지는 않았다'라고 말하는 것은 불합리하다고 주장했다. 간통이 주는 쾌락은 욕구하였을지언정 '올바르지 않음'은 욕구(의지)하지 않았기 때문에 '올바르지 않음'이라는 악을 의지하지 않았다는 주장은 불합리하다는 것이다.

토마스가 이 주장이 불합리하다고 판단하는 근거는 '목적에 대한 지향'뿐만 아니라 '수단에 대한 지향'도 역시 의지적 행위라는 데 있다. 즉 의지가 어떤 것을 '목적으로서' 일차적이고 본질적으로(primo et per se) 지향할 때만 '의지적인 것(voluntarium)'이라고 부르는 것이 아니라, 그것을 '목적을 위한 수단'으로서(ut ad finem) 지향할 때도, 그것을 '의지

154 『신학대전』에서 토마스는 '확실한 악의로부터(ex certa malitia)'라는 표현으로 문제를 제기된다(Summa Theologiae, Ia–IIae, q. 78 참조).

155 Bonnie Kent and Ashely Dressel, "Weakness and willful wrongdoing in Aquinas's De malo", pp. 35–36 참조.

적인 것'이라고 부른다는 것이다. 예를 들어 몸이 약한 사람은 건강을 위해 다른 사람이라면 마시지 않았을 쓰디쓴 약을 마시기를 주저하지 않는다. 또 상인은 배를 잃지 않으려고 의지적으로 화물을 바다에 던지기도 한다. 이 경우에 건강은 의지(意志)했지만 쓴 약은 의지하지 않았다거나, 배를 잃지 않기를 바랐지만, 화물을 던지기를 의지하지는 않았다고 말할 수는 없다는 것이다.[156]

같은 근거에서 어떤 사람이 감각적 쾌락을 위해서 올바르지 않은 행위를 하는 경우, 감각적 쾌락은 의지(意志)했지만 올바르지 않은 행위는 의지하지 않았다고 말하는 것도 불합리하다는 것이 토마스의 주장이다. 이를 토마스는 다음과 같이 정리한다. 즉 (a) '감각적 쾌락'의 향유를 의지하는 어떤 사람이 (b) 자기가 의지하는 그 감각적 쾌락의 향유가 악한 행위의 추악함(deformitas peccati)과 연결되어 있다는 것을 지각하고 있으면서도 (c) 그 행위의 수행을 거부하지 않았다면, 그 사람은 자기가 '목적으로 주되게(principaliter) 의지(意志)한 선'(감각적 쾌락의 향유)만을 의지(意志)했다고 말할 것이 아니라, 그 선이 결핍되지 않기를 바라고 감수하기로 선택한 악행의 추함도 역시 의지(意志)했다고 말해야 한다는 것이다. 그러므로 간통을 하는 사람은 우선적으로는(principaliter) 간통이 가져오는 감각적 쾌락을 의지(意志)한 것이지만, 이차적으로는(secundario) 추악함(deformitas)을 의지(意志)했다고 말해야 할 것이다. 이 경우 우리는 분명히 그 사람이 어떤 행위가 악행의 추악

156 토마스에 따르면 두려움 때문에 화물을 바다로 던지는 행위는 혼합적인 행위이지만, 단적으로(simpliciter) 고찰하면 의지적인 행위이며, 특정한 관점에서(secundum quid) 비의지적인 행위라고 본다(Summa Theologiae, Ia-IIae, q. 6, a. 6co. 참조).

함을 가져온다는 것을 알면서도, 즉 악한 행위라는 것을 '알면서도' 그것을 의지(意志)했다고 말할 수 있다.

그런데 물론 여기에서도 세심한 구분이 필요하다. 위에서 설명한 상황은 두 가지 방식으로 일어날 수 있기 때문이다. 토마스는 이러한 상황을 '어떤 사람이 가변적 선(bonum commutabile)을 욕구하기 위해, 불변적 선의 외면(averti a bono incommutabili)을 거부하지 않는 것'으로 정식화하고, 이것은 두 가지 이유에서 발생할 수 있다고 말한다.

첫째, 위의 정식에서 (b)[=지각함] 없이, (a)만 일어나는 경우가 있을 수도 있기 때문이다. 즉 가변적 선의 추구가 마땅히 의지해야만 할 불변적 선으로부터 등을 돌리는 행위(aversio)와 연결되어 있다는 것을 '알지 못할 수'도 있기 때문이다. 이 경우 그 사람은 무지로부터(ex ignorantia) 악행을 범했다고 말할 수 있다. 그러나 둘째, 위의 (b)의 조건을 충족시키는 경우, 즉 가변적 선에 대한 욕구가 '불변적 선으로부터 등 돌림'과 연결되어 있다는 것을 알고 있다면, '알면서도' 죄를 범하는 것이 된다. 그 사람은 내적으로 의지를 그러한 가변적 선으로 이끄는(inclinare) 어떤 요소 때문에 그러한 지향을 한 것이라고 할 수 있다.

그런데 두 번째 경우 의지를 그렇게 이끈 요소를 조금 더 자세히 살펴볼 필요가 있다. 토마스에 따르면 어떤 것이 다른 것을 향한 경향성을 갖는 것은 두 가지 방식이 있기 때문이다. 예를 들어 돌이 위로 던져졌을 때처럼, 어떤 것이 다른 것에 의해 작용을 입는(ab alio passum) 경우가 있고, 다른 한편 어떤 것이 자기 자신의 형상을 통해서(per formam propriam) 다른 것을 향해 움직여질 수 있다. 돌이 아래로 향하는 운동을 하는 경우가 여기에 해당한다.

이와 마찬가지로 의지가 '악행의 추악함과 연결된 가변적 선을 향한 운동'을 할 때도, 한편으로는 어떤 다른 것에 의한 '겪음', 즉 정념(passio) 때문에 그러한 운동을 할 수도 있다. 우리가 바로 앞 절에서 살펴본 것처럼 '영혼의 허약함' 때문에 죄를 짓는 경우가 바로 이것의 사례에 해당한다. 이것은 의지 자체의 악함 탓이라기보다는 정념의 영향을 받은 탓이라고 할 수 있다. 그런데 이것도 앞 절에서 말한 것처럼 '알면서' 잘못을 범하는 것의 범주에 속한다.

그러나 다른 한편 의지 자체가 형성된 어떤 습성 때문에(ex aliquo habitu) 가변적 선으로 향할 수 있다. 습관적으로 도덕적으로 악한 행위를 함으로써 가변적 선을 향한 의지의 경향성이 마치 습성(habitus)이나 본성(natura)으로 전환되었을 때 일어날 수 있는 일이다. 이 경우 의지는 어떤 정념의 공격 없이도 자기 자신의 운동으로부터 가변적 선으로 기울어져 버린 것이다. 토마스는 바로 이렇게 된 의지를 통해서 악행을 하는 것을 '선택해서(ex electione)', '고의로(ex industria)', '확실히 알면서(ex certa scientia)' 또는 '악의로(ex malitia)' 악한 행위를 하는 것이라고 말한다.[157]

2) 악의에 의한 악행과 허약함으로 인한 악행의 중대함 비교[158]

토마스는 악한 행위라는 것을 알면서도 범한 잘못인 '허약함으로

157 토마스는 같은 절 ad 11에서 '허약함'으로 악행을 범할 때도 '선택'이 있지만, 이 경우 '선택해서(ex electione)' 악행을 범한다고 말하지 않고 '선택을 하면서(eligens) 악행을 범한다'고 표현한다. (De malo, q. 3, a. 12, ad 11).

158 De malo, q. 3, a. 13: "허약함으로 인해 죄를 범하는 사람과 악의로부터 죄를 범하는 사람 가운데 누가 더 무거운 죄를 범하는 사람인가? (utrum gravius peccet qui ex infirmitate peccat quam qui ex malitia)"

인한 악한 행위'와 '악의(의지의 악함)에 의한 악한 행위' 중 후자가 더 무거운 악행이라고 주장한다. 그는 이에 대해 세 가지 근거를 제시한다.

첫째, 악한 의지에 의한 악한 행위가 영혼의 허약함으로부터 인한 행위보다 더 '의지적인 것'이기 때문이다. 토마스에 따르면 '의지적인 것'은 그것의 원리가 자기 자신 안에 있는 것이기 때문에, 어떤 행위의 원리가 행위자 안에 있을수록 더 의지적인 행위로 평가된다. 따라서 더 내적인 원리에 의한 행위가 악한 행위라면 더 의지적인 행위이기 때문에 결과적으로 그만큼 더 악한 행위가 된다고 말할 수 있다. 그런데 정념에 의한 악행은 그것의 원리가 정념이다. 한편 정념은 감각적 욕구 안에 있는 것이기 때문에, 그러한 정념에 의한 행위의 원리는 '의지에 외적인 것'이라 할 수 있다. 반면에 악의에 의한 악행은 악한 행위를 향한 습성에 의한 악행, 즉 습성화된 의지에 의한 것이다. 이 경우 의지에는 이미 습성을 통해 악한 행위를 향한 경향성이 자연적 경향성의 양태로(per modum naturalis inclinationis) 총체적으로 형성되어 있어, 의지가 자기 사신을 통해서(per se) 악한 행위를 지향하게 된다. 그러므로 악의로부터 범한 악행은 정념에 의한 악행보다 더 의지적인 행위이며, 따라서 더 무거운 악행이라고 말할 수 있다는 것이다.

둘째 근거는 허약함, 즉 정념으로 악한 행위를 한 사람의 경우, 의지는 단지 이 정념이 유지되는 동안에만 악한 행위로 기울어 있을 뿐이라는데 있다. 그래서 정념이 사라지게 되면 – 그리고 이것은 빨리 사라지게 되는데 – 의지도 그 경향성에서 물러나, 정념으로 인해 망설이고 하지 못한 선한 행위로 되돌아가, 그것을 행하지 않고 악행을 범한 것을 후회(참회)하게 된다. 그러나 토마스에 따르면 이와 달리 악의 때문에 악한 행위를 한 사람은 악한 습성이 사라지지 않고 일종의 내적이고 본성적인 형상으로서 굳어져(ut forma quaedam iam immanens et connaturalis facta), 지속적으로 악한 행위를 향한 경향성을 갖는다. 따라서 이러한 사람은 악행에 대한 의지를 견지하기 때문에, 쉽게 후회나 참회를 하지 않는다. 토마스는 이러한 사람을 무절제한 사람(intemperatus)이라고 부르며, 이러한 사람은 마치 지병을 앓는 사람의 상태와 비교 가능하다고 말한다. 반면에 자제력이 약한 사람(incontinens), 즉 허약함으로 잘못을 범하는 사람은 치유 가능한 병에 일시적으로 걸린 사람과 비교할 수 있다. 토마스는 이러한 이유로 악의로 악행을 범한 사람이 더 심각하고 위험하게 잘못을 범하는 사람이라고 판단한다.

셋째, 허약함 때문에 악행을 범하는 사람은 선한 목적을 향한 의지가 있는 사람일 수 있다. 그러한 사람은 선을 지향하고 추구하지만, 다만 정념 때문에 일시적으로 그것으로부터 물러설 뿐이라는 것이다. 반면에 악의로 악행을 하는 사람은 악한 목적을 향해 질서 지어진 의지를 갖고 있다. 즉 그러한 사람은 '악행을 향한 강한 의향'을(firmatum propositum) 갖고 있다고 말할 수 있다.[159]

이 차이를 토마스는 사변적 영역과의 비교를 통해서 설명한다. 토마스에 따르면 욕구와 행위의 영역에서(in appetibilibus et operabilibus) 목적은 사변적(이론적) 영역에서(in speculativis) 원리와 같은 위치에 있다. 그런데 이론적 학문에서 원리에 대해 오류를 범하는 사람은 추론 과정 중에 오류를 범하는 사람보다 더 심각한 오류를 범하는 것이라 할 수

159 Summa Theologiae, IIa－IIae, q. 59, a. 2 참조.

있다. 추론 과정이 잘못되더라도 원리의 인식이 확실하면 오류를 수정할 수 있기 때문이다. 이와 마찬가지로, 실천의 영역에서 원리에 해당하는 목적에 대해서 잘못을 범하는 사람은 더 심각한 잘못을 범하는 것이다. 그런데 토마스는 악의에 의한 악행을 범하는 사람을 원리(목적)에 대해 잘못을 범하는 사람과 비교하고, 자제력이 약한 사람, 즉 허약함으로 인해 악행을 하는 사람을 추론 과정 중에 잘못을 범하는 사람과 비교한다. 이에 따라 토마스는 자제력이 약한 사람은 비록 잘못을 저지르더라도 좋은 목적에 대한 지향이 남아 있기 때문에, 자신의 잘못을 되돌릴 수 있는 여지가 있지만, 잘못된 목적으로 기울어진 사람은 이를 바로잡기가 쉽지 않다고 본다.

이러한 세 가지 근거를 토대로 토마스는 허약함으로 인한 악행보다, 악의로 인한 악행이 더 무거운 악행이라고 주장한다.

3) 성령에 대한 죄로서 악의로 범한 죄[160]

① 이전 학자들의 견해에 대한 아우구스티누스의 해석과 주장

토마스는 악행의 원인으로서 악의에 대한 논의를 마친 후에, 악의에 의한 악행이 모두 성령에 대한 죄인지 묻는다. 이 문제는 그리스도교 신학의 교의와 관련된 문제이다. 성령은 그리스도교의 고유한 핵심 가르침인 삼위일체론에 따르는 신의 한 '위격'(persona)이기 때문이다. 그러나 그렇다고 이 문제가 순수하게 신학적인 의미만을 갖는 것은 아니다. 이 문제를 통해서 인간이 왜 악한 의지를 갖게 되며, 왜 악의에

160 De malo, q. 3, a. 14: "악의로 범한 죄는 모두 성령에 대한 죄인가?(utrum omne peccatum ex malitia sit peccatum in spiritum sanctum)"

의한 악한 행위를 하게 되는지 설명을 해주는 한에서 – 물론 윤리 신학적인 문제라는 점에서 여전히 신학의 문제이기는 하지만 – 인간의 악한 행위의 원인에 대한 근원적이고 심층적인 성찰을 담고 있기 때문이다.

우선 토마스는 성령에 대한 죄에 대해서 여러 학자의 다양한 견해가 있다고 언급한다. 그는 먼저 아우구스티누스 이전 신학자들의 견해를 서술하고, 이와 관련된 아우구스티누스의 주장을 소개한다.

토마스에 따르면 아우구스티누스 이전 신학자들, 예를 들어 힐라리우스(Hilarius), 암브로시우스(Ambrosius), 히에로니무스(Hieronymus) 및 크리소스토무스(Chrysostomus)는 성령에 대한 죄는 – 전체 삼위를 성령이라고 말할 수 있는 한에서 성령을 본질적으로(essentialiter) 파악했건, 아니면 세 번째 위격인 한에서 성령을 위격적으로(personaliter) 이해했건 – 성령을 모독했을 때 생겨난다고 말했다.

이러한 주장은 이 문제가 유래한 복음서 구절(마태오 12:24)과 충분히 일치하는 것처럼 보인다. 바리사이파(Pharisaei)가 그리스도가 베엘제불(Beelzebub)의 힘으로 악령을 쫓아냈다고 말했을 때, 그들은 그리스도의 신성과 성령 모두를 모독하였고 그리스도가 신성의 능력으로 또는 성령을 통해서 행한 것을 악령들의 왕자(王者)에게 돌리고 있기 때문이다. 그래서 이 주장에서는 복음서에서 말하는 성령에 대한 죄와 성자(聖子), 즉 그리스도의 인성(humanitas Christi)에 대한 죄가 대비되고 있다고 한다.

그런데 '성령에 대한 죄는 현세에서도 내세에서도 용서받지 못한다'(마태오 12:32)고 성서에서 말하고 있기 때문에, 이로부터 성령이나 그리스도의 신성(divinitas Christi)을 모독한 사람들은 결코 죄의 용서

(remissio)를 얻지 못한다는 결론이 나오는 것처럼 보인다. 그러나 아우구스티누스에 따르면 그리스도의 신성과 성령을 모독하는 유대인이나 이교도들에게도 죄인들의 용서가 주어지는 세례가 거부되지는 않는다.

그래서 아우구스티누스는 성령에 대한 죄를 – 불신자(infideles)처럼 말로써(verbo), 즉 성령의 위격(persona spiriti sancti)을 모독한 사람뿐 아니라, 진리와 성령으로부터 오는 은총을 시기하는 사람들처럼 마음으로(core) 모독하는 사람들, 또는 행위로(opere) 적대시하는 사람들처럼 – 진리를 인식한 후 그리고 성사를 받아들인 후에 성령을 모독하는 사람들에게로 한정한 것처럼 보인다. 그리고 이것은 주(dominus)의 그러한 말('...용서받지 못한다')의 대상인 바리사이파들이 '불신자들'로서 결코 믿음의 성사(fidei sacramentum)를 받지 않았다는 사실과 충돌하지 않는다. 주께서는 이들이 성령에 대해 용서받지 못할 죄를 저질렀다고 말하려는 것이 아니고, 오히려 그들이 신성모독을 함으로써 용서받지 못할 죄에 이르지 않도록 경고한 것이기 때문이다.

그러나 아우구스티누스는 다시 이에 반대하였다고 한다. 그에 따르면 주께서는 성령에 대해 죄를 지은 사람은 세례를 통해 죄의 용서를 받지 못한다고 말한 것이 아니라, 어떠한 식으로도 현세나 미래에서 용서가 없다고 말한 것이기 때문이다. 그래서 이 죄가 다른 사람보다 세례받은 사람에게 더 속하는 것처럼 보이지는 않는다. 교회 안에서 회개하면 어떤 죄인도 고해(poenitentia)가 거부되지 않기 때문이다. 그래서 아우구스티누스는 이 주장을 『재론』에서 반추하면서, '인식된 진리를 공격하는 자(impugnator agnitae veritatis)'와 '형제의 은총을 시기하는 자'(invidens fraternae gratiae)가 죽음에 이르기까지 이 죄에 머무를 때만이 성령에 대해 죄를 지은 사람이라고 덧붙였다고 한다.

토마스는 이 말을 명확히 이해하기 위해서 성서에 불명확하게(indefinite) 제시된 모든 것을 다 보편적으로 받아들여야만 하는 것이 아니라는 점에 주목해야 한다는 아우구스티누스의 말을 고찰해야만 한다고 말한다. 예를 들어 아우구스티누스는 "내가 와서 그들에게 말하지 않았으면 그들은 죄가 없었을 것이다"(가톨릭 성경, 요한 15:22)라는 구절을 누구도 죄가 없다는 식으로 이해해서는 안 되고, 어떤 특정한 죄, 즉 그리스도의 강론과 기적을 모독함으로써 범한 잘못이 없다는 말로 이해해야 한다고 말하였다. 따라서 마태오 복음서를 비롯해 여러 복음서에서 말하는 "성령을 모독하는 자"는 '어떤 특정한 방식으로(aliquo determinato modo)' 신성을 모독하는 자로 이해해야만 한다는 것이다.

그런데 토마스의 주장에 의하면 우리는 주께서 이사야와 예레미야에게 하신 말씀, 즉 성령을 거슬러 하는 말은 입으로(ore) 하는 것만이 아니라 마음(corde)이나 행위(opere)로 하는 것이기도 하다는 것을, 그리고 같은 의미의 많은 말들은 하나의 말(unum verbum)이라는 것에 주목해야만 한다. 그런데 토마스에 따르면 성령은 카리타스임이 분명하다. 그리고 카리타스를 통해서 교회 안에서 죄의 용서(remissio peccatorum)가 주어진다. 그러므로 죄인의 용서는 성령에 전유(專有) 된(appropriatus) 작용이라고 할 수 있다. 따라서 마음으로, 입으로 그리고 행위로 자신의 죄의 용서를 거부하고 그래서 죽음에 이르기까지 죄에 머물러 있는 사람이야말로 성령을 거스르는 말을 하는 사람이라고 말할 수 있다. 따라서 아우구스티누스에 따르면 '죽을 때까지 회개하지 않는 것'이 성령에 대한 죄라고 할 수 있다는 것이다. 그런데 죄의 용서와 마찬가지로 '선성(bonitas)'도 성령에 고유한 것이다.

그러므로 아우구스티누스를 따르는 학자들은 선성 및 성령에 반하는 악의로부터 죄를 짓는 사람은 성령을 거슬러 말하고 모독하는 사람이라고 주장하였다고 한다. 따라서 토마스는 옛 신학자들의 명제에 따라, 또는 아우구스티누스의 명제에 따라 성령에 대한 죄에 대해서 말을 한다면, 악의로 인한 악행이 모두 성령에 대한 죄는 아닐 수 있다고 말한다.

② 토마스의 견해

이상의 고찰로부터 토마스는 악의로부터 비롯된 악행이 모두 성령에 대한 죄는 아니라고 말한다. 그는 그 이유를 다음과 같이 설명한다. 토마스에 따르면, 위에서 이미 말한 바와 같이, 의지 자체가 '연결된 악한 성질'을(malitiam annexam) 갖는 어떤 선으로 기울어져 있는 사람이 악의로 인해 악행을 범하는 사람이라고 말할 수 있다.

그런데 이러한 일은 두 가지로 방식으로 일어난다. 토마스는 이것을 먼저 자연 사물에서 사례를 찾는다. 그에 따르면 자연 사물에서도 어떤 사물은, 마치 무거운 것이 아래로 향하는 것처럼, 자신의 성향성 때문에(propter inclinationem) 움직여지거나, 또는 깨진 꽃병으로부터 물이 흘러나오듯이, 방해하는 것의 제거를 통해서(propter remotionem prohibentis) 움직여지진다.[161] 이와 마찬가지로 때로는 의지 자체도 두 가지 방식으로 [연결된 악한 성질을 갖는] 선으로 향한다.

즉 의지는 한편으로는 죄의 추악함과 연결된 선을 향한 일종의 [습

161 De malo, q. 2, a. 11 참조.

성화된] 본성적 경향성 때문에(ex propria inclinatione habitus acquisiti) 그러한 선을 향할 수 있다. 또는 다른 한편으로 의지는 때로는 악한 행위로 기울어지는 것을 막아주는 어떤 것이 제거됨으로써(ex remotione) 그러한 선으로 향할 수 있다.

토마스에 의하면 희망(spes)이나 신에 대한 경외(timor Dei) 또는 그 밖의 성령의 은사와 같은 것들이 인간을 악행으로부터 막아준다고 한다. 이처럼 인간은 성령을 통해서 악행을 향하는 경향성을 막는 데 도움을 받는다. 따라서 그의 주장에 의하면 성령과의 유대(spiritus sanctus retinacula)를 끊어 버림으로써, 성령을 향한 그의 의지가 죄로 향하는 사람이 본래적 의미에서 성령에 대한 죄를 짓는 사람이라고 말할 수 있다. 이에 따라 절망(desperatio), 주제넘음(자기과신)(praesumptio), 완고함(obstinatio)과 같은 것들이 성령에 대한 죄로 분류된다.[162]

토마스에 따르면 엄밀하게 말하자면 이와 같은, 악한 행위를 향한 경향성을 막아주는 것을 제거하는 것, 즉 성령과의 유대를 끊어 버리는 것이 성령에 대한 죄이지만, 넓은 의미에서는 습성화된 악한 의지를 갖고서 악행을 저지르는 사람도 결과적으로는 성령의 선성에 저항을 한

162 이상의 고찰을 종합하면, 죄를 막아주는 성령의 은사로 토마스는 자비로운 신의 정의에 대한 고찰을 통해서 죄를 용서하고 선을 상으로 주는 자비에 대한 희망(spes)과 죄를 벌하는 신의 정의에 대한 두려움(timor), 그리고 신의 선물로서 주어지는 진리의 인정, 내적 은총의 도움, 그리고 죄 자체를 고찰하여 회개와 죄를 지으면서 얻을 수 있는 선의 보잘것없음에 대한 고찰 등이 죄를 짓는 것을 막아주는 성령의 선물들이다. 그런데 죄를 통해서 이렇게 우리를 죄짓지 않게 막아주는 선물들이 제거됨으로써 절망(desperatio), 주제넘음(praesumptio), 인식된 진리의 논박(impugnatio veritatis agnitae), 형제의 은총에 대한 질투(invidentia fraternae gratiae), 회개하지 않음(impoenitentia), 완고함(obstinantia) 등의 성령에 대한 죄가 생겨난다. 이에 대해서는 Bonnie Kent and Ashley Dressel, "Weakness and willful wrongdoing in Aquinas's De malo", pp. 50–53 참조.

다는 점에서 성령에 대한 죄를 짓는 것이라고 말할 수 있다.

4) 성령에 대한 죄의 용서 가능성[163]

토마스는 앞 절에서 악의에 의한 악한 행위 중 성령에 대한 죄가 무엇인지 밝힌 후에, 이 절에서는 성령에 대한 죄가 용서받을 수 있는 죄인지 묻는다. 이와 관련하여 그는 앞 절의 논의로부터 이 문제의 진리가 분명하다고 말한다. 즉 그에 따르면, 만일 우리가 성령에 대한 죄를 아우구스티누스의 해석에 따라 이해한다면 성령에 대한 죄는 결코 용서받지 못한다는 것이 분명하다는 것이다. 앞에서 말한 것처럼 아우구스티누스에 따르면 '죽음에 이를 때까지 회개 없이 죄에 머무는 것'이 바로 성령에 대한 죄인데, 만일 사람이 죽음에 이르기까지 회개 없이 죄에 머무르게 된다면, 결코 죄의 용서가 이루어질 수 없기 때문이다. 아우구스티누스에 따르면 회개하지 않음(impoenitentia)은 성령에 대한 죄로서, 이것은 대죄(치명적 죄, peccatum morale)에 해당한다. 그러므로 앞 절에서 고찰한 아우구스티누스에 따르면 성령에 대한 죄는 용서받지 못할 죄라는 것이다. 그러나 다른 한편 이러한 죄와 달리 내세에서(in futuro saeculo) 용서받을 수 있는, 가벼운 죄도 있다.[164]

그런데 아우구스티누스와 다른 의견에 따르면, 성령에 대한 죄는 결코 용서받지 못하기 때문에 '용서받지 못할 죄(irremissibile)'라고 불리는 것이 아니라, 용서받기 어려워서(difficulter) '용서받지 못할 죄'라고

163 De malo, q. 3, a. 15: "성령에 대한 죄는 용서받을 수 있는가?(utrum peccatum in spiritum sanctum possit remitti)"

164 peccatum mortale(대죄, 치명적 죄)와 peccatum veniale(용서받을 수 있는 죄) 또는 peccatum levium(가벼운 죄)의 구별과 본질 규정에 대해서는 De malo, q. 7, a.1 참조.

불린다고 한다. 이 견해에 따르면 성령에 대한 죄가 용서받기 어려운 이유는 두 가지 측면에서 고찰할 수 있다.

첫째, 벌의 측면에서(ex parte poenae) 용서받기 어렵다고 한다. 면책될 수 있고 그래서 덜 처벌받아야 하는 죄는 용서받을 수 있는 죄라고 불릴 수 있다. 토마스에 따르면 무지나 허약함으로 인한 악행은 용서받을 수 있는 죄(remissibile)라고 할 수 있다. 무지나 허약함은 행위의 의지적 특성을 약하게 만들 수 있고 그럼으로써 죄를 경감시키기 때문이다. 그렇지만 악의는 그렇지 않다. 이와 비슷하게 살의 허약함이 그렇게 만들어서 그리스도를 '주정뱅이'라고 부르면서 그리스도의 인성을(contra humanitatem Christi) 모독하는 사람은 용서받을 수 있는 것처럼 보인다. 그러나 그리스도의 신성이나 성령의 힘을 모독한 사람들은 죄가 면책되고 경감될 소지가 없다.

둘째, 죄책의 측면에서(quantum ad culpam) – 용서받기 어렵다는 의미에서 – 용서받지 못할 죄라고 말해진다. 이것을 토마스는 인간의 죽음 및 재생과 비교한다. 그에 따르면 피조물의 경우(in rebus inferioribus) 그 사물로부터 비록 신적 능력은 배제되지 않았지만, 그에게 속하는 낮은 능동적 능력이 결핍되어, 그 능력과 관계된 어떤 것을 하는 것이 불가능하다고 말할 수 있다. 예를 들어 창조된 생명의 원리가 제거되면 라자루스가 다시 살아나는 것이 불가능하다. 그러나 물론 그렇다고 해서 신이 라자루스를 되살릴 수 없다고 말할 수는 없다.

그런데 성령에 대해 죄를 지은 사람은, 성령과 성령의 은사(dona), 즉 교회에서 죄인의 용서를 일으키는 은사를 모독하는 한에서, 죄의 용서를 돕는 것(adminicula)을 없애버린 것이라 할 수 있다. 이와 마찬가지로 습성의 경향성을 통해서 악의로부터 죄를 지은 사람은 그를 선으로 되돌릴 수 있는 합당한 목적(finis debitus)에 대해 무지한 사람이다.

따라서 이렇게 이해하면 성령에 대한 죄는 용서받지 못할 죄로 이해해야만 할 것이다. 인간의 죄의 용서를 돕는 치유(remedia)가 제거되었기 때문이다. 그러나 토마스에 따르면 우리가 능동적 원리(activum principium)로서 신의 은총의 힘을 고찰한다면, 그리고 일종의 질료적 원리(principium materiale)로서 우리의 자유로운 결단이 결코 죄로 강하게 고착되지 않은 상태를 고려한다면, 성령에 대한 죄는 용서받을 수 없는 죄는 아니라고 말할 수 있다.

제4장

원죄론(de peccato originali)

토마스는 『악론』 제4문제와 제5문제에 걸쳐서 원죄(peccatum originale)의 문제를 다룬다. '원죄'의 문제는 그리스도교 교의에 바탕을 둔 이론이지만 신학적 종교적 가르침으로 그치는 것이 아니다. 원죄론은 선과 악에 대한 분별이 있으면서도, 그리고 악을 피하려고 하면서도 악으로 기울어지는 인간의 삶과 행위의 근본적 조건에 대한 근원적 성찰을 담고 있기 때문이다.[165] 더 나아가 원죄론은 인간의 악행이, 즉 인간의 자유로운 선택에 기초한 윤리적 행위가 고립되어 있지 않고 서로 연결되어 있어 서로에게 영향을 미치는 일종의 죄의 연대성을 설명해 준다.[166]

---

165 Theo Kobusch, *Christliche Philosophie. Die Entdeckung der Subjektivität*, Darmstadt: WBG, 2006, pp. 131이하 참조. 원죄론 일반에 대해서 조규만, 『원죄론–인류의 연대성, 죄의 보편성』, 서울: 가톨릭대학교 출판부, 2000 참조.

166 Karl Rahner, *Grundkurs des Glaubens, Einführung in den Begriff des Christentums*,

이러한 맥락에서 우리는 원죄를 죄의 각론이 아니라 죄에 대한 형이상학적 고찰에 속하는 주제로 살펴보고자 한다.

하나의 '이론'으로서 원죄론은, 토마스가 이용하고 있는 철학적 이론의 관점에서 설명되어야 할 적지 않은 요소들을 포함하고 있다. 그는 제4문제(8절)와 제5문제(5절)에 걸쳐 총 13개의 문제를 제기함으로써 원죄론을 전개하고 있다. 그는 제4문제에서는 원죄 자체에 대해서, 그리고 제5문제에서는 원죄에 따르는 벌(poena)에 대해서 고찰한다.

1. 원죄란 무엇인가?[167]

(1) 원죄의 본질적 규정

1) 출생으로부터 초래되는, 공동의 죄로서 원죄[168]

토마스는 원죄에 대한 첫 번째 물음으로서 '출생으로부터 초래되는 죄가 있는가'라는 물음을 제기한다. 이 물음은 원죄(peccatum originale)의 성격을 설명해 준다. 즉 원죄는 첫 인간의 '죄' 자체를 가리키는 말이 아니라, 첫 인간의 죄로부터 그의 후손에게 전해지는, 그래서 모든 사람의 공통적 죄를 가리킨다는 것을 시사해 준다. 이러한 의미에서 원죄

Freiburg–Basel–Wien 1984, p. 116 참조.(칼 라너, 『그리스도교 신앙 입문』, 이봉우 옮김, 왜관: 분도출판사, 1994, 150 이하 참조)

167 De malo, q. 4.

168 De malo, q. 4, a. 1: "어떤 죄는 출생으로부터 초래되는가?(utrum aliquod peccatum ex origine contrahatur)"

는 출생을 통해서 전해지는 죄, 즉 유죄(遺罪)를 가리킨다고 말할 수 있다. 그런데 이 경우 첫 인간의 후손들은 자기가 직접적 저지르지 않았으면서도 자신에게 책임이 돌려지는 죄를 지고, 그래서 그에 따르는 벌을 받게 되는 상황이 벌어진다. '나'가 개인적으로 저지르지 않았으면서도 '나'에게도 책임이 돌아가는 죄라는 생각은 합리적인 것으로 받아들이기 어려워 보인다. 특히 윤리적 행위는 '의지적' 행위로 규정되기 때문에 더욱 받아들이기 어려워 보인다.

이러한 맥락에서 펠라기우스와 그의 추종자들은[169] 출생을 통해 후대에 전달되는 죄의 존재를 부정하였다. 그러나 토마스는 원죄를 인정하지 않으면 그리스도를 통한 구원의 필연성이 제거되고, 유아세례의 필요성도 제거된다고 말하면서 펠라기우스파의 주장을 반박하고, 출생을 통해 전달되는 죄, 즉 원죄의 존재를 인정한다.

펠라기우스 비판과 함께 원죄론을 수용한 토마스는 첫 부모의 죄로부터 전해진 모든 사람의 공통적 죄의 책임 문제에 대한 철학적 논증을 시도한다. 그의 파악에 의하면 어떤 한 개별인격은 두 가지 관점에서 고찰될 수 있다. 첫째, 단일한 인격체(persona singularis)로서 고찰될 수 있고, 둘째 한 집단의 부분(pars alicuius collegii)으로서 고찰될 수 있다. 이제 이러한 두 가지 고찰방식에 따라 한 인간에게 속할 수 있는 두 가지 종류의 행위를 생각할 수 있다. 즉 단일한 인격체인 한에서 인간에게 속하는 행위가 있고, 집단의 한 부분으로서의 인간에게 속하는 행위가 있을 수 있다. 단일한 인격체인 한에서 인간에게는 그 자신

169 펠라기우스의 원죄론에 대해서는 조규만, 『원죄론–인류의 연대성, 죄의 보편성』, pp. 59–62 참조.

의 결단을 통해서(proprio arbitrio) 그리고 직접 자기 자신에 의해(per se ipsum) 행해진 행위가 속하게 된다. 반면에 집단의 한 부분으로서의 인간에게는 그 자신의 고유한 결단과 그 자신을 통해 실행되지 않았더라도, 집단 전체나(a toto collegio) 집단의 다수의 구성원에 의해(a pluribus de collegio) 또는 집단의 수장에 의해(a principe collegii) 실행된 행위가 그의 행위로서 속할 수 있다. 이것은 다양한 사람들로 구성된 하나의 집단을 마치 '한 사람'인 것처럼(quasi unus homo) 고찰하고, 그래서 다양한 직무에 종사하는 다양한 사람들이 마치 한 몸에 속하는 다수의 지체인 것처럼 고찰하는 것이다. 이러한 관점에서 토마스는 첫 부모부터 인간 본성을 전달받은 사람들 전체를 마치 하나의 집단인 것처럼(quasi unum collegium) 또는 한 사람의 한 몸인 것처럼(sicut unum corpus unius hominis) 고찰해야 한다고 주장한다. 이 전체 안에서 첫 번째 인간인 아담을 포함해서 모든 사람은 개별적 인격체(singularis persona)로서 고찰될 수 있거나, 또는 한 사람으로부터 자연적 출생을 통해 형성된 전체의 한 구성원(지체)으로서 고찰될 수 있다. 이와 함께 첫 인간의 죄가 단지 첫 인간의 죄로 머물러 있지 않고 전체 인간에게 속하는 죄로서 고찰될 수 있는 관점이 마련되었다.

그런데 토마스에 따르면 첫 인간에게는 초자연적(초본성적) 선물인 '원정의'(originalis iustitia)가 주어졌으며, 이 정의를 통해서 인간 이성은 신에게 복종하고, 하위능력은 상위능력인 이성에, 육체는 영혼에 복종하였다고 한다. 여기에서 중요한 것은 이 초본성적 선물인 원정의가 한 인격체로서 첫 인간이 아니라, '전체 인간 본성의 원리로서(ut cuidam principio totius humanae naturae) 첫 인간'에게 주어졌다는 것이다. 그러므로 이 선물은 첫 번째 인간에게만 주어진 것이 아니라, 출생을 통해서(per originem) 후손에게 전달될 수 있는 종류의 것이었다. 그런데 자유의지를 통한 첫 인간의 죄 때문에 이 선물과 이 선물을 받아들인 조건이 상실되었고, 그 결과 이 선물의 결핍 및 결핍에 따른 결과가 첫 인간으로부터 출생하게 될 모든 사람에게 미치게 되었다는 것이 토마스의 설명이다.

한편 토마스에 따르면 원정의라는 선물의 결핍이 전달되는 방식은 인간 본성이 전달되는 방식을 따른다. 그런데 인간 본성을 이루는 영혼과 육체 중에서 영혼은 신에 의해 직접 창조되어 육체에 주입되기 때문에 출생을 통해서 전달되는 본성은 본성 전체가 아니라 본성의 부분, 즉 신이 영혼을 불어넣을 살(육체)의 측면에서의 본성일 뿐이다. 그렇지만 신으로부터 주입된 영혼은 그것이 결합하는 살(육체) 덕분에 아담으로부터 생겨난 인간 본성에 속하게 된다. 이와 마찬가지로 위에서 말한 그 초본성적 선물의 결핍은 육체의 실체의 관점에서뿐 아니라 종자적 원리의 관점에서, 다시 말해 질료적으로(materialiter) 그리고 일종의 능동적 원리로서(sicut ab activo principio) 아담으로부터 생겨난 살(육체) 덕분에 영혼에도 속하게 된다. 토마스는 이와 같은 방식으로 원정의의 결핍이라는, 첫 부모의 죄에 따르는 대가가 출생을 통해서 본성의 방식으로 후손들에게 전달된다고 보았고, 본성의 방식으로 전달되는 한에서 모든 사람이 공유하는 것으로 생각하였다.

물론 위의 구분에 따라 우리가 각각의 인간을 단일한 인격체로 고찰하게 되면, 그리고 첫 부모와 우리가 서로 구별되는 인격인 한에서, 그 원정의의 결핍은 후손에게는 죄책(culpa)의 성격을 갖지 않는다. 죄책이란 그 행위에 대한 책임을 지는 행위자의 의지적 행위이기 때문이다. 그러나 토마스에 따르면 인간을 첫 부모로부터 출생을 통해서 전달된 본성의 한 지체(membrum)로서, 그리고 전체 인간을 마치 '한' 사람(unus homo)인 것처럼 고찰한다면, 원정의의 결핍은 그것의 의지적 원리(voluntarium principium), 즉 첫 부모의 '현행의 죄(actuale peccatum)'로 인해 모든 사람에게 죄책의 성격(ratio culpae)을 갖게 된다고 한다. 토마스는 이것을 손으로 살인을 저지른 사람의 예를 들어 설명한다. 손은 다른 것에 의해 움직여지는 것이기 때문에, 그 자체로 고찰하면 죄책을 지지 않는다. 그러나 행위의 원리인 의지를 통해 행위하는 인간의 한 부분으로서 손을 고찰하면, 손도 죄책을 지게 된다. 손의 운동은 의지적인 운동이기 때문이다. 이를테면 살인은 손의 탓이 아니라 손을 지체로 갖는 인간의 탓인 것처럼, 원정의의 결핍은 한 개인의 죄(peccatum personale)가 아니라 인간 본성 전체의 죄(peccatum totius naturae)라고 해야 할 것이다. 그리고 그 결핍은 오직 본성이 개별인격을 오염시키는 한에서, 개별인격에 속한다.

한편 토마스는 많은 사람이 있음에도 불구하고, 오직 하나의 원죄만이 있다고 주장한다. 즉 의지, 이성, 손과 같이 사람의 다양한 부분들이 하나의 죄를 저지르는 데 참여하지만, 원리의 통일성, 즉 의지의 통일성 때문에(propter unitatem voluntatis) 하나의 죄가 되고, 의지로부터 다른 부분들의 작용이 죄의 성격을 갖게 되듯이, 이와 마찬가지로 원죄는 전체 인간 본성에 있는 원리에 의해 하나의 원죄(unum peccatum originale)로 고찰되게 된다. 그런데 토마스에 따르면 여기에서 '그 안에서 모든 사람이 죄를 짓는 것'인 이 원리는 첫 인간을 가리킬 수도 있고, 첫 인간의 죄를 가리킬 수도 있다고 한다. 그러한 의미에서 첫 인간의 죄는 이를테면 모든 사람의 '공동의 죄(peccatum commune)'로 규정될 수 있다.[170]

2) 원정의가 결여된 욕정으로서의 원죄[171]

토마스는 앞 절에서 출생을 통해서 전달되는 인간의 죄, 즉 원죄가 있으며, 인간 본성을 공유하고 있는 한에서 모든 사람이 이에 대한 죄책이 있다고 주장하였다. 그런데 이 원죄의 구체적 내용과 관련하여 다양한 이견들이 존재한다. 제2절의 물음은 비록 원죄는 욕정인가라는 제목을 달고 있으면서 원죄와 욕정의 관계를 고찰하지만, 이 절의 여러 이론(異論)과 이에 대한 반론(反論)을 일별해 보면 욕정(concupiscentia) 외에도 무지(ignorantia), 원정의의 결여(carentia originalis iustitiae), 벌(poena)과 죄책(culpa), 치명적 허약함(mortalis infirmitas)을 원죄로 보는 견해들이 등장한다. 토마스는 이 가운데 어느 하나를 취하는 대신 앞 절의 논의로부터 원죄의 구체적 내용을 끌어낸다. 즉, 그에 따르면 첫 인간의 죄가 어떻게 첫 인간과 다른 개별인격인 '이' 또는 '저' 사람에게 속하는 죄가 될 수 있는지 살펴보면 원죄의 내용이 드러나게 된다는 것이다.

토마스는 이를 위해 먼저 앞 절의 논의를 요약한다. 이에 따르면 '이' 또는 '저' 개별인격이 아담으로부터 태어난 다수의 한 부분으로(ut pars quaedam multitudnis) 고찰되는 한에서, 즉 마치 '한 사람의 지체들'

---

170 공동선(bonum commune)과 공동의 죄(peccatum commune)가 서로 대비되고 있다. 한편 같은 절 위에서 토마스는 첫 부모의 '현행의 죄'를 원리라고 말하였다.

171 De malo, q. 4, a. 2: "원죄는 욕정인가?(utrum peccatum originale sit concupiscentia)"

인 것처럼(membrum unius hominis) 고찰되는 한에서, 원죄는 그들 개별 인격 각자에게도 속한다고 하였다. 또한 비록 죄가 다수의 지체를 통해서 범해졌다고 하더라도, 그 죄가 전체(totum)와 관련되고, 죄의 제일 원리(primum peccandi principium)와 관련되는 한에서, '한 죄인의 하나의 죄'(unius hominis peccantis unum peccatum), 즉 '하나의 원죄'가 있다고 하였다.

따라서 토마스는 '이' 또는 '저' 사람의 원죄는 – 죄의 제일 원리로서 – 첫 부모의 죄로부터(ex peccato primi parentis) 출생을 통해(per originem) 그('이' 또는 '저' 사람)에게 속하게 된, 바로 그것이라고 주장한다. 그래서 첫 부모의 죄로부터 출생을 통해서 후손에게 전달되는 것이 무엇인지 살펴보면 원죄의 구체적 내용을 알 수 있게 된다.

토마스는 이것을 설명하기 위해서 앞 절에서도 이용한 바 있는 죄인과 그의 지체의 비유를 통해서 설명한다. 즉 그에 의하면 손이나 눈의 죄는 죄인의 제일 원리인 의지의 운동으로부터 손이나 눈에 이르게 된 것을 가리킨다. 그런데 한 개별인격의 죄로부터 손에 이르게 된 것은 의지 안에서 발견되는 질서를 잃은 첫 운동의 결과와 영향(effectus et impressio motus primi inordinati)이고, 그래서 한 사람이 죄를 지을 때 손의 운동은 무질서한 의지 운동과 유사한 점을 가질 수밖에 없다는 것이다. 그런데 토마스에 따르면 질서를 잃은 의지의 운동은 '합당한 목적을 향한 적합한 질서가 없이(absque ordine convenienti ad debitum finem)' '시간적(가변적) 선을 향해 전향(conversio ad bonum aliquid temporale)'하는 데에서 성립한다. 여기에서 두 가지 요소가 발견된다. 하나는 합당한 질서의 결여(inordinatio), 즉 '불변적 선으로부터 등돌림'(aversio ab incommutabili bono)으로서, 이것은 일종의 형상적 요소이고(quasi formale),[172] 다른 하나는 '세속적(가변적) 선에로의 전향'으로서 이것은 죄에 있어서 질료적 요소(quasi materiale)라고 할 수 있다. 그러므로 한 사람의 죄로부터 손에 이르게 된 것은, 의지 운동의 구조와 유사하게, 손을 '정의의 질서 없이(sine aliquo ordine iustitiae)' '어떤 결과를 향해 적용(사용)함'(applicatio eius ad aliquem effectum)에 다름 아니다. 그러나 의지의 운동이 죄를 일으키지 못하는 것, 예를 들어 창이나 검과 같은 것에 이르게 된다면 사정이 약간 다르다. 창이나 검에는 오직 능력적으로(virtualiter) 또는 결과의 양태로(per modum effectus), 즉 죄의 작용이 창이나 검을 움직여 죄의 결과를 낳게 하는 한에서, 그것에게 죄가 있다고 말할 수 있을 뿐이지, 창이나 검 자체가 죄를 짓는다고 말할 수는 없다. 창이나 검은 손이나 눈처럼 죄인에게 속하는 것이 아니기 때문이다.

이와 마찬가지로 원죄의 원리인 첫 부모의 죄에도 형상적 요소와 질료적 요소가 있다. 즉 첫 부모의 죄는 '불변적인 선으로부터 등돌림(형상적 요소)'을 통해서 '가변적 선으로 전향하는 것(질료적 요소)'에서 성립한다. 그런데 앞절에서 설명한 것처럼, 첫 부모는 불변적 선으로부터 등을 돌림으로써 원정의라는 선물을 상실하였고, 다른 한편 가변적 선으로 무질서하게 전향함으로써 이성으로 고양되어야 할 영혼의 하위능력이 오히려 하위 사물들로 끌려 내려오게 되어 버렸다. 그래서, 의지와 손의 관계와 유사하게, 첫 부모로부터 태어난 그 후손들에게서도 영혼의 상위능력은 원정의를 통해 가졌던 신을 향한 합당한 질서를 상실하게 되었고, 영혼의 하위능력은 이성에 복종하지 않고, 오히려 자기들

172 목적과의 비교를 통해서 도덕적 행위의 형상적 규정성이 파악되기 때문이다.

의 충동에 따라 하위 사물로 전향하게 되었다. 더 나아가 신체를 구성하는 대립물들의 경향성 때문에, 신체가 해체(파괴)될 소질을 갖게 되었다.

그런데 토마스에 따르면 영혼의 상위 부분, 그리고 의지 아래 놓여서 의지에 복종하게 되어 있는 하위 능력의 일부는 첫 죄의 결과를 죄책의 관점에서(secundum rationem culpae) 받아들인다. 그러한 부분들은 죄책을 일으키는 부분들이기 때문이다. 그러나 의지에 복종하지 않는 하위 능력들, 예를 들어 생장혼(anima vegetabilis)의 능력과 육체(corpus)는 그러한 죄의 결과를 죄책의 관점이 아니라 벌의 관점에서 받아들인다. 이것들은, 죄로부터 생겨난 벌이 죄를 야기하는 한에서, 오직 능력적으로만 죄책으로서 받아들일 뿐이다. 예컨대 생식 능력(vis generativa)은 본성과 함께 원죄의 전달에 참여하는 한에서 능력적으로 죄책을 지게 된다.

그런데 출생을 통해 전달된 결함을 죄책의 관점에서 받아들이는 상위능력 중에 다른 능력을 움직이는 능력, 즉 의지가 있다. 영혼의 다른 능력은 모두 의지에 의해 자기의 고유한 작용을 하도록 움직여진다. 그런데 토마스에 따르면 운동인(작용인)과 관련된 것은 항상 '형상적인 것'이고, 반면에 가동적(可動的)인 것 또는 작용을 받아들이는 것은 '질료적인 것'이다.

토마스는 원정의의 결여는 의지와 관련된 것이고, 한편 우리가 욕정(concupiscentia)이라 부르는, 무질서하게 욕구하려는 성벽(性癖)은 의지에 의해 움직여지는 하위능력과 관계하는 것이라고 말한다. 따라서 '이' 또는 '저' 개별인격(후손들)의 원죄는 '원정의의 상실'과 '욕정'으로 구성된다고 말할 수 있다. 이때 원정의의 상실은 형상적인 요소이고 욕정은 질료적 요소이다. 이것은 현행의 죄(실제 행위의 죄)에 있어서 '불변적 선으로부터 등 돌림'이 형상적인 것이고, '가변적 선으로의 전향'이 질료적인 것과 같다. 이에 따라 토마스는 원죄를 '원정의를 상실한 욕정(concupiscentia cum carentia originalis iustitiae)'으로 규정한다. 그런데 위에서 고찰한 것처럼 원죄는 '현행의 죄'가 아니다. 즉 '행위'가 아니라, 첫 부모의 죄로부터 후손에게 전달된 일종의 '성향(dispositio)'으로서 '습성(habitus)'을 가리킨다.[173] 이러한 맥락에서 토마스는 원죄의 경우 영혼이 등 돌리고 전향을 하지만, 실제 행위의 죄(현행의 죄)에서는 행위가 등을 돌리고 전향을 한다고 말하고 있다.

(2) 원죄의 주체

토마스는 원죄의 본질적 규정을 다룬 후, 원죄의 주체와 관련된 토론을 세 단계의 문제 제기를 통해서 진행한다. 첫 단계에서는 원죄의 주체를 영혼으로 확정하고, 두 번째 단계에서는 원죄가 영혼의 능력이 아닌 본성(본질)에 먼저 존재한다는 것을, 세 번째 단계에서는 본질로부터 능력으로 파급되어가는 원죄가 영혼의 능력 중에서 무엇보다도 주체로서 의지 안에 내재한다는 주장을 확정한다.

---

173 『신학대전』에서는 제기되었지만 『악론』 에서는 직접 제기되지 않은 문제로 '원죄가 습성(habitus)인가'라는 문제가 있다. 『신학대전』에 토마스는 원죄는 비록 peccatum이라 불리지만, 행위가 아니라 습성(habitus), 즉 '다수의 것으로 구성된 본성의 기질 성향(dispositio aicuius naturae ex multis compositae)'이라는 의미에서 습성이라고 부른다. (Summa Theologiae, Ia-IIae, q. 82, a. 1co.)

1) 육체보다 영혼에 선재하는 원죄[174]

토마스는 첫 번째 단계에서 원죄의 주체가 영혼이라는 것을 확증하기 위해서 두 가지 구별을 고려해야만 한다고 말한다. 첫째, 먼저 '어떤 것-안에-있음'(esse in aliquo)의 두 가지 의미를 구별해야 한다고 말한다. 토마스에 따르면 '어떤 것이 다른 어떤 것 안에 있음'은 (1) 어떤 것이 그것의 '고유한 주체로서 다른-것-안에-있음'을 의미하거나, 또는 (2) 그것의 '원인-안에-있음'의 의미에서 다른 어떤 것 안에 있음의 의미로 이해할 수 있다는 것이다. 두 번째로 고려해야만 할 것은 본성의 질서(ordo naturae)와 생성 및 시간의 질서(ordo generationis et temporis)의 구별이다. 이러한 구별 후 토마스는 이것을 자세하게 설명한다.

첫째 구별과 관련하여 그는 먼저 '주체'에 대해서 설명한다. 그에 따르면 먼저 어떤 우유의 고유한 주체는 우유 자체와 대등하다(coaequatur)고 말한다. 예를 들어 덕이나 행복의 고유한 주체는 그것과 대등한 것, 즉 인간에게 고유한 것인 이성적 혼의 부분(pars animae rationalis)이라는 것이다. 덕과 행복이 '인간에게 고유한 것(proprium hominis)'이기 때문이다. 한편 원인과 관련하여 토마스는 도구적 원인(causa instrumentalis)과 주된 원인(causa principalis)을 구별한다. 주된 원인 안에는 그것의 결과가-'사람이 사람을 낳는다'고 말할 때처럼 주된 원인이 일의적 원인(causa univoca)일 경우에는-형상의 유사성(similitudo formae)이나 같은 종의 유사성에 따라 존재하고, 또는 그것의 결과

174 De malo, q. 4, a. 3: "원죄의 주체는 살(육체)인가 아니면 영혼인가?(utrum originale peccatum sit in carne, vel in anima, sicut in subiecto)"

가 – '태양이 사람을 낳는다'라고 말할 때처럼 일의적이지 않은 작용인(agens non univocum)의 경우에는 – 탁월한 형상의 관점에 따라(secundum aliquam excellentiorem formam) 존재한다. 한편 도구적 원인 안에는, 그것이 주된 원인에 의해 움직여짐으로써 주된 원인으로부터 받아들이게 되는 능력에 따라 결과가 존재한다고 말한다. 예를 들어 집의 형상은 그것의 주체로서 돌과 목재 안에 있고, 주된 원인으로서 건축가의 영혼 안에 있으며, 도구적 원인으로서 톱과 도끼 안에 존재하는데, 각기 다른 방식으로 그 안에 존재한다고 말할 수 있다.

이러한 고찰 후 토마스는 원죄가 어떤 것 안에 존재하는 방식과 질서를 구별해서 말할 수 있게 된다. 먼저 토마스는 '죄의 주체가 될 수 있음(esse susceptivum peccati)'이 '인간에게 고유하게 속하는 것(proprium hominis)'이라고 본다. 따라서 죄의 고유한 주체는 인간에게 고유한 것이어야 한다. 토마스에 따르면 인간을 '인간'으로 만드는 이성혼(anima rationalis)이 바로 그러한 것이다. 이에 따라 토마스는 원죄는 '그것의 주체로서 이성혼 안에 있다'고 말한다. 한편 원죄가 출생(출생)을 통해서 첫 번째 부모로부터 후손들에게 전달되어 간다는 것을 고려하면, '육체적 종자'(semen carnale)는 인간 본성을 후손에게 전달하는 도구적 원인으로서, 역시 원죄 전달의 도구적 원인이라는 사실을 알게 된다. 이에 따라 원죄는 도구적 원인으로서 육체적 종자 안에 있다고 말해진다.

둘째 구별과 관련하여 토마스는 질서는 본성의 질서와 시간의 질서로 구별된다고 하였다. 이 가운데 본성의 질서에서는 완전한 것이 불완전한 것보다 앞서고, 현실태가 가능태에 앞선다. 반면에 시간과 생성의 질서에서는 그 역의 관계가 성립된다. 이러한 관점에서 고찰하면 본성의 질서에서 원죄는 도구적 원인인 육체보다는 고유한 주체인 영혼 안에 먼저(per prius) 존재하고, 시간과 생성의 질서에서는 육체 안에 먼저 존재한다고 말할 수 있다.

2) 능력보다 영혼 자체(본질)에 앞서 존재하는 원죄[175]

원죄의 주체와 관련된 첫 물음에서 토마스는 원죄의 주체는 영혼이라고 말하였다. 그런데 이제 토마스는 첫 번째 인간의 죄책으로부터 결과하는 결함(결핍)이 영혼 전체에 이르게 되었기 때문에, 원죄는 어떤 방식으로든 영혼의 본질에도(in essentia animae), 영혼의 능력에도(in potentiis animae) 모두 존재한다고 말한다. 그러므로 이제 원죄의 주체와 관련하여 두 번째 단계로 원죄는 영혼의 본질 안에 먼저(per prius) 존재하는가, 아니면 능력 안에 먼저 존재하는지 물을 수 있다.

이와 관련하여 토마스는 먼저 원죄는 하나이며, 영혼의 능력들은 공통의 원천으로서 영혼의 본질 안에 존재하기 때문에, 원죄가 능력에 앞서 본질에 먼저 존재한다는 의견이 그럴듯해 보일 수 있나고 말한다. 그러나 토마스는 이 의견은 개연적으로 들림에도 불구하고 제시된 근거가 필연성이 없다고 주장한다. 영혼의 능력들은 다른 방식으로, 즉 질서의 통일성에 의해(unitate ordinis), 그리고 그것들을 움직이고 지도하는 어떤 제일 능력의 통합성에 의해(unitate alicuius primae potentiae moventis et dirigentis) 통합되기 때문이다. 따라서 토마스는 다른 각도에서 이 문제에 접근해야 한다고 주장한다.

---

175 De malo, q. 4, a. 4: "원죄는 영혼의 본질 보다 영혼의 능력 안에 먼저 존재하는가?(utrum peccatum originale per prius sit in potentia animae quam in essentia)"

토마스는 이 문제를 적절히 다루기 위해서는 원죄가 살(육체)을 통해 영혼에 전달된다는 것을 고려해야만 한다고 말한다. 이에 따라 토마스는 원죄는 적어도 생성과 시간의 과정에서는(in via generationis et temporis) 능력보다는 본질 안에 먼저 존재한다고 말한다. 영혼은 육체의 형상으로서 본질을 통해서 육체와 결합하지, 능력을 통해서 결합하는 것이 아니기 때문이다.

그런데 이와 관련하여 원죄가 생성과 시간의 질서에서는 영혼의 능력보다는 본질에 먼저 존재하지만, 본성의 질서에 따르면 능력에 먼저 존재한다는 반론이 제기될 수도 있다. 그렇지만 토마스는 이 반론도 역시 설득력이 없다고 주장한다. 그 이유는, 토마스의 관점에서 보면, 영혼의 본질과 능력의 관계는 육체와 영혼의 관계와 비교할 수 없기 때문이다. 영혼과 육체는 형상과 질료의 관계를 갖는데, 질료는 생성과 시간의 질서에서 형상에 선행하지만, 완성과 본성의 길에서는(in via perfectionis et naturae) 형상이 질료에 앞서기 때문이다. 오히려 토마스에 따르면 영혼의 본질과 능력의 관계는 실체적 형상(forma substantialis)과 [이 실체적 형상으로부터 생겨나는] 자연적 속성(proprietates naturales consequentes)의 관계를 맺고 있다. 그런데 실체는 시간(tempore), 본성(natura) 그리고 개념에 따라(secundum rationem) 우유(속성)보다 앞선다.

그러므로 토마스에 의하면 원죄는 모든 면에서 영혼의 능력보다는 영혼의 본질 안에 먼저 존재하고, 영혼의 본질로부터 능력으로 퍼져나간다고 한다. 토마스는 그런 점에서 원죄는 영혼의 본성과 관련된다고 주장한다.

3) 능력 중에서 의지에 먼저 존재하는 원죄[176]

원죄의 주체와 관련된 세 번째 문제로 토마스는 원죄가 영혼의 본질로부터 영혼의 능력들로 전달되어 간다면, 영혼의 다양한 능력 가운데 어느 능력 안에 먼저 존재하게 되는지 묻는다. 이 문제를 다루기 위해서 토마스는 윤리적 덕(virtus) 또는 악습(vitium)의 주체를 먼저 언급한다. 그에 의하면 윤리적 덕 또는 악습의 주체는 '상위능력으로부터 어떤 것을 분유하는 한에서의 영혼의 부분'이다. 감각적 욕구 능력인 욕정적 욕구(concupiscibilis)와 분노적 욕구(irascibilis)는, 이성(ratio)을 분유하는 한에서 어떤 덕의 주체가 된다는 것에서 이것을 알 수 있다. 그러므로 이성적인 것(rationale)이 일차적이고(primo) 그 자체로(per se) 덕의 주체라고 말해야만 한다.

이와 마찬가지로 영혼의 능력 가운데 무엇이 원죄의 첫 번째 주체인지 알기 위해서는, 영혼의 능력 가운데 어떤 능력이 다른 영혼의 능력을 죄의 주체가 되도록(susceptivae peccati) 만드는 능력인지 알아야만 한다. 토마스에 따르면 원죄는 영혼의 본질로부터 우선적으로 이 능력으로 파급될 수밖에 없기 때문이다. 그런데 우리가 여기에서 다루고 있는, 윤리적으로 악한 행위(죄)는 그것에 대해 우리가 책임을 지게 되는 행위, 그래서 그것 때문에 우리가 처벌을 받게 되는 그러한 행위, 즉 죄책을 가리킨다. 토마스에 따르면 우리는 우리가 행한 행위가 의지적인 행위인 한에서, 즉 의지로부터 생겨나는 한에서 그것에 대한 책임을 지게 된다.

---

176 De malo, q. 4, a. 5: "원죄는 다른 능력보다 먼저 의지 안에 있는가?"(utrum prius sit in voluntate quam in aliis potentiis)"

그러므로 의지가 바로 영혼의 다른 능력이 죄의 주체가 되도록 만드는 능력이라고 할 수 있다. 따라서 토마스는 의지야말로 영혼의 여러 능력 가운데에서, 그 안에 원죄가 먼저 존재하게 되는 영혼의 능력이라고 말한다.

(3) 생식(生殖)을 통해 아담으로부터 태어난 모든 사람의 죄로서 원죄[177,178]

토마스는 첫 번째 인간의 죄는 출생을 통해서(per originem) 후손들에게 전달된다고 말하였다. 그런데 출생은 정자(semen)를 통해서 이루어진다. 그러므로 원죄는 최초의 인간인 아담으로부터 생식을 통해(seminaliter) 출생한 모든 사람에게 파급된다고 말해야만 한다. 그런데 어떤 사람들은 아담으로부터 생식을 통해 태어난 모든 사람에게 원죄가 전달되는 것은 아니라는 잘못된 주장을 했다고 한다. 즉 원죄에 물들지 않은 사람들이 있을 수 있다는 주장이다. 그러나 토마스는 이러한 주장은 그리스도를 통한 구원의 필요가 없는 사람이 있을 수 있다는 잘못된 주장으로 이어질 수 있다고 본다. 그러므로 토마스는 아담으로부터 생식을 통해 태어난 모든 사람은 생명을 얻으면서(in ipsa sua animatione) 즉시 원죄에 물들게 된다고 주장한다.

토마스는 이러한 자신의 주장을 원죄와 현행의 죄(peccatum actuale)

177 De malo, q. 4, a. 6: “원죄는 생식을 통해 아담으로부터 출생한 모든 사람에게 전해지는가?(utrum derivetur in omnes qui seminaliter procedunt ab Adam)”

178 De malo, q. 4, a. 7: “질료적으로 아담으로부터 태어난 사람들은 원죄에 물드는가?(utrum illi qui materialiter nascuntur ab Adam, contrahant originale)”

의 비교를 통해 전개해 나간다. 즉 원죄와 아담으로부터 태어난 전체 인간 본성의 관계는 현행의 죄와 단일한 개별인격의 관계와 비교 가능하다는 것이다. 모든 사람은, 아담으로부터 태어난 한에서, 한 사람(unus homo)과 같고, 각 사람은 그 한 사람의 여러 지체로 비유되기 때문이다.

그런데 토마스에 따르면 현행의 죄는 일차적으로 어떤 원리, 즉 의지 안에서 발견된다. 위에서 말했듯이[179] 의지가 죄를 일차적으로 일으키는 것이기 때문이다. 이렇게 죄는 의지로부터 시작해서, 의지에 의해 움직여지는 영혼의 다른 능력들로 전달되고, 더 나아가 의지에 의해 움직여지는 한에서, 육체의 지체들까지로 확산된다. '악한 행위'(죄)로 규정되는 행위는 의지적 행위, 즉 의지로부터 비롯된 행위이기 때문이다.

토마스는 이와 유사한 방식으로 원죄는 한 원리로서(in quodam principio) 첫 인간인 아담 안에서 일차적으로(primo) 고찰되어야 한다고 말한다. 원죄는 이 원리로서 아담으로부터, 아담에 의해 '움직여지는(moventur)' 모든 사람에게로 파급되는데, 이는 의지의 명령을 통해(per imperium voluntatis) 영혼의 다른 능력이 움직이는 것과 비교할 수 있다. 이와 마찬가지로 아들은 생식 능력을 통해서 아버지에 의해 움직인다고 말할 수 있다.[180] 아리스토텔레스에 따르면 아버지의 영혼으로부터 생겨나는 운동이 정자(semen) 안에 보존된다고 한다. 따라서 첫 번째 부

179 De malo, q. 4, a. 2 참조.

180 아들이 아버지에 의해 움직여진다고 말한 이유는 '발생'이 일종의 운동이기 때문이다. 즉 토마스는 아리스토텔레스를 따라 아들은 아버지의 생식능력을 통해서(per vim generativam) 태어나기 때문에, 아버지는 아들의 운동인이라고 말하고 있다.

모로부터 생겨난 그러한 운동은 모든 사람, 즉 첫 부모로부터 생식을 통해 태어난 모든 사람에게 파급된다. 그러므로 생식을 통해 첫 부모로부터 생겨난 '모든' 사람들은 그에 의해서 원죄에 물들게 된다는 것이다.[181]

이러한 관점에서 토마스는 단순히 질료적으로(materialiter) 아담으로부터 생겨났다고 해서 원죄에 물드는 것이 아니라 아담으로부터 생식을 통해 태어난 사람들만이 원죄에 물든다고 말해야 한다고 강조한다. 즉 단순히 질료의 측면에서 원죄가 발생하는 것이 아니라 아담으로부터의 '출생(태어남)'이 원죄의 전달에 결정적인 계기가 된다는 것이다. 토마스에 따르면 질료는 움직임(운동)을 주는 것이 아니라, 받는 것이다. 누군가가 아담으로부터, 또는 아담으로부터 태어난 사람으로부터 질료적으로 산출되었다고 해서, 즉시 원죄에 물드는 것이 아니라 오직 생식을 통해서 태어나야만 원죄에 물들게 된다. 또한 어떤 사람이 흙으로부터 새롭게 형성되었다면 원죄에 물들 수 없다고 한다. 따라서 사람이 어떤 질료로부터 형성되었는가가 중요한 것이 아니라, 어떤 작용인에 의해 형성되었는지가 중요한 문제라는 것이다. 사람은 작용인으로부터(ab agente) 형상과 성향(dispositiones)을 받아들이기 때문이다. 질료는 형상이나 경향성을 받아들이는 가능성으로서, 만일 새로운 형상이나 경향성을 받아들이게 되면 앞서 받아들였던 형상이나 경향성은 잃어버리게 된다. 이 때문에 토마스의 주장에 의하면 원죄는 아담으로부터 출생의 방식으로 태어난 한에서 후손들에게 전달되는 것이다.[182]

181 여기까지는 제6절의 내용임.

182 제7절의 내용

(4) 첫 부모 외의 조상이 범한 죄의 유전[183]

토마스는 첫 부모의 죄는 출생을 통해서 후손들에게 전달되지만, 그 외의 가까운 조상들의 현행의 죄(peccata actualia proximorum parentum)는 출생을 통해서 후손들에게 전달될 수 없다고 강조한다. 이것은 토마스 자신이 말하듯이 아우구스티누스와 다른 입장이다. 이를 설명하기 위해서 토마스는 일의적 산출자(generans univocum)라는 자연학적 개념을 도입한다. 그에 따르면 일의적 산출자는 자기의 종적 본성(natura suae speciei) 및 이 종적 본성으로부터 생겨나는 모든 우유(accidentia)를 피산출자(generatum)에 전달한다. 예를 들어 사람이 사람을 낳고, 웃을 수 있는 사람이 웃을 수 있는 사람을 낳는다.

그런데 이 경우 능력이 강한(fortis) 산출자는 특수한 개별적 우유와 관련해서도(qunatum ad accidentia individualia) '자기와 유사한 것'을 전달할 수 있다고 한다. 그러나 중요한 것은 이러한 방식으로 전달되는 우유는 신체에 속하는 우유에 국한되지, 지성혼처럼 신체 기관을 이용하지 않는 영혼의 능력에 속하는 우유는 해당하지 않는다는 것이다. 예를 들어 피부가 흰 사람은 '흰' 피부의 자식을 낳지만, 예컨대 '자연학에 정통한' 사람이 '자연학에 정통한' 자식을 낳는다거나 또는 문법학자가 문법학자를 낳는 것은 아니라는 것이라는 것이다. 즉 지성혼과 관련된 속성들은 출생을 통해 전달되지 않는다는 것이다. 이와 마찬가지로 죄와 관련해서도 그 영향이 지성혼에만 머무르고 신체에는 미치지 않는 그

183 De malo, q. 4, a. 8: "가까운 조상의 죄가 후손에게 전달되는가?(utrum peccata proximorum parentum transeant in posteros)"

런 요소가 있다면, 그러한 것은 출생을 통해서 후손들에게 전달되지 않는다고 말할 수 있다.

토마스는 죄의 어떤 요소가 출생을 통해 전달되고 어떤 요소가 전달되지 않는지 살펴보기 위해 죄와 은총의 대립 관계에 주목한다. 그에 의하면 죄는 은총의 선물(gratiae donum)과 대립하고 은총을 제거한다. 따라서 죄를 통해 제거되는 은총의 선물과 관련하여 고찰한 것을 죄와 관련해서도 고찰해야만 한다는 것이다. 위에서 살펴본 것처럼 인간의 창조 시에 첫 인간에게는 원정의가 은총의 선물로 주어져 있었다. 그런데 신은 이 선물을 첫 인간에게 주었지만, 첫 인간의 개별인격의 관점에서 준 것이 아니라, 첫 인간에 의해 전달되는 전체 인간 본성의 관점에서(ratione totius naturae humanae) 준 선물이라고 토마스는 강조한다. 또한 이 선물의 힘은 영혼의 상위능력인 이성에만 머무르지 않고, 하위능력에도 파급되어 하위능력이 이성에 완전히 복종하게 하고, 더 나아가 육체에도 파급되어 이 선물이 남아 있는 한에서 영혼과의 결합에 대립하는 어떤 것도 육체에 발생하지 않게 된다. 토마스에 따르면 이 선물은 첫째, 인간 본성 전체에, 물론 본성적인 방식이 아니라(non ex ordine naturae) 신에 의한 초본성적(초자연적) 방식으로, 즉 신의 방식으로(ex Dei munere) 본성에 주어진 것이며, 또한 둘째, 출생을 통해서 전달되는 육체에까지 미치는 선물이기 때문에, 첫 부모의 후손들에게도 전달된다고 보는 것이 합리적인(rationabiliter) 생각이다. 그러나 이 선물이 첫 번째 인간의 죄로 인해서 박탈되었기 때문에, 그 죄가 같은 이유로 육체의 출생을 통해서 후손들에게도 전달된다는 추론이 합리적으로 도출될 수 있다.

그러나 토마스에 따르면 원죄가 아닌 다른 '현행의 죄'(peccatum actuale)는 – 그것이 첫 부모의 죄이든 아니면 다른 조상의 죄이든 상관없이 – 행위자 자신에게 (인간 본성 전체가 아니라) 주어진 은총의 선물에만 대립할 뿐이다. 더 나아가 이 은총의 힘은 오직 지성혼에만 머무를 뿐, 육체로까지 파급되지 않으며, 따라서 이 은총을 통해서는 육체의 가멸성이 제거될 수도 없다. 그러므로 어떤 한 조상이 받은 은총은 육체를 통해서 후손들에게 전달되지 않고, 마찬가지로 그 은총과 대립하는 죄도 육체를 통해서 후손들에게 전달되지 않는다고 말해야만 한다. 이와 마찬가지로 아담의 죄도 원죄를 제외한 다른 죄들은 전달되지 않는다. 물론 우리와 가까운 조상의 죄는 부모와 자식 간의 지속적인 소통 때문에 모방의 방식으로(per imitationem) 우리에게 전해질 수 있다는 점은 간과할 수 없다. 그러나 이러한 전달방식은 원죄의 전파와는 다른 성질의 것임이 분명하다고 토마스는 강조한다.

2. 원죄의 벌(poena originalis peccati)[184]

토마스는 제5문제에서 원죄로 인해 받게 되는 벌을 주제로 삼고 있다. 이와 관련하여 그는 다섯 가지 문제를 제기한다.

184 De malo, q. 5.

(1) 신적 직관의 결여[185]

토마스는 원죄에 합당한 벌은 '신적 직관의 결여(carentia divinae visionis)'라고 주장한다. '신적 직관'이란 신의 본질에 대한 직관, 즉 지복직관(visio beatifica)을 가리킨다. 토마스에 따르면 여기에서 인간은 자신의 최고 완전성(perfectio)에 이르게 된다.[186] 바로 이 지복직관의 결여가 원죄에 대한 벌이라는 것이다. 그러나 토마스는 원죄의 직접적 결과로서 지복직관의 결여가 발생하는 것이 아니라고 주장한다. 원죄로 인해 지복직관의 조건이 인간에게 결핍되고, 그 결과 지복직관의 결여가 생겨난다는 것이다.

이것을 설명하기 위해서 토마스는 먼저 완전성(perfectio)에는 두 가지가 속한다고 말한다. 하나는 '어떤 커다란 선을 소유할 수 있음(capax alicuius boni magni), 또는 그 선을 실제로 소유하는 것'이고, 다른 하나는 '외적인 도움을 전혀 또는 거의 필요로 하지 않는다는 것'이다. 그런데 토마스는 이 두 조건 중 첫 번째 조건이 더욱 중요한 조건이라고 말한다. 외적 도움 없이 또는 작은 도움으로 작은 선을 얻는 것보다, 큰 외적 도움을 받더라도 큰 선을 소유할 능력이 있는 것이 더 좋은 것이기 때문이다. 예를 들어 약의 도움으로 완전한 건강을 누리는 것이 약

---

185 De malo, q. 5, a. 1: "원죄의 벌은 신적 직관의 결여인가?(utrum poena originalis peccati sit carentia divinae visionis)"

186 토마스 아퀴나스의 지복 직관론에 대해서는 이상섭, 「도미니코회 내의 아베로에스 행복론의 비판과 수용– 토마스 아퀴나스의 아베로에스 비판과 이에 대한 디트리히의 재비판을 중심으로–」, 『서양고전학연구』 45(2011), pp. 311–337, 여기에서는 pp. 318–323 참조. 중세철학의 지복직관론에 대해서는 Ch. Trottmann, *La Vision Béatifique. Des disputes scolastiques à sa définition par Benoît XII*, Rome: Ecole Française de Rome, 1995 참조.

없이 병에 시달리는 것보다 더 낫다는 것이다. 이러한 고찰에 따라 토마스는 인간과 같은 영적인 피조물은, 비록 자기 본성의 원리(naturae propriae principia)만으로는 충분하지 않고 신의 은총의 도움이 필요하기는 하지만, 신적 직관과 향유를 통해(per divinam visionem et fruitionem) 최고선을 소유할 능력이 있다(capax summi boni)는 점에서, 그러한 능력이 없는 다른 피조물에 비해 더 탁월성을 갖는다고 말한다.

그런데 외적 도움과 관련하여 토마스는 인간을 포함한 모든 이성적 피조물은 완전한 행복에 이르기 위해서는 예외 없이 어떤 신적인 도움, 즉 성화은총의 도움(auxilium gratiae gratum facientis)이 필요하다고 말한다. 그러나 인간은 이것 이외에도 또 다른 초자연적(초본성적) 도움(supernaturale auxilium)이 필요하다고 한다. 인간은 순수한 영적 존재가 아니라, 육체와 영혼으로, 지성적 본성과 감각적 본성으로 구성된 복합된 존재이기 때문이다. 만일 육체와 감각이 각자(즉, 육체와 감각)의 본성에 내맡겨진다면, 이것들은 지성의 짐이 되고, 자유롭게 관조의 최고점에 이르지 못하도록 지성을 방해하게 된다고 한다. 그러므로 토마스에 따르면 인간 정신은 신에게 복종하고, 하위능력과 육체는 전적으로 정신에 복종하고, 그래서 이성이 방해를 받지 않고 신을 지향할 수 있게 하는 도움이 필요하다. 바로 이 초본성적 도움이 앞에서도 여러 차례 언급되었던 원정의이다. 그런데 이렇게 육체가 영혼에 의해 제어되고, 감각 능력이 지성에 의해 통제되도록 하는 이 초본성적 도움은 인간 정신이 신을 관조하고, 향유하도록 질서 지우는 도움(즉, 성화은총)과 구별되는 것으로서, 성화은총에 대한 일종의 준비상태(dispositio)라고 할 수 있다. 즉, 원정의는 지복을 위한 충분조건이 아니라, 지복을 방해하는 요소를 제거하는 데 필수적인 은총이다. 바로 이 원정의라는 초본성적(초자연적) 도움이 원죄를 통해서 제거된다는 것이다.

그런데 토마스에 따르면 인간이 악행을 범함으로써 어떤 선을 획득할 준비상태를 마련해 주는 도움을 던져버리게 되면, 이 도움을 통해 준비상태가 되어 얻게 될 선마저 당연히 빼앗기게 된다고 한다. 토마스는 바로 그러한 선의 박탈을 그 죄(악행)에 합당한 벌이라고 파악한다. 이에 따라 원죄에 합당한 벌은 은총의 박탈(subtractio gratiae)이고, 은총 박탈의 결과 이 은총을 통해서 인간이 질서 지어져 있는 신적 직관의 박탈이 이어지게 된다. 이러한 의미에서 토마스는 신적 직관의 결과가 원죄에 합당한 벌이라고 주장한다.

(2) 원죄와 각고(poena sensibilis)[187]

토마스는 이어서 신적 직관의 결여 외에 감각의 벌[poena sensibilis =각고(覺苦)]이 원죄의 벌로 주어질 수 있는지 묻는다. 이에 대해 그는 원죄의 벌로서 각고, 즉 감각적 고통과 같은 벌은 합당하지 않고, 오직 상실(喪失)의 벌[poena damni=실고(失苦)], 즉 신적 직관의 결여가 마땅한 벌이라고 하는 공통적 견해를 받아들인다. 토마스는 이 견해가 세 가지 이유에서 타당해 보인다고 말한다.

첫째 이유는 개별 인격체들은 모두 본성을 갖는 기체(실체, alicuius naturae suppositum)라는데 있다. 이에 따라 모든 인격은 그 자체로 그리

187 De malo, q. 5, a. 2: “원죄에는 각고가 합당한가?(utrum peccato originali debeatur poena sensibilis)”

고 직접적으로 본성에 속하는 것을 향해 질서 지어져 있고, 이 본성을 매개로 간접적으로 본성을 넘어서 있는 것을 향해서 질서 지어져 있다. 따라서 인간이 인간의 본성을 넘어서 있는 것(초본성적인 것)과 관련하여 결핍을 겪게 된다면, 그것은 개별인격 자신의 죄 때문이거나(ex vitio personae) 또는 그의 본성에 속하는 죄(ex vitio naturae)가 있기 때문이다. 그렇지만 본성에 속하는 것과 관련된 손실(detrimentum)은 오직 개별인격의 죄 탓에 겪게 될 뿐이다.

그런데 토마스에 따르면 원죄는 본성의 죄(vitium naturae)이고, 현행의 죄(peccatum actuale)는 개별인격의 죄(vitium personae)이다. 한편 신적 직관은 인간 본성을 넘어서는 것(초본성적인 것)이다. 따라서 사람들은 은총의 결여나 신적 직관의 결핍을 현행의 죄뿐만 아니라 원죄 때문에 겪어 마땅하다고 할 수 있다. 반면 감각의 벌(각고)은 본성의 온전성(integritas)이나, 본성의 올바른 상태(bona habitudo)와 대립하는 것이다. 즉 각고는 본성과 관련된 손실이기 때문에, 오직 현행의 죄 때문에 사람들이 겪게 되는 벌일 뿐이다. 본성의 죄인 원죄에 상응하는 벌은 위에서 말한 것처럼 초본성적인 것과 관련된 결핍이기 때문이다.

둘째, 죄책과 벌의 비례관계를 고려하면 각고가 원죄에 합당한 벌이 아님을 알 수 있다. 현행의 대죄(peccatum actuale mortale)에는 '불변적 선으로부터 등돌림'(aversio ab incommutabili bono)과 '가변적 선으로의 전향'(conversio ad bonum commutabile)이 발견된다. 그래서 현행의 대죄는 '등돌림'에 상응하여 상실의 벌(신적 직관의 결여)과 '전향'에 상응하여 각고의 벌, 두 가지 벌 모두를 받는 것이 합당하다고 한다. 그러나 토마스에 따르면 원죄에는 불변적 선으로부터의 등돌림(aversio) 및 이 등돌림에 상응하는 것, 즉 영혼의 원정의를 저버림(destitutio animae a iiustitia originali)은 있지만, 가변적 선에로의 전향은 없다. 원죄는 실제 행위가 아니라 일종의 습성 또는 상태이기 때문이다. 따라서 원죄에는 가변적 선에로의 전향에 상응하는 감각의 벌(각고)은 없고, 오직 '불변적 선으로부터의 등돌림'에 상응하는 상실의 벌(실고), 즉 '지복직관의 결여'만이 그것에 합당한 벌이라고 할 수 있다.

각고가 원죄에 합당한 벌이 아닌 세 번째 이유를 토마스는 각고가 습성적 경향성(habitualis dispositio)에 합당한 벌이 아니라는 데서 찾는다. 우리는 우리에게 도둑질할 수 있는 성향이나 능력이 있다고 해서 처벌받지 않는다. 실제로 절도 '행위'를 범했을 때만 처벌받을 뿐이다. 그러므로 실제 행위가 없는 습성적 경향성에는 어떤 상실(damnum)이 합당한 벌로 주어져야만 한다. 예를 들어 문자 지식을 갖지 못한 사람은 그의 무지로 인해 주교직에 승진할 자격이 박탈될 수 있다. 그런데 제2절에서 살펴보았듯이, 원죄에는 습성적 경향성의 양태를 가진 욕정이 발견된다. 이로 인해, 아우구스티누스가 말했듯이, 유아에게도 욕정을 품을 수 있는 소질이 있고, 성인(成人)은 실제로 욕정을 품게 된다. 바로 이러한 이유로 원죄와 함께 죽은 유아에게 감각적 고통의 벌은 합당하지 않은 벌이고, 오직 상실의 벌만 주어진다고 토마스는 말한다. 그에 따르면 원죄와 함께 죽은 유아도 원정의의 결핍으로 인해 신적 직관에 도달하기에 적합하지 않기 때문이다.

이와 같은 이유로 토마스는 각고는 원죄에 합당한 벌이 아니라고 주장한다.

(3) 원죄만 있고 현행의 죄 없이 세상을 떠난 사람의 벌[188]

토마스는 원죄만 있고 현행의 죄는 범하지 않은 사람이 받는 벌에 관해, 대립하는 여러 의견 가운데에서 중간적 의견을 취한다.[189] 이를 위하여 토마스는 먼저 대립하는 의견들에는 어떤 것들이 있는지 설명한다.

그에 따르면 어떤 학자들은 어린아이들이 지복직관의 결여로 인해, 비록 양심의 고통이라는 성격을 갖지는 않지만, 어떤 내적 고통이나 아픔을 겪는다고 주장하였다. 이들에 따르면 어린아이들이 원죄를 피할 수 있었다는 것을 알지 못했기 때문이라는 것이다. 그러나 토마스는 어린아이들에게 내적 고통이 주어진다면 외적인 각고가 없다고 생각할 아무런 이유가 없다고 보았다. 내적 고통이 외적 고통보다 더 큰 벌이라고 생각하기 때문이다.

그래서 어린아이들이 내적 고통도 느끼지 않는다고 보는 것이 더 좋다고 생각한 학자들이 있다고 토마스는 말한다.

그러나 이렇게 생각하는 학자들도 근거를 다르게 설명하는데, 그들 중 어떤 사람들은 원죄를 지고 죽은 어린아이들의 영혼은 캄캄한 무지의 상태에 놓여서, 그들이 지복을 위해 창조되었다는 것을 알지 못할 뿐 아니라, 그것에 대해서 아무런 생각도 하지 않아서 지복직관의 결여로 인한 고통을 전혀 겪지 않는다고 주장하였다고 한다. 그러나 토마

---

188 De malo, q. 5, a. 3: "원죄만 지고 죽은 사람이 내적 고통과 괴로움을 겪는가?(utrum patiantur afflictionem interioris doloris qui decedunt cum solo originali)"

189 토마스에 있어서 연옥과 림보(limbus)에 대해서는 자크 르 고프, 『연옥의 탄생』, 최애리 옮김, 서울: 문학과 지성사, 1995, 513-531 참조.

스는 이러한 생각이 적합하지 않다고 주장하며, 그 근거를 두 가지 제시한다. 첫째, 어린아이들은 현행의 죄가 없으므로 선한 본성이 어떠한 손상도 입지 않았다는 것이다. 이에 대해서 토마스는 바로 앞 절에서 설명을 이미 하였다. 그런데 분리된 영혼은 이생의 영혼보다 더 많은 앎을 가지는 것이 자연적이기 때문에, 분리된 영혼이 무지를 겪는다는 주장은 개연성이 없다는 것이다. 두 번째 이유는 이 의견을 따르면 지옥의 단죄를 받은 사람들은 그들의 보다 고귀한 부분인 지성이 좋은 상태에 있어서 무지의 어둠은 덜할 것이라는 점이다.

그래서 토마스에 따르면 이러한 문제 때문에 다른 사람들은 어린아이들이 내적 고통을 느끼지 않을 것이라고 주장하면서 그 근거로 어린아이들의 의지의 상태(dispoistio)로 인해 고통을 느끼지 않는다고 말하였다. 이들의 생각에 의지의 상태는 죽음 후에는 선으로도 악으로도 변하지 않는다는 것이다. 그래서 어린아이들은 이성의 사용 이전에는 의지의 무질서한 작용이 없어서 죽음 후에도 또한 무질서한 의지 작용이 없을 것이라고 한다. 그런데 어떤 사람이 자기가 결코 얻을 수 없었던 것을 얻지 못했다고 해서 고통을 느끼는 것은 의지의 무질서가 없다면 있을 수 없는 일이다. 예를 들어 어떤 농부가 왕국을 갖지 못했다고 고통스러워한다면 의지가 질서를 잃은 것이라 할 것이다. 따라서 어린아이들은 죽음 후에 자기가 천상의 영광을 결코 얻을 수 없다는 것을 알기 때문에, 영광의 결여로 인해 결코 고통스러워하지 않을 것이라고 한다.

이제 토마스는 이러한 여러 의견들을 종합해서 중간적 입장을 취하게 된다. 즉 그에 따르면 원죄에 오염되었지만, 현행의 죄는 범하지 않고 세상을 떠난 어린아이들은 원죄로부터 비롯된 결핍인 신적 직관의 결여 때문에 내면으로 고통을(dolor interior) 겪지는 않는다는 것이다. 그에 의하면 그러한 어린아이들의 영혼은 육체로부터 분리된 영혼(anima separata)이 본성적으로 가질 수 있는 자연적(본성적) 인식(naturalis cognitio)을 결여하지는 않았지만, 믿음을 통해서 우리 안에 주입된 초자연적 인식은 결여하고 있다고 한다. 그들은 이 세상에 사는 동안 아직 믿음을 갖지도 않았고, 또 믿음의 성사를 받아들이지도 않았기 때문이다. 그런데 토마스에 따르면 인간 영혼이 '자기 자신이 지복을 위해서 창조되었음'을 아는 것, 그리고 '지복은 완전한 선의 소유에(in adeptione perfecti boni) 있음'을 아는 것은 자연적 인식에 속하는 반면, 그 완전한 선이 성인(聖人)들이 소유한 영광(gloria)임을 아는 것은 자연적 인식을 넘어서는 것이다. 따라서 토마스는 이 어린아이들의 영혼은 자기들에게 지복직관이 박탈되어 있다는 것을 알지 못하기 때문에, 원죄만 있고 현행의 죄는 없이 세상을 떠난 어린아이들은 지복직관의 결여 때문에 고통을 겪지는 않는다고 주장한다.

(4) 원죄의 결과로서 죽음과 결함(mors et defectus)

1) 원죄의 벌로서 죽음 및 다른 결함들[190]

토마스는 가톨릭 신앙에 따라 죽음, 그리고 사람들이 차안(此岸)에서 겪는 많은 질병 등과 같은 결함 및 결핍들이 원죄에 따르는 벌이라

190 De malo, q. 5, a. 4: "죽음 및 차안(此岸)의 다른 결함들은 원죄의 벌인가?(utrum mors et alii defectus huius vitae sint poenae originalis peccati)"

는 것을 의심할 수 없다고 말한다.

토마스는 이와 관련된 가톨릭 신앙의 가르침을 설명하기 위해서 먼저 벌을 두 종류로 구분한다. 즉, 죄(peccatum)에 대해 직접 부과되는 벌(taxata pro peccato)이 하나이고, 직접 부과되는 벌에 수반되는(concomitans) 벌이 또 다른 하나이다. 예를 들어 판관(判官)이 어떤 사람의 범죄 행위에 대한 벌로서 앞을 보지 못하게 만드는 신체형을 부과했다면, 이 신체형은 그 사람의 잘못에 대해 직접 부과된 벌이라 할 수 있다. 그런데 이러한 종류의 신체형으로 인해 생겨나는 많은 결함이 있을 수 있다. 예를 들어 앞을 보지 못하게 만들었다면 그로 인해 생계유지를 위한 신체 활동을 하지 못해 남의 도움에 의존해서 살아야 하는 일이 생길 수 있다. 이러한 불편함은 원래 부과된 벌에 수반되는 벌이라는 것이다. 그런데 토마스에 따르면 시력을 박탈하는 것은 판관의 의도에 속하는 것이지만, 그것을 뒤따르는 결핍은 판관의 고려 대상이 아니라고 한다. 그래서 판관이 여러 사람에게 같은 판결을 내렸을 때, 그중 어떤 사람에게 특히 더 많은 불리함(불편함, incommoda)이 생겨날 수 있지만, 그렇다고 판관이 불의하다고 말할 수는 없다고 한다. 그러한 불리함은 판관이 내린 벌이 아니고, 판관의 의도의 관점에서 보자면 우유적으로(per accidens) 결과한 것이기 때문이다.

토마스는 원죄의 벌에 대해서도 비슷한 관점을 적용할 수 있다고 말한다. 위에서 살펴본 것처럼 인간은 창조되었을 때 신으로부터 원정의라는 도움을 선사 받았고, 이 선물을 통해 모든 질병과 결함으로부터 보호를 받았다. 그런데 인간의 본성은 이 초본성적 도움을 첫 부모의 죄로 인해 빼앗기게 되었고, 이 박탈의 결과 사람들이 모두 동일한 원죄의 죄책을 지고 있음에도, 다양한 사람이 다양한 종류의 불리함(불편함)을 겪게 되었다.

그렇지만 인간과 신 사이에는 차이가 있다. 인간인 판관은 자기 판결에 수반되는 결과를 정확히 예견할 수 없고, 따라서 죄책에 대해 벌을 내릴 때 수반되는 결과를 고려할 수 없을 것이다. 그래서 다양한 사람들에게서 발견되는 불편함(불리함)이 동등하지 않다고 해서 인간 판관의 공정성이 훼손되지는 않는다고 말할 수 있다. 그러나 신은 모든 미래사를(omnes eventus futuros) 미리 알고 있다. 그러므로 만일 사람들이 같은(동등한) 죄를 범했음에도, 같지 않은(동등하지 않은) 불리함과 불편함을 겪게 된다면, 이는 신의 부정의(iniustitia)에 속하는 것처럼 보일 수 있을 것이다.

이러한 문제는 신학자들에게 골칫거리를 제공하였고 이를 풀기 위한 다양한 시도가 있었다. 여기에서 토마스는 오리게네스의 이론을 검토한다. 그에 따르면 오리게네스는 영혼이 신체와 결합하기 이전에 다양한 공로와 과실이 있었고, 이 공로와 과실의 차이에 따라 영혼이 결합하는 신체 안에 크고 작은 질병이 뒤따르게 되었다고 주장하였다고 한다. 그런데 토마스는 이 주장이 사도의 가르침에 배치될 뿐 아니라, 비합리적이라고 비판한다. 그에 의하면 영혼이 신체와 결합하기 이전에 공로나 과실이 있다는 생각은 이성에 반하기 때문이다. 영혼은 인간의 한 부분이기 때문에, 신체가 없는 영혼은 불완전한 것이다. 그러므로 신이 자신의 창조사업을 불완전한 사물과 함께 시작했다는 것은 적절하지 않은 생각이라는 것이다. 이러한 관점에서 토마스는 '신체와 결합하기 이전의 영혼'이라는 생각은 이 문제를 해결하기에 적절하지 않다고 보았다.

따라서 이 문제에 대해 토마스는 다른 방식으로 생각해야 한다고 말한다. 그에 따르면 신은 사람들에게 일어나는 질병과 결함의 다양성과 차이를 다른 생에서의 공로가 아니라 부모의 죄 때문에 예견하고 또 질서지어 놓았다고 한다. 그는 자식은 육체의 관점에서 부모에게 속하는 것으로 보고 있다. 그러나 영혼은 신에 의해 직접 창조되었기 때문에 그렇지 않다. 따라서 부모의 죄 때문에 자식이 – 영혼에 속하는 영적인 벌이 아니라 – 육체적으로 벌을 받는다는 생각은 부적절하지 않다는 것이다.

그리고 더 나아가 토마스는 성서의 권위에 의존하여 신은 그러한 질병이나 결함이 때로는 죄의 벌이 아니라 미래의 죄를 막기 위한 처방(remedium contra peccatum sequens)으로서, 또는 그것을 겪는 사람의 덕이나 다른 사람의 덕을 촉진하기 위한 목적으로 질서지어 놓기도 하였다고 주장하였다.

그러나 토마스에 따르면 인간이 질병이나 결함을 통해서 잘못을 피하거나, 또는 덕을 촉진하게 되는 그러한 조건 아래 놓여 있다는 사실 자체가 이미 첫 부모의 죄로 인해 생겨난 인간 본성의 나약함을 보여준다. 인간의 생명을 구하기 위해 지체의 절단이 요구되기도 하는 조건 아래 인간의 육체가 놓여 있다는 것이 인간 육체의 나약함의 징표인 것과 같다. 따라서 토마스는 이 모든 결함과 질병은 '수반하는 벌'로서 원죄에 대응하는 벌이라고 주장한다.

2) 질료의 관점에서 인간에게 자연적(본성적)인 것으로서 육체의 죽음[191]

토마스는 죽음 및 여러 가지 질병과 같은 결함이 인간에게 자연적(naturale)이라고 주장한다. 그는 이를 자세히 설명하기 위해 먼저 '자연적'이라는 말의 의미부터 설명한다. 그에 의하면 자연적이라는 말은 우리가 물체를 '자연적인 것'이라고 부르는 경우처럼, 자연(본성)을 가진 것(id quod habet naturam)을 가리킬 수가 있고, '불이 위로 향하는 것은 자연적이다.'라고 말할 때처럼, 자연(본성)으로부터 결과되어, 그것(자연)에 따라 존재하는 것을 가리킬 수 있다. 우리가 '죽음이 자연적이다'라고 말할 때 '자연적인 것'은 '자연(본성)에 따라 존재하는 것'이라는 후자의 의미에서 말하는 것이다.

그런데 아리스토텔레스-토마스의 '질료-형상론'에 따르면, 자연(본성)은 각각 질료와 형상을 가리킬 수 있으므로, 자연적(본성적)이라는 말도 질료의 관점에서 그리고 형상의 관점에서 다르게 고찰할 수 있다. 위에서 든 불의 예를 다시 들어보자. '다른 것을 뜨겁게 하는 작용을 하는 것은 불에 자연적이다'라는 말은 불의 형상의 관점에서 하는 말이다. 한편 불의 작용을 받아들여 뜨겁게 되는 물의 경우에는 '불에 의해 뜨겁게 되는 것이 자연적이다.'라고 말할 수 있는데, 이것은 질료의 관점에서 하는 말이다. 그런데 토마스에 따르면 질료보다 형상에 더 자연(본성)이라는 말이 귀속될 수 있으므로 질료의 관점에서 자연적인 것보다 형상의 관점에서 자연적인 것이 '더 자연적인 것'이라고 말할 수

191 De malo, q. 5, a. 5: "죽음 및 그런 종류의 결함이 인간에게 자연적인가?(utrum mors et huiusmodi defectus sint homini naturales)"

있다.

한편 토마스에 따르면 질료에 따라 생겨나는 것을 두 가지로 세분해서 살펴볼 필요가 있다. 첫째, 형상에 대응하는 한에서 질료로부터 생겨나는 것이 있는데, 이것은 작용인(agens)이 질료 안에서 선택한 것이라 할 수 있다. 둘째, 형상에 대응하지 않고 오히려 형상 및 목적에 반하는 것으로서, 질료 자체의 필연성으로부터 생겨나는 것이 있다. 이것은 작용인이 선택하지도 의도하지도 않은 것이다. 예를 들어 톱은 쇠로 만들어진다. 톱의 형상과 목적은 '자르는 것'이다. 그리고 철의 견고함과 강도는 톱의 이러한 형상과 목적에 대응하는 질료적 특성이다. 그런데 다른 한편 철은 산화되어 부식될 수 있다. 이것은 톱의 목적과는 관계없는, 더 나아가 톱의 목적과 대립하는, 철이라는 질료 자체의 필연성으로부터 나오는 특성이다. 이러한 질료적 특성은 톱을 만드는 사람에 의해 의도된 것이 아니며, 오히려 가능하면 피하고 싶은 성질이라 할 수 있다.

토마스는 이제 이러한 고찰을 인간에 대한 고찰에 적용한다. 그에 따르면 인간은 실체적 형상인 영혼과 육체의 실체적 결합으로 이루어진 존재이다. 이에 따라 지성적 인식(intelligere)이나 의지 작용(velle) 등은 형상에 따라 인간에게 자연적(본성적)인 것이라 말할 수 있다. 또 다른 한편 질료에 해당하는 육체에 따라 인간에게 자연적인 것들도 있을 수 있다.

그런데 인간 육체의 조건은 두 가지 관점에서 고찰할 수 있다. 즉, 인간의 형상인 지성혼에 적합한(secundum aptitudinem ad formam) 육체의 자연적 특성이 있고, 질료 자체, 즉 육체의 필연성의 관점에서 육체에 속하는 자연적 특성으로 나뉠 수 있다. 인간의 실체적 형상인 지성혼에 대한 적합성의 관점에서 고찰하였을 때, 인간의 육체는 '원소들이 조화롭게(medie) 혼합되어 있음'이 자연적인 것이다. 토마스에 따르면 질료는 형상을 위해서 있는 것이고, 따라서 인간의 육체는 인간의 영혼인 지성혼의 작용에 기여하는 방식으로 이루어지기 때문이다. 톱이 '잘 자르기 위해' 금속으로 만들어지는 것과 같은 이치라 할 수 있다. 그러나 그러한 적합성을 위해서 인간의 육체는 서로 대립하는 요소들이 조화롭게 구성되어 있지만, 서로 대립하는 요소들로 구성된 한에서, 구성된 대립하는 요소들의 해체를 통한 신체의 파괴가 질료 자체의 필연성으로부터(ex necessitate materiae) 결과하게 된다. 이러한 조건에서 질료는 형상에 대한 적합성이 아니라, 형상에 대립하는 성격을 갖는다.

토마스는 형상은 '존재의 원리'로서, 소멸, 즉 '비존재로의 운동'은 형상에 적합한 것이 아니라고 말한다. 더욱이 인간의 형상인 지성혼은 그 자체로도, 그리고 우유적으로도 소멸될 수 있는 것이 아니다. 그러므로 질료인 육체의 소멸이나 파괴, 즉 죽음은 인간의 실체적 형상인 지성혼에 따라 일어나는 것이 아니다. 따라서 만일 이러한 지성혼의 본성에 대응하는 질료가 발견될 수 있다면, 인간에게 죽음은 자연적인 것이 아닐 것이다. 그러나 질료의 본성에 따라 서로 대립하는 원소들로 구성되어 있으면서도 파괴될 수 없는 물체가 자연에서는 발견될 수 없다. 그러므로 토마스에 따르면 그 자체로 소멸하지 않는 영혼과 이에 대응하는 질료로서 소멸하지 않을 수 없는 유기체가 인간을 구성하지 않을 수 없다.

톱을 만드는 장인은 톱이 부러지지 않도록 할 수 있다면 그렇게 하려고 했었을 것이다. 그러나 자연에 따르면 그것은 가능하지 않다. 그러나 토마스에 따르면 인간의 창조자인 신은 원소들의 해체를 통해 소멸로 이어지는 질료의 필연성이 현실화하지 않도록 막을 수 있고, 사실 원죄 이전의 인간은 신의 은총에 의해 그러한 상태에 놓여 있었다고 한다. 원정의가 주어진 상태가 바로 그것이다. 그러나 첫 부모의 죄로 인해 그러한 은총의 혜택을 받을 자격이 상실되었다는 것이다.

이러한 관점에서 보자면 죽음과 파괴는 질료의 필연성의 관점에서 인간에게 자연적인 것이다. 반면 형상의 관점에서는 불멸성이 오히려 더 적합하였을 것이다. 물론 자연의 원리는 인간에게 불멸성을 주기에 충분하지 못하다. 그러나 불멸성에 대한 자연적 적합성(aptitudo naturalis)은 영혼의 관점에서 인간에게 적합한 것이라 할 수 있다. 그것의 완성은 초본성적(초자연적) 힘으로부터 온다. 따라서 토마스에 따르면 불멸성이 우리에게 자연적인 한에서, 죽음과 파괴는 우리에게 본성에 반하는 것이다.

죽음이나 질병은 '물리적 악'에 속한다. 그런데 토마스의 관점에서 이러한 물리적 악은 초본성적 도움의 상태에 있는 인간이 피할 수 있었던 악이다. 그러나 첫 인간의 죄, 즉 도덕적 악으로 인하여 이러한 상태가 인간으로부터 박탈되어 죽음과 질병이 – 질료의 필연성의 관점에서 – 자연적인 것이 되었다는 것이다. 이러한 관점에서 보자면 토마스는 물리적 악이 궁극적으로 도덕적 악으로 환원될 수 있다는 생각을 피력하고 있는 것으로 보인다.

제5장

인간의 자유로운 선택(de electione humana)[192]

제6문제는 오직 하나의 절로 구성되어 있다. 토마스는 여기에서 특히 자유의지의 문제, 토마스의 용어로는 liberum arbitrium, 즉 '자유로운 선택' 또는 '자유로운 결단'의 문제를 집중적으로 논의하고 있다.[193] 토마스의 후기 저작에 속하는 이 텍스트는 '자유로운 선택'의 문제에 대한 토마스의 최종적 견해를 보여주는 중요한 텍스트로 평가된다.[194] 구

192 De malo, q. 6, art. unicus: "인간은 자신의 행위를 자유롭게 선택하는가, 아니면 필연적으로 선택하는가?(utrum homo habeat liberam electionem suorum actuum, aut ex necessitate eligat)"

193 이에 대해서는 David M. Gallagher, "Free Choice and Free Judgment in Thomas Aquinas", in: *Archiv für Geschichte der Philosophie* 76(1994), pp. 247–277. 국내연구로는 이상섭, 「의지의 자유선택에 있어서 이성의 역할」, 김율, 「성 토마스의 후기 저작에 나타난 의지와 지성의 작용통일성과 의지의 자유」, 『가톨릭철학』 7(2005), pp. 206–231 참조. 13, 4세기 스콜라철학에서 자유의지를 둘러싼 논쟁에 대해서는 Bonnie Kent, *Virtues of the Will. The Transformation of Ethics in the Late Thirteenth Century*, Washington D. C., 1995 참조.

194 이에 대해서는 김율, 「성 토마스의 후기 저작에 나타난 의지와 지성의 작용통일

체적으로 여기에서 다뤄지는 문제는 '인간이 자기 행위를 자유롭게 선택하는가, 아니면 필연적으로 선택을 하는가?'이다.

1. 의지의 필연적 운동론의 문제점

토마스는 제기된 문제에 대한 논의를 인간적 행위의 원리인 인간의 의지가 필연적으로(ex necessitate) 선택하도록 움직여진다는 의견의 타당성을 검토하면서 시작한다. 그에 따르면 의지가 필연적으로 선택을 한다고 주장하는 사람들도 의지가 강제된다(cogetur)는 주장은 하지 않는다. 토마스에 따르면 필연적인 것(necessarium)과 강제된 것(violentum)은 동일한 개념이 아니다. 자연적 운동도 어떤 것은 필연적이지만, 강제된 운동은 아니다. '자연적인 것' 또는 '의지적인 것'과 대립하는 개념은 '필연적인 것'이 아니라 '강제된 것'이다. 강제된 것은 외적 원리에 의해 움직이는 것이고, 반면에 자연적인 것 및 의지적인 것은 내적 원리를 갖기 때문이다.

그런데 토마스는 의지가 필연적으로 어떤 것을 선택하도록 움직여진다는 주장은 도덕철학의 기초를 허무는 주장이며, 심지어 이단적인(heretica) 주장이라고 강력하게 비판한다. 이러한 주장은 인간적 행위의 공로(meritum)와 과실(demeritum)이 있다는 것을 부인하기 때문이다. 어떤 사람이 피할 수 없는 일을 필연적으로(ex necessitate) 하는 것은 칭찬이나 비난의 대상이 아니기 때문이다. 그는 또한 이러한 주장은 '이

성과 의지의 자유」, p. 208 참조.

상한 철학적 견해'(extraneae philosophiae opiniones)로 보아야만 한다고도 말한다. 이 견해를 주장하게 되면 도덕철학의 근본 개념들인 숙고(deliberatio), 권고(exhortatio), 명령(praeceptum)과 처벌(punitio), 칭찬(laus)과 비난(vituperium) 등과 같은 개념들이 설 자리를 잃게 되며, 더 나아가 이 주장은 '어떤 것도 움직여지지 않는다'라는, 운동에 대한 불합리한 주장을 포함함으로써 자연학의 기초를 파괴한다고 말한다. 토마스에 따르면 이러한 문제점에도 불구하고 사람들이 이런 입장을 택하게 되는 이유는 뻔뻔스러움 때문이거나 또는 그들이 반박하지 못하는 복잡한 논증 때문이라고(propter aliquas rationes sophisticas) 한다.

2. 의지 운동과 관련해 고찰해야 할 두 가지 사항

(1) 인간의 행위(작용) 원리: 자연물의 작용 원리와의 유사성과 차이

토마스는 의지의 선택 문제와 관련된 진리를 밝히기 위해서는 두 가지를 고려해야 한다고 말한다. 첫째, 그는 먼저 다른 사물들과 마찬가지로 인간에게는 자신의 고유한 작용과 행위의 원리(principium propriorum actuum)가 있다는 것을 고려해야 한다고 말한다. 그리고 그는 '지성'과 '의지'를 본래적 의미에서 인간의 작용 및 행위의 능동적 운동 원리(activum sive motivum principium)로 규정한다.

그런데 이 인간 행위의 능동적 원리는 자연물의 능동적 원리와 어떤 점에서는 일치하고, 어떤 점에서 큰 차이를 갖고 있다. 먼저 일치점을 살펴보자. 토마스가 보기에 자연물은 작용의 원리로서 형상, 및 이 형상에서 유래하는 경향성(inclinatio sequens formam)을 가지고 있다. 자연물에서 발견되는 이 경향성을 토마스는 자연적 욕구(appetitus naturalis)라고도 부른다. 이 형상 및 경향성으로부터 자연물의 작용이 생겨난다. 이와 마찬가지로 인간에게는 작용의 원리로 지성적 형상(forma intellectiva)이 있으며, 이 파악된 형상(forma apprehensa)으로부터 유래하는 의지의 경향성이 발견되며, 이 원리로부터 외적 행위(exterior actio)가 생겨난다.[195]

그런데 토마스가 보기에 이러한 일치에도 자연물과 인간의 능동적 원리 사이에는 중요한 차이가 있다. 자연물의 경우 작용의 능동적 원리인 형상은 질료에 의해 '개별화된 형상(forma individuata)'이다. 따라서 이 형상에서 유래하는 경향성은 어떤 하나의 것으로(ad unum) 결정되어 있고, 따라서 하나의 자연물은 하나의 방식으로만 작용할 뿐이다. 그러나 인간의 작용 원리인 인식된 형상(forma intellecta)은 질료에 의해 개별화된 것이 아니고, 오히려 보편적인 것(universalis)으로 많은 것을 그 아래 포함하고 있다. 그런데 인간적 행위는 개별적인 것과 관계하지만, 개별적인 것 가운데 어느 것도 보편적인 것의 가능성을 소진하지 못한다. 따라서 의지의 경향성(inclinatio voluntatis)은 많은 것들에 대해(ad multa) 어느 하나로 결정되지 않은 상태로(indeterminate) 남아 있게 된다는 것이다. 토마스는 이러한 사정을 건축가의 비유를 통해서 설명

195 토마스는 인간 의지의 고유한 작용 및 행위의 원리인 형상을 forma intellectiva, forma apprehensiva 등 여러 가지 용어로 표현하고 있으며, 바로 아래에서는 forma intellecta로 부른다.

한다. 즉 건축가가 여러 가지 집의 모양을 포함하고 있는 '보편적인 집의 형상'을 품고 있다면, 그의 의지는 '사격형'의 집이나 '둥근' 집 또는 다른 모양의 집을 지으려는 경향성을 가질 수 있다.[196]

(2) 능력의 두 가지 운동 방식: 주체의 측면과 대상의 측면

두 번째로 고려해야 할 사항은 능력(potentia)은 두 가지 방식으로 움직여진다는 것이다. 이것은 곧 보게 되겠지만 의지의 운동도 마찬가지이다. 토마스에 따르면 능력은 두 가지 측면에서, 즉 주체의 측면에서(ex parte subiecti) 그리고 대상의 측면에서(ex parte obiecti) 움직여질 수 있다. 토마스는 이것을 먼저 시각 능력(visus)을 예로 들어 설명한다. 시각 능력은 주체의 측면에서, 즉 시각기관의 상태 변화(운동)에 따라, '더 선명하게' 보거나 '덜 선명하게' 보도록 움직일 수 있다. 한편 시각 능력은, 대상의 측면에서, '흰' 것을 보거나 '검은' 것을 볼 수 있다. 전자의 변화(운동)는 행위나 작용의 실행(exercitium actus)과 관련된 운동(변화)으로서, 이에는 '작용(행위)함' '작용(행위)하지 않음' 또는 '잘- 또는 잘못 작용(행위)함'과 같은 범주들이 있다. 후자의 변화(운동)는 행위나 작

196 한편 여기에서 토마스는 이성이 없는 동물의 능동적 원리는 자연 사물과 인간의 중간적 위치에 있다고 말한다. 동물의 작용 원리인 감각적 형상(forma apprehensa per sensum)은 개별적이고 이에 따라 이러한 형상으로부터는 자연 사물의 경우와 같이 하나의 행위를 향한 경향성만이 뒤따라 나온다. 그러나 자연 사물과 달리 동물은 항상 같은 감각적 형상을 수용하는 것은 아니라서, 이 형상에 따라 동물은 다른 작용을 한다고 토마스는 설명한다. 그래서 동물은 어떤 때에는 슬픔을 주는 형상(forma tristis)을, 어떤 때에는 쾌락을 주는 형상(forma delectabilis)을 받아들이고, 이에 따라 회피를 하기도 하고 욕구하기도 한다. 이러한 점에서는 인간의 능동적 원리와 유사성을 갖는다고 한다.

용의 종별화(specificatio actus)와 관련된 변화(운동)라고 할 수 있다. 토마스에 따르면 어떤 종류의 작용(행위)인가는 대상에 의해(per obiectum) 결정되기 때문이다. 이제 토마스는 이 두 번째 고려사항도 자연 사물의 경우와 인간의 경우를 비교해서 적용한다.

먼저 토마스는 자연 사물에 있어서 작용(행위)의 종류를 결정하는 것은 그 사물의 형상(forma)이고, 작용의 실행은 이 운동을 일으키는 작용인(agens)으로부터 유래한다고 말한다. 그런데 운동자(movens)는 목적을 위해(propter finem) 작용하기 때문에 실행의 측면에서 운동의 제일 원리는 목적으로부터(ex fine) 온다고 말해야 한다.

영혼 능력의 운동에 관해서도 이 두 가지 측면을 고려해야 한다. 그런데 이를 다루기에 앞서 토마스는 인간의 작용(행위) 원리인 지성과 의지의 대상을 먼저 고찰한 후, 지성과 의지의 상호 관계를 보여준다. 토마스에 따르면 지성의 대상은 형상인의 유(類)에서(in genere causae formalis)에서 제일 원리(primum principium)이다. 지성의 대상은 존재자(ens)와 참된 것(verum)으로, '참된 것'은 모든 '파악된 형상'을 그 아래 포괄하기 때문이다. 그리고 의지의 대상은 목적인의 유(類)에서(in genere causae finalis) 제일 원리이다. 의지의 대상은 그 아래 모든 목적을 포괄하는 선(bonum)이기 때문이다. 이로부터 행위의 두 원리인 의지와 지성의 대상 간의 상호 관계를 파악할 수 있다. 토마스에 따르면 의지의 대상인 선은 '파악 가능한 형상(forma apprehensibilis)'인 한에서 지성의 대상인 참된 것(진리) 아래 포함되고, 지성의 대상인 참된 것(진리)은 지성 작용의 목적인 한에서, 하나의 특수한 선으로서 (의지의 대상인) 보편적 선(좋은 것)에 포함된다.

이제 이러한 관계를 염두에 두고 영혼 능력의 운동을 (능력의) 작용(행위)의 종류를 결정하는 대상의 측면에서(ex parte obiecti specificantis actum) 고찰해 보면, 이 운동의 제일 원리는 지성에서 유래한다는 것을 알 수 있다고 토마스는 주장한다. 이러한 방식으로 '지성에 의해 인식된 선'(bonum intellectum)이 의지도 움직이기 때문이다. 즉 인식된 선이 의지의 '형상'의 위치에 있다. 다른 한편 영혼 능력의 운동을 작용(행위)의 실행이라는 측면에서(ex parte exercitii actus) 고찰하게 되면, 운동의 제일 원리는 의지에서 유래한다고 말해야만 한다. 주된 목적(finis principalis)과 관계하는 능력이 수단(quod est ad finem)과 관련된 능력을 움직이기 때문이다. 예를 들어 전쟁의 기예가 말 굴레를 만드는 기술자를 움직여 말 굴레를 만들도록 한다는 것이다. 토마스에 따르면 바로 이러한 방식으로 의지는 자기 자신을(se ipsam) 움직이고, 그리고 또 다른 모든 능력을(omnes alias potentias) 움직인다는 것이다. 예를 들어 우리는 알기를 의지(意志)하기 때문에 앎의 작용을 실행하는 것이고(아는 것이고), 우리가 가진 다른 능력들을 사용하기를 의지(意志)하기 때문에 그것들을 사용하는 것이다.[197]

197 각각의 능력(potentia)은 작용(actus)을 지향하며 작용이 바로 능력의 선이고 목적이다. 즉 영혼의 능력이 작용으로 이행하게 되는 근거는 능력의 작용이 의지의 대상으로서, 의지에 의해 움직여지기 때문이다. 이러한 관점에서 '진리를 인식함'이라는 지성의 작용은 지성에게 '좋은 것(bonum)'으로서 의지의 대상이며, 그런 한에서 의지에 의해 일어난다. 즉 토마스에 따르면 "나는 의지(意志)하기 때문에 인식한다(intelligo quia volo)". 그는 의지는 이러한 방식으로 지성뿐 아니라 다른 모든 영혼의 능력을 작용으로 움직인다고 말한다. (Summa theologiae Ia-IIae, q. 10, a. 1co. 참조)

3. 실행의 관점과 종별화의 관점에서 의지 운동의 필연성과 자유

이제 이상의 고찰을 통해서 토마스는 '의지가 필연적으로 움직여지는가'라는 문제를 적절히 다루기 위해서는, 의지의 운동을 작용 실행의 측면과 대상에 의한 의지 작용의 종별화의 측면을 나누어서 생각해야만 한다고 주장한다.

첫째, 작용 실행의 관점에서 고찰하면(quantum ad exercitium actus), 의지는 다른 것에 의해서 움직여지지 않고, 오직 자기 자신에 의해서(a se ipsa) 움직인다고 말해야 한다. 즉, 의지는 다른 영혼의 능력들을 움직이는 것처럼, 자기 자신도 움직인다는 것이다.[198] 그러나 토마스는 의지가 자기 자신을 움직인다고 해서, 의지가 동일한 관점에서(secundum idem) 가능태에 있으면서 동시에 현실태에 있다는 것을 의미하지는 않는다고 덧붙인다. 지성이 움직이는 방식을 보면, 지성은 어떤 '현실적으로 알려진 것'으로부터(ex noto in actu) '아직 알려지지 않은 (그래서 오직 가능적으로만 알려진) 어떤 것'(aliquid ignotum)의 앎으로 옮아가는 것을 알 수 있다. 이것이 발견의 길(via inventionis)이다. 토마스는 의지도 이와 유사하게 어떤 것을 현실적으로 의지(意志)함으로써, 자기 자신을 움직여 (자기가) 다른 어떤 것을 현실적으로 의지하게 된다고 말한다. 이에 대한 예로서 건강함(sanitas)을 의지(意志)하는 사람을 생각할 수 있다. 그는 건강함을 의지함으로써, 건강함을 낳는 음식물이나 약의 섭

198 즉 다른 능력의 작용처럼 '의지함(velle)의 작용'도 의지의 선이고, [의지의] 선은 의지의 대상이기 때문에 의지는 자기의 '의지함'을 의지할 수 있다.

취를 의지하게 된다. 이와 같은 방식으로 의지는 목적을 의지(意志)함으로써 수단을 의지(意志)하도록 자기 자신을 움직여가게 된다. 그런데 의지가 건강함(목적)을 얻기 위해 건강에 좋은 음식이나 약(수단)을 의지하기 위해서는 무엇이 건강에 좋은 것인지 숙고해야(consiliari) 한다. 숙고(consilium)가 끝난 후 의지는 건강에 좋은 것을 섭취하기를 의지하게 된다. 이렇게 약의 복용 의지에 앞서 숙고가 있다. 그리고 이 숙고는 '숙고하려고 의지하는 자'의 의지로부터 나온다. 이렇게 의지는 숙고를 통해서 자기 자신을 움직여 나간다.[199] 그런데 토마스에 따르면 의지를 움직이는 숙고는 증명적 탐구(inquisitio demonstrativa)가 아니라, '대립적인 것에 개방된 것(ad apposita viam habens)'이기 때문에, 의지는 필연적으로 자기 자신을 움직이지 않는다. 오히려 의지는 항상 숙고하려고 의지(意志)하는 것은 아니기 때문에, 숙고하려고 의지하려면 반드시 '다른 것에 의해' 움직여야만 한다.

그런데 여기에서 의지와 의지를 움직이는 숙고의 상호 관계로부터 또 다른 문제가 발생한다. 숙고는 실천적 지성(실천이성)의 작용이기 때문이다.[200] 그런데 바로 위에서 말했듯이, 의지는 항상 '숙고하기를 의지(意志)'하는 것은 아니므로, '숙고하기를 의지'하도록 다른 것에 의해 움직여져야만 한다. 그러나 만일 '숙고하기를 의지'하도록 의지가 자기

199 그런데 숙고는 실천이성의 작용으로서 이 작용이 의지에 선행한다면 의지가 지성에 의해 움직여진다고 말해야 할 것 같다. 그런데 토마스는 다시 숙고는 하나의 작용으로서 숙고를 의지하는 자의 의지로부터 생겨난다고 말함으로써 실행의 측면에서 의지의 우선성을 강조한다. 그러나 이러한 입장은 다시 숙고하려는 의지를 움직이는 선행하는 '지성의 파악'을 요청하게 되고 이러한 관계가 무한히 진행될 수 있다. 이 문제는 곧 다뤄지게 된다.

200 Summa Theologiae, Ia–IIae, q. 14, a. 1co. 참조.

자신을 움직인다면, '숙고하기를 의지'하도록 자기를 움직이는 의지에 앞서 또 다른 숙고가 앞서야 한다. '숙고하기를 의지하는 것이 좋다는 숙고'를 통해서, '숙고하기를 의지'하게 되기 때문이다. 그러나 그 숙고 자체가 다시 의지에 의해 야기되는 것이기 때문에, 이러한 관계는 무한히(in infinitum procedere) 거슬러 올라갈 수 있다. 무한퇴행의 불가능성을 주장하는 토마스의 관점에서 이러한 관계는 어떤 시작점을 가져야만 한다. 즉 의지의 최초 운동과 관련해서(quantum ad primum motum voluntatis) '항상 현실태에서 의지(意志)하지 않는 자(인간의 의지가 여기에 해당한다)의 의지(voluntas cuiuscumque non semper actu volentis)는 외적인 것에 의해 움직여져야 한다는 것이다. 이 외적인 것의 자극(instinctus)에 의해 인간의 의지가 의지(意志)하기를 시작한다(velle incipit).

의지의 최초 운동을 일으키는 것에 대해서 어떤 사람들은 천체와 같은 것을 상정하기도 하지만, 토마스는 천체가 인간 의지를 직접 움직이는 것은 불가능하다고 주장한다. 이러한 주장은 감각과 지성의 구별을 없애고, 사람과 이성이 없는 동물의 구별을 없앨 수 있다는 것이다. 이러한 맥락에서 토마스는 숙고하는 지성과 의지의 운동을 첫 번째로 일으키는 것은 의지와 지성을 넘어서 있는 존재(aliquid supra voluntatem et intellectum), 즉 신이라고 결론을 내린다.[201] 그런데 중요한 것은 토마스에 따르면 신은 움직여지는 모든 것들을 '움직여지는 것 자체의 관점과 방식으로'(secundum rationem mobilium) 움직인다는 것이다. 예를 들어 무거운 것은 아래로 향하는 운동을 하는데, 이러한 운동은 무거운

201 이에 대해서는 Brian J. Shanley, O.P., "Divine Causation and Human Freedom in Aquinas", in: *American Catholic Philosophical Quarterly* 72(1998), pp. 99–122 참조.

것의 본질적 규정과 형상에 따르는 것이다. 이와 마찬가지로 의지는 의지의 조건에 따라 신에 의해 움직여진다. 그러므로 의지는 필연적으로 움직이지 않으며, '많은 것'에 대해서 결정되지 않은(indeterminate) 상태에서 움직여진다고 말해야 한다.[202] 이상의 고찰로부터 토마스는 의지는 실행의 관점에서 보자면 필연적으로 움직여지지 않는다는 결론을 내린다.

둘째, 의지의 운동을 '이' 또는 '저것'을 의지하도록 규정하는 대상의 측면에서(ex parte obiecti), 즉 작용(행위)의 종별화의 측면에서(specificatio actus) 고찰하면, 의지를 움직이는 대상은 '적합한 것으로 파악된 선'(bonum conveniens apprehensum)이라는 사실을 고려해야 한다. 그래서 토마스에 따르면 의지 앞에 놓인 어떤 것이, 비록 선한 것(좋은 것)으로는 파악되었지만 '적합한 것'(conveniens)으로 파악되지 않았다면, 의지를 움직이지 않을 것이라고 한다. 그런데 숙고와 선택은 특수한 것들(particularia)과 관계한다. 행위 대상은 특수한 것이기 때문이다. 따라서 선한 것 그리고 적합한 것으로서 파악된 것은 보편적으로 선하고 적합한 것이 아니라, 특수한 선과 적합한 것(bonum et conveniens in particulari)으로서 파악되어야 한다. 따라서 어떤 것이 고찰될 수 있

202 이에 대해서는 약간의 보충 설명이 필요하다. 토마스의 설명은 의지의 제일 운동이 신으로부터 비롯되었다는 것만을 보여주는 것이고, 의지와 지성 중에서 어떤 것이 먼저 움직여졌는가는 아직 답하고 있지 않은 것처럼 보인다. 그러나 선을 향한 의지의 지향이 먼저 있고, 그런 다음에 선을 향한 지향 운동의 시작을 위한 숙고가 시작된다고 보면 지성에 대한 의지의 우선성을 의미하는 것으로 해석할 수 있다. 즉 신은 의지에 최고선을 향한 지향을 주입하였고 이 지향으로부터 선을 얻기 위한 숙고가 생겨난다고 말할 수 있다. 물론 이 선에 대한 명시적이고 의식적인 인식이 있는가는 분명하지 않다. 이에 대해서는 이상섭, 「의지의 자유선택에 있어서 이성의 역할」, pp. 333-336 참조.

는 모든 특수한 관점에서 적합한 선(bonum conveniens secundum omnia particularia)으로서 파악된다면, 그것은 필연적으로(ex necessitate) 의지를 움직일 것이다. 바로 그러한 이유에서 인간은 필연적으로 지복(beatitudo)을 욕구한다고 말할 수 있다.

그러나 토마스는 여기에서 의지의 필연적 운동을 '작용의 종별화(규정)'의 측면으로 한정한다. 의지는 '고찰될 수 있는 모든 특수한 관점에서 적합한 선'과 반대되는 것을 의지할 수 없기 때문이다. 그러나 토마스는 작용의 실행이라는 관점에서 의지의 필연적 운동을 말할 수 없다고 강조한다. 즉, 인간은 어떤 특정한 시점에서 지복에 대해 사유하기를 의지(意志)하지 않을 수(non velle cogitare) 있기 때문이다. 그 이유는 '지성의 작용'과 '의지의 작용'도 그 자체로는 특수한(particularia) 작용이기 때문이다.[203] 한편 어떤 것이 고찰 가능한 모든 특수성의 관점에서 선한 것으로 고찰되지 않는다면, 그것은 실행의 측면은 물론이고 작용의 규정의 관점에서도 필연적으로 의지를 움직이지는 못한다. 우리는 그러한 선에 대해서 사유하면서도 그것과 반대되는 것을 의지할 수 있다. 즉 그것과 반대되는 것이 어떤 다른 특수한 관점에서 선하고 적

203 종별화의 측면에서 '사유 가능한 최고선'은 '선'의 관점에서 반대의 것이 '생각'될 수 없으므로, 의지(意志)되지 않을 수 없다. 그러나 하나의 특수한 작용(즉, 특수한 선)으로서 '생각'은 '생각하지-않음'을 생각할 수 있기 때문에, '생각하지 않음'을 의지(意志)하고 '생각'을 의지(意志)하지 않을 수 있다. 의지는 '욕구하지 않을 수 없는 것[으로 파악된 것]'을 욕구하지 않을 수 없다. 그러나 '욕구하지 않을 수 없는 것에 대한 사유(생각)'는 그 자체로 '욕구하지 않을 수 없는 것[으로 파악된 것]'이 아니다. '욕구하지 않을 수 없는 것에 대해 사유(생각)하지 않음'을 생각할 수 있고, 그것을 욕구할 수 있기 때문이다. 이러한 방식으로 '종별화의 관점에서' 의지는 이성적 욕구로서 지성의 파악을 따르게 되어 있으면서도, '실행의 관점에서' 지성의 파악을 따르지 않을 수 있다. 이에 대해서는 Christian Schäfer, *Thomas von Aquins gründlichere Behandlung der Übel*, pp. 147-148 참조.

합한 것으로 파악될 수 있기 때문이다. 예를 들어 아무리 건강에 좋은 것이라도 맛이 좋지 않다면 먹기를 거부할 수 있기 때문이다.

이처럼 의지는 자기 앞에 주어진 것을 어떤 특수한 조건에서는 지향하지만, 다른 조건에서는 지향하지 않을 수 있다. 그런데 토마스는 이러한 일은 세 가지 방식으로 일어날 수 있다고 말한다.

첫째, 하나의 조건이 다른 조건보다 우세할 때 그러한 일이 생겨날 수 있다. 예를 들어 어떤 사람이 '의지에 유용한 것'(utile voluntati)보다는 건강에 유용한 것을 선호할 때 그럴 수 있다.

둘째, 사람은 어떤 한 상황을 고려하면서 다른 상황을 고려하지 않는 경우가 있다. 많은 경우 이것은 그에게 내적이든 외적이든, 어떤 한 상황을 고려할 특수한 기회(occasio)가 주어지기 때문에 생겨난다.

셋째, 사람의 성향이나 상태 때문에(ex dispositione hominis) 일어날 수 있다. 행위자가 어떤 사람인가에 따라 지향하는 목적이 다를 수 있기 때문이다. 예컨대 분노한 사람과 평상심을 유지하는 사람은 같은 것을 대하고도 다르게 판단할 수 있다. 마치 병든 사람과 건강한 사람이 다른 음식을 자기에게 적합한 것으로 욕구하는 것과 같다.

이렇게 사람은 자기의 성향(dispositio)에 따라 어떤 것을 '좋고 적합한 것'으로 보고 욕구하게 된다. 따라서 이 성향이 본성적(자연적)인 것이고 의지에 복종하는 것이 아니라면, 의지는 그 본성적 성향을 통해 '좋고 적합한 것'으로 보이는 것을 본성적(자연적) 필연성으로부터 선택하게 된다.[204] 이와 같은 이유로 사람들은 자연적으로 존재(esse), 삶

---

204 본성적(자연적)으로 욕구하는 것에 대해서는 Summa Theologiae, Ia-IIae, q. 10, a. 1 co. 참조.

(vivere) 및 지성적 인식(intelligere)을 의지한다. 그러나 성향이 본성적(자연적)인 것이 아니고 의지에 복종하는 것이라면 사정이 다르다. 예를 들어 행위자의 습성이나 정념 때문에 어떤 성향이 형성되어서, 어떤 특수한 상황에서 그에게 형성된 성향에 따라 어떤 것이 좋거나 나쁜 것으로 보이게 되는 경우가 있다. 이때 의지는 필연적으로 그것을 향해 움직이지 않는다. 왜냐하면 인간은 정념이나 습성을 통해서 형성된 성향을 없앨(removere) 수가 있기 때문이다. 다시 말해 정념이나 습성은 의지에 복종한다는 것이다. 그래서 분노의 상태에 놓인 사람은 자기 분노를 가라앉힌 후, 전과 다른 판단을 내릴 수 있다. 한편 정념은 습성보다 더 쉽게 없앨 수 있다.

이상의 고찰을 통해서 토마스는 의지는 대상의 측면에서 어떤 것을 필연적으로 의지(意志)하지만 – '지복'이나 '본성적(자연적)으로 의지(意志)하는 것' 등 –, 모든 것을 필연적으로 의지하지는 않는다고 결론 내린다. 그러나 실행의 측면에서 고찰하면, 의지는 결코 필연적으로 움직이지 않는다. 그러므로 토마스에 따르면 인간은 실행의 관점에서 고찰하면 자유롭게 선택하는 존재로서 좋은 것(선)을 행할 뿐 아니라 악한 행위를 하는 존재이기도 하다. 악하다는 것을 알면서도 악한 행위를 하는 근본적 이유를 여기에서 찾을 수 있다.[205]

205 이러한 맥락에서 토마스는 선과 악의 선택의 자유는 유한성의 표지라고 말한다 (De malo, q. 16, a. 5co. 참조).

제2부

소죄와 여덟 가지 죄종

제1장

소죄(De peccato veniali)

『악론』에서 토마스의 고찰은 제7문제부터 새로운 국면으로 접어든다. 지금까지 토마스는 악에 대한 형이상학적 고찰 및 이를 배경으로 한 도덕적 악의 일반론을 전개하였다. 이제 토마스는 제7문제부터 도덕적 악에 대한 각론을 시작한다. 여기에는 소죄에 대한 고찰과 죄종에 대한 고찰이 속한다. 이와 함께 토마스는 본격적으로 그리스도교 교의에 기초한 도덕적 악, 즉 죄의 구체적 내용에 대해 고찰하기 시작한다. 그는 소죄 및 대죄에 대해서 먼저 고찰한 후 여덟 가지 죄종에 대해서 하나하나 상세하게 설명해 나간다.

토마스는 제7문제에서 '용서받을 수 있는 죄(peccatum veniale)', 즉 소죄(小罪)에 대하여 총 12개의 문제를 제기한다.

1. 소죄와 대죄의 구별[206]

(1) '용서받을 수 있는 죄'의 세 가지 의미

토마스는 소죄에 대한 고찰을 소죄와 대죄(大罪)의 구별과 함께 시작한다. 두 죄의 라틴어 표현, 즉 peccatum veniale와 peccatum mortale는 각각, 문자 그대로 말하자면, 용서받을 수 있는(veniale) 죄와 치명적(mortale) 죄를 의미한다.

그는 먼저 소죄, 즉 '용서받을 수 있는 죄'의 본질적 성격을 규명한다. 토마스에 따르면 이 말은 어원적으로 'venia', 즉 '용서'라는 말에서 왔다. 이에 따라 소죄가 무엇인지 규명하기 위해서는 무엇이 '용서받을 수 있는 것(veniale)'이라고 불릴 수 있는지 살펴볼 필요가 있다. 그런데 토마스는 이때 소죄의 의미를 대죄와 구별하게 해주는 특징에 초점을 맞춰 규명하고자 한다. 그에 따르면 이에 대해서는 세 가지 견해가 있다고 한다.

첫째, 어떤 죄는 이미 용서가 이루어졌기 때문에 '용서받을 수 있는 것'이라고 불리게 된다는 것이다. 암브로시우스가 대죄가 고백을 통해서 용서받았다고 말했을 때 이러한 의미였다고 한다. 이러한 의미에서 소죄를 '결과 때문에 용서받을 수 있는 죄'(veniale ab eventu)라 부르기도 하는데, 토마스는 이러한 의미에서 소죄가 대죄와 구별되는 것은 아니라고 말한다.

206 De malo, q. 7, a. 1: "소죄를 대죄와 대비하여 구별하는 것이 적절한가?(utrum veniale peccatum convenienter dividatur contra mortale)"

둘째, 어떤 죄는 그 자체 안에 용서의 이유(causa veniae)를, 그러나 처벌받지 않을 이유가 아니라 '덜(minus) 처벌받을 이유'를 포함하고 있기 때문에 '용서받을 수 있는 죄'라고 부를 수 있다. 영혼의 허약함이나 무지로부터 범한 죄가 이러한 의미에서 '용서받을 수 있는 죄'라 불릴 수 있다고 한다. 악행의 원인에 대한 고찰에서 살펴보았듯이,[207] 영혼의 허약함은 전적으로 또는 부분적으로 죄의 용서 이유가 되기 때문이다. 사람들은 이러한 죄를 '원인에 근거하여(ex causa)' 용서받을 수 있는 죄라고 부른다. 그런데 토마스는 이러한 의미의 소죄도 첫 번째와 마찬가지로 대죄와 구별되는 소죄의 특징을 보여주지 못한다고 말한다. 무지나 허약함은 소죄뿐 아니라, 대죄의 원인도 될 수 있기 때문이다.

셋째, 어떤 것은 그 자체로 용서를, 즉 벌의 종결(terminatio poenae)을 배제하지 않기 때문에 '용서받을 수 있는 죄'라고 불린다는 의견이 있다.

토마스는 이 세 번째 의미에서 '용서받을 수 있는 죄'가 '치명적 죄', 즉 그 자체로 영원한 벌(poena aeterna)을 받을만한, 그래서 용서를 배제하는, 다시 말해 벌의 종결을 배제하는 죄로 규정되는 한에서의 대죄와 구별되는 소죄의 의미라고 말한다. 그에 따르면 사람들은 이러한 의미에서의 소죄를 '유적으로 소죄'(veniale in genere)로 부른다고 한다.

207 허약함이나 무지가 죄의 용서 이유가 되는 경우는 죄의 원인에 대한 절(De malo, q. 3)을 참조.

(2) 소죄와 대죄의 본질적 구별

1) 소죄와 대죄의 네 가지 비본질적 차이

위에서 살펴본 바와 같이 소죄는 벌의 종결을 배제하지 않는다는 의미에서 '용서받을 수 있는 죄'라고 불리며, 바로 이러한 관점에서 대죄와 구별된다고 하였다. 이제 토마스는 용서받을 수 있는 죄인 소죄와 치명적 죄(사죄)의 본질적 차이가 무엇에 있는지 고찰하기 시작한다. 이와 관련하여 그는 소죄와 대죄를 나눌 수 있는, 그러나 비본질적 차이를 먼저 보여준다.

첫째, 소죄와 대죄는 죄과(罪科)에 따라(secundum reatum) 구분될 수 있다. 대죄는 '영원한 벌'을 받을만한 죄이고, 소죄는 한시적 처벌을(poenam temporalem) 받을 만한 죄이기 때문이다. 그런데 토마스에 따르면 이러한 차이는 대죄와 소죄의 본질적 규정으로부터 도출되는 차이이지, 두 죄의 본질적 규정을 구성하는 것이 아니다. 그 이유는 어떤 죄는 어떤 특정한 벌이 주어져 마땅하다는 이유로 그러한 죄로 불리는 것이 아니라, 오히려 죄가 특정한 성격을 갖기 때문에 그 성격에 맞는 벌이 마땅히 주어지는 것이기 때문이라는 것이다.

둘째, 소죄와 대죄는 또한 작용 결과의 관점에서도(quantum ad effectum) 구별될 수 있다. 즉 대죄는 은총(gratia)을 박탈하지만, 소죄를 통해서는 그런 일이 발생하지 않는다. 그렇지만 토마스는 이러한 차이도 소죄와 대죄의 본질적 차이를 드러내지는 않는다고 본다. 결과의 차이는 죄의 본질적 규정을 따르기 때문이다. 즉 죄가 어떤 특정한 규정성을 갖기 때문에 그에 상응하는 결과를 갖는 것이지, 그 역은 성립되지 않는다는 것이다.

셋째, 대죄와 소죄는 죄의 주체의 측면에서(ex parte subiecti) 차이를 통해 본질적으로 구별될 수 있을 것도 같다. 그러나 토마스는 이 가능성도 배제한다. 그에 따르면 만일 소죄가 그 주체로서 항상 감각적 욕구(in sensualitate)에 있고, 대죄는 항상 이성에(in ratione) 있다면, 주체의 차이가 소죄와 대죄의 본질적 구별을 낳을 수 있겠지만, 사실상 소죄도 어떤 경우에 이성 안에 있을 수 있기 때문에,[208] 주체의 차이는 양자의 본질적 차이를 보여주지 못한다는 것이다.

넷째, 사랑의 방식의 관점에서(secundum modum diligendi) 소죄와 대죄가 구별될 수 있다. 이것은 이를테면 행위자의 의도나 목적에 따라 행위의 종류를 구별하는 것이다. 토마스는 이러한 관점에서는 소죄와 대죄의 본질적 차이를 일정부분 보여줄 수 있다고 인정한다. 그러나 이것도 역시 양자 간의 본질적 차이를 전적으로 보여줄 수는 없다고 주장한다. 그에 따르면 사랑의 방식의 차이는 행위자(agens)와 관련된 것으로서, 의지 작용의 관점에서(quantum ad actum voluntatis) 소죄와 대죄의 본질적 차이를 보여줄 수 있다는 것이다. 『악론』 제2문제 제2절과 제3절에 걸쳐 토마스는 도덕적 행위(의지적 행위)는 외적 행위와 의지의 내적 행위로 구성되며, 이 두 구성요소 중 행위의 선과 악은 '파악에 따르면' 외적 행위에서 우선적으로(principaliter) 발견된다고 강조하였다. 여기에서도 토마스는 다시 이 점을 강조한다. 즉 그에 따르면 행위자가 어떤 의도를 갖고 외적 행위를 수행했는가에 따라, 즉 사랑의 방식의 차이에 따라 행위 자체의 도덕적 성격이 변할 수 있지만, 그러나 이

208 예컨대 토마스는 De malo, q. 7, a. 5에서 '상위 이성의 소죄' 문제를 고찰한다.

것은 행위자의 의도의 측면에서 행위의 차이만을 반영할 뿐, 외적 행위 자체의 본질적 규정의 측면에서 차이를 반영하지는 않는다는 것이다.

2) 외적 행위의 본질적 규정에 따르는 소죄와 대죄의 본질적 차이

따라서 우리가 소죄와 대죄의 본질적 규정에 따르는 차이를 고찰하기 위해서는 외적 행위의 본질적 규정의 측면에서 두 죄의 차이에 주목해야만 할 것이다. 토마스에 따르면 도덕적으로 악한 행위로서 소죄의 악은 내적 행위, 즉 의지 작용에서만 발견되는 것이 아니라 외적 행위에서도 발견된다. 즉 유적으로 소죄인 외적 행위도 있고 – 예를 들면 사소한 나쁜 말을 하는 것이나, 장난을 위해 거짓말을 하는 것 – , 살인, 사통, 신성모독 등과 같이 유적으로 대죄인 외적 행위들도 있다.

그런데 토마스는 의지 작용의 측면에서 차이는 이러한 외적 행위의 유(genera)적 차이를 규정하지 못한다고 주장한다. '유적으로 선한 어떤 것'도 악한 의지 때문에 '악한 것'이 될 수 있기 때문이다. 예를 들어 '자선'이라는 유적으로 선한 행위는 '헛된 영광'을 의도하고 수행함으로써, 즉 나쁜 의지 때문에 악한 행위로 변화된다. 또는 악한 의지는 예를 들어 '가벼운 나쁜 말'(verbum otiosum)과 같은 유적으로 소죄인 행위를 유적으로 대죄인 신성모독을 위해 사용함으로써, 대죄로 만들어 버릴 수도 있다.

따라서 토마스에 따르면 외적 행위 자체를 유적으로 규정하는 것은 의지 작용이 아니라 외적 행위의 대상이다. 바로 이러한 이유에서 토마스는 합당한 질료에 대해서 행해진 행위(actus cadens supra debitam materiam)는 유적으로 선(bonum in genere)하고, 합당하지 않은 질료에 대해(supra indebitam materiam) 행해진 행위는 유적으로 악하다(malum in genere)는 공통적(communiter) 의견이 신학자들에 의해 주장된다고 말한다.

이상의 고찰을 통해 토마스는 어떤 죄는 합당하지 않은 어떤 질료와 관련되어 있기 때문에, '유적으로 용서받을 수 있는 죄'(veniale ex genere)라 불리고, 마찬가지로 어떤 죄는 '유적으로 치명적 죄'(mortale ex genere)라고 불린다고 말한다.

3) 영적 생명의 원리와 대립 관계의 차이에 따르는 소죄와 대죄의 구별

토마스는 이제 소죄와 유적으로 구별되는 '치명적' 죄의 '치명성'의 의미에 초점을 맞춰 소죄와 대죄의 본질적 차이를 설명한다. 이를 위해서 그는 죄는 '영혼의, 질서를 벗어남'(deordinatio animae)에서 성립된다는 것을 강조한다. 토마스는 죄의 이러한 성격을 신체의 질병과 비교하여 설명한다. 즉 신체의 구성요소들의 무질서함에서 생겨나는 것인 신체의 병과 질서를 벗어난 영혼의 상태로서 죄가 서로 유사하다는 것이다. 그에 따르면 죄는 영혼의 병과 같은 것(quasi quidam morbus animae)이다.

죄와 질병의 유비 관계에 따라 죄와 용서의 관계는 질병과 치료(curatio)의 관계와 비교할 수 있다. 이에 따라 마치 어떤 신체의 병들은 치료될 수 있는 반면에 어떤 병들은 치료될 수 없는, 그래서 '치명적' 병이라고 불리는 것처럼, 어떤 종류의 죄는 치유될 수 있는 죄이고 – 이러한 죄들을 '용서받을 수 있는 죄(소죄)'라 부른다 –, 반면에 어떤 종류의 죄는 그 자체로(quantum est de se)–그러나 물론 신은 치유할 수 있지만–치유될 수 없는 죄이다. 토마스에 따르면 이러한 종류의 죄를 '치명적 죄(死罪, 대죄)'라 부른다는 것이다.

이제 어떤 죄가 죽음에 이르는 치명적 죄이고, 어떤 죄는 치료될 수 있는 죄인지 설명하기 위해서 토마스는 다시 신체적 질병의 비유를 이용한다. 그에 따르면 신체와 관련하여 '치명적 병'은 '생명의 원리(principium vitae)를 파괴하는 병'이기 때문에 치료할 수 없는(incurabilis) 병이라 불린다. 생명의 원리가 파괴되면 치료할 수 있는 수단이 남아 있지 않기 때문이다. 그러한 병은 치료될 수 없고 죽음을 가져온다. 그러나 어떤 병은 생명의 원리는 파괴하지 않고, 다만 생명의 원리에서 나오는 것들 가운데–이것들은 생명의 원리를 통해 고쳐질 수 있는 병이다–어떤 것만을 파괴한다. 토마스는 삼일열과 같은 병을 예로 든다.

토마스는 신체적 질병뿐 아니라, 영적인 생명(spiritualis vita)의 경우에도 마찬가지의 말을 할 수 있다고 주장한다. 그에 따르면 영적 생명은 행위의 올바름(rectitudo actionis)에 놓여 있다. 그는 아리스토텔레스를 인용하면서 행위의 영역에서 원리는 바로 행위의 목적이라고 말한다. 따라서 이 영적 생명의 원리는 인간적 행위의 목적(finis humanarum actionum), 즉 신과 이웃에 대한 사랑(caritas Dei et proximi)이라고 말한다. 우리 영혼은 바로 이 사랑을 통해서 영혼의 생명(vita animae)인 신과 연결되기 때문이다.[209]

209 Augustinus, De civitate Dei, l. 13, c. 2 참조: "Vivit itaque anima ex Deo, cum vivit bene; non enim potest bene vivere nisi Deo in se operante quod bonum est"("영혼은 선하게 살 때 하느님으로 사는 것이다. 그리고 하느님으로 사는 것이 아니면, 즉 영혼 안에 하느님이 활동으로써(바로 그것이 선善이다) 살아가는 것이 아

따라서 카리타스, 즉 신과 이웃에 대한 사랑이 제거되면, 영적 생명을 위태롭게 하는 '치명적 죄', 대죄가 생겨난다. 병을 치료할 생명의 원리가 더 남아 있지 않기 때문이다. 토마스에 따르면 이 병은 오직 성령만이 치유할 수 있는 병이다. 반면에 카리타스를 배제하지 않는 올바름의 결핍(defectus rectitudinis)이라면 소죄가 된다. 생명의 원리가 남아 있고, 생명의 원리인 카리타스를 통해서 모든 결함이 회복될 수 있기 때문이다.

4) 카리타스를 배제하는 죄와 배제하지 않는 죄

이제 어떤 죄가 카리타스를 배제하고, 어떤 죄가 카리타스를 배제하지 않는지 고찰하는 일이 남아 있다. 토마스에 의하면 카리타스의 배제 또는 배제하지 않음은 두 가지 측면에서 일어날 수 있다.

첫째, 죄인의 측면에서(ex parte peccantis) 일어날 수 있다. 그런데 살펴보려는 죄가 죄인의 어떤 능력으로부터 유래하였는가를 고려해야 하므로, 다시 두 관점을 구분해야 한다. 즉 어떤 죄의 행위는 목적과의 연관성, 즉 '목적으로 질서 지우는 작용(ordinare ad finem)'이나 '목적으로부터 등을 돌리는 작용(averti a fine)'이 없는 능력의 행위일 수 있다. 감각적 욕구의 운동(motus sensualitatis)이 여기에 속하며, 이러한 능력으로부터 유래한 죄는 소죄일 뿐이다. 토마스에 따르면 질서를 지우는 작용은 오직 이성에게만 속하기 때문이다. 반면에 목적으로 질서 지울 수 있고 목적으로부터 등을 돌릴 수 있는 그런 능력은, 그 자체로는 목적에 대립하지 않는 행위도 목적에 대립하는 행위(contrarium finis)로

니면 선하게 살 수 없다." (번역은 『신국론』 제13권 제2절, 성염 옮김, p. 1341)

바꾸어 놓을 수 있다. 예를 들어 카리타스와 대립하는 행위인 신성모독을 위해 '가벼운 말'을 하는 행위(verbum otiosum)[=그 자체로는 목적에 대립하지 않는 행위]도 대죄가 될 것이다. 물론 이러한 방식으로 생겨나는 대죄는 행위 자체의 유의 관점에서(ex genere operis) 대죄가 아니라, 행위자의 비뚤어진 의지로부터(ex perversa voluntate facientis) 생겨나는 대죄라는 것을 지적할 필요가 있다.

둘째, 토마스에 따르면 어떤 죄는 행위 자체의 유로부터(ex ipso genere operis) 카리타스에 대립하거나, 또는 대립하지 않는다. 그런데 위에서 언급한 것처럼 행위 자체의 유(類)는 대상 또는 질료로부터 구분되는데, 이 질료 자체가 카리타스에 대립하지 않거나, 대립함에 따라 대죄와 소죄의 구별이 생겨난다. 다시 비유를 들면 독이 든 음식은 신체의 생명의 원리에 대립하는 것이기 때문에, 만일 그러한 음식을 취하면 죽음에 이르게 되지만, 어떤 음식은, 예컨대 거칠고 소화에 어려운 음식은 비록 삶의 상태 유지에 어떤 장애는 가져올 수 있지만, 생명 자체와는 대립하지 않을 수 있다.

이와 마찬가지로 인간적 행위들 가운데에서도 그 자체로 신과 이웃에 대한 사랑과 대립하는 행위가 있다고 한다. 예를 들어 인간의 신에 대한 복종과 흠숭을 파괴하는 신성모독이나 우상숭배 등과 같은 것들, 그리고 인간 사회의 공동체적 삶(convictum)을 파괴하는 행위(절도, 살인 등)가 그러한 것들이다. 이러한 일들이 횡행하는 곳에서는 사람들이 함께 살아갈 수 없기 때문이다. 토마스에 따르면 이러한 죄들은 어떠한 의도나 의지로부터 생겨났다 하더라도(quacumque intentione vel voluntate fiant) 유적으로 대죄로 규정되지 않을 수 없다.

그렇지만 어떤 악한 행위들은 '악한' 행위로서 '질서를 벗어남'을 포함하고 있지만, 그것이 영적 생명의 원리인 신과 이웃에 대한 사랑을 해치는 데까지는 이르지 않는 경우들이 있다. 예를 들어 좋은 분위기를 위해서 또는 남에게 도움을 주기 위해서 하는 선의의 거짓말이나, 음식을 적절한 정도 이상으로 취하는 행위 등이 있는데 이러한 질서를 벗어난 행위들은 유적인 소죄에 해당하는 것이라고 토마스는 말한다.

2. 소죄에 의한 카리타스의 약화(감소) 가능성[210]

(1) 세 관점에서 카리타스의 양적 증감 가능성

1) 형상의 양에 대한 세 가지 고찰방식

'용서받을 수 있는 죄'(소죄)는 영적 생명의 원리인 신과 이웃에 대한 사랑(카리타스)을 파괴하는 데까지 이르지는 않은 죄라고 규정되었다. 그렇지만 소죄는 비록 카리타스를 파괴하지는 않더라도 그것을 감소시키지는 않을지 의문이 생길 수 있다. 이러한 의문에 대해서 토마스는 성장이나 증가(augmentum), 또는 약화나 감소(diminutio)와 같은 말은 양(quantitas)과 관련된 것이기 때문에, 먼저 카리타스의 양(quantitas caritatis)이라는 말을 할 수 있는지, 할 수 있다면 어떤 의미인지 고찰해야만 한다고 말한다.

210 De malo, q. 7, a. 2: "소죄는 카리타스를 감소시키는가?(utrum peccatum veniale diminuat caritatem)"

이와 관련하여 토마스는 카리타스는 존재론적으로 고찰했을 때 한편으로는 형상(forma)으로서,[211] 다른 한편으로는 습성(habitus) 또는 덕(virtus)으로 파악될 수 있다고 말한다.[212] 그래서 카리타스의 양은 그것이 형상인 한에서, 그리고 덕 또는 습성인 한에서 고찰할 수 있다. 그런데 토마스에 따르면 형상의 양은 어떤 것은 우유적이고(per accidens), 어떤 것은 본질적(per se)이다. 어떤 형상이 그것의 주체(subiectum) 때문에 크기를 갖는다고 말할 때 우리는 우유적으로 형상의 양이라는 말을 할 수 있다. 예를 들어 '흼'이라는 형상은 ['흰'] 표면의 크기에 따라 크기가 측정될 수 있다.[213] 그런데 토마스는 이러한 의미의 양은 우리의 문제와 관련이 없다고 말한다. 카리타스의 주체인 정신(mens)은 양으로 측정되지 않기 때문이다.

한편 토마스는 형상의 본질적 양(quantitas per se alicuius formae)은 다시 세 가지 관점에서 고찰될 수 있다고 말한다.

첫째, 형상의 작용인의 측면에서(ex parte causae agentis) 형상의 양을 고찰할 수 있다. 작용인이 강할수록, 그만큼 더 완전한 형상이 산출되며, 그 결과 형상의 주체를 더 완전하게 가능태에서 현실태로 운동시킨다. 예를 들어 강한 열기가 약한 열기보다 더 많은 열을 산출할 수 있다.

둘째, 형상의 양을 주체의 측면에서(ex parte subiecti) 고찰할 수 있다. 형상을 더 잘 받아들일 수 있는 성향을 가진(잘 배열된, dispositus) 주

211 Summa Theologiae, IIa–IIae, q. 23, a. 2 co. 참조.

212 Summa Theologiae, IIa–IIae, q. 23, a. 3 co. 참조. 한편 습성이나 덕도 일종의 형상이기 때문에 후자는 전자의 관점에 포함되어 전자의 한 특수한 양태로 볼 수 있다. 곧 보게 되겠지만 실제로 토마스도 이러한 방식으로 논의를 전개하고 있다.

213 이것은 엄밀하게 말하자면 '주체의 크기'이지 '주체에 의해 받아들여진 형상의 크기'가 아니다. 따라서 곧 논의될 주체의 측면에서 형상의 크기와 구별해야 한다.

체가 그렇지 않은 주체보다 작용인으로부터 더 많은(강한) 형상을 받아들일 수 있다. 예를 들어 '마른' 나무가 '젖은' 나무보다 열기를 받아들이기에 더 좋은 상태에 있고, 공기가 물보다 열기를 더 잘 받아들일 수 있는 상태에 있다.

셋째, 어떤 형상이 습성이나 덕인 한에서, 그 형상의 양을 [습성이나 덕이 관계하는] 대상의 측면으로부터 고찰할 수 있다.[214] '위대한 일'(aliquid magnum)을 할 수 있는 덕을 '위대한(magna)' 덕이라고 부르기 때문인데, 토마스에 따르면 모든 습성은 – 덕은 좋은 습성이다 – 대상으로부터 종(species)과 양을(quantitatem) 갖는다고 한다.

2) 세 고찰방식에 따른 카리타스의 양적 증감

이제 형상의 본질적 양에 대한 세 가지 고찰방식에 따라 카리타스의 양에 대한 언술 가능성을 고찰할 수 있다.

그런데 토마스에 따르면 대상의 측면으로부터 – 즉 세 번째 고찰방식 – 카리타스의 양의 증감을 말할 수 없다고 한다. 카리타스라는 신학적 덕이 관계하는 대상은 최고선으로서 그리고 궁극적 목적으로서 신이다. 즉 카리타스의 대상은 궁극적인 것이고(in termino), 불가분성을(indivisibilem rationem) 갖는다. 그런데 '불가분적인 것'(indivisibile)은 그것의 본질적 규정상 그것에 무엇을 더하거나 덜어내는 것이 불가능하다. 따라서 카리타스의 대상의 측면에서 – 실질적으로 신에 대해서 – 카리타스의 양적인 증가나 감소를 말하는 것은 불합리한 일이다.

---

214 앞에서 말한 것처럼, 덕이나 습성으로서의 관점이 형상의 관점으로 통합되어 고찰된다.

그러나 토마스는 작용인의 측면이나 주체의 측면에서는 카리타스의 양적인 증감을 말할 수 있다고 한다. 먼저 작용인의 측면에서 카리타스의 양적인 증감을 말할 수 있지만, 여기에서도 주의할 점이 있다. 카리타스를 낳는 작용인은 신이기 때문이다. 따라서 이러한 측면에서 카리타스의 양적 크기는 작용인(신)의 강한 능력 또는 약한 능력 때문이 아니라, 오직 다양한 정도의 은총과 카리타스를 인간에게 선물하는 신의 지혜와 의지에 근거해 말할 수 있다는 사실을 염두에 두어야 한다.

주체의 측면에서도 카리타스의 양적인 증감을 말할 수 있다. 인간은 선행(bona opera)을 통해서 은총과 카리타스를 받아들일 수 있기에 더 적합하거나, 또는 덜 적합한 상태로 자신을 형성할 수 있기 때문이다. 그런데 여기에서 토마스는 아우구스티누스의 견해를 따라 인간의 선한 행위와 카리타스의 관계를 카리타스라는 덕이 형성되려는(fieri) 시점과 이미 형성된(in perfecto esse) 이후 시점을 나누어서 생각해야만 한다고 말하면서 우리의 주의를 요구한다. 카리타스 형성 전의 인간의 선행은 공로의 관점이 아니라(non per modum meriti), 오직 카리타스를 받아들일 수 있는 질료적 기질성향(per modum materialis dispoisitionis)의 관점에서 카리타스 및 카리타스의 양과 관계하기 때문이다. 카리타스가 바로 공로를 받아들일 수 있는 자격의 원리이기 때문에, 카리타스가 아직 없는 상태에서 공로를 말할 수는 없다는 것이다. 반면에 카리타스가 이미 있는 상태에서 카리타스는 선한 행위를 통해서 성장할 공로를 갖추게 되고, 성장한 카리타스는 완전해질 공로가 인정될 수 있다.

(2) 카리타스의 양적 증감에 대한 소죄의 영향

이상과 같이 토마스는 용서받을 수 있는 죄(소죄)가 카리타스의 양적 증감에 영향을 미칠 수 있는지를 답하기 위해서 먼저 카리타스의 양에 대해서 말할 수 있는 관점을 확보하였다. 그런데 토마스는 일단 대상의 측면에서 카리타스의 양적 증감을 말할 수 없다고 하였기 때문에 작용인의 측면과 주체의 측면에서 소죄에 의해 카리타스의 감소가 일어나는지 살펴보면 될 것이다. 이에 대해 토마스는 이미 소유한 카리타스와 아직 주체 안에 형성되지 않은 카리타스를 구분해서 고찰한다.

먼저 이미 소유된 카리타스의 관점에서부터 토마스의 논의를 살펴보자. 토마스에 따르면 이미 소유된 카리타스(caritas iam habita)와 관련하여 소죄는 작용인의 측면에서도 그리고 주체의 측면에서도 카리타스의 양적인 증가나 감소의 원인이 될 수 없다고 한다.

토마스는 카리타스의 작용인의 측면에서 그 이유를 다음과 같이 설명한다. 그에 따르면 인간이 이미 카리타스를 소유하였다면 그는 자신의 선한 행위를 통해서 카리타스의 성장을 경험하게 되지만, 소죄(용서받을 수 있는 악한 행위)를 통해서는 카리타스의 감소를 경험하지는 않는다고 한다. 카리타스를 통해 선한 행위를 한 사람은 카리타스의 성장을 받을 공로가 [신에 의해] 인정되는 반면에 소죄를 저지른 사람은 카리타스의 감소를 겪을 '과실이 인정되지(mereri) 않는다'는 것이다. 사람의 공로와 과실은 그의 의지가 향하는 것에 달려있는데, 이미 소유한 카리타스를 통해서 인간은 신을 자신의 궁극적 목적으로서 지향하고 있다. 그런데 이 지향성은 소죄에 의해 파괴되지는 않는다는 것이다.

소죄를 지은 사람은 비록 가변적 선을 향한 욕구를 보였더라도 불변적 선으로부터 등을 돌리면서 가변적 선으로 향하는 것이 아니기 때문이다. 그는 가변적 선을 목적으로서 지향하지 않고 다만 수단으로서만 지향할 뿐이다. 그런데 수단과 관련해서 질서를 잃은 행위를 하는 사람은 그것 때문에 목적과 관련된 행위에 있어서 위협을 받지 않는다. 예를 들면, [건강을 위해서] 약품을 사용하다 몸 상태의 질서를 잃어버린 사람도 여전히 건강을 향한 의지 자체가 없어진 것은 아니다. 따라서 수단에 대한 잘못된 지향에서 비롯되는 소죄가 이미 소유된 카리타스의 감소를 가져오지는 않는다는 것이다.

소죄는 주체의 측면에서도 이미 소유된 카리타스를 감소시키지 않는다. 토마스는 이에 대해 두 가지 근거를 제시한다. 첫째, 소죄와 카리타스는 영혼 안에 존재하더라도, 동일한 것 안에 존재하지 않기 때문이다. 카리타스는 그것이[=영혼의 상위 부분이] 최고선과 궁극적 목적으로서의 어떤 것을 향해 질서 지어진 한에서 영혼의 상위 부분에 따라 영혼에 내재한다. 소죄는 죄로서(질서를 잃은 행위로서) 일종의 무질서를 포함하고 있지만, 이 무질서의 영향은 궁극적 목적의 질서에는 미치지 못한다. 그러므로 토마스에 따르면 소죄가 카리타스와 대립한다고 가정하더라도, 소죄는 카리타스를 감소시키지는 않는다. 예를 들어 발이 검다고 해서 흰 얼굴이 검게 되지는 않는 것과 같다는 것이다. 둘째, 어떤 한 주체 안에 있는 형상은 대립적인 것과 섞이면 약화 된다. 예를 들어 검은 것과 섞이지 않은 흰 것에 비해 검은 것과 섞인 흰 것은 '흼'이 약해진다(덜 희다). 그런데 토마스는 소죄와 카리타스는 대립성을 갖지 않는다고 생각한다. 양자는 본질적 규정상 같은 대상과 관계하지 않기 때문이다. 이미 언급하였듯이 소죄는 궁극적 목적과의 관계에서 발생하는 무질서가 아니기 때문이다. 그러므로 소죄는 주체의 측면에서 결코 이미 소유된 카리타스를 감소시키지 않는다는 것이다.

그러나 소죄는 아직 형성되지 않은 카리타스의 감소에는 영향을 미칠 수 있다고 한다. 즉, 토마스에 따르면 처음 카리타스가 주입될 때, 소죄로 인해 인간이 은총을 받아들일 수 있는 기질성향을 형성하게 만드는 자유로운 결단의 행위가 방해받아 카리타스를 조금밖에 주입받지 못할 수 있다는 것이다.[215]

더 나아가 이러한 방식으로 소죄는 이미 소유된 카리타스의 성장을 방해할 수도 있다. 즉, 소죄가 카리타스 성장의 공로를 인정받을 수 있는 공로 있는 행위를 하지 못하도록 방해를 해 이미 소유된 카리타스의 성장이 방해받을 수 있기 때문이다.

3. 소죄에서 대죄로의 전환

(1) 의지작용에 의한, 유적인 소죄의 대죄로의 전환[216]

1) 소죄에서 대죄로의 '전환'의 유효하지 않은 두 의미

외적 행위의 측면에서 고찰하면 소죄와 대죄는 서로 유적으로 구

215 이러한 의미에서 아직 소유되지 않은 카리타스의 감소라는 말을 할 수 있을 것이다.

216 De malo, q. 7, a. 3: "소죄가 대죄로 될 수 있는가?(utrum veniale peccatum possit fieri mortale)"

별되는 죄이다. 그러나 토마스에 따르면 어떤 경우에 소죄가 대죄로 전환될 수 있다. 이와 관련하여 이미 앞 절에서[217] 그 자체로 유적으로 소죄라도 카리타스에 반하는 '의도'를 갖고 행해진다면 대죄가 - 목적에 있어서 - 된다고 말하였다.

그렇지만 토마스는 이 문제에 대한 체계적인 이해를 위해서는 일단 물음의 의미부터 명확히 할 필요가 있다고 언급한다. 그에 따르면 소죄가 대죄가 된다는 말은 세 가지 의미에서 이해할 수 있기 때문이다. 첫째, 전에는 소죄였던, 수에 있어서 하나의 동일한 죄(unum et idem peccatum numero)가 대죄로 전환된다는 말로 이해될 수 있다. 둘째, 유적으로 소죄인 어떤 죄가 어떤 특정한 방식으로(aliquo modo) 대죄로 바뀔 수 있다는 의미로 이해될 수도 있다. 셋째, 다수의 소죄가 하나의 대죄를 만든다는 말로 이해될 수도 있다.

토마스는 이 세 의미 중에서 오직 두 번째 의미에서만 소죄가 대죄로 전환될 수 있다고 말한다. 이와 관련하여 우리는 먼저 - 토마스 자신의 논의 순서를 변경해서 - 왜 첫 번째와 세 번째 의미는 유효하지 않은지 먼저 살펴보고, 다음 소단락에서 소죄에서 대죄로의 전환의 유효한 의미를 자세히 살펴보도록 하자.

토마스는 수에 있어서 하나의 동일한 죄가 소죄에서 대죄로 전환될 수는 없다고 말한다. 죄는 도덕적으로 악한 행위(actus malus moraliter)를 가리킨다. 따라서 죄는 도덕의 질서에 속하는 것이고 자연의 질서에 속하지 않는다. 그러므로 수에 있어서 하나이고, 동일한 죄가 있으려면 하나의 도덕적 행위(actus moralis)가 있어야 한다. 그런데

217 a. 1 참조.

도덕적 행위는 의지적 행위(voluntarius)이다. 따라서 도덕적 행위의 단일성(unitas)은 의지 작용의 단일성에 기반한다. 이러한 이유로 어떤 행위가 자연의 유에서는(in genere naturae) 하나의 동일한 행위라고 하더라도, 의지의 다양한 지향이 있다면 도덕의 유에서는(in genere moris) 하나의 행위가 아닐 수 있다. 예를 들어 어떤 사람이 교회에 간다고 가정해 보자. 그런데 그 사람이 처음에는 헛된 영광(허영심) 때문에 교회에 갈 생각을 했지만, 가는 동안에 신을 흠숭하는 마음을 갖게 될 수도 있다. 이 경우에 '자연의 유'의 관점에서는 교회라는 목적지를 향해 가는 하나의 운동만이 있지만, 도덕적으로는 '헛된 영광을 좇는 행위'와 '흠숭'이라는 두 가지 도덕적 행위가 있게 된다. 또는 '사소한 나쁜 말'을 처음에는 단순한 재미로 하다가, 나중에는 신을 모독할 마음으로 하게 된다면 자연적 유의 관점에서는 하나의 행위지만, 도덕적으로는 한 부분에는 소죄가, 다른 부분에는 대죄가 자리하게 된다. 이때 비록 자연의 유에서는 하나의 행위가 있지만, 도덕적으로는 두 개의 행위가 있는 것이다. 그렇기에 토마스는 첫번째 의미에서는 소죄가 대죄가 될 수 없다고 주장한다.

토마스는 다수의 소죄가 하나의 대죄를 이룬다는 세 번째 의미에서의 소죄에서 대죄로의 전환 가능성도 부정적으로 파악한다. 즉, 아무리 많은 소죄가 누적되어도 하나의 대죄의 죄과를 이룰 정도가 되지는 않는다는 것이다. 그 근거를 두 가지에서 찾아볼 수 있다.

첫째, 다수의 것('다수의 소죄')이 합해져 하나의 것(대죄)이 생겨날 경우, 다수의 것과 하나의 것 사이에 동일한 양의 개념이 지배하고 있어야만 한다. 예를 들어 다수의 짧은 선(線)을 이으면 하나의 긴 선이 그려질 수 있다. 그러나 여러 수(數)로부터 하나의 선이 나오지도 않고, 여러 선으로부터 하나의 수가 생겨나지도 않는다. 그런데 '소' 죄와 '대' 죄는 같은 기준에서 죄의 작고, 큼을 의미하는 것이 아니다. 대죄는 '궁극적 목적으로부터의 등돌림(aversio)'에 따라, 반면에 소죄는 수단과 관련된 무질서에 따라(secundum aliquam deordinationem) 크기가 측정되기 때문이다. 그러므로 토마스에 따르면 다수의 소죄가 합해져서 하나의 대죄를 이룰 수는 없다.

둘째, 대죄는 카리타스를 파괴하지만, 소죄는 카리타스를 파괴하거나 감소시키지 않는다. 물론 소죄가 거듭 저질러지게 되면 나쁜 습성이 생겨서 죄에 대한 욕구와 죄의 쾌락에 쉽게 빠지게 되고 그래서 쉽게 대죄로 기울어질 수는 있다. 이렇게 소죄는 대죄를 범할 소질이나 경향성을 형성할 수 있다. 그러나 소죄 없이도 대죄를 범할 수 있다는 점을 고려한다면, 소죄를 통해 형성된 경향성이 대죄를 짓기 위해 반드시 요구되는 조건은 아니라는 것을 알 수 있다. 더욱이 소죄의 경향성이 카리타스를 파괴하지는 않기 때문에, 소죄를 통해 경향성이 생겨났다고 하더라도, 카리타스를 통해서 대죄에 저항할 수 있다. 그렇기에 다수의 소죄가 모여서 대죄가 되지는 않는다고 토마스는 주장한다.

2) 소죄의 대죄로의 전환의 두 가지 방식

이에 따라 토마스는 두 번째 의미에서만 소죄에서 대죄가 생겨난다고 말한다. 그에 의하면 '유적으로 소죄'인 어떤 죄가 '목적에 근거해(ex fine) 대죄'(유적으로 대죄가 아님!)가 될 수 있다. 위에서 말했듯이 인간이 수행하는 외적 행위는 의지적 행위인 한에서, 즉 의지로부터 비롯된 행위인 한에서 도덕의 유(類)에(ad genus moris) 속하게 된다. 그러므로 하나의 도덕적 행위는 두 가지 대상[218]을 구별해서 고찰해야만 한다. 의지의 대상, 즉 내적 행위의 대상(obiectum interioris)과 외적 행위의 대상(obiectum exterioris actus)을 구별하고 도덕적 행위를 규정해야만 한다.

물론 이 두 대상이 하나로 일치할 수도 있다. 예를 들어 어떤 사람이 어떤 특정한 장소로 가기를 의지(volens)하면서 실제로도 그곳을 향해 걸어간다면, 이 경우에는 의지의 대상과 실제 행위의 대상이 일치한다. 그렇지만 이 두 대상이 일치하지 않고, 더 나아가 하나는 선하고, 다른 하나는 악할 수 있다. 예를 들어, 칭찬을 받기 위해 자선을 베푸는 사람을 가정해 보자. 이때 자선이라는 외적 행위의 대상 자체는 선하다. 그런데 그런 자선을 하는 행위자의 목적이 다른 사람들로부터 칭찬을 받기 위함에 있기 때문에, 내적 행위의 대상은 악하다고 말해야 할 것이다.

그런데 토마스에 따르면 이처럼 내적 행위의 대상과 외적 행위의 대상이 일치하지 않는 경우 그 도덕적 행위의 종(species moralis actus)은 형상적으로(formaliter) 내적 행위의 대상에 따라 결정되어야만 한다. 외적 행위는 의지적 행위인 한에서 도덕적 행위의 하나가 되기 때문이다.[219] 이러한 맥락에서 토마스는 아리스토텔레스를 인용하면서 간통을

218 여기에서 행위의 '대상'이라는 말은 행위의 목적이라는 의미로 이해해야 한다. 외적 행위의 대상은 외적 행위 자체의 목적, 그리고 의지의 대상은 그러한 행위를 통해서 도달하고자 하는 목적을 가리킨다. 이에 대해서는 Thomas M. Osborne, Jr., "The goodness and evil of objects and ends", p. 138 참조.

219 De malo, q. 2, a. 2 참조.

위해 도둑질을 하는 사람은 도둑이라기보다는 간통을 하는 사람이라고 말한다. 바로 이러한 근거에서 유적으로 소죄인 어떤 외적 행위가 내적 행위의 대상, 즉 목적의 관점에서 대죄가 될 수 있다고 한다.

토마스는 위의 논의처럼 유적으로 소죄가 목적에 근거해서 대죄로 전환되는 경우에 더해서, '행위의 불완전성으로 인해(propter imperfectionem) 그 자체로(secundum se) 소죄'인 어떤 죄가 대죄로 전환되는 경우를 언급한다. 즉, 그에 따르면 어떤 죄는 – 대상의 관점에서는 대죄이지만 – 행위의 불완전성 때문에 소죄일 수 있다. 예를 들어 간통을 향한 정욕의 운동은 대상의 관점에서는 대죄의 한 종류에 속한다. 그러나 이 감각적 욕구의 운동이 이성의 숙고를 거치지 않았기 때문에 완전하게 도덕적 악(malitia moralis)에는 이르지 못했다면, 도덕의 유에서 완결된 악인 대죄는 될 수 없다. 이 죄는 '행위의 불완전성 때문에 소죄'라 할 수 있다. 그러나 이러한 의미의 소죄도 이성의 숙고된 동의(deliberatus consensus rationis)가 더해져 완성에 이르게 된다면 다시 유적으로 대죄의 상태에 이르게 된다.

토마스는 바로 이러한 두 가지 의미에서 소죄가 대죄로 전환될 수 있다고 주장한다.

(2) 상황에 따른 소죄에서 대죄로의 전환[220]

도덕적 행위를 유적으로 선하거나 악한 것으로 결정하는 것은 행

220 De malo, q. 7, a. 4: "상황이 소죄를 대죄로 만들 수 있는가?(utrum circumstantia faciat de veniali mortale)" De malo, q. 2, a. 8에서도 같은 문제가 제기되었다.

위의 대상이다. 그런데 토마스에 따르면 두 종류의 선성이나 악이 이렇게 '유적으로 선하거나, 악한 행위'에 부가될 수 있다. 하나는 앞에서 살펴본 것과 같이 목적의 지향에 근거한(ex intentione finis) 선성 또는 악이고, 다른 하나는 상황에 근거한(ex circumstantia) 선성 또는 악이다.

토마스에 따르면 의지의 첫 번째 대상은 목적이기 때문에, 의지의 내적 행위는 목적에 의해 종적으로 규정된다. 한편 외적 행위는 내적 행위에 의하여 형상적으로 규정되기 때문에, 만일 내적 행위가 목적에 근거해 대죄로 규정된다면, 외적 행위도 내적 행위와 같은 종류의 죄가 되며, 그 결과 – 외적 행위가 유적으로는 소죄일지라도 – 대죄로 전환될 수 있다고 위에서 말하였다.

토마스의 주장에 의하면 상황은 행위의 본질적 구성요소는 아니다. 오히려 상황은 행위를 둘러싸고 있는 조건과 같은 것으로서 "행위의 우유"[221]로 불린다. 그래서 상황은 그 자체로 도덕적 행위의 종류를 결정하지는 않는다. 그렇지만 어떤 행위가 특수한 상황에 놓이게 됨으로써 그 행위 자체에 새로운 종류의 도덕적 추함(deformitas)이 더해진다면, 행위 자체의 종이 변할 수 있다.[222] 토마스의 예를 들어보자. 만일 어떤 사람이 자기 배우자가 아닌 사람과 동침하였고, 더욱이 이 사람이 '다른 사람의' 배우자였다면, 이 경우에 그 어떤 사람의 행위는 불륜으로 그치지 않고 불의함(iniustitia)이라는 도덕적 추함이 더해지게 된다. 이 경우 새로운 종류의 죄가 생겨난다. 이렇게 됨으로써 (자기의 배우자가 아니라 다른 사람의 배우자라는) 상황은 행위의 우유(상황)로 머물지만

221 Summa Theologiae, Ia–IIae, q. 7, a. 1co. 참조.

222 De malo, q. 2, a. 6 참조.

않고, 도덕적 행위의 새로운 종차(specifica differentia)가 된다.

그래서 이같이 만일 어떤 상황이 대죄를 이루는 도덕적 추함을 어떤 행위에 더할 때, 예를 들어 신의 계명에 반하는 그러한 종류의 추함을 더하게 된다면, 그 어떤 행위는 비록 '유적으로 소죄'라고 하더라도 그 더해진 추함 때문에 대죄가 될 수 있다고 말할 수 있다. 따라서 토마스는 유적으로 소죄인 것은 그것을 다른 종의 죄로 만들 수 있는 상황에 의해 대죄가 될 수 있다고 말한다. 물론 행위에 더해지더라도 상황으로 계속 남아 있는 상황에 의해서는 죄의 종류가 변하지 않는다.

한편 바로 앞 절에서 살펴본 것처럼 어떤 행위는 행위의 불완전성 때문에 소죄가 되는 경우가 있다. 즉 도덕적 행위는 숙고된 이성의 동의를 요구하는데, 여기에 이르지 못하는 행위는 도덕의 범주에서 불완전한 행위가 된다. 그런데 만일 어떤 상황이 더해져 숙고된 이성의 동의가 더해지게 된다면 불완전성 때문에 소죄에 머물던 행위가 대죄가 될 수 있다.

4. 영혼의 능력과 소죄

(1) 상위 이성과 소죄[223]

대죄는 신과 이웃에 대한 사랑(카리타스)에 반하는 죄를 가리킨다.

223 De malo, q. 7, a. 5: "상위 이성에서 소죄가 발견될 수 있는가?(utrum in ratione superiori possit esse veniale peccatum)"

불변적인 최고선으로서의 신 및 그와 관련된 것들로부터 등을 돌리고 가변적 선을 지향하는 데서 생겨난다. 이렇게 볼 때 불변적 선, 즉 영원한 선과 관계하는 상위 이성(ratio superior)에는 대죄만 있으리라는 추측이 가능해 보인다. 토마스는 아우구스티누스를 따라 상위 이성은 불변하는 영원한 근거와 관계하는 이성, 하위 이성(ratio inferior)은 가변적 사물을 향하는 이성이라고 보고 있기 때문이다.[224] 이러한 배경에서 토마스는 상위 이성에도 소죄가 있는지 묻고 있다.

1) 이성의 두 가지 작용

토마스에 따르면 이성은 욕구 능력의 방향을 제시하고 지도한다(directiva appetitus). 따라서 이성은 이성 자체에 고유한 작용의 관점에서(quantum ad actum proprium rationis) 고찰할 수 있고, 욕구를 지도하는 능력으로서도 고찰할 수 있다. 이에 따라 이성 안에서 발견되는 '잘못된 작용'도 이 두 가지 관점에서 고찰할 수 있다.

첫째, 욕구와 관련 없이 이성 그 자체의 작용을 고찰할 수 있다. 이성은 참된 것(verum), 즉 진리 인식을 목적으로 하는 능력이므로, 이와 관련된 이성 자체의 잘못된 작용(죄)은 참된 것을 멀리하고, 거짓된 것에 매달림으로써 오류를 범할 때 발견할 수 있을 것이다.

둘째, 욕구를 지도하는 능력인 한에서 이성의 잘못된 작용(죄)을 생각할 수 있다. 토마스는 의지적 행위는 이성의 지도를 받는 의지의 작용이라고 주장한다. 그렇기에 이러한 관점에서 이성의 잘못된 작

224 이에 대해서는 Summa Theologiae, Ia, q. 79, a. 9 참조. De veritate, q. 15에서도 5절에 걸쳐 상위이성과 하위이성에 대해서 고찰한다.

용(죄)은 이성의 숙고 후에 욕구 능력이 어떤 대상을 올바르지 못하게 (inordinate) 지향한다는 데에서 잘못을 찾을 수 있다. 즉, 숙고가 올바르지 않아 욕구를 올바르게 지도하지 못하는 데에 있다고 할 수 있다.[225]

그런데 이때 이성의 숙고가 시간적 근거에(in rationibus temporalibus) 기반하여(예를 들어 사람들의 의견에 따르면 어떤 것이 유용하다거나 내지는 유용하지 않다거나, 또는 적합 내지는 부적합하다는 숙고가) 이루어질 수 있다. 이 경우에는 하위 이성에 잘못된 작용(죄)이 있다고 말할 수 있다. 반면에 숙고가 영원한 근거를 통해서(per rationes aeternas) 이루어진다면(예를 들어 신의 계명에 부합되거나, 또는 부합하지 않는다는 숙고가), 이 경우에는 상위 이성에 잘못된 작용이 있다고 말할 수 있다. 위에서 말했듯이 영원한 근거들에 유착하는 이성이 바로 상위 이성이기 때문이다.

2) 상위 이성의 잘못된 작용(죄)

토마스에 따르면 상위 이성이 영원한 근거들에 유착하는 방식에도 두 가지가 있다. 즉, 관조해야 할 고유한 대상으로서(ut obiecto proprio) 영원한 근거에 유착하거나, 또는 다른 한편 욕구나 행위를 지도하기 위해(ad dirigendum appetitum seu actionem) 사용하는 일종의 수단(medium)으로서 영원한 근거에 유착할 수 있다.

이에 따라 대죄와 소죄가 모두 위의 두 방식으로 상위 이성에 속할 수 있다. 토마스에 따르면 상위이성이 자기의 고유한 대상인 관조해야

225 토마스는 실천적 지혜(prudentia)의 기능은 도덕적 선과 악을 숙고하고 판단하고 욕구를 명령하는 것이다. 그러나 그것의 주된 기능은 무엇보다도 의지(욕구)를 파악된 선에 따르도록 '명령'하는 데 있다고 주장한다. 이에 대해서는 Summa Theologiae, IIa-IIae, q. 47, a. 8 참조.

할 영원한 근거에 유착하는 한에서, 상위 이성의 관조 작용은 '숙고 된 것(actum deliberatum)'일 수도 있고 또는, '갑작스러운 움직임(surreptio)'이라 불리는, '숙고 되지 않은 것(actum non deliberatum)'일 수도 있기 때문이다. 그 이유는 숙고(deliberare)는 이성에 속하는 작용이지만, 모든 숙고에는 숙고로 환원되지 않는 '절대적 고찰'(absoluta consideratio)이 필연적으로 포함되기 때문이다. 숙고(deliberatio)는 일종의 추론적 과정으로서 가동적 고찰(mobilis consideratio) 과정이기 때문이다. 그런데 시간에는 순간(instans)이 있고, 선에는 '점'이 있듯이, 숙고를 포함한 모든 운동에는 '불가분적인 것(indivisibile)'이, 즉 그 운동으로 환원되지 않는 것이 발견된다. 숙고의 경우에는 '절대적 고찰'이 바로 그것으로, 이것은 숙고의 과정으로 환원되지 않으면서 숙고에 속하는 것이다. 증명과정이 증명되지 않는 것에서 출발하는 것과 같다.

따라서 상위 이성이 고유한 대상과 관련하여 갑작스러운 운동으로 인한 잘못된 작용(죄)이 있게 된다면, 이 잘못은 소죄가 될 것이다. 예를 들어 이성이 숙고 없이 '갑작스럽게' 삼위일체를 불가능한 것으로 생각할 수 있다. 이러한 잘못된 생각은 이것이 신의 계명에 반대된다는 것을 이성이 알아채기 전까지는 대죄가 아니기 때문이다. 대죄의 본질적 규정에 신의 계명에 반한다는 것이 포함되기 때문이다. 따라서 이성이 숙고를 통해서 '믿지 않음'이 신의 계명에 반한다는 것을 깨닫고도 계속 믿지 않는다면, 그것은 대죄가 될 것이다.

그런데 토마스에 따르면 상위 이성이 영원한 근거에 수단(매개)으로서 유착해 있는 한에서, 욕구의 지도에 있어 영원한 근거에 문의할 때에는(consulendo) 갑작스럽게 죄가 생겨날 수는 없다. 문의(consilium)

가 이미 숙고를 내포하고 있기 때문이다.[226] 그럼에도 상위 이성에는 이러한 방식으로 소죄와 대죄가 모두 발견될 수 있다. 우리는 상위 이성을 통해서 영원한 근거들에 문의를 하면서(in consulendo), '무엇을 통해서 어떤 것이 발생할 수 있는가'라는 물음과 '무엇을 통해서 어떤 것이 *더 잘* 일어날 수 있는가'라는 두 가지 물음을 모두 문의할 수 있기 때문이다.[227]

따라서 토마스에 따르면 영원한 근거에 문의할 때에도 두 가지 방식으로 죄가 생길 수 있다. 첫째, 우리가 상위 이성의 숙고를 통해서 만일 그 행위를 하게 된다면 궁극적 목적에 결코 도달할 수 없을 정도로 목적에 반하는 어떤 행위를 선선택할 때, 이것은 분명히 대죄에 속한다. 예를 들어 어떤 사람이 '사통(fornicatio)은 신법에 반한다'는 숙고를 했으면서도 그 행위를 선택했다면 대죄를 짓는 것이다. 그러나 어떤 행위는 그것을 행하더라도 결국에는 궁극적 목적에 이를 수 있지만, 그 행위를 하지 않는다면 *더 잘* 목적에 도달할 수 있는 그러한 행위를 선택했다면, 이 경우에는 소죄라고 해야 한다. 이 경우 그 죄는 어떤 특정한 관점에서 목적에 이르는 것을 방해하거나, 또는 목적에 반하는 것을 향한 경향성을 줄 수 있기 때문이다. 예를 들어 어떤 사람이 사소한 나쁜 말을 할 때, 이 말이 어느 정도 정의의 올바름을 결핍하고 있으며,

---

226 사실상 consilium은 어떤 행위가 목적에 부합하는 좋은 행위인지를 탐구(inquisitio)하는 행위 자체를 가리킨다. 이러한 맥락에서 그는 수단을 발견하는 사유절차를, 즉 여기에서 deliberatio라는 용어로 표현한 숙고작용을 consilium이라고 부른다(Summa Theologiae, I-II, q.14, a. 1co.).

227 이는 각각 우리가 어떤 행위를 하면 우리의 궁극적 목적에 도달할 수 있는가라는 물음과 어떤 행위를 하면 궁극적 목적에 더 잘 도달할 수 있는가라는 물음에 대응한다.

대죄를 짓게 할 소질을 형성할 수 있는 소죄라는 사실을 그가 숙고를 통해 고찰하면서 그러한 말을 하는 것은 소죄라는 것이다.

(2) 감각적 욕구와 소죄[228]

소죄가 상위 이성 안에 있을 수 있는가라는 물음과 대비되는 물음이 과연 감각적 욕구(sensualitas)에 소죄가 있을 수 있는가라는 물음이다. 토마스는 이 물음과 관련하여 먼저 도덕적 행위의 본질적 규정에 다시 주목한다. 우리가 악, 죄 및 죄책의 구별에서 확인했듯이[229] 'peccatum'이라는 말은 행위 또는 작용(actus)과 관련된 말이다. 따라서 이 말은 원래 넓은 의미의 '잘못된(악한) 행위' 일반을 가리키지만, 현재의 맥락에서는 도덕의 영역에 있는 악한 행위(de peccato in moribus), 즉 도덕적으로 악한 행위를 가리키는 말로 사용되고 있다. 그러므로 죄(도덕적으로 악한 행위)는 도덕적 행위를 낳을 수 있는 능력 안에 있다는 점을 잊지 말아야 한다. 그런데 토마스에게서 도덕적 행위는 의지적 행위, 다시 말해 이성과 의지에 의해 질서 지어지고 명령된 행위(a ratione et voluntate ordinatus et imperatus)를 가리킨다는 것은 계속 강조되었다. 의지적 행위란 이성의 명령을 따라 의지에 의해 수행된 행위이므로, 도덕적으로 악한 행위는 이성 자체 또는 이성에 복종하는 능력과 부분에 있을 수 있다. 그런데 토마스에 따르면 외적 행위와 관계되는 신체의

228 De malo, q. 7, a. 6: "감각적 욕구에 소죄가 있을 수 있는가?(utrum in sensualitate possit esse peccatum veniale)". sensualitas를 감각적 욕구로 번역하였다.

229 De malo, q. 2. a. 2.

지체 또는 내적 운동(정념)과 관련된 감각적 욕구도 이성과 의지에 복종하는 부분이라고 할 수 있다. 그러므로 토마스는 이러한 점에서 신체를 통한 외적 행위와 감각적 욕구의 운동에도 죄가 있을 수 있다고 말한다.

그러나 토마스는 지체의 외적 행위나 감각적 욕구의 내적 운동이 이성의 명령을 근거로 일어나는 한에서, 악한 행위나 작용(죄)은 지체나 감각적 욕구 탓이 아니라 이성의 탓으로 돌려져야 한다고 말한다. 행위는 도구적 작용인이 아니라, 주요한 그리고 일차적 작용인에(principali et primo agenti quam instrumento) 귀속되기 때문이다. 이러한 관점에서 외적 행위를 수행하는 신체의 지체는 이성이나, 또는 적어도 감각적 표상 혹은 감각 지각 및 감각적 욕구에 의해 움직여지지 않고서는 결코 작동할 수는 없기 때문에, 손이나 발과 같은 외적 지체에는 결코 죄가 있을 수 없다. 반면 감각적 욕구는 때로는 이성과 의지의 명령 없이도(absque imperio rationis et voluntatis) 움직여질 수 있다. 그 경우에는 감각적 욕구 자체에도 분명히 죄가 있다고 할 것이다.

그런데 토마스는 그러한 방식으로 감각적 욕구 안에 있는 죄는 결코 대죄일 수 없다고 본다. 대죄는 '궁극적 목적으로부터 등돌림'을 통해서(per aversionem a fine ultimo) 일어나는 것이고, 궁극적 목적과의 질서 관계는 이성에 속하기 때문이다. 반면에 감각적 욕구는 결코 궁극적 목적에 도달할 수 없는 능력이다. 이러한 이유로 감각적 욕구 자체에는 대죄는 있을 수 없고 오직 소죄만이 있을 뿐이다. 한편 대죄로 분류되는 것에 대한 감각적 욕망(욕정)을 '*의지(意志)*하는(vult concupiscere) 사람에게서 분명히 알 수 있듯이, 감각적 욕구 운동이 이성의 명령을 따를 때는, 그러한 감각의 욕구 운동[즉, 이성에 의해 명령된 감각적 욕구 운동]은 대죄이다. 그렇지만 이때 행위의 죄책은 감각적 욕구가 아니라 그러한 욕구를 명령한 이성에게 있다는 것은 분명하다.

이러한 고찰에 따르면 이성과 의지의 명령 없이 일어난 감각적 욕구의 운동이 소죄가 될 수 있고, 그러한 점에서 감각적 욕구에 소죄가 있다는 것이 토마스의 주장이라 할 수 있다.

5. 특수한 상황에서 소죄의 가능성과 벌

(1) 무구(無垢)의 상태에서 소죄의 가능성[230]

토마스는 제7절에서 무구한 상태에 있는(in statu innocentiae) 사람이 소죄를 저지를 수 있는지 고찰한다. 이 문제는 최초의 인간인 아담이 신으로부터 등을 돌린 대죄를 범하기 전에 소죄를 범할 수 있는가라는 문제로 이해할 수 있다. 토마스에 따르면 이에 대한 신학자들의 공통적인 의견은 최초의 상태에서(in primo statu) 아담은 대죄를 짓기 이전에는 소죄를 범할 수 없다는 것이다. 토마스도 이 의견에 동의한다.

그런데 어떤 신학자는 이 공통적 의견을 우리에게는 소죄에 해당하는 죄도 아담과 같이 무구한 상태의 사람에게는 인격의 탁월성 때문에(propter personae excellentiam) 대죄에 해당한다는 의미에서, 무구한 상태의 인간은 소죄를 짓지 않는다는 의미로 해석한다. 토마스는 이 해

230 De malo, q. 7, a. 7: "무구한 상태의 인간이 소죄를 범할 수 있는가?(utrum homo in statu innocentiae potuerit peccare venialiter)"

석이 적절하지 않다고 주장한다. 토마스도 어떤 경우 어떤 하나의 동일한 죄가 다른 사람보다 탁월한 지위에 있는 어떤 사람에게는 더 중한 죄가 될 수 있다는 것을 인정한다. 그러나 이렇게 '인격의 지위'라는 상황이 죄를 무한히 무겁게 만들어 소죄를 대죄로 바꾸려면, 상황이 죄의 종을 바꿀 수 있어야만 한다.[231] 그런데 이러한 일이 발생하기 위해서는 낮은 지위의 사람에게는 '계명에 반하는 행위'로 규정되지 않는 것이 높은 지위의 사람에게는 그 지위 때문에 '계명에 반하는 행위'로 규정되어야 한다. 예를 들어 평신도에게 결혼은 계명에 반하지 않지만, 사제에게는 금욕과 관련된 계명에 반하는 행위가 된다. 이처럼 평신도에게는 소죄이거나 또는 전혀 죄가 되지 않는 행위가 사제에게는 대죄가 될 수도 있다. 그러나 만일 높은 지위에 있는 사람의 행위가 특별하게 그런 지위에 주어진 계명에 반하지 않는다면 대죄가 아니다. 모든 대죄는 신의 계명에 반하기 때문이다. 물론 높은 지위에 있는 사람의 그 행위가 우연히 '후속적 악표양(scandalum consequens)'으로 규정된다면 사정이 다르다. 형제에게 타락의 기회를 제공하는 것은 계명에 반하기 때문이다.[232]

이러한 고찰 후 토마스는 무구한 상태의 인간과 우리 사이에는 죄의 의미에 위와 같은 차이는 없다고 주장한다. 즉, 어떤 소죄에 해당하

231 이에 대해서는 De malo, q. 2. aa. 6–7 참조.

232 '악표양(scandalum)'은 caritas의 외적 작용 중 하나인 '우의적 권고(correctio fraterna)'에 반하는 악습이다. 즉, 다른 사람에게 악행을 권하는 행위를 가리킨다. '악표양'은 적극적으로 악행을 부추기는 scandalum positivum과 적극적 부추김은 없지만 다른 사람에게 나쁜 모범을 보임으로써 간접적으로 악행의 기회를 제공하는 scandalum passivum으로 나뉜다. scandalum consenquens는 후자의 사례이다. 이 구별에 대해서는 Summa Theologiae, q. 43, a. 2co. 참조.

는 행위가 무구한 상태에 있는 사람에게는, 우리와는 다른 방식으로, 계명에 반하는 행위라고 말할 수 없다는 것이다. 그러므로 우리에게는 소죄에 해당하는 죄가 아담의 경우에는 지위의 탁월성 때문에 대죄가 된다고는 말할 수 없다고 한다.

그래서 토마스에 따르면 아담은 그의 인격적 조건 때문에 무구한 상태를 유지하고 있는 한 결코 소죄를 저지를 수 없다고 말하는 것이 오히려 더 적절하다고 한다. 무구한 상태에서 인간은 '원-정의' 덕분에 영혼의 상위 부분이 신에게 강하게 고착되어 있고, 영혼의 하위 부분은 상위 부분에 완전하게 복종하고 있었다. 그런데 인간의 상위 부분인 정신(mens)은 대죄를 통해서만, 즉 '신으로부터 등돌림'을 통해서만 신에게 복종하는 이 올바름을 박탈당한다. 그러므로 토마스의 결론은 무구한 상태의 인간 영혼의 하위 부분은 상위 부분에 완전히 복종하고 있기 때문에, 아담이 대죄를 짓기 전에는 하위 부분에는 어떠한 무질서(inordinatio)도 없고, 따라서 소죄가 있을 수 없다는 것이다.

그런데 우리는 위에서[233] 상위 이성에도 소죄가 있을 수 있다는 토마스의 주장을 살펴보았다. 이로부터 아담에게도 감성에서 발견되는 소죄는 없더라도 상위 이성에서는 소죄가 발견될 수 있다는 반론이 제기될 수 있다. 그러나 토마스는 아담의 무구한 상태에서는 상위 이성에서도 소죄가 발견될 수 없다고 주장한다. 토마스의 논거는 다음과 같다.

그에 따르면 능력(potentia)은 대상에 따라 구별된다. 따라서 능력의 질서도 대상의 질서를 따른다. 그런데 이성의 대상들 사이에는-이론이성의 대상과 실천이성의 대상 모두-높은 것과 낮은 것의 질서가 있

233 a. 5.

다. 이론적(사변적) 영역에서 '자명한 원리'가 가장 높은 것이듯, 실천적 영역에서는 목적이 이러한 위치를 차지한다. 그런데 토마스에 따르면 무구한 상태의 아담에게 상위의 것에 대한 하위의 것의 질서에는 아무런 결함이 없다. 따라서 실천적 문제에 있어서 인간의 상위 이성이 목적과 관련해 아무런 문제가 없는 한, 수단과 관련해서도 결코 결함이 있을 수 없다. 사변적 문제에서 원리에 대해 올바른 판단이 있고 원리와 결론의 연결에 아무런 결함이 없다면, 결론과 관련된 어떠한 결함도 있을 수 없는 것과 같은 이치이다. 여러 차례 언급했듯이 대죄는 '목적으로부터 벗어남(등돌림)'이고 소죄는 수단과 관련된 무질서이다. 따라서 토마스는 무구한 상태에 있는 아담은 대죄를 짓기 이전에는 어떠한 소죄라도 범하는 것이 불가능하다는 결론에 이르게 된다.

(2) 불신자의 감각적 욕구의 첫 번째 운동(primi motus in infidelibus)과 소죄[234]

소죄와 관련된 문제로 토마스는 불신자들(infideles)에게서 일어나는 감각적 욕구의 충동적 운동[235]이 소죄로 간주될 수 있는가라는 문제를 제기한다. 일반적으로 '불신앙'은 '최고선으로부터의 등돌림'을 포함하

---

234 De malo, q. 7, a. 8: "불신자의 첫 번째 감각적 욕구 운동은 소죄인가?(utrum primi motus in infidelibus sint peccata venialia)"

235 primus motus는 외적 자극에 대해 일어나는, 영혼의 비자발적인 반응, 예를 들어 두려움 앞에서 맥박이 빨라지거나 호흡이 거칠어지는 등의 반응을 가리킨다. 스토아 학파의 propatheia에 대응하는 개념이다. 이에 대해서는 오유석, 「아우구스티누스의 감정론. -pathos, apatheia, propatheia, eupatheia를 중심으로-」, 『지중해지역연구』 19(2017), pp. 73-100, 여기에서는 77 쪽 참조.

고 있는 것처럼 보인다. 이에 따라 불신자가 범하는 유적인 소죄도 이미 '등돌림' 후에 범한 죄이므로 대죄로 간주되어야 하지 않겠는가라는 문제 제기로 볼 수 있다. 그런데 토마스는 그리스도를 믿지 않는 사람의 감각적 욕구의 첫 번째 운동(제일 충동유혹)도 대죄에 속한다는 견해에 비판적이다. 즉 그는 이 견해가 타당하지 않다고 주장한다. 그에 따르면 감각적 욕구의 운동(motus sensualitatis)은 두 가지로, 즉 그 자체로 그리고 원죄의 관점에서 고찰될 수 있다. 따라서 이 문제도 각각의 관점에 따라 달리 생각해야 한다.

첫째, 감각적 욕구의 운동은 그 자체로(secundum se) 고찰했을 때 대죄가 될 수 없다는 것이 분명하다고 토마스는 말한다. 대죄라는 것은 궁극적 목적으로부터 등을 돌림으로써, 그리고 신의 계명을 모독함으로써 생겨나는데, 감각적 욕구는 신의 계명을 따를 능력이 없고 궁극적 목적에 이를 수도 없기 때문이다. 그러므로 감각적 욕구 운동은 그 자체로 고찰했을 때 결코 대죄가 될 수 없다.

둘째, 감각적 욕구의 운동은 그것의 원리(원천), 즉 원죄에 따라(secundum suum principium) 고찰될 수 있다. 토마스는 이렇게 고찰할 때 감각적 욕구의 운동은 그것의 원리인 원죄가 죄로 규정되는 것 이상으로 죄로 규정될 수 없다고 말한다. 결과가 원인보다 더 강할 수 없다는 이유 때문이다. 그런데 불신자들에게 원죄는 죄책(culpa)이고 또 벌(poena)이기도 하다. 반면 토마스에 따르면 믿는 사람에게 원죄의 죄책은 제거되었고, 벌로서만 남아 있을 뿐이라고 한다.

이러한 고찰에 따라 토마스는 믿는 사람들의 경우, 그들의 감각적 욕구의 운동은, 그것이 개별인격의 작용(actus personalis)인 한에서 고찰하면, 소죄에 해당하고, 다른 한편 그것이 원죄의 결과로서 일어난 것인 한에서는, 오로지 벌에 속하는 것이지 죄책으로 단죄되지 않는다고 말한다. 반면에 불신자의 감각적 욕구 운동은 그것을 개별인격의 작용인 한에서 고찰하면, 믿는 사람의 경우와 마찬가지로 소죄에 해당하지만, 그것을 원죄로부터 생겨난 것인 한 고찰하게 되면 사정이 다르다. 믿지 않는 사람에게 원죄의 죄책이 여전히 남아 있기 때문이다. 따라서 그의 감각적 욕구 운동이 원죄의 결과로서 일어난 것인 한에서, 그의 죄책으로 단죄될 수 있다(aliquid damnationis culpabilis). 그러나 물론 그 자신이 실제로 범한, 현행의 죄(peccatum actuale)로서 대죄로서가 아니라 원죄에 주어지는 단죄(damnatio)의 관점에서 죄책으로 규정될 수 있다고 한다.

(3) 천사와 소죄[236]

토마스는 천사는 선한 천사이건 악한 천사이건 소죄를 범할 수 없다고 말한다. 그는 그 근거를 천사의 인식능력에서 찾는다. 그에 따르면 인간과 달리 천사는 '추론적 지성'(intellectus discursivus)을 갖지 않는다. 추론적 지성은 원리와 결론을 분리해서 고찰하는 지성이다. 따라서 추론적 지성은 하나에서 다른 하나로 진행해가면서 지금은 이것을, 다음에는 저것을 고찰하게 된다. 그러나 이와 같은 방식의 인식은 신을 닮은(deiformis), 비추론적 지성에는 일어날 수 없다. 비추론적 지성은

236 De malo, q. 7, a. 9: "선한 천사나 악한 천사가 소죄를 범할 수 있는가?(utrum Angelus bonus vel malus possit peccare venialiter)"

추론과정 없이(absque discursu), 항상 원리 안에서 결론을 고찰하는 지성이다.

그런데, 위에서도 여러 차례 보았듯이, 논증의 경우(in demonstrativis) 증명될 수 없는 제일원리와 결론의 관계는, 실천적인 것에서 목적과 수단의 관계와 비교할 수 있다. 그래서 추론적 지성을 가진 우리 인간은 목적에 대한 사유와 수단에 대한 사유가 구별되고, 이것은 욕구운동에 있어서도 마찬가지이다. 그러나 비추론적 지성을 가진 천사의 정신은 목적을 향한 운동과 수단을 향한 운동이 동시에 일어난다. 따라서 천사는 목적과 관련된 질서의 이탈(deordinatio)이 없는 한, 수단과 관련된 질서의 이탈이 있을 수 없다.

토마스에 따르면 인간은 목적을 향한 올바른 질서가 있다고 하더라도, 즉 습성적으로(habitualiter) 궁극적 목적에 고정되어 있다 하더라도, 수단과 관련한 질서의 이탈이 가능하며, 따라서 대죄 없이도 소죄를 범할 수 있다. 그러나 천사에게 그러한 일은 일어날 수 없다. 천사에게서 일어나는 모든 질서를 벗어난 행위는 천사가 궁극적 목적에 등을 돌림으로써 발생하는 것이며, 이것은 대죄를 낳는 행위이다. 즉 천사는 창조되지 않은 선으로부터 등 돌림으로써 창조된 선에 유착함으로써 죄를 범한다는 것이 토마스의 주장이다.

6. 소죄의 벌과 용서

(1) 카리타스 없이 저질러진 소죄와 영원한 형벌[237]

대죄는 카리타스에 반하는, 최고선으로부터 등 돌림으로써 범하게 되는 죄이다. 대죄의 벌은 끝나지 않는 영원한 벌이다. 반면 소죄는 '용서받을 수 있는 죄', 즉 '벌에 끝(한계)이 있는 죄'이다. 이러한 맥락에서 은총의 상실과 함께 최고선과의 질서 관계를 상실한 사람이 범한 소죄는, 소죄로서 한시적 벌을 받고 용서를 받게 되는지, 아니면 '카리타스의 상실'에 대응하는 영원한 형벌을 받게 되는지 물을 수 있다.

이와 관련된 논의를 토마스는 죄는 벌을 통해서 올바른 질서를 찾게 되기 때문에 죄를 짓게 되면 반드시 벌을 받아야 한다는 주장으로 시작한다. 토마스에 따르면 인간은 자신의 의지로 죄를 짓고, 그럼으로써 신의 정의로운 질서에서 벗어나게 된다. 이렇게 이탈된 질서는 인간이 신의 의지에 따라(secundum Dei voluntatem), 그러나 자신의 의지에 반하여(contra suam voluntatem) 처벌을 받아 인간에게 정의가 생겨남으로써 복원될 수 있다고 한다.

그런데 벌은 죄에 상응해야 한다. 토마스에 따르면 벌은 두 가지 관점에 따라, 즉 죄의 종류(ex ipsa specie peccati)와 죄의 주체에의 유착(ex inhaerentia ipsius ad subiectum)에 근거해서 주어지게 된다. 이에 따르면 우리가 고찰하고 있는 '영원한 벌'(poena aeterna)은 이 두 가지 관점에서

237 De malo, q. 7, a. 10: "카리타스 없이 범한 소죄가 영원한 벌로 처벌될 수 있는가?(utrum peccatum veniale sine caritate puniatur poena aeterna)

모두 대죄에 대응하는 벌이라는 것이 신의 정의에 부합된다고 한다.

첫째, 영원한 벌은 죄의 종류의 관점에서 대죄에 상응하는 벌이다. 그 이유는 대죄가 신과 이웃에 대한 사랑(카리타스)에 반하는 죄이기 때문이다. 용서는 카리타스의 작용 결과(effectus)이므로, 카리타스에 반해 범한 죄는 용서(remissio)를 박탈당해 마땅하다는 것이다. 토마스는 어떤 사람이나 사물에 죄를 짓는 사람은 그 죄로 인해 그 사람이나 사물이 주는 편익(beneficium)을 박탈당하는 것이 마땅하다고 말한다. 예를 들어 국가에 죄를 지은 사람은 추방이나 사형을 통해서 국가에서 누리는 시민권을 박탈당할 수 있다. 따라서 카리타스에 반하는 죄, 즉 대죄를 지은 사람은 카리타스의 작용 결과(효과)인 죄의 용서를 박탈당하는 것이 마땅하다고 것이다. 이에 따라 만일 대죄가 용서를 받게 된다면 그것은 인간의 공로가 아니라 신의 자비에(ex misericordia) 기인하는 것이다.

둘째, 영원한 벌은 주체[=죄인]에의 죄의 유착이라는 측면에서(ex parte inhaerentiae ad subiectum) 고찰하더라도 대죄에 상응하는 벌이다. 대죄는 죄를 용서할 수 있는 은총을 인간으로부터 박탈하는 것이기 때문이다. 그런데 토마스에 따르면 죄가 남아 있는 한 벌은 면제되지 않는다. 신의 작품에는 질서에서 벗어나는 것이 하나도 없기 때문이다. 이러한 상황을 토마스는 마치 스스로의 힘으로는 빠져나올 수 없는 우물에 자신을 던져 넣은 사람의 상황에 비유한다. 이 사람은 자기 힘에 매달리는 한 거기에 영원히 머물러 있어야 한다. 이와 마찬가지로 대죄를 지은 사람은 그 자신 안에 머물러 있는 한에서 영원한 벌로 자신을 던져 버린 것과 같다는 것이다.

그런데 소죄는 카리타스에 반하는 죄가 아니므로 죄의 종류의 관점에서도 그리고 죄의 유착이라는 측면에서도 영원한 벌을 받아 마땅한 죄가 아니다. 그것은 죄를 용서하는 은총을 박탈하지 않기 때문이다. 그러나 우리의 문제, 즉 카리타스를 상실한 사람이 범한 소죄의 경우에는 카리타스의 상실을 고려해야 한다. 토마스에 따르면 카리타스의 은총을 잃은 주체의 죄인 한에서 소죄는 대죄와 연결되어 우유적으로(per accidens) 용서받지 못할 죄가 된다는 것이다. 이렇게 카리타스 없이 저질러진 소죄가 우유적으로 영원한 벌을 받을 수 있다고 한다.

(2) 연옥에서의 소죄의 용서[238]

1) 소죄와 대죄에 의한 지복의 방해

여기에서 토마스는 '연옥(purgatorium)'이라는 사후 세계에서의 죄의 용서 문제를 다룬다.[239] 가톨릭 신학자들은 연옥을 죽은 이들의 영혼이 머무르며 죄를 정화하는 곳으로 파악한다. 토마스는 이곳에서 소죄가 어떤 관점에서, 어떤 방식으로 용서받게 되는지 추론하고 있다. 이와 관련하여 토마스는 먼저 '죄의 용서'(peccatum remitti)가 무엇인지 정확한 이해가 필요하다고 말한다. 그에 따르면 죄의 용서란 '죄를 헤아리지 않는 것'(peccatum non imputari)이다. '죄의 헤아림'은 지은 죄로 인

---

238 De malo, q. 7, a. 11: "소죄 가운데 어떤 죄는 이 세상이 끝난 후 연옥에서 용서받게 되는가?(utrum aliqua peccata venialia remittantur post hanc vitam in Purgatorio)"

239 토마스에게서 '연옥'의 문제에 대해서는 자크 르 고프, 『연옥의 탄생』, pp. 512-532 참조.

해 '영원한 행복'이라는 궁극적 목적에의 도달이 방해받는 한에서 이루어진다.

그런데 토마스에 따르면 인간은 죄를 지음으로써 죄책(罪責)과 죄과(罪科)로 인해 영원한 행복에 이르는 데 방해를 받게 된다. 먼저 죄는 죄책의 측면에서 지복을 방해한다. 영원한 행복은 인간의 완전한 선(perfectum bonum hominis)으로서, 죄로 인한 선성의 감소와 양립할 수 없기 때문이다. 사람들은 죄를 지음으로써 그만큼 비난과 책망을 받게 되고, 그런 한에서 선성의 감소를 경험하게 되며, 이에 따라 커다란 선을 갖기에 합당하지 않은 상태에 놓이게 된다. 또한 죄과(罪科)의 측면에서도 완전한 지복이 방해를 받는다. 지복은 고통과 형벌을 배제하기 때문이다. 이처럼 죄는 지복에 이르는 길을 방해한다. 그렇지만 소죄와 대죄는 각기 다른 방식으로 방해를 한다.

죄책의 측면에서 고찰하면, 인간은 대죄를 범하면 목적에 이르는 원리의 박탈을 통해서, 즉 카리타스의 박탈을 통해서 선성의 감소를 겪게 된다. 반면에 소죄를 범할 때에는, 죄가 되는 행위의 부적절성(indecentia actus)으로 인한 선성의 감소와 방해를 겪게 된다. 말하자면 원리 자체는 보존된 채, 목적에 이르는 행위 안에 방해물이 놓여 있는 것과 같다. 이것을 무거운 물체가 아래로 향하지 못하게 방해를 받는 경우의 예를 들어 생각할 수 있다. 이 경우 방해 요인은 무거운 물체 안에 있는 중력(무거움)의 파괴 때문이거나(원리의 파괴=대죄), 또는 자연적 목적에 도달하지 못하도록 물체의 운동을 방해하는 어떤 장애물 때문일 수 있다.

죄과의 측면에서도 차이가 있다. 즉, 토마스에 따르면 대죄를 통해서 사람은 '마치 원수와 같이 파괴적인 벌(poena exterminans)'을 받게 되지만, 소죄로 인해서는 교화의 벌(poena corrigens)을 받게 되기 때문이다.

2) 소죄와 대죄의 용서의 차이

토마스는 이렇게 대죄와 소죄가 각기 다른 방식으로 지복의 성취를 방해하기 때문에, 각기 다른 방식으로 용서를 받아야 마땅하다고 주장한다. 이를 정확하게 이해하기 위해서는 죄책의 관점과 죄과의 관점, 그리고 이생에서의(in hac vita) 용서와 연옥에서의 용서를 나누어 살펴보아야 한다. 먼저 이생에서의 죄의 용서에 대해서 살펴보자.

이와 관련하여 토마스는 먼저 죄책의 관점에서 논의한다. 그에 의하면 죄책의 관점에서 대죄는 지복에 이르는 원리인 카리타스의 결여를 통한 선성의 감소를 가져오기 때문에, 대죄의 용서('헤아리지 않음')를 위해서는 원리의 파괴로 인한 장애가 제거되어야만 한다. 이것은 카리타스와 은총의 새로운 주입을 통해서(per novam caritatis et gratiae infusionem) 이루어진다. 반면에 소죄의 경우 카리타스는 남아 있으므로, 카리타스의 새로운 주입은 필요하지 않다. 그러나 물론 소죄로부터 생겨난 장애물은 제거되어야만 한다. 그렇게 되기 위해서는 장애물에 저항하는 강한 힘이 필요하다. 이 상황을 토마스는 아래로 향하려는 무거운 물체의 운동을 저지하는 장애 요소의 제거를 예로 들고 있다. 무게(중력)의 파괴로 인한 운동의 방해는 새롭게 무게(중력)를 만들어내야 하지만, 아래로 향하려는 운동을 가로막는 방해물의 제거는 그에 상응하는 강한 힘이 있으면 된다. 따라서 죄책의 관점에서 소죄는 강한 카리타스를 통한(per fervorem caritatis) 죄의 용서가 일어나지만, 대죄의 용서는 은총의 새로운 주입이 필요하다.

그러나 토마스에 따르면 벌(poena)의 측면에서 대죄는 결코 용서될 수 없다. 대죄는 끝나지 않는 영원한 벌을 초래하는 죄이기 때문이다. 반면 소죄는 시간적으로 유한한 벌의 해소를 통해서(per exsolutionem poenae temporalis finitae) 용서될 수 있다. 이생에서의 죄의 용서는 이와 같은 방식으로 이루어진다.

한편 토마스는 미래의 생에서(in futura vita) 대죄는 죄책의 측면에서 결코 용서될 수 없다고 생각한다. 지금의 생이 끝난 후에 영혼은 은총과 카리타스의 새로운 주입을 통한 본질적 변화(essentialis immutatio)를 겪지 않기 때문이라고 한다. 그리고 죄책이 용서받지 못하면, 죄과로부터도 용서받지 못하는 것은 당연하다.

토마스에 따르면 소죄의 용서와 관련하여 어떤 학자는 카리타스를 소유한 사람은 이생에서 죄책의 관점에서 항상 소죄의 용서를 받고, 이생이 끝난 후에는 죄과의 측면에서, 즉 벌의 해소를 통해서(per poenae solutionem) 용서받을 수 있다고 주장하였다고 한다. 토마스는 이 견해를 제한적으로 개연성 있는 의견으로 받아들인다. 즉, 이성을 사용하고 이 세상을 떠난 사람에게 적용되었을 때는 타당성 있는 견해라는 것이다. 카리타스를 가지고 있고 임박한 죽음에 대해 의식하고 있는 사람이 카리타스를 통해 신을 향한 운동을 하지 않거나, 소죄까지를 포함한 모든 죄에 대항하는 운동을 하지 않을 것이라고 보는 것은 개연성이 떨어지기 때문이다. 따라서 사랑이 강력하다면, 죄책의 측면에서 그리고 죄과의 측면에서도 아마도 소죄의 용서를 위해 충분하다는 것이다.

그러나 어떤 사람이 소죄를 범하는 동안, 또는 소죄를 저지르려는 의도가 있는 동안 이성의 사용을 막는 정념에 어느 정도 또는 전적으로 사로잡힌 채, 이성을 사용하기 전에 죽음을 맞이하는 경우가 발생할 수 있다. 이 사람이 이생에서 소죄의 용서를 받지 못한다는 것은 분명하다. 그러나 그러한 이유로 영원히 영원한 생명이 차단되지는 않을 것이다. 그런데 그는 모든 죄책으로부터 풀려나지 않는다면 이 영원한 생명에는 결코 도달하지 못한다. 따라서 토마스에 따르면 이성의 사용을 하지 못하고 죽음을 맞이한 사람의 소죄는 이생이 끝난 후 죄책의 측면에서도, 이생에서 용서를 받는 것과 같은 방식으로 용서를 받는다고 말해야 할 것이다. 즉 이생에서 범한 소죄에 저항하는, 신을 향한 카리타스의 작용을 통해서 용서를 받는다고 말해야 한다. 그렇지만 이생이 끝난 후에는 공로를 인정받을 상태가 아니므로, 연옥에 있는 그들의 사랑의 운동은 소죄의 죄책의 방해물을 제거할 수는 있지만, 이생에서처럼 벌의 약화나 해소를 받을만한 공로를 인정받지는 못한다고 토마스는 말한다.

(3) 성수를 통한 소죄의 용서(사면)[240]

우리는 바로 위에서 이생에서 소죄가 강한 카리타스를 통해서 용서받을 수 있다는 토마스의 주장을 살펴보았다. 이로부터 본성적으로 강한 카리타스를 일으킬 수 있는 것들은 모두 소죄의 용서를 불러일으킬 수 있다고 추론할 수 있다.

토마스는 어떤 것들이 강한 카리타스를 일으킬 수 있는지 답하기

240 De malo, q. 7, a. 12: "소죄는 성수를 통해서 용서받는가?(utrum peccata venialia remittantur hic per aspersionem aquae benedictae)"

위해서 먼저 카리타스의 작용은 의지에 속하며, 의지는 세 가지 근거에서 어떤 것을 향한 경향성을 갖는다는 것에 주목해야 한다고 말한다. 그에 따르면 첫째, 의지는 어떤 때에는 오직 '어떤 것을 증명하는 이성(ex sola ratione aliquid demonstrante)' 만을 근거로 해서, 둘째, 어떤 때에는 상위 원인인 신으로부터의 내적 자극과 함께 이성에 의해(ex ratione simul et aliquo interiori instinctu), 셋째, 내재하는 습성의 경향성에 의해(ex inclinatione habitus inhaerentis) 어떤 것을 향하려는 경향성을 갖는다. 따라서 이 세 가지와 관련하여 의지가 카리타스의 강한 작용으로 향하도록 하는 것이 소죄의 용서를 불러일으킬 수 있다.

토마스에 따르면 신약의 성사들(sacramenta novae)은 이 세 가지 모두와 관련하여 소죄를 용서한다고 한다. 이성은 성사를 일종의 치유약(quasdam salutares medicinas)으로 고찰하고, 성사 안에서 신의 힘(divina virtus)이 비밀스럽게 구원 작용을 하고, 그리고 또한 성사를 통해 습성적 은총의 선물(habitualis gratiae donum)이 부여되기 때문이다.

한편 위의 세 가지 중 두 가지 관점에서 소죄의 용서를 불러일으키는 것들도 있다. 이러한 것들은 비록 은총을 불러일으키지는 않지만, 이성을 자극해 강한 카리타스를 일으키는 것을 고찰하도록 하며, 또 우리는 신의 힘이 강도 높은 사랑을 불러일으킴으로써 내적으로 작용한다는 경건한 믿음을 갖기 때문이다. 예를 들어 성수(aqua benedicta), 주교의 축복(benedictio pontificalis) 및 그런 종류의 성사들(sacramentalia)이 이러한 관점에서 소죄의 용서를 가져온다.

마지막으로 토마스는 오직 고찰의 방식으로(per modum considerationis) 강한 카리타스를 불러일으킴으로써 소죄의 용서를 가져오는 것도 있다고 말한다. 주님의 기도나 가슴을 치는 행위 등이 여기에 속한다고 한다.

제2장

죄종의 정의와 분류[241]

토마스는 제8문제부터 제15문제까지 여덟 죄종(罪宗),[242] 즉 그것으로부터 다른 죄들이 파생되어 나오는 일종의 뿌리 또는 원리와 같은 죄들을 다루기 시작한다. 이와 관련하여 그는 제8문제의 한 절을 죄종에 대한 일반론에 할애한 후, 같은 문제의 두 번째 절에서부터 제15문제까지 여덟 가지 죄종 각각에 대해 상세한 설명을 한다. 이에 따라 제8문제는 죄종에 관한 일반론의 성격(제1절)을 가진 절 하나와 여덟 가지 죄종 중에서도 가장 근본적인 죄라 할 수 있는 교만(superbia)을 다룬 나

241 De malo, q. 8, a. 1: "죄종이 수와 관련하여 얼마나 많은, 그리고 어떤 죄종들이 있는가?(quaeritur de numero vitiorum captalium quot et quae sunt)." 이 문제를 토마스는 제8문제의 서론에서 "오직 일곱 가지 죄종만 있는가?(utrum sint tantum septem capitalia vitia)"라는 문제로 제기함으로써 구체적으로 죄종의 수를 일곱으로 아니면 여덟으로 파악해야 하는지 묻고 있다.

242 죄종의 수와 관련해서 토마스는 교만(superbia)과 일곱 죄종(superbia et septem vitia capitalia)을 합쳐 여덟 죄종을 말하고 있다.

머지 세 절을 합한 네 절로 이루어진다.

도덕적 악에 대한 일반론의 철학적 기초가 아리스토텔레스, 아우구스티누스의 사상이었다면, 죄종에 관한 이론에서 토마스는 그레고리우스, 특히 그의 『도덕론: 욥기 주해』에 크게 의존하고 있다. 이점에서 『악에 대한 토론문제집』은 아리스토텔레스의 덕이론의 틀에서 덕과 악습의 분류, 설명을 하는 『신학대전』과 큰 차이를 보인다.[243] 곧 보게 되겠지만 죄종의 각론에서 토마스는 그레고리우스의 죄종에 대한 분류나 정의 등이 적절한지 확인하는 형식으로 자신의 이론을 전개하고 있다.[244]

토마스는 죄종의 정의와 분류에 대해서 제1절에서 다음과 같이 논의를 전개한다.

1. 죄종의 본질적 규정

(1) '죄종'이라는 말의 어원적 의미

제8문제 제1절의 목적은 죄종을 분류하고 그것의 수를 확정하는 데에 있다. 그런데 이를 위한 전제는 죄종의 본질적 규정에 대한 이해이므로, 토마스는 먼저 죄종이 무엇인지 설명하면서 논의를 시작한다.

243 이에 대해서는 Eileen C. Sweeney, "Aquinas on the Seven Deadly Sins: Tradition and Innovation" 참조.

244 Eileen C. Sweeney, "Aquinas on the Seven Deadly Sins: Tradition and Innovation", p. 94 참조.

'죄종'이라는 용어에 대응하는 라틴어는 vitium capitale(복수형으로 vitia capitalia)[245]이다. 토마스에 따르면 '죄종'의 '종(宗)'이라는 표현에 대응하는 라틴어 capitale는 '머리'라는 뜻의 caput에서 온 것이라고 한다. 그러한 점에서 토마스는 우리가 '머리'라는 표현을 사용하는 세 가지 맥락을 구별하고, 이 중 어떤 의미로 '종'이라는 말을 이해하는 것이 적합한지 검토한다. 그에 따르면 우선 '머리'는 동물의 지체 중의 하나를 가리킨다. 그런데 동물들의 머리는 동물의 으뜸가는 지체이고 원리라는 점에서, 머리는 모든 '원리(principium)'를 비유적으로 가리킬 때 사용된다. 이것이 머리의 두 번째 의미이다. 그리고 마지막으로 우리말의 '우두머리'라는 표현에서도 알 수 있듯이 라틴어 표현도 왕자(王者, princeps populi) 또는 통치자(rector)라는 의미로도 사용된다.

그런데 토마스는 'vitium capitale'라는 표현은 위에서 말한 '머리'의 세 가지 의미에서 모두 사용될 수 있다고 말한다. 예를 들어 '죄종'은 신체의 지체 중 하나인 머리의 의미에서 취할 수 있는데, 이 경우는 참수형(poena capitis)으로 처벌되는 중대한 죄를 가리킬 수 있다. 물론 우리가 '죄종'이라고 말할 때는 이러한 벌에 대응하는 죄의 의미로 사용하지는 않는다. 오히려 토마스는 우리의 논의에서 '죄종'에 대응하는 caput는 '원리(principium)' 또는 '근원'이라는 의미의 caput라고 해석한다. 이러한 맥락에서 토마스는 그레고리우스의 견해에 동의하고 있다. 그레고리우스는 vitia capitalia를 principalia라고 불렀다고 한다. 이러한 의미에서[246] '머리'라는 말을 이해하면 '죄종'은 '다른 죄들이 그것으로부

245 '죄종'에서 '죄'에 해당하는 라틴어로 토마스는 vitium과 peccatum을 혼용한다.
246 세 번째 의미에서 '머리'라는 표현에 대한 설명은 하나의 죄가 다른 죄의 원리 또

터 흘러나오는 근원 또는 시작(원리)'이 되는 죄를 가리킨다고 할 수 있다. 토마스는 이어서 하나의 죄가 다른 죄로부터 생겨날 수 있는 여러 가지 가능성을 고려하여, 다른 죄의 원리로서 죄종의 의미를 명확히 한다.

(2) 하나의 죄가 다른 죄의 원리가 되는 네 가지 방식

토마스에 따르면 어떤 하나의 죄가 다른 죄로부터 생겨나는 방식에는 네 가지가 있다.

첫째, 사람은 은총을 통해서 죄를 피할 수 있는데, 바로 이러한 '은총의 철회'로부터 죄가 생겨날 수 있다. 이렇게 이해하면 은총을 앗아가는 첫 번째 죄가 은총의 결핍에서 유래하는 다른 죄들의 원인이라고 할 수 있다. 토마스에 의하면 이러한 방식으로 모든 죄는 모든 죄의 원인이 될 수 있다. 이러한 방식으로 다른 죄가 생겨나게 하는 것을 '방해물의 제거를 통한 방식'(per remotionem prohibentis)이라고 할 수 있다. 그런데 아리스토텔레스에 따르면 어떤 것을 직접 야기(惹起)하는 대신 [어떤 것이 일어나지 않게 하는] '방해물을 제거하는 것'(removens prohibens)은 '우유적 운동인(movens per accidens)'인데, 우유적 원인은 기예나 학문의 고찰대상에서 배제된다. 이에 따라 토마스는 이러한 방식으로 다른 죄의 원인 또는 원리가 되는 죄를 죄종이라고 부르지는 않는다고 말한다.

둘째, 어떤 하나의 죄는 죄를 저지를 수 있는 경향성을 형성하는 방식으로(per modum inclinationis) 다른 죄의 원인이나 원리가 될 수

는 원인이 되는 방식을 확정한 후에 등장한다.

있다. 사람이 죄를 짓게 되면 그로부터 다른 죄를 지을 수 있는 성향(dispositio)이나 습성(hatibus)이 형성된다. 이러한 방식으로 사람이 짓는 죄는 모두 종적으로 유사한 다른 죄의 원인이 될 수 있다고 할 수 있다. 그런데 토마스는 죄종은 이러한 의미에서 다른 죄의 원인이 되는 것도 아니라고 말한다.

셋째, 어떤 하나의 죄는 질료의 측면에서(ex parte materiae) 다른 죄의 원리 또는 원인이 될 수 있다. 어떤 한 죄의 질료가 다른 죄의 질료로 봉사할 수 있기 때문이다. 토마스의 예를 들면, 탐식(貪食)은 미색(迷色)의 질료로서, 탐욕은 다툼(dissensio)의 질료로서 봉사한다. 그런데 토마스는 죄종은 역시 이러한 의미로도 이해할 수 없다고 주장한다. 다른 죄의 질료로서 봉사하는 것은 다른 죄의 '현실적 원인'으로 작용하는 것이 아니라 '가능적 원인'으로서, 단지 죄의 '기회를 제공하는 원인(occasionaliter)'에 지나지 않기 때문이다.

넷째, 어떤 하나의 죄는 목적의 측면에서(ex parte finis) 다른 죄의 원리가 될 수 있다. 즉, 사람이 다른 어떤 죄를 목적으로 죄를 저지를 수 있다는 것이다. 예를 들어 사람들은 돈을 위해서(탐욕의 죄) 남을 속이는 일을(기만의 죄) 할 수 있다. 탐욕이 기만(사기)을 낳는다는 것이다. 이러한 관점에서 탐욕은 현실적이고(in actu) 형상적으로(formaliter) 기만의 원인이라고 말할 수 있다. 토마스는 이렇게 다른 죄를 현실적이고 형상적으로 야기하는 죄가 바로 '죄종'이라고 주장한다. 그리고 그는 이러한 방식으로 어떤 하나의 죄가 다른 죄의 원리가 되기 때문에 위에서 구분한 '머리'의 세 의미 중에서 세 번째 의미, 즉 '우두머리'라는 의미에서의 caput라는 말이 적용된다고 한다. 이것을 토마스는 신하가 왕자(王者)를 향해 질서 지어져 있는 것이나, 또는 군대가 지휘관을 향해 질서 지어져 있는 것과 비교한다. 이러한 맥락에서 그는 그레고리우스를 인용하면서 죄종과 그것으로부터 생겨나는 죄들의 관계를 지휘관(duces)과 군대(exercitus)의 관계에 비유하였다.

(3) 행위 자체의 목적의 관점에서 다른 죄의 원리가 되는 죄종

이처럼 토마스는 어떤 죄는 목적의 양태로 다른 죄의 원인 또는 원리가 된다는 사실에서 죄종의 본질적 규정을 찾는다. 그렇지만 죄종을 보다 정확하게 규정하기 위해서는 '목적으로 질서 지어짐'의 의미를 더 상세히 구분할 필요가 있다. 토마스는 이 말의 두 가지 의미를 구별한다.

첫째, 행위자의 측면에서 하나의 죄가 다른 죄의 목적으로 질서 지어져 있을 수 있다. 즉, 행위자(죄인)의 의지가 다른 죄의 목적보다 어떤 죄의 목적으로 더 기울어져(pronior) 있을 수 있다. 그런데 이러한 관점의 목적의 질서는 '[악한] 행위 자체', 즉 죄 자체에 대해서는 우유적인 것이다. 행위(죄) 자체가 아니라, 행위를 비교 선택하는 행위자로부터 목적의 질서가 설정되기 때문이다. 그런데 이렇게 우유적인 것을 통해서 죄종의 본질적 규정을 얻는 것은 적절하지 않기 때문에, 토마스는 이러한 관점에서는 죄종이라는 말을 하기 어렵다고 말한다.

둘째, 행위의 목적 간의 관계 자체에 근거해서 하나의 죄가 다른 죄의 목적으로 질서 지어져 있다고 말할 수 있다. 즉 여러 목적 가운데 어떤 하나의 목적이 다른 목적에 적합할 경우, 그래서 많은 경우에[247] 이

247 행위의 영역이므로 필연적으로(ex necessitate)가 아니라, "많은 경우에(ut in

다른 목적을 향해 질서 지어져 있는 경우를 가리킨다. 이러한 질서는 [악한] 행위 자체의 본질로부터 취해진 것이라 할 수 있다. 위에서 사용한 토마스의 예를 다시 들면, 사기(fraudo)라는 행위 자체의 목적인 속임(deceptio)은 '돈을 긁어모으는 일'로 질서 지어져 있는데, 이것은 탐욕의 목적이다. 이러한 관점에서 탐욕으로부터 사기가 생겨났다고 말할 수 있다. 토마스에 따르면 바로 이러한 의미에서 죄종이라는 말을 한다는 것이다.

이처럼 토마스는 그 자체로(secundum se) 그리고 주되게(principaliter) 가욕구적인(appetibiles), 그래서 그것을 향해 다른 죄들이 질서 지어져 있는 그러한 목적을 가진 죄를 '죄종'이라고 부른다.

2. 죄종의 분류기준과 종류

이상과 같은 고찰을 통해 죄종의 의미를 명확히 규정한 후, 토마스는 죄종의 분류에 착수한다. 이를 위해 그는 먼저 '선을 추구하는 것'과 '그 선과 대립하는 악을 피하는 것'은 같은 근거에 속한다는 것을 강조한다. 예를 들어 탐식하는 사람은 음식이 줄 수 있는 쾌락을 [선으로서] 욕구하는 사람으로서, 이러한 쾌락을 막는 것을 [악으로서] 피하고자 하는 욕구를 동시에 갖고 있다. 이것은 다른 악습 또는 죄도 마찬가지이다. 그러므로 토마스는 죄종은 그것이 관여하는 선과 악의 차이에 따라 구별하는 것이 적절하다고 말한다. 즉 종적으로 구분되는 특수한

pluribus)"라는 말을 하고 있다.

의미에서 '가욕구적인 것'(appetibile)이나 [그것의 추구를 방해하는, 따라서] '거부하고 피해야 할 것'(fugibile)이 있다면, 다른 죄종과 구별되는 특수한 죄종이 있다고 할 수 있다. 이에 따라 토마스는 선은 그것의 본질적 규정에 따르면 욕구(appetitus)를 자기 자신에게 끌어당긴다는 사실을, 그러나 욕구는 어떤 선에서 고찰할 수 있는 특수한 양상 때문에 그 선을 거부하기도 한다는 사실을 염두에 두어야만 한다고 말한다.

토마스는 이제 바로 그러한 관점에서 어떤 선을 추구하도록 질서 지어진 죄종과 다른 죄종 (특정한 선을 거부하는 죄종)을 고찰해야만 한다고 말한다. 그런데 여기에서 우리는 인간의 죄에 대해서 고찰하고 있기 때문에, 인간의 선이 무엇인지 알아야만 그 선과 관련된 죄에 대해서 말할 수 있을 것이다. 토마스의 분류에 의하면 인간의 선(bonum hominis)은 세 가지이다. 즉, 영혼의 선(bonum animae), 육체의 선(bonum corporis), 그리고 외적 사물의 선(bonum exteriorum rerum)이 그것들이다.

토마스에 따르면 영혼의 선에는 '영예'와 '영광'의 탁월성(excellentia honoris et gloriae)이 있는데, 이와 관련하여 (1) 교만(superbia)이나 (2) 헛된 영광(inanis gloria)이라는 죄종을 발견할 수 있다. 육체의 선에는 '존재의 보존'이 대응한다. 그런데 개체로서의 존재 보존(conservatio individui)을 위해서는 음식이 필요한데 이에 대응하는 죄종으로 (3) 탐식(gula)이 관련되고, 종의 보존(conservatio speciei)과 관련된 신체의 선과 관련해서는 (4) 미색(luxuria)이라는 죄종이 발견된다. 한편 외적인 사물의 선에는 (5) 탐욕(avaritia)이라는 죄종이 관련된다.

그런데 위에서 말했듯이 어떤 선은, 잘못된 방식으로 욕구되는 다른 선의 추구를 방해하기 때문에 회피될 수 있다. 토마스에 따르면 이렇게 회피하려는 선에 대해 두 가지 방향의 운동이 있을 수 있다.[248] 하나는 '회피의 운동'(motus fugae)이고, 다른 하나는 '공격의 운동(motus insurrectionis)'이다. 회피(fuga)의 방식으로 관계되는 [잘못된 방식으로 추구되는 선을 방해하는 악으로 파악된] 선은 행위자 자신의 선이거나 다른 사람의 선일 수 있다. 그래서 회피의 방식에 따라 두 가지 죄종이 있게 된다. 행위자 자신의 선을 회피하는 운동에 대응하는 죄종으로서 (6) 영적 태만(acedia)이 있다. 사람들이 영적인 선(bonum spirituale)이 휴식(quies)이나 육체적 쾌락(delectatio corporalis)을 방해하는 한에서, 영적인 선을 피하고자 욕구가 생겨날 수 있다. 이로부터 생겨난 악습이 바로 영적 태만이다. 즉 이 죄는 어떤 영적인 선이 육체의 선을 방해하는 한에서, 영적인 선을 괴로운 것(tristitia)으로 여기는 것이다. 한편 다른 사람의 선이 자기 자신의 탁월성(propria excellentia)을 방해하는 한에서 (7)시기(invidia)라는 악습이 발견된다. 시기는 다른 사람의 선에 대해 고통을 갖는 것(dolor alieni boni)에 다름 아니다.

마지막으로 공격의 양태로 일어나는, 추구되는 선을 방해하는 악으로 파악된 선을 향한 운동에서 (8)분노(ira)라는 악습이 얻어진다. 토마스는 이상과 같은 여덟 가지 악습들을 '죄종'이라고 불렀다.

248 그런 의미에서, 즉 회피의 대상이 된다는 점에서 이러한 선들은 악으로 파악될 수 있다. 물론 이때 악이 참된 의미에서의 악(malum vere)이 아니라 잘못된 선의 추구를 방해하는 것으로 파악되는 한 '외양적 악'(malum apparens)이지 실제로는 좋은 것(선)이다.

제3장
교만(superbia)

1. 다른 죄와 구별되는 특수한 죄로서 교만의 특징[249]

토마스는 여덟 가지 죄종 중에서 교만(superbia)을 첫 번째로 고찰한다.[250] 그는 교만을 세 가지 관점에서 고찰하는데, 먼저 교만이 갖는 죄로서의 종적인 특수성을 먼저 고찰한다. 그런데 이와 관련하여 토마스는, 결론을 미리 말하자면, 교만이 다른 죄들과 종적으로 구분되는 특수한 죄이지만 또한 공통적이고 일반적인 죄(generale peccatum)이기도

249 De malo, q. 8, a. 2: "교만은 특수한 죄인가?(utrum superbia sit speciale peccatum)"

250 『신학대전』에서 교만은 사추덕(virtus cardinalis)에 속하는 절제의 가능적 부분들(partes potentiales) 중의 하나인 겸손(humilitas)과 대립하는 악덕으로 분류된다. Summa Theologiae, IIa-IIae, q. 162 참조.

하다고 주장한다.

(1) 특수한 죄(speciale peccatum)로서 교만

1) 이성에 따르지 않는 자연적 욕구로서 죄

토마스는 먼저 어떤 관점에서 교만이 종적으로 구분되는 특수한 죄인지에 대해 적절히 답하기 위해서는 교만의 죄로서의 특성을 먼저 살펴보아야 한다고 말한다. 그러고 나서야 다른 죄와 종적으로 구별되는 특징을 알 수 있게 되기 때문이다.

토마스에 따르면 모든 죄는 어떤 '자연적 욕구(appetitus naturalis)'에 뿌리를 두고 있다. 그는 모든 '자연적으로(본성적으로) 욕구된 선(bonum naturaliter desideratum)'이 '신의 선성(bonitas divina)'을 닮은 것인 한에서, 인간은 모든 종류의 자연적 욕구를 통해서 신과의 유사성을 욕구한다고 말한다. 이러한 자연적 욕구가 질서를 잃었을 때 올바르지 못한 행위인 죄가 생겨난다는 것이다.

그런데 위에서 여러 차례 강조되었듯이 욕구의 적절한 조절(dirigere appetitum)은 이성에 속하는, 정확하게 말하자면 '신법을 통해 형상을 받은 이성'(ratio lege divina informata)에 속하는 작용이다.[251] 따라서 만일 인간의 자연적 욕구가 '이성의 규칙'에 따라(secundum regulam rationis) '자연적으로 욕구된 선'을 향한다면, 그 욕구는 올바르고(rectus) 유덕한(virtuosus) 것이 된다. 반면에 욕구가 이성의 규칙을 넘어서거나(과잉) 미치지 못한다면(결핍), 두 경우에 모두 죄(잘못된 행위)가 생겨날

251 De malo, q. 2. a. 4 참조.

것이다.[252] 예를 들어 이성적 존재자인 인간에게 알고자 하는 욕구는 (appetitus sciendi) 자연적인 것이다. 그런데 이러한 욕구가 올바른 이성(recta ratio)이 지시하는 데로 인식을 지향한다면 유덕하고 칭찬받을 욕구가 되겠지만, 이성의 규칙을 넘어선다면 지나친 '호기심'(curiositas)이라는 죄가 되고, 반면에 결핍된다면 '경시'(negligentia)라는 죄가 생겨난다고 한다.

2) 자연적 욕구 대상인 탁월성에 대한 잘못된 욕구로서 교만

그런데 토마스에 따르면 인간이 자연적으로 욕구하는 것 중의 하나가 바로 탁월성(excellentia)이다. 자기가 욕구하는 선 안에서(in bono concupito) 완전성(perfectio)을 추구하는 것은 비단 인간뿐 아니라 모든 사물에 자연적이기 때문이다. 그런데 이 완전성이 바로 탁월성에 있다고 한다. 그러므로 만일 탁월성의 욕구가 '신으로부터 형상을 받은 이성의 규칙'(regula rationis divinitus informatae)을 따른다면 올바른 욕구(appetitus rectus)로서, '담대(膽大)'(magnanimitas)라는 덕에 속하는 욕구가 된다. 그런데 탁월성을 향한 욕구가 이성의 규칙을 결핍하고 있다면 '담소(膽小)'(pussilanimitas)의 악습이 생겨나고, 반면에 이성의 규칙을 넘어서 버리면, 바로 우리가 찾는 '교만'이라는 죄가 생겨난다.[253]

토마스의 어원분석에 의하면 이 교만의 죄가 무엇을 의미하는지 그 이름으로부터도 알 수 있다고 한다. 왜냐하면 'superbia'의 어원인

252 즉 '자연적으로 욕구된 것(자연적 욕구대상)'을 향한 욕구가 그 자체로 선한 것이 아니라, '이성의 규칙'을 따르는 욕구만이 선한 것이다.

253 『신학대전』의 분류에 따르면 담대는 용기(fortitudo)의 부분으로서 담소는 담대에 결핍의 측면에서 대립하는 죄로 규정된다(Summa Theologiae, IIa–IIae, q. 133, a. 2 참조)

superbire라는 라틴어가 '탁월성의 욕구에서 자기에 고유한 척도를 넘어섬(superexcedere propriam mensuram)'을 가리키기 때문이다. 이러한 맥락에서 토마스는 교만을 아우구스티누스를 따라[254] '비뚤어진 고상함에 대한 욕구'(perversae celsitudinis appetitus)로 부른다.

위에서 토마스는 '자기에게 고유한 척도'라는 말을 하였다. 그 이유는 모든 사물이 동일한 척도를 갖는 것은 아니기 때문이다. 이에 따라 어떤 사람에게는 교만으로 간주 되는 것이 다른 사람에게는 그렇지 않을 수도 있다. 예를 들어 주교가 [주교로서의] 자기의 지위에 속하는 임무를 행한다고 해서, 그가 교만하다고 말하지 않는다. 그렇지만 주교가 하는 일을 평사제나 평신도가 한다면, 교만이라는 악습이 돌려질 수 있을 것이다.

이렇게 탁월성은 - 물론 탁월성은 질료적으로 많은 사물 안에서 발견될 수 있지만 - 어떤 특수한 종류의 욕구 대상으로서의 성격(ratio cuiusdam determinati appetibilis)을 갖고 있다. 토마스는 바로 이러한 관점에서 교만은 명백히 다른 죄와 종적으로 구별되는 특수한 죄라고 말한다. 우리가 유적으로 선한 행위 또는 악한 행위를 고찰하면서 살펴보았듯이, 행위나 습성은 대상이나 질료에 따라 종적으로 서로 구별되기 때문이다.

254 『신국론』 제14권 제13장 제1절 참조: "전도된 우월감에 대한 욕구"(성염 옮김, p. 1487)

(2) 일반적 죄(generale peccatum)로서 교만

교만은 위에서 살펴본 것처럼 다른 죄와 종적으로 구별되는 특수한 죄이기도 하지만, 어떤 의미에서는 '일반적 죄(peccatum generale)'이기도 있다. 토마스는 두 가지 관점에서 교만을 일반적 죄로 볼 수 있다고 한다. 하나는 죄의 확산(diffusio)의 관점이고 다른 하나는 작용 결과(effectus)의 관점이다.

첫째, 교만은 확산의 관점에서 일반적 죄일 수 있다. 즉, [미리 말하자면] 교만은 다른 죄를 지배하고 통치하는 죄라는 의미에서 일반적 죄라는 것이다. 토마스는 이것을 설명하기 위해서 먼저 아우구스티누스를 인용하면서[255] '신에 대한 사랑이 신의 나라를 만들듯이, 자기 자신에 대한 무질서한 사랑(amor inordinatus sui)이 바빌론의 왕국을 만든다'라고 말한다. 그런데 토마스에 따르면 '신에 대한 사랑'에서는 신 자신이 궁극적 목적으로서, 올바르게 사랑받는 모든 사물은 궁극적 목적으로서 신을 향해 질서 지어져 있다. 이와 마찬가지로 '자기 자신의 탁월성에 대한 사랑'에서는 바로 이 자기 자신의 탁월성이 다른 모든 사물이 질서 지어져 있는 궁극적 목적이 된다. 예를 들어 부에 있어서, 학문에 있어서, 또는 명예나 존경 등에서 풍부하기(abundare)를, 즉 뛰어나기를 바라는 사람들은 부나 학문 또는 명예나 존경을 통해서 일종의 '탁월성(뛰어남)'을 지향하기 때문이다.

그런데 토마스에 따르면 모든 행위와 '작용적 습성', 즉 작용(행위)

---

255 『신국론』 제14권 제28장 참조: "하느님을 멸시하면서까지 이르는 자기 사랑이 지상 도성을 만들었고, 자기를 멸시하면서까지 이르는 하느님 사랑이 천상도성을 만들었다."(성염 옮김, p. 1537)

의 원리가 되는 습성에서(in omnibus actibus et habitibus operativis) 고려해야 할 것이 있다. 그것은 목적과 관련되는 기예나 습성은(ars vel habitus) 수단과 관련된 기예나 습성들을 통치한다는 것이다. 예를 들어 배의 목적은 항해에 있으므로, 항해술은 배의 목적과 관련된 기예이다. 따라서 항해술은 목적을 달성하기 위한 수단이 되는 기예, 예컨대 배의 건조기술을 통치하게 된다. 이것은 덕의 경우도 이와 마찬가지라고 한다. 즉 신에 대한 사랑인 카리타스의 덕은 궁극적 목적과 관련된 덕으로서 다른 덕을 지배하고 통치하는 덕이라고 부를 수 있다는 것이다. 이러한 맥락에서 카리타스는, 비록 대상의 관점에서는 특수한 덕임에도 불구하고, 자기 명령의 '확산의 관점'에서 모든 덕에 공통적(communis) 덕이라고 불린다. 이러한 관점에서 토마스는 카리타스를 '모든 덕의 형상(forma)'이고 '어머니(mater omnium virtutum)'라고 부른다.

토마스는 교만도 이와 마찬가지라고 말한다. 즉 교만은 – 위에서 살펴본 것처럼 – 비록 고유한 대상의 규정성의 관점에서는 종적으로 구분되는 특수한 덕이지만, 자기 명령의 확산이라는 관점에서 보자면 모든 죄에 공통된 죄(commune peccatum)라는 것이다. 이에 따라 토마스는 그레고리우스를 따라 교만을 "모든 죄의 뿌리이고 여왕"(radix et regina omnium peccatorum)이라고 부른다.[256]

둘째, 토마스에 따르면 교만은 작용 결과의 관점에서(secundum suum effectum)에서 일반적 죄일 수 있다. 그런데 토마스는 이와 관련하

256 또는 '악습의 뿌리 또는 시작'(radices quaedam vel initia vitiorum)이라고도 부른다.(De malo, q. 8, a. 1, ad 1)

여 여기에서 죄 자체의 결과(effectus)와 행위자의 의도(affectus)[257]를 구별한다. 이러한 구별을 하게 되면, 어떤 죄는 결과의 관점에서는 죄가 되지만, 의도의 관점에서는 죄가 되지 않을 수도 있다. 예를 들어 어떤 사람이 자기의 아버지를 적으로 오인해서 죽였다면, 결과의 측면에서는 비록 친부 살해의 죄이지만, 의도의 측면에서 보자면 친부살해라 할 수 없다는 것이다.

따라서 토마스에 의하면 교만의 죄는 결과의 측면에서 고찰하면, 모든 죄에서 공통적으로 발견될 수 있다. '상위의 규칙에 복종하지 않음'은 교만의 결과인데, 사실상 죄를 짓는 모든 사람이, 신의 법에 복종하지 않는 한에서, '상위의 규칙에 복종하지 않음'이라는 죄를 범하기 때문이다. 그러나 의도의 관점에서 고찰하면, 모든 죄에서 공통적으로 교만함이 발견되지는 않는다. 모든 사람이 신이나 신법을 모독할 의도를 가지고 죄를 짓는 것은 아니기 때문이다. 우리가 죄의 원인을 고찰하면서 확인하였지만, 사람들은 무지로부터(ex ignorantia) 또는 허약함으로부터(ex infirmitate) 또는 어떤 정념으로부터도 죄를 짓기도 하기 때문이다. 그러므로 토마스에 따르면 의도의 관점에서 고찰하면 교만은 다른 죄와 구별되는 특수한 죄라 할 것이다.

257 affectus는 감정, 정서라는 의미도 있지만, 현재 맥락에 맞게 '의도'로 번역하였다. 영역본은 intent로 번역하였다(Thomas Aquinas, *On Evil, translated by Richard Regan.* p. 329)

2. 교만의 주체[258]

(1) 교만의 주체로서 욕구 능력

토마스는 교만이 하나의 특수한 죄이면서 동시에 공통적 죄이기도 하다는 것을 밝힌 후에, 교만함의 주체 문제를 다룬다. 이 문제는 교만이라는 악습과 관여하는 영혼의 부분 또는 능력이 무엇인지를 묻는 것으로, 이와 관련해 토마스는 교만이 '분노적 욕구의 힘'(vis irascibilis)에 속하는가'라고 문제를 제기한다.

이 문제를 다루기 위해서 토마스는 먼저 유덕한 행위나 죄(악한 행위)는 모두 의지적 행위라는 사실을 상기시킨다. 의지적 행위의 원리에 대한 분석을 통해 죄의 주체를 특정하려는 의도이다. 그런데 앞에서 여러 차례 말했듯이, 의지적 행위는 두 가지 원리, 즉 이성 또는 지성(ratio sive intellectus)과 욕구(appetitus), 즉 의지가 있다. 이 두 원리는 인간적 행위(의지적 행위)의 두 원동자(duo moventia)이다. 그런데 이 두 원리 가운데 하나는 인식능력이고 다른 하나는 욕구 능력이다. 토마스에 따르면 이 인식능력과 욕구 능력의 결정적 차이는 인식(파악)된 것(apprehensum)은 인식(파악)하는 자 안에(in apprehendente) 있고, 그런 한에서 인식능력이 완성되는 데 반해,[259] 욕구 능력의 작용은 욕구 주체가

---

258 De malo, q. 8, a. 3: "교만은 분노적 욕구의 힘에 속하는가?(utrum superbia sit in vi irascibili)"

259 Summa Theologiae, Ia, q. 59, a. 2co. 참조. 이에 대해서는 이상섭, 「토마스 아퀴나스의 개념과 실재-토마스 '개념'론에 대한 하나의 해석」, 『동서철학연구』 27(2003), pp. 187-212 참조.

자기 자신을 벗어나서 대상을 향해 움직여진다는 데 있다고 한다.

토마스는 이제 본래적 의미에서 교만이란 질서를 벗어나서, 이를테면 자기 자신을 실제 이상으로 더 큰 존재로 보면서(magnificando seipsum), 자기 자신의 탁월성을 향해 운동하는 것으로 규정한다. 이것은 '주체 안에 머무는 작용'이 아니라 '주체 밖으로 나가는 작용'임에 틀림없다. 이로부터 토마스는 교만이 인식능력이 아니라 욕구 능력에 속하는 것임을 분명히 알 수 있다고 말한다.

(2) 욕구 능력의 구별: 이성적 욕구와 두 종류의 감각적 욕구

그러나 교만함의 주체를 특정하기 위해서는 욕구 능력을 더 세분해 살펴볼 필요가 있다. 욕구 능력은 이성적 욕구와 감각적 욕구로 구분될 수 있기 때문이다. 그런데 우리가 '자유로운 선택'에 관한 토마스의 논변에서 살펴보았듯이, 욕구 능력은 행위의 종별화의 측면에서(specificatio) 고찰하면 파악 능력에 의해서 움직여진다고 말할 수 있다. 욕구 능력은 '파악된 선'에 의해 움직여지기 때문이다. 토마스에 따르면 수동적인 것은 능동적인 것에 비례하고 능력은 대상에 의해 구별된다. 따라서 욕구 능력은 그것에 대상을 제시하는 파악 능력에 따라 구분될 수밖에 없다.

그런데 욕구를 움직이는 파악 능력에는 보편적인 것을 파악하는 이성 또는 지성이 있고, 개별적인 것을 파악하는 감각 또는 감각적 표상 능력(phantasia)이 있다. 이에 상응하여 토마스는 욕구능력도 두 가지로 세분한다. 하나는 이성(또는 지성)에 의해 파악된 선에 의해 움직여지는 욕구로서 이성적 부분 안에 존재하는 의지가 있고, 다른 하나는 감각적 파악 능력에 의해 파악된 선에 의해 움직여지는 욕구인 감각적 욕구(sensualitas, 또는 appetitus sensitivus)이다.

토마스는 이성적 욕구 능력인 의지는 보편적 선(bonum universale)을 대상으로 갖는 욕구로서 더이상 세분되지 않는다고 주장한다. 반면에 감각적 욕구는 보편적 선과 관련되지 않고, 감각적 선 또는 상상된 선과 같은 특수한 선과 관계하기 때문에, 감각적 욕구는 그것의 대상인 감각적 선의 다양성에 따라 더 세분될 수 있다고 한다. 그에 의하면 사물은 두 가지 근거에서 감각적으로 '가욕구적인 것'(appetibile)'으로 규정될 수 있기 때문이다. 한편으로 어떤 것은 감각에 쾌락을 주기 때문에 '가욕구적인 것'으로 규정될 수 있다. 이러한 사물은 욕망적 욕구(concupiscibilis)의 대상이다. 다른 한편 어떤 것은 '고상함'(altitudo)을 갖고 있다고 동물(감각 능력을 갖춘 생명체)이 표상하고, 그래서 동물이 그것을 위해 모든 손해를 물리치고 온 힘을 다해 자기의 고유한 선을 '이용'(uti) 하도록 만든다는 점에서, 가욕구적인 것으로 규정될 수 있다. 후자의 가욕구적인 것은 감각적 쾌락을 전적으로 결여하고, 때때로 감각적 고통을 동반하기도 한다. 예를 들어 생명을 지키기 위해서 자기의 생명을 위협하는 것과 싸워 이기려는 동물을 생각할 수 있다. 토마스는 이러한 종류의 선이 바로 분노적(공격적) 욕구(irascibilis)의 대상이라고 본다. 이와 같은 이유로 감각적 욕구는 욕망적 욕구와 분노적(공격적) 욕구로 세분될 수 있다.[260]

---

260 이에 대해서는 Summa Theologiae, Ia–IIae, q. 23, a. 1 참조.

(3) 교만의 주체로서 분노적 욕구와 의지

이렇게 세 종류로 세분된 욕구 능력 중에서 어느 것이 교만의 주체인지 확정하는 문제가 남는다. 이 문제는 욕구 능력에 속하는 교만의 대상이 무엇인지에 따라 결정될 수 있는 문제이다. 이를 위해 토마스는 개별적인 것은 보편적인 것 안에 포함되지만, 그 역은 성립되지 않는다는 것에 주목할 필요가 있다고 말한다. 이러한 관계 때문에 욕망적 욕구나 분노적 욕구와 같은 감각적 욕구의 대상은 의지의 대상인 보편적 선에 포함되고, 이에 따라 의지의 지향 대상이 될 수 있다. 그런데 토마스에 따르면 의지는 이성적 능력으로서 신체 기관을 이용하지 않는 능력이므로 '정념 없이' 자기의 대상을 지향하지만, 감각적 욕구는 '정념과 함께' 대상을 지향한다. 따라서 사랑, 기쁨, 희망 등과 같은 정념을 동반하는 감각적 욕구, 즉 욕정적 욕구와 분노적 욕구에 속하는 운동이 정념 없이 의지의 운동에 속할 수 있다.

이제 교만이 관여하는 대상인 탁월성의 종류에 따라서 교만의 주체가 무엇인지 생각할 수 있다. 그런데 앞선 고찰에서 알 수 있듯이 감각적 탁월성(excellentia sensibilis)은 교만의 대상이다. 따라서 만일 오직 감각적 또는 상상된 탁월성만이 교만에 속한다면, 교만의 주체는 분노적 욕구라고 말해야 할 것이다. 그러나 토마스에 따르면 교만은 영적인 선에 속하는 가지적 탁월성(excellentia intelligibilis)과 관계하기도 한다. 더 나아가 교만은 분노적 욕구를 갖지 않는 영적인 실체에서도 발견될 수 있다. 이는 악령의 경우에 분명히 알 수 있다. 그러므로 교만은 감각적 또는 상상적 탁월성과 관련되는 한에서는 분노적 욕구 안에 있지만,

가지적 탁월성과도 관계하는 한에서 그리고 악령에게서 교만이 발견되는 한에서, 교만은 의지 안에도 있다고 말해야만 할 것이다.

3. 교만의 종류[261]

토마스는 교만의 종류를 설명하기 위해서 먼저 그레고리우스의 분류를 먼저 열거한다.[262] 그레고리우스에 따르면 네 종류의 교만이 있다고 한다. 교만은 첫째, 사람들이 자기의 선이 자신으로부터 유래했다고 생각할 때, 둘째, 비록 그들의 선이 위로부터 온 것이라고 믿으면서도, 자기가 공로가 있어서 받았다고 생각할 때, 셋째, 자기들이 갖지 않은 것을 뽐낼 때, 넷째, 다른 사람들을 경멸하면서, 자기들이 가진 것을 오직 자기들만 가진 것으로 보이기를 욕구할 때 생겨나기 때문이다. 토마스는 이제 그레고리우스의 이 분류가 적절한 것인지 검토하는 방식으로 교만의 종류를 분류한다.

토마스는 교만이 여러 종류로 나뉠 수 있다는 것을 인정한다. 그 이유는 – 디오니시우스를 인용하는 토마스에 따르면 – 선은 하나의 전체적 원인으로부터(ex una et tota causa) 이루어지지만, 악은 하나라도 결핍되면 야기될 수 있기 때문이다. 예를 들어 신체의 아름다움은 모든

261 De malo, q. 8, a. 4: "교만의 종류가 적절하게 분류되었는가?(utrum convenienter assignentur species superbiae)"

262 따라서 이 절의 물음은 "교만의 종류가 [그레고리우스에 의해] 적절하게 분류되었는가?"로 이해할 수 있다. 토마스는 『악론』에서 죄종의 분류에 있어 일반적으로 그레고리우스를 따르고 있다.

지체가 전체로서 잘 조화롭게 배열되어 있을 때 생겨나지만, 신체의 추함(turpitudo)은 이들 지체 중 어느 하나라도 부조화한 경우에 생겨날 수 있다고 본다.

토마스에 따르면 덕의 본질적 규정에는 인간의 욕구(의지)가 이성의 규칙과 자기 척도에 따라(secundum regulam rationis et suam mensuram) '탁월성'을 지향한다는 것이 속한다. 반면 교만의 악은 사람이 자기의 규칙(척도)을 넘어서 '탁월한 선'을 욕구하는 데서 발생한다. 그러므로 자기의 탁월성에 대한 욕구에 있어 자기의 규칙(regula propria)을 넘어서는 다양한 방식에 대응해서 교만의 다양한 종류가 구별될 수 있다.

토마스는 사람은 탁월성의 욕구에 있어 세 가지 방식으로 자신의 규칙(척도)을 넘어설 수 있다고 말한다. 첫째, 사람이 욕구하는 '탁월한 선' 자체의 관점에서(quantum ad ipsum bonum excellens) 규칙을 넘어선다. 이것은 욕구가 자신의 척도를 넘어서는 어떤 것으로 향할 때 발생한다. 토마스는 이러한 종류의 교만을 그레고리우스가 분류한 세 번째 교만의 종, 즉 '자기가 갖지 않은 것'을 가졌다고 자랑할 때 작동하는 교만에 대응한다고 보았다.

둘째, 탁월성을 획득하는 방식의 관점에서(quantum ad modum adipiscendi) 척도를 넘어설 수 있다. 즉, 다른 사람의 은혜를 통하지 않고서는 받을 수 없는 탁월성을 자기 자신의 힘으로(a se) 또는 자기 자신의 공로 때문에(a suis meritis) 받았다고 생각하는 것이다. 이는 그레고리우스의 첫 두 종류의 교만함에 대응한다고 볼 수 있다. 어떤 것이 우리로부터 유래할 수 있는 두 가지 방식이 있기 때문이다. 즉, 우리가 직접 어떤 일을 할 때처럼 단적으로(simpliciter) 우리로부터 유래하거나, 또는 우리가 어떤 것을 받을 자격이 있다고 생각할 때처럼, 그것을 위한 일종의 준비를 통해서 우리에 의해 일어날 수 있다.

셋째, 소유의 양태에서(quantum ad modum habendi) 규칙을 넘어설 수 있다. 다른 사람이 소유하는 것과 같은 방식으로 자기도 소유하는 것이 합당한 어떤 것을 자기는 다른 사람을 뛰어넘어 가지고 있다고 생각하는 것이다. 이것은 그레고리우스의 네 번째 교만함에 대응한다.

이와 같은 방식으로 토마스는 그레고리우스의 분류를 적절한 것으로 보며, 그것을 기초로 네 가지 종류의 교만을 구별하였다.

제4장
헛된 영광(inanis gloria)

1. 헛된 영광의 죄로서의 성격[263]

(1) '영광'의 의미

토마스는 교만에 이어 두 번째 죄종으로 '헛된 영광'에 대해 고찰한다.[264] 헛된 영광과 교만은 서로 구별되기 어려울 정도로 밀접히 연결된 죄로 보인다. 그런 까닭에 오랫동안 헛된 영광은 교만과 구별되지 않은 채 다뤄지기도 하였고 그런 의미에서 "잊혀진 죄종"이라고 불리기도 한다.[265]

263 De malo, q. 9, a. 1: "헛된 영광은 죄인가?(utrum inanis gloria sit peccatum)"

264 『신학대전』 제2부의 2 '용기'의 덕에서 헛된 영광은 과잉의 관점에서 magnanimitas에 대립하는 악덕으로 분류되었다.

265 '헛된 영광'의 문제에 대해서는 Rebecca Konyndyk De Young, "The promise and

토마스는 헛된 영광과 관련해 세 가지 물음을 제기하고, 그 중 첫 번째 물음에서 헛된 영광의 '죄'로서의 성격을 먼저 고찰한다. 다른 죄와 종적으로 구분되는 특수한 죄로서 헛된 영광의 본질을 규명하기 위해서 그는 먼저 '헛된 영광'을 구성하는 두 요소인 '영광'과 '헛됨'의 의미를 밝히고, 그런 후에 헛된 영광의 죄로서의 성격을 보여준다.

토마스는 아우구스티누스를 따라 헛된 영광에서 '영광'은 일종의 '명확성'(claritas)을 가리키는 것으로 이해한다. 이러한 맥락에서 그는 '영광됨'(glorificari)과 '현양(顯揚) 됨'(clarificari)은 같은 것을 가리킨다고 본다. 명확성은 어떤 것이 광휘 속에서 드러나 밝혀지게 하는 증거를 포함하며, 이에 따라 영광은 '어떤 사람의 선을 드러내 밝힘'(quaedam manifestatio alicuius in bono)을 가리킨다. 반면에 어떤 사람의 악(malum)이 드러나 밝혀진다면, 영광 대신에 '오명'(ignominia)이라는 말을 하게 된다. 그런 의미에서 토마스는 암브로시우스를 따라 영광은 "칭찬을 담은 명확한 인식(clara cum laude notitia)"이라고 불리기도 한다고 말한다.

그런데 토마스는 영광은 어떤 사람의 선이 드러나는 상태에 따라 세 가지 방식으로 고찰될 수 있다고 말한다. 즉 최고의 상태에서 영광은 어떤 사람의 선이 '많은 사람에게' 드러나 밝혀진다는 데 있다. 그래서 모든 사람 또는 많은 사람에게 투명하게 보이는 것을 명확한 것이라고 부르게 된다. 그러나 어떤 경우에는 사람의 선이 '소수' 또는 심지어 오직 '한 사람에게만' 밝혀지는 경우도 영광스럽다는 말을 할 수 있다. 더 나아가 어떤 사람의 선이 오직 '그 자신에' 의해서 고찰되는 한에서

pitfalls of glory: Aquinas on the forgotten vice of vainglory", in: M. V. Dougherty, *Aquinas' Disputed Questions on Evil. A Critical Essay,* Cambridge: Cambridge University Press 2016, pp. 101-125 참조.

도, 즉 어떤 사람이 스스로 자기 자신의 선을 '명확성'의 관점에서 다수에게 밝혀지고 우러름을 받아야만 할 것으로서 고찰하는 경우에도 영광이라는 말을 할 수 있다는 것이다. 그러므로 토마스에 따르면 어떤 사람이 다수에게, 또는 소수의 사람이나 한 사람에게, 또는 자기 자신에게 자신의 선이 밝혀지기를 욕구하거나, 또는 밝혀지는 것을 기뻐할 때 '영광되다'라는 말을 하게 된다.

(2) '헛됨'의 세 가지 의미에 따른 헛된 영광의 세 의미

헛된 영광이란 '헛되이'(inaniter) 영광을 추구하는 것을 의미한다. 토마스에 따르면 세 가지 의미에서 '헛된' 것이라는 말을 할 수 있다고 한다. 첫째, '존립성(subsistentia)'을 갖지 않는 것을 의미할 수 있다. 즉 '거짓된 사물'을 헛된 사물이라고 말하는 한에서 존립하지 않는 것을 '헛된 것(vanum)'이라는 말할 수 있다. 그러나 둘째, 때로는 견고함(soliditas)이나 굳건함(firmitas)을 갖지 않은 것을 '헛된 것'이라고 말하기도 한다. 어떤 사물을 그것의 가변성 때문에 그렇게 말할 수 있다. 마지막으로 – 그리고 토마스에 따르면 이것이 가장 중요한 의미인데 – 어떤 것이 '합당한 목적(finis debitus)'에 이르지 못했을 때 헛된 것이라고 말하기도 한다. 예를 들어 치료약을 복용하고도 건강을 되찾지 못한 사람이 헛되이 약을 먹었다고 말하는 것과 같다.

토마스는 이러한 헛됨의 세 가지 의미에 따라 세 가지 종류의 헛된 영광이 있다고 말한다. 첫째, 사람들이 '거짓된 것(falsum)'에서 영광을 찾을 때 헛된 영광이라는 말을 할 수 있다는 것이다. 예를 들어 '자기가 갖고 있지 않은 선'을 통해서 영광을 바라는 경우가 그렇다. 실제로 갖고 있지 않은 것을 사람들이 가진 것처럼 알아주고 인정해 주기를 바라는 것이다.

둘째, 사람들이 '쉽게 사라질 어떤 선'에서 영광을 찾을 때 헛된 영광이라는 말을 할 수 있다. 가치 없는 것을 자랑하는 것과 같다고 할 수 있다.

셋째, 인간의 영광이 인간에게 합당한 목적을 향해 질서 지어지지 않았을 때 그 영광을 헛된 영광이라고 부른다고 한다. 토마스는 이것을 다음과 같이 설명한다. 즉, 진리의 인식을 욕구하는 것 자체는 인간에게 자연적이다. 진리 인식을 통해서 인간 지성이 완성되기 때문이다. 그러나 토마스는 '자기의 선을 다른 사람이 알아주기를(인식되기를) 욕구하는 것' 은 자신의 완전성에 대한 욕구가 아니라고 말한다. 그러므로 그러한 욕구(자기의 선이 다른 사람에게 알려지기를 바라는 것)가 만일 어떤 목적을 위해 유용한 것(utile)이 아니라면 일종의 헛됨을 갖고 있다는 것이다.

물론 합당한 목적을 향해 질서 지어져 있는 영광에 대한 욕구는 칭찬받을 수 있다. 즉, 토마스에 따르면 첫째, 그것이 신의 영광을 향해(ad gloriam Dei) 질서 지어져 있을 때 칭찬할만하다. 인간의 선이 드러남으로써, 신이 영광을 받기 때문이다. 인간의 선은 원리적으로(principaliter) 창조자로서 신에게 속하기 때문이다. 둘째, 영광에 대한 욕구는 이웃들의 구원(salus)에 유용한 한에서 칭찬받을 만하다. 즉, 이웃들이 어떤 사람의 선을 인식하고 그것을 모방하게 된다면 그들의 구원에 유용한 것이 된다. 셋째, 자기의 선이 알려지고, 그것이 자기 자신의 유익으로 이어질 때 영광에 대한 욕구가 올바른 질서를 갖는다고 말할 수 있다. 즉 자기의 선이 다른 사람의 칭찬을 받고 있음을 알고, 그들에게 감사한 마음을 갖게 되며, 더욱 굳건히 자기 자신의 선에 머물러 있게 된다는 것이다.

토마스의 주장에 의하면 이 세 가지 외에 다른 목적으로 자기 자신의 선이 다른 사람들에게 알려지기를 바라거나, 또는 심지어 그런 것에 즐거워하는 것은 헛된 영광이 된다고 한다.

(3) 헛된 영광의 죄로서의 성격

토마스는 (2)절에서 언급된 세 가지 의미의 헛된 것(자기가 갖지 않은 것, 사라지는 것, 올바르지 못한 목적)에서 영광을 바란다면 헛된 영광이 된다고 말하였다. 그런데 이 세 가지 의미의 헛된 영광은 모두 '욕구의 무질서'(inordinatio appetitus)를 포함하고 있다. 죄는 바로 이러한 욕구의 무질서함에 놓여 있기 때문에, 헛된 영광은 이 중 어떤 방식으로 취해지던지 죄가 될 수밖에 없다. 그런데 토마스는 첫 번째와 두 번째 방식, 즉 있지 않은 것이나 안정적이지 않은 것에 대해서 영광을 바라는 것보다, 세 번째 방식의 헛된 영광이 더 포괄적이고 공통적인 의미에서의 헛된 영광이라고 말한다. 사람들은 '자기에게 있는 것'뿐 아니라 '자기에게 없는 것'을, 또한 '영적인 선'과 '물질적(가변적) 선'을 모두 합당하지 않은 목적으로 질서 지울 수 있고, 그런 한에서 헛되이 영광을 누리고자 할 수 있기 때문이다.

2. 대죄인 헛된 영광과 대죄가 아닌 헛된 영광[266]

토마스는 헛된 영광이 갖는 죄로서의 성격을 규명한 후, 이제 그것의 대죄 여부를 고찰한다. 그는 이 문제의 진리는 앞 절의 논의를 토대로 드러날 수 있다고 말한다. 앞 절에서 토마스는 헛된 영광이 성립되는 세 가지 경우를 제시하였는데, 이 셋은 크게 둘로 묶을 수 있다. 즉 첫째와 둘째를 묶어서 '거짓된 것' 또는 '시간적인 것'에서 영광을 찾을 때, 그리고 '합당한 목적'과의 질서 관계를 갖지 않았을 때 헛된 영광이 성립한다.

토마스는 이 가운데 거짓된 것이나 세속적인 것(시간적인 것)에서 영광을 찾는 것은 항상 대죄는 아니라고 말한다. 예를 들어 실제로는 노래를 잘하지 못하는데도 스스로 잘한다고 생각하고 자랑하는 사람이나, 또는 자기가 잘 달리는 말을 가진 것을 다른 사람이 알아주기를 바라는 사람을 두고 '용서받지 못할 죄'를 범했다고 말할 수는 없을 것이다.

그러나 세 번째 양태의 헛된 영광에 대해서는 쉽게 말하기 어려운 점이 있다. 세 번째 양태에 따르면 합당한 목적으로 향하지 않은 영광이 헛된 것(vanum)이라고 한다. 그러므로 만일 사람의 영광이 신으로 향한다면 헛된 영광이 아닐 것이다. 그러나 만일 사람의 영광이 신을 향하지 않고 [사람의] 영광 자체에 지향의 목적이 놓이게 된다면 그 영광은 대죄로 보일 수 있다. 이것은 피조물을 '향유'하는 것일 수

266 De malo, q. 9, a. 2: "헛된 영광은 대죄인가?(utrum inanis gloria sit peccatum mortale)"

(frueretur) 있는데, 피조물의 향유가 대죄 없이 생길 수는 없기 때문이다. 그런데 토마스는 여기에서 사람의 영광이 신으로 향하지 않을 경우에, 그 영광이 대죄라고 단정적으로 말하는 대신, '보일 수 있다'(videtur)라고 유보적으로 말하고 있다. 다시 말해 대죄가 아닐 수도 있다는 의미이다. 그 이유는 행위나 작용이 신을 목적으로 지향하지 않음이 두 가지 방식으로 일어날 수 있다는 데 있다.

첫째, 어떤 행위는 행위 자체의 측면에서(ex parte actus), 즉 행위 자체가 목적을 향해 질서 지어지지 않았기 때문에, 신을 향하지 않을 수 있다. 질서 지울 수 없는 것을 질서 지우지 않은 경우이다. 토마스에 따르면 '질서를 잃은 행위'(actus inordinatus, 즉 악한 행위, 죄)는, 그것이 대죄이든 또는 소죄이든, 궁극적 목적과 관련지을 수 없다. 왜냐하면 '질서를 잃은 행위'는 선한 목적에 도달하기 위한 적합한 수단이 아니기 때문이다. 잘못 형성된 명제가 참된 지식에 이르기 위한 적합한 수단이 될 수 없는 것과 같다고 할 수 있다. 곧 보게 되겠지만 토마스는 이러한 경우에 헛된 영광이 항상 대죄는 아니라고 말한다.

둘째, 어떤 행위는 행위자의 측면에서(ex parte ipsius agentis) 목적으로서 신을 향해 질서 지어지지 않을 수 있다. 즉 행위자의 정신이 현실적으로(actu) 또는 습성적으로(habitu) '합당한 목적(debitus finis)'을 향해 질서 지어지지 않을 수 있다.[267] 그런 정신으로부터 생겨난 행위는 [신이 아닌] 다른 어떤 사물을 궁극적 목적으로 지향할 수 있다. 토마스에

267 목적을 향한 현실적 질서와 습성적 질서의 차이에 대해서는 Steven J. Jensen, "Venial sin and the ultimate end", in: M. V. Dougherty, *Aquinas's Disputed Questions on Eveil. A Critical Guide,* Cambridge: Cambridge University Press 2016, pp. 75–100, 여기에서는 pp. 77–87 참조.

따르면 이 경우[=신이 아닌 사물을 목적으로 관계하는 경우] 목적으로서 신과 관계하지 않는 인간적 행위는 항상 대죄가 된다. 그런데 토마스는 여기에서 '현실적으로' 또는 '습성적으로' 신을 향한 질서를 갖지 않은 인간의 정신이라는 말을 하고 있다. 그에 따르면 사람은 때로 어떤 행위가 자체 안에 아무런 '무질서'를, 즉 그 행위가 신과 관계할 수 없게 하는 근거를 제공하는 무질서를 전혀 포함하고 있지 않음에도 그 행위를 '현실적으로' 신을 향해 질서 지우지 않기도 한다. 그러나 이 경우 그의 정신이 '습성적으로' 목적으로서 신을 향해 질서지어져 있을 수 있다. 토마스는 이러한 사람의 행위는 죄가 아닐 뿐 아니라 공로 있는(meritorius) 행위이기도 하다고 말한다.

이상의 고찰에 따라 토마스는 어떤 것에 대해 영광을 누리는 인간의 '정신'이 현실적으로 또는 습성적으로 신을 향하지 않는 한에서, 영광이 목적으로서 신을 향하지 않기 때문에 '헛된 영광'이라고 말한다면, 그 헛된 영광은 항상 대죄가 된다고 말한다. 왜냐하면 이때 인간은 현실적으로 또는 습성적으로 목적으로서 신과 관련되지 않은, 창조된 선에서 영광을 누리는 것이기 때문이다.

그러나 토마스는 다른 한편 영광이 행위 자체의 측면에서 목적으로서 신과 관련되지 않았기 때문에, 즉 행위 자체가 질서를 잃은 행위(악행)인 한에서 목적과 관련될 수 없는 행위이기 때문에, 헛된 영광이라고 불린다면, 이 경우 헛된 영광이 항상 대죄가 되는 것은 아니라고 말한다. 왜냐하면 크던 작던 모든 종류의 무질서한 영광의 무질서 자체가 이미 영광을 신에게로 질서 지울 수 없게 만들기 때문이다. 예를 들어 어떤 사람이 영광을 누려서는 안 되는 것에서, 또는 누려야 할 이상으로, 또는 다른 합당한 상황들을 고려하지 않고서 영광을 누리는 경우가 있다. 그러나 그럼에도 이때 합당한 상황이 배제되었기 때문에 대죄가 발생하는 것은 아니라, 오직 신법에 반하는 질서를 잃은 행위일 경우에만 대죄가 발생한다.

이와 같은 고찰을 통해 토마스는 헛된 영광의 죄가 항상 대죄는 아니라고 주장한다.

3. 헛된 영광으로부터 파생되는 죄들[268]

토마스는 헛된 영광과 관련하여 세 번째로 헛된 영광으로부터 생겨날 수 있는 죄의 종류를 열거하고 근거를 설명한다. 즉, 헛된 영광의 죄종으로서의 성격을 보여주고 있다.[269] 토마스는 이 물음을 그레고리우스 분류의 적합성 여부를 밝히는 방식으로 제기한다. 즉 불순종(inobedientia), 뽐냄(iactantia), 위선(hypocrisis), 논쟁(contentio), 고집(pertinacia), 불화(discordia), 새로운 것의 선취(novitatum praesumptio)라는 '헛된 영광의 딸들'(filiae inanis gloriae)[270]이 적절하게 분류된 것인지 묻고

268 De malo, q. 9, a. 3: "헛된 영광의 딸들이 적절하게 분류되었는가?(utrum filiae inanis gloriae convenienter assignentur)"

269 본문에서 토마스는 이어서 죄종의 의미를 '어머니'의 비유를 통해서 다음과 같이 설명하고 있다. 그에 따르면 어떤 죄는 그것으로부터 다른 죄가 생겨나고, 이 죄들이 그것의 목적을 향해 질서 지어져 있는 한에서, 머리(caput)이고 어머니(mater)라 불린다. '머리'의 의미에 대해서는 위에서 설명한 것과 같다. 한편 토마스에 따르면 어머니는 자기 자신 안에 수태를 하기 때문에, 죄종의 의미를 어머니로 표현하는 것이 적합하다고 말한다.

270 위에서 보았듯이 여기에서 토마스는 실제로 '죄종'을 죄의 '어머니'(mater)에 비유

있다.

토마스에 따르면 헛된 영광은 자신의 탁월성을 드러내 알리려는(manifestatio propriae excellentiae) 고유한 목적을 갖기 때문에, 헛된 영광으로부터 생겨나는 죄들은 모두 이러한 헛된 영광의 목적을 향해 질서 지어져 있는 그러한 죄라 할 수 있다. 즉 헛된 영광으로부터 생겨나는 죄들은 그것들을 통해서 사람이 자기 자신의 탁월성을 드러내 알리려고 하는 데서 오는 악덕들이다. 그런데 토마스는 사람들은 자신의 탁월성을 직접적으로 드러낼 수도 있고, 간접적으로 드러내 알릴 수도 있다고 말한다. 그리고 이에 상응해서 헛된 영광으로부터 파생되는 죄를 확인할 수 있다.

첫째, 사람들이 자신의 탁월성을 직접 드러내 알릴 수 있다. 이것은 두 가지 방식으로 실행할 수 있다. 즉 말을 통해서 알릴 수 있고, 행위를 통해서 알릴 수 있다. 말을 통해서 알리려고 할 때, '뽐냄'(iactantia)이라는 악습이 생겨난다. 행위를 통해서는 한편으로 어떤 경탄을 자아내는 '실제 행위'를 통해서(per facta vera) 알릴 수 있고 - 이것으로부터 '새로운 것의 선취(praesumptio notivatum)라는 죄가 생겨난다(즉 새롭게 생겨나는 것들이 인간의 경탄을 불러일으키곤 하기 때문이다) -, 다른 한편 '거짓된 행위'를 통해서(per facta ficta) 드러내 알리려고 할 수도 있는데, 이렇게 하면 위선(hypocrisis)이 생겨난다.[271]

하였고, 죄종으로부터 생겨나는 죄를 '딸'로 표현한다.

271 이런 맥락에서 De Young은 자기가 탁월하지 않다는 것이 드러나 다른 사람의 존경을 잃어버릴지 모른다는 '두려움'이, '교만함'과 더불어 '헛된 영광'의 또 다른 원인이라고 지적한다. Rebecca Konyndyk De Young, "The promise and pitfalls of glory: Aquinas on the forgotten vice of vainglory", p. 114 참조.

둘째, 간접적으로 자기 자신의 탁월성을 드러내 알리는 방법이 있다. 이것은 자기 자신이 다른 사람보다 못하지 않다는 것을 보이고 그럼으로써 다른 사람의 '인정'을 잃지 않으려고 애쓰는 방법이다. 이와 관련하여 네 가지를 구별할 수 있고, 이로부터 네 가지 종류의 헛된 영광으로부터 파생되는 죄들이 생겨난다. 토마스의 파악에 의하면 첫째, 지성의 관점에서 자신의 탁월성을 드러내 알리려고 애쓸 수 있다. 이렇게 해서 고집(pertinacia)이 생겨나는데, 이를 통해서 사람들은 자기의 판단을 고집하고, 다른 더 건전한 판단을 신뢰하려고 하지 않는다. 둘째, 의지의 측면에서 말할 수 있다. 이렇게 해서 불화(discordia)가 생겨나는데, 이 때문에 사람들이 더 선한 사람들의 의지에 자기의 의지를 조화시키려고 하지 않는다. 셋째, 말의 관점에서 자기의 탁월성을 드러내 알리려고 하면서 논쟁(contentio)이 생겨난다. 이는 어떤 사람이 말로써 다른 사람에게 압도되기를 원하지 않을 때 생겨난다. 넷째, 행위의 관점에서 자기의 탁월성을 드러내 알리려고 할 수 있다. 즉 어떤 사람이 자기 행위를 상위자의 명령에 복종시키지 않을 때, 불순종(inobediantia)이 생겨난다.

이렇게 토마스는 헛된 영광으로부터 생겨나는 죄들을 고찰한 후 헛된 영광에 대한 논의를 마친다.

제5장
시기(invidia)

1. 시기의 죄로서의 성격[272]

토마스가 세 번째로 다루는 죄종은 '시기'(invidia)이다. 시기와 관련하여 그는 세 가지 물음을[273] 제기하는데, 그 가운데 첫 번째 물음은 시기의 죄로서의 성격에 관한 것이다.

토마스는 시기는 유적으로(ex suo genere) 죄라고 주장한다. 그 근거는 모든 도덕적 행위의 종(species)이나, 또는 유(genus) 안에서의 위치는 대상에 의해 결정된다는 데 있다. 따라서 어떤 도덕적 행위는, 그 행위 자체가 자기의 질료나 대상과 적절하게 관계하지 않을 때, 유적으

---

272 De malo, q. 10, a. 1: "시기는 죄인가?(utrum invidia sit peccatum)"

273 『신학대전』 제2부의 2, 제36문제에서 토마스는 시기를 caritas의 내적 작용에 속하는 기쁨(gaudium)에 대립하는 두 가지 악덕 중의 하나로 고찰한다(Summa Theologiae, IIa–IIae, q. 36). 다른 하나는 accidia이다.

로 악한 행위로 인식될 수 있다. 그러므로 이 문제에 답하기 위해 도덕적 행위가 자신의 대상이나 질료와 적절하게 관계하지 않는 경우를 살펴볼 필요가 있다. 도덕적 행위의 구조를 설명하기 위해 토마스는 자주 그것을 인식 작용과 비교하여 설명하곤 하는데, 이 방법을 여기에도 적용한다.

이와 관련하여 토마스는 도덕적 행위의 내적 원리인 욕구 능력(appetitiva virtus)의 대상은 선과 악임을 상기시킨다. 이것은 지성의 대상이 참과 거짓인 것과 비교할 수 있다. 그런데 토마스에 따르면 욕구 능력의 모든 작용은 두 가지 '공통적인 것'(communia)으로 환원된다. 추구(prosecutio)와 회피(fuga)가 그것이다. 이것도 지성적 능력의 작용, 즉 인식작용이 긍정(affirmatio)과 부정(negatio)으로 환원되는 것과 같다. 따라서 지성작용의 긍정과 욕구의 추구, 그리고 지성 작용의 부정과 욕구의 회피가 서로 같은 관계에 있다고 할 수 있다.

그런데 토마스에 따르면 이것은 선과 악의 본질적 규정으로부터 도출될 수 있는 주장이다. 선은 '끌어당기는 것(attractivum)'으로 규정될 수 있고 – 선은 아리스토텔레스가 말했듯이 '모든 것들이 욕구하는 것'이기 때문이다 –, 반면에 악은 의지와 욕구와 대립하는 것인 한에서, '밀쳐내는 것(repulsivum)'으로 규정될 수 있기 때문이다. 이에 따라 추구와 관련된 욕구 능력의 작용으로서 악을 대상으로 하는 작용, 즉, 악을 추구하는 욕구 작용은 모두 자기의 질료나 대상에 적합하지 않은 작용이라고 할 수 있다. 그래서 그러한 작용은 모두 유적으로 악한 작용이라 할 수 있다. 예를 들어 '악을 사랑하는 것' 또는 '악에 대해서 기뻐하는 것'과 같은 행위들이 그러한 것들이다. 이것을 인식 작용과 비교하면 거짓을 긍정하는 것과 같다. 이와 마찬가지로 회피와 관련된 욕구 능력의 작용으로서 선을 대상으로 갖는 작용도 모두 자기의 질료나 대상에 적합한 작용이 아니다. 따라서 이러한 작용은(예를 들면, '선을 미워하고 혐오함'이나 '선에 대해 슬퍼함') 모두 유적으로 '죄'라 할 것이다. '참'을 부정하는 것이 지성의 악덕인 것과 마찬가지이다.

토마스에 따르면 물론 단순히 선을 추구하고 악을 피하는 것만으로 선한 행위가 되는 것은 아니다. 적합한 선에 대한 추구와 그것에 대립하는 악의 회피인 경우에만 선한 행위가 될 뿐이다. 선을 이루기 위해서는 악보다 더 많은 것이 요구되기 때문이다. 즉 선은 전체적이고, 통전적 원인에 의해(ex tota et integra causa) 완성된다. 그러나 악은 전체의 한 부분의 결여만으로도 생겨날 수 있다고 한다.

토마스는 시기를 '선에 대한 슬픔'(tristitia ex bono)으로 규정한다. 그러므로 위의 고찰에 따르면 시기는 유적으로 악한 행위라는 결론이 명확하게 도출된다. 물론 여기에서 주의할 점이 있다. 시기는 비록 '선에 대한 슬픔'이지만, 이때 슬픔의 대상인 선은 시기하는 사람에 의해 '악으로 파악된 선'이라는 점이다. 이에 대해서 토마스는 영적 태만을 다루면서 자세하게 다루게 되겠지만, 시기의 죄종으로서의 성격을 말하면서도 간략하게 언급할 것이다.

2. 대죄로서의 시기[274]

(1) 대죄의 기준과 시기

시기와 관련하여 토마스가 두 번째로 제기한 문제는 시기가 대죄인지 여부이다. 토마스는 이 문제에 대해 도덕적 행위의 종적 또는 유적 구별의 기준과 대죄의 기준을 종합하여 어떤 경우에 유적으로 대죄가 되는지 살펴보는 방식으로 답한다.

먼저 그에 따르면, 이미 여러 차례 말했듯이, 도덕적 행위는 질료나 대상에 따라 유(類)나 종(種)이 구별된다. 이에 따라 도덕적 행위도 유적으로(secundum suum genus) 선하거나, 유적으로 악한 행위가 있다. 그런데 영혼의 생명은 카리타스를 통해서 온다. 카리타스는 영혼에 생명을 주는 신과 우리를 연결해 주기 때문이다. 이 주장의 근거를 토마스는 「요한 1서」(3: 14)에서 찾는다. 이에 따르면 "사랑하지 않는 사람은 죽음에 머문다. 죽음은 생명의 결여이기 때문이다."

이에 따라 도덕적 행위와 대상(질료)의 관계에서 카리타스와 대립하는 것이 발견된다면, 그 행위는 유적으로 '치명적 죄(대죄)'라고 말해야만 한다. 예를 들어 '사람을 죽이는 것(살인)'은 카리타스에 대립한다. 우리는 카리타스를 통해서 이웃을 사랑하고, 또 이웃의 존재와 생명 및 선을 의지(意志)하기 때문이다. 따라서 토마스에 따르면 살인은 유적으로 대죄라고 할 수 있다. 반면에 행위와 대상과의 비교에서 카리타스와 대립하는 것이 나타나지 않는다면, 유적으로 대죄라고 말할 수 없다.

274 De malo, q. 10, a. 2: "시기는 대죄인가?(utrum invidia sit peccatum mortale)"

예를 들어 '사소한 나쁜 말'이 여기에 속한다. 물론 이러한 것도, 소죄로부터 대죄로의 전환에 대한 고찰에서 살펴보았듯이, 다른 어떤 요소(예를 들어 신성모독의 의도)가 더해지게 되면 대죄로 전환될 수 있다.

이제 이러한 고찰을 시기에 적용해 보자. 토마스에 따르면 '시기하는 것'(individere)은 행위와 대상의 관계에 있어 카리타스에 대립하는 어떤 것을 포함하고 있다. 아리스토텔레스를 따라 토마스는 친구는 다른 자아(alter ipse)이므로, 마치 우리 자신에게처럼 이웃에게 선을 의지(意志)하는 것이 우정의 본질에 속한다고 보기 때문이다.[275] 그러므로 우리는 카리타스를 통해서 이웃을 사랑하는 한에서, 만일 어떤 사람이 다른 사람의 행복에 대해 슬퍼한다면, 이것은 명백하게 카리타스에 반하는 행위라 할 수 있다. 이에 따라 토마스는 시기를 유적으로 대죄라고 규정한다.

(2) 대죄에 속하지 않는 시기의 사례

그런데 토마스는 유적으로 대죄에 속하는 행위라도 행위의 불완전성 때문에(propter suam imperfectionem) 대죄가 되지 않는 경우가 있다고 말한다. 시기도 마찬가지이다. 행위의 불완전성은 대죄의 유적 규정성을 완전히 갖추지 못했기 때문에 발생한다. 여기에는 두 가지 방식이 있다.

첫째, 작용 원리의 측면에서(ex parte principii activi) 발생할 수 있다.

275 토마스에 따르면 카리타스는 우정의 일종이다. Summa Theologiae, IIa–IIae, q. 23, a. 1 co. 참조.

즉 행위가 숙고하는 이성으로부터(ex ratione deliberante) 생겨나지 않았기 때문에 대죄로서의 완결성을 갖추지 못하는 경우가 있다는 것이다. 토마스에 따르면 이성적 숙고(숙고하는 이성)는 인간적 행위(도덕적 행위)의 본래적이고 주요한 작용 원리이다. 따라서 갑작스럽게(우발적인) 일어난 살인이나 간통은, 비록 그 행위가 유적으로 대죄라 하더라도, 도덕적 행위(인간적 행위)의 본질적 규정에는 이르지 못했기 때문에 대죄로 볼 수 없다는 것이다. 도덕적 행위의 원리인 이성의 숙고를 동반하지 않았기 때문이다.

둘째, 대상의 측면에서(ex parte obiecti) 대죄가 아닐 수 있다. 즉 행위의 대상이 아주 미미한 경우 대상으로서의 완전한 규정에 이르지 못했을 수 있다. 이성(ratio)이 아주 작은 것을 마치 아무것도 아닌 것으로(nihil) 파악할 수 있기 때문이다. 예를 들어 절도의 경우, 어떤 사람이 다른 사람의 밭에서 밀을 아주 조금 취했을 때 그가 대죄를 저질렀다고 믿어서는 안 될 것이다. 훔친 사람이나 밀밭의 주인이나 모두 문제가 되는 밀을 거의 아무것도 아닌 것으로 생각할 수 있기 때문이다.

토마스는 이 두 가지 관점을 시기에도 적용한다. 이에 따라 시기의 운동은, 비록 시기가 유적으로 대죄일지라도, 이러한 두 가지 관점에서의 운동의 불완전성 때문에 대죄가 아닐 수 있다. 이성의 숙고 없이 갑작스럽게 발생하거나, 또는 선으로 보이지 않을 만큼 아주 작은, 다른 사람의 선에 대해서 슬퍼했을 수 있기 때문이다. 예를 들어 어떤 사람이 놀이를 하면서 함께 놀이하는 사람이 – 달리기를 하거나 등등 – 이겼다고 시기를 한다면 그러한 행위를 대죄로 볼 수는 없을 것이다.

3. 죄종으로서의 시기[276]

(1) 시기가 죄종인 이유

토마스는 시기가 죄종인가라는, 시기에 관한 세 번째 문제를 다루기 위해 위에서 여러 차례 언급한 죄종의 본질적 규정을 상기시킨다. 이 규정에 따르면 죄종은 그것으로부터 다른 악습이 목적인의 규정성에 따라 생겨나는 죄를 가리킨다. 그런데 욕구(appetitus)는 '선'을 지향하는 것과 동일하게(eodem modo) '선의 향유'(즉, 기쁨이나 쾌락)를 지향한다. 따라서 욕구는 선의 지향으로부터(ex intentione boni) 어떤 행위를 하도록 움직여지듯이, 기쁨(쾌락)의 지향으로부터도(ex intentione delectationis) 행위로 움직여진다. 그런데 토마스에 따르면 선(bonum)은 '추구(prosecutio)'라는 욕구 운동의 목적이고, 악은 '회피(fuga)'라는 욕구 운동의 목적이다. 사람은 선을 얻기를 선을 추구하고, 악의 결핍을 바라면서 악을 피하려 하기 때문이다. 그리고 기쁨(쾌락)은 선의 향유(fruitio)이고, 슬픔은 영혼을 짓누르는 일종의 악(malitia)이다. 인간은 슬픔을 거부한다. 바로 그러한 이유로 인간은 슬픔을 물리칠 수 있는 많은 일을 하려고 하며, 슬픔이 가져오는 것을 물리치려고 애쓴다는 것이다.

위에서 말했듯이 시기는 다른 사람의 선, 더 정확하게는 '다른 사람의 영광'에 대해 슬퍼하는 것이다. 물론 다른 사람의 선을 '선으로서' 슬퍼하는 것이 아니라, [자기에게] '나쁜 것(악)으로 파악되는 한에서', 즉

276 De malo, q. 10, a. 3: "시기는 죄종인가?(utrum invidia sit vitium capitale)"

'파악된 악'으로서 슬퍼하는 것이다.[277] 따라서 시기하는 사람은 자기에게 슬픔을 가져다주는 – 자기에게는 악한 것으로 파악된 – 다른 사람의 선이 드러나 알려지는 것을 막기 위한 행위를 하려는 경향을 보이게 된다. 이렇게 해서 사람은 시기 때문에 이웃에 대해서 질서를 잃은 행위를 하는 경향을 보인다. 이러한 관점에서 시기는 죄종이라고 할 수 있다.

(2) 시기로부터 파생되는 죄

시기로부터 파생되는 죄를 파악하기 위해서, 토마스는 시기에 있어서 어떤 것은 시작(principium)과 같고 어떤 것은 종결(terminus)과 같다는 것에 주목한다.

시작(원리)은 시기하는 사람을 슬프게 하는 다른 사람의 영광을 제거하려는 시도라 할 수 있다. 그런데 우리는 다른 사람의 선을 깎아내림으로써 그 사람의 영광을 제거할 수 있다. 그 방법으로 다른 사람에 대해서 은밀히(latenter) 악담을 하거나 – 이것은 '뒤로 말 전하기'(surratio)를 통해서 일어난다 –, 또는 공공연하게(manifeste) 악담을 해서 – '헐뜯음'(detractio)이다 – 그의 명성을 깎아내리는 것이 있다.

한편 시기에 있어서 종결점은 두 가지로 고찰될 수 있다. 첫째, 시기의 종결점이 '시기의 대상이 되는 자의 관점에서'(respectu eius cui invidet) 고찰될 수 있다. 이러한 시기의 운동은 때로는 다른 사람에 대

277 이러한 구분은 다음 문제인 '영적태만'을 다루면서 상세히 논의된다. De malo, q. 11, a. 1 참조.

한 미움(odium)에서 종결된다. 예를 들어 어떤 사람이 다른 사람의 탁월성에 대해서 슬퍼할 뿐만 아니라, 더 나아가 단적으로 그에게 나쁜 것(악)이 일어나기를 바랄 때 이런 일이 생겨난다. 둘째, 종결점은 '시기하는 자 자신의 측면에서'(ex parte ipsius invidentis) 파악될 수 있다. 즉, 시기하는 사람은 자기가 의도한, 이웃의 영광을 감소시키려 하는 목적에 도달할 수도 있고 – 이렇게 되면 시기하는 사람은 기뻐할 것이고, 이로부터 '불운한 이웃을 보고 기뻐 날뜀'(exultatio in adversis)이 생겨난다 –, 또는 그 목적에 이르지 못할 수도 있다. 즉 이웃의 영광을 방해하는 데 실패할 수도 있다. 이러할 경우 시기하는 사람은 더욱 슬퍼지고, 이로부터 '번창하는 이웃에 대해 속쓰려함'(afflictio in prosperis)이라는 시기의 딸이 생겨난다.

제6장
영적 태만(accidia)

1. 영적 태만의 죄로서의 성격[278]

(1) '참되고, 단적인 악'과 '참된 선이나, 외양적이고 특정한 관점의 악'

영적 태만은 그리스도교 교의에 속하는 주제이다. 이와 관련하여 토마스는 먼저 죄로서의 성격과 다른 죄와 종적으로 구별되는 특수한 죄로서의 성격을 나누어 고찰한다.

시기와 더불어 영적 태만은 '선에 대한 슬픔'을 포함한다. 시기가 다른 사람의 선에 대해서 슬퍼하고 괴로워하는 것이라면, 영적 태만은 '자기의 영적 선'에 대해 슬퍼하고 괴로워하는 것이다. 그래서 토마스

278 De malo, q. 11, a. 1: "영적 태만은 죄인가?(utrum accidia sit peccatum)"

는 다마쉐누스(Damascenus)를 인용하면서 영적 태만은 "일종의 슬픔"이라고 말하고 그레고리우스도 같은 견해를 가졌다고 말한다. 그런데 토마스는 다시 다마쉐누스를 따라 슬픔의 대상은 '현전하는 악(malum praesens)'이라고 말한다. 그렇다면 일종의 슬픔인 영적 태만도 '악'에 대한 슬픔이라고 말해야 할 것처럼 보인다. 그러나 위에서 말한 것처럼 토마스에 따르면 영적 태만은 자기의 영적 '선'에 대한 슬픔이라고 말하였다.

이러한 문제에 직면해서 토마스는 선(bonum)을 '참된 선'(vere bonum)과 '외양적 선'(apparens bonum)으로 나눈다. 외양적 선은 단적인 선(simpliciter bonum)이 아니라 어떤 특정한 관점의 선(secundum quid bonum)이다. 그에 따르면 '단적인 선'이 아닌 것, 즉 모든 관점에서 선하지 않은 것은 참된 선이 아니기 때문이다. '특정한 관점의 선'은 '특정한 관점에서는 선하지 않을 수 있음'을 함축하고 있다. 이와 같은 선의 구분에 상응해서 악에도 구분이 필요하다. 즉 '참되고, 단적인 악(vere et simpliciter malum)'이 있고, '참되고 단적인 선이지만, 외양적이고 특정한 관점의 악(quoddam quod est apparens et secundum quid malum, et simpliciter est vere bonum)'을 구분할 수 있다.

토마스에게 '선을 추구하고 악을 피하라'는 것은 실천이성의 제일원리이다. 이러한 원리에 따라 참된 선에 대한 사랑, 욕망 그리고 즐거움(쾌락)은 칭찬할만한 것이지만, 반면에 '외양적으로는 선하지만, 실제로는 참되지 않은 선'에 대한 사랑과 욕망 그리고 쾌락은 책망받을 것들(vituperbilia)이다. 악에 대해서도 같은 말을 할 수 있다. '진정한 의미의 악'에 대한 미움(odium)이나 역겨워함 (fastidium) 그리고 슬픔 등은 칭찬할만한 것이지만, '특정한 관점에서 또는 외양적으로 악이고, 단적으로는 선'에 대한[279] 미움, 역겨워함 그리고 슬픔은 비난받을만한 것이고 죄가 된다.

(2) 외양적이고 특정한 관점의 악으로서 영적 선과 이에 대한 슬픔으로서의 영적 태만

위와 같은 구별을 한 후에 토마스는 아우구스티누스를 인용하면서 영적 태만은 '영적이고 내적인 선에 대한 권태 또는 슬픔(taedium vel tristitia boni spiritualis et interni)'이라고 말한다. 그에 의하면 '내적이고 영적인 선'은 '참된 선'이고, 육체적 욕정에 대립하는 한에서 오직 '외양적으로만 악'이다. 따라서 영적 태만은 일종의 슬픔이기 때문에 두 가지 관점에서 고찰될 수 있다. 즉 한편으로는 감각적 욕구의 작용인 한에서, 다른 한편으로는 지성적 욕구인 의지의 작용인 한에서 고찰할 수 있다. 토마스의 파악에 의하면 '슬픔'과 같은 심적 상태(affectiones)는 감각적 욕구의 작용인 한에서는 정념(passiones)을 가리키고, 지성적 욕구의 작용으로서는 의지의 단순한 운동(simplices motus voluntatis)을 가리키기 때문이다.

그런데 죄는 의지적 행위로서 본래적이고(proprie) 본질적으로(per se) 의지에 속한다. 따라서 토마스에 따르면 만일 영적 태만이 내적이

279 파르마판, 마리에티판 그리고 부사(Busa) 판에는 모두 "de eo quod est secundum quid vel apparens bonum et simpliciter malum"으로 되어 있으나, Leonina판을 따라 "de eo quod est secundum quid vel apparens malum et simpliciter bonum"으로 읽어야 문맥이 통한다.

고 영적인 선을 회피하려는 의지의 작용을 가리키는 것이라면, 영적 태만은 죄로 규정될 수 있다. 그러나 만일 영적 태만을 감각적 욕구의 작용으로 파악한다면, 영적 태만은 오직 의지로부터만 죄로 규정될 수 있다. 즉 의지가 그러한 정념의 운동을 제지할 수 있는 한에서, 죄로서 규정될 수 있다는 것이다. 따라서 만일 의지가 제지할 수 있는데도 제지하지 않았다면, 감각적 욕구의 작용이지만 의지에 의해 용인된 작용이므로 죄로 규정되게 된다. 그렇지만 감각적 욕구의 작용인 한에서 불완전한 죄로 규정된다.

2. 특수한 죄로서 영적 태만[280]

(1) 영적 태만의 대상인 영적 선의 특수성과 공통성

토마스는 영적 태만이 '특수한 죄'인지 묻는다. 그런데 영적 태만을 다른 죄와 종적으로 구별되는 특수한 죄(peccatum speciale)로 규정하려면, 영적 태만의 특수한 대상을 식별해낼 수 있어야만 한다. 행위는 형상적 대상에 의해 종적으로 구별되기 때문이다. 그런데 영적 태만의 대상인 영적인 선은 특수한 대상으로 규정하기 어려운 점이 있어 이러한 문제가 대두된 것이다. 만일 우리가 영적 태만을 모든 관점에서 모든 종류의 영적인 선에 대한 절대적인 의미의 슬픔으로 이해한다면, 영적

280 De malo, q. 11, a. 2: "영적 태만은 특수한 죄인가?(utrum accidia sit peccatum speciale)"

태만은 특수한 종류의 죄가 아니라 '모든 죄의 귀결'이라 말할 수밖에 없을 것이다. 따라서 영적 태만을 다른 죄와 종적으로 구별되는 특수한 종류의 죄로 파악하려면, 영적 태만은 '특수한 관점 또는 특수한 종류의 영적인 선'에 대한 슬픔이라고 말해야만 할 것이다.

그런데 토마스는 영적 태만의 대상의 특수성을 그 대상이 어떤 육체적 선을 방해한다는 관점에서 찾을 수는 없다고 말한다. 이 경우 영적 태만을 감각적 선과 관련된 다른 죄와 종적으로 구별하기 어렵기 때문이다. 그 이유는 사람들은 같은 근거에서 어떤 것에 대해서 기쁨을 느끼고, 또한 기쁨을 주는 그것의 방해물을 피하려 한다는 데 있다. 예를 들어 어떤 무거운 자연물은 동일한 자연적 능력을 통해서(ex eadem virtute naturali) '높은 곳'에서 벗어나려고 하면서, 또 '낮은 곳'을 향하려고 한다. 이와 마찬가지로 윤리적인 영역에서도 예를 들어 탐식하는 사람은 탐식 때문에 음식에서 큰 쾌락을 느끼고 또한 동시에 같은 악습 때문에(탐식 때문에) 음식이 주는 쾌락을 가로막는 '절욕'(abstinentia)의 덕을 마땅찮게 여긴다. 토마스에 따르면 이렇게 영적인 선이 감각적 선을 방해한다는 사실은 왜 영적인 선이 슬픔을 주는지 그 이유를 설명해 줄 수는 있지만, 왜 영적 선에 대한 슬픔이 특수한 죄가 되는지는 설명해 주지 못한다.

따라서 이 문제를 해결하기 위해 우리는, 어떤 것은 그 자체로 고찰했을 때에는 특수한 선(speciale bonum)이지만, 그럼에도 그것이 많은 사물의 공통적 목적(communis finis multorum)이 될 수도 있다는 점을 고려해야만 한다. 카리타스가 이것을 잘 설명해 준다고 한다. 토마스에 따르면 카리타스는 특수한 덕이다. 카리타스는 일차적으로(primo)

그리고 주된 의미에서(principaliter) '신적 선에 대한 사랑(amor boni divini)'이고, 이차적으로(secundario) '이웃의 선에 대한 사랑(amor boni proximorum)'이기 때문이다. 그런데 카리타스의 대상인 이러한 선은 다른 모든 선 또는 많은 선의 목적이 된다. 즉 어떤 특수한 덕(예를 들어 castitas)의 행위는 두 가지 방식으로 사랑받고 기쁨을 주는 것일 수 있다. 즉 한편으로는 그러한 특수한 덕의 행위인 한에서 – 이것은 castitas의 고유한 것이다 – 사랑받고 기쁨을 주는 것일 수 있지만, 다른 한편으로 그것이 신적인 선을 향해 질서 지어져 있는 한에서 – 이것은 카리타스에 고유한 것이다 – 사랑받고 기쁨을 줄 수도 있는 것이다. 이처럼 카리타스는 다른 덕의 목적이 될 수 있다.

(2) 내적이고 신적인 선에 대한 슬픔으로서 영적 태만의 특수성

따라서 토마스는 이렇게 '내적이고 신적인 선'이라는 이 특수한 선에 대한 슬픔이 영적 태만을 특수한 죄가 되게 한다고 말한다. 이 선(내적이고 신적인 선)을 사랑함이 카리타스를 특수한 종류의 덕으로 만드는 것과 같다. 그런데 토마스에 따르면 바로 이 '신적인 선'은, 영과 살의 대립 때문에(propter contrarietatem spiritus ad carnem) 인간에게 슬픔을 낳을 수 있다. 살은 영에 대립하는 방식으로 욕망하기 때문이다. 그래서 인간에게 살의 상태(affectus carnis)가 지배적인 것이 되면, 그것에 대립하는 것인 영적인 선이 미움을 받게 된다. 사람들이 달고 자극적인 음식에 길들면 건강에 좋은 음식을 싫어하고 그런 음식을 먹을 때면 고통스럽게 느끼는 것과 같다.

그러므로 토마스는 영적 태만은 영적이고 신적인 선에 대한 슬픔과 권태감으로서 다른 죄들과 종적으로 구별되는 특수한 죄라고 할 수 있다고 주장한다.

3. 대죄로서 영적 태만[281]

토마스는 특수한 죄로서의 영적 태만의 특징은 이 죄가 유적으로 대죄라는 것을 곧바로 알려준다고 한다. 영적 태만은 신적이고 영적인 선에 대한 인간의 거부 심정에서 오는 슬픔을 포함하고 있기 때문이다. 그리고 그러한 거부감이 카리타스와 대립하는 것임이 명백하기 때문이다. 토마스에 따르면 카리타스는 영적인 선에 유착하고, 그것에서 기쁨을 느끼는 것이기 때문이다. 따라서 대죄는 영혼에 생명을 주는 카리타스와 대립하는 죄이기 때문에, 영적 태만이 유적으로 대죄임은 명백하다고 할 수 있다.

토마스는 이웃의 선에 대한 슬픔인 시기(indivia)가 이웃 사랑의 관점에서 카리타스와 대립하는 한에서 유적으로 대죄인 것처럼, 영적이고 신적인 선에 대한 슬픔인 영적 태만이 신에 대한 사랑의 관점에서 카리타스에 대립하는 한에서 유적으로 대죄라는 것을 생각해야만 한다고 말한다. 그런데, 위에서 여러 차례 언급하였듯이, 유적으로 대죄라 하더라도 불완전한 죄의 운동을 포함하는 한에서 대죄의 규정을 충족

281 De malo, q. 11, a. 3: "영적 태만은 대죄인가?(utrum accidia sit peccatum mortale)"

시키지 못할 수 있다. 즉 이성의 숙고가 없이 갑작스럽게 일어난 영적 태만은 대죄가 아니라 소죄가 될 수 있다. 그렇지만 인간이 '숙고를 통해서(ex deliberatione)' 영적이고 신적인 선에 대해 슬퍼하도록 할 정도로 그렇게 육적인 정념(affectus carnalis)이 이성을 압도한다면, 그러한 의지의 운동은 명백하게 대죄가 된다고 토마스는 말한다.

4. 죄종으로서 영적 태만[282]

죄종으로서 영적 태만은 여러 가지 다른 죄를 낳게 된다. 사람들은 쾌락을 얻기 위해서 많은 것을 하거나 피하듯이, 슬픔에서 벗어나기 위해서도 마찬가지로 많은 것을 한다. 선을 추구하는 것과 같은 근거에서 악을 피하는 것처럼 보이기 때문이다. 그런데 시기가 이웃의 선에 대한 슬픔이듯이, 영적 태만은 내적이고 신적인 선에 대한 슬픔이다. 따라서 사람들이 이웃의 선으로부터 결과하는 슬픔을 물리치려고 올바르지 않은 많은 일을 하는 한에서, 시기로부터 많은 악습이 생겨나듯이, 내적이고 신적 선에 대해 슬퍼하는 것인 영적 태만도 그러한 방식으로 많은 죄를 낳게 된다.

구체적으로 영적 태만으로부터 어떤 죄들이 생겨나는지 설명하기 위해서, 토마스는 아리스토텔레스를 인용하면서 사람들은 오랫동안 쾌락 없이 슬픔에만 잠겨있을 수는 없다고 말한다. 이에 따라 슬픔으로부

282 De malo, q. 11, a. 4: "영적 태만은 죄종인가?(utrum accidia sit peccatum capitale)"

터 두 가지의 것이 뒤따라 나온다. 즉 하나는 슬픔을 주는 것으로부터 물러서는 것, 그리고 다른 하나는 기쁨을 발견할 수 있는 다른 사물을 찾는 것, 이 두 가지가 슬픔으로부터 생겨난다는 것이다. 이러한 맥락에서 토마스는 영적 즐거움을 향유하지 못하는 사람들은 대부분 신체적 쾌락에 탐닉하게 된다고 말한다. 이러한 관점에서 사람들은 영적인 선에 대한 슬픔 때문에 '육체적 혼'에 쾌락을 주는 불법적인 것(비윤리적인 것)을 찾아 방황하게 된다고 할 수 있다.

그런데 토마스에 따르면 그러한 슬픔을 피하려 할 때, 사람들은 순서상 먼저 영적인 선을 외면하고, 그런 다음에 영적인 선을 공격(억압)하는 식으로 진행하게 된다고 한다. 이로부터 다음과 같은 영적 태만으로부터 파생되는 죄를 발견할 수 있다.

첫째, '영적인 선의 회피(fuga spiritualium bonorum)'에는 '희망의 대상으로서 신적 선으로부터 물러섬'(recessus a bono divino sperato) – 이것이 절망(desperatio)이다 – 과 '행위의 대상으로서 영적 선으로부터 물러섬'(recessus a bono spirituali agendo)이 모두 속한다. 후자, 즉 영적으로 선한 행위로부터 물러남과 관련하여, 그 행위가 구원에 필수적인 공통적인 것에 속하는 것이라면, 이로부터 계명에 관한 무감각함(torpor)이 있고, 그 영적 행위가 숙의의 대상이 되는, 어려운 일(ardua)이라면, 이로부터 담소(膽小)(pusillianimitas)가 생겨난다.

둘째, '영적인 선에 대한 공격(억압)'과 관련된 것도 있다. 사람들이 자기 의지에 반해서 슬픔을 가져오는 영적인 선에 계속 머물러 있어야만 한다면, 처음에는 고위성직자들 또는 그러한 일에 관여하는 사람들에게 분개하고(indignationem) – 이것이 원한 또는 앙심(rancor)이다 –, 나

중에는 영적인 선 자체에 거부감과 미움을 보이게 된다. 그리고 이것이 악의(malitia)라고 부르는 죄이다. 이상의 것들이 영적 태만으로부터 생겨날 수 있는 죄들이라고 토마스는 말한다.

제7장
분노(ira)

1. 분노의 선과 악[283]

(1) 분노의 형상적 요소와 질료적 요소

토마스는 분노 또는 화의 문제를 여러 곳에서 다루었지만,[284] 『악론』에서도 많은 분량을 이 문제에 할애하고 있다. 사실 토마스 외에도 많은 학자들이 분노의 문제를 중요하게 취급하였다.

토마스는 분노가 그 자체로 악한 것인가, 아니면 분노에는 선한 것

283 De malo, q. 12, a. 1: "모든 분노는 악한가, 아니면 어떤 분노는 선한가?(utrum omnis ira sit mala; vel aliqua ira sit bona)"

284 『신학대전』에서 토마스는 절제의 가능적 부분 가운데 관용(clementia)과 온화함(mansuetudo)에 각각 대립하는 악습으로 잔인함(crudelitas)과 분노(iracundia)를 들고, 분노에 대해서는 여덟 절을 할애하여 고찰하고 있다.(Summa Theologiae, IIa-IIae, q. 158)

도 있는가라는 문제로 분노에 관한 토론을 시작한다.[285] 이 문제를 놓고 이미 토마스 이전에도 논쟁이 있었는데, 이와 관련하여 토마스는 특히 아리스토텔레스와 스토아학파 간의 논쟁에 주목한다. 그의 파악에 의하면 스토아학파의 학자들은 모든 종류의 분노나 화가 악하다고 주장했던 반면, 아리스토텔레스 학파의 학자들은 모든 분노가 악한 것은 아니고, 어떤 분노는 올바르다는 주장을 펼친 것으로 이해된다.

이 두 주장 중에서 어느 것이 더 타당한지 판단하기 위해 토마스는 먼저 모든 다른 '정념'과 마찬가지로 분노도 역시 두 가지 요소를 나누어서 고찰할 수 있다고 말한다. 즉 분노의 형상적 요소와 질료적 요소를 구별해야 한다는 것이다. 그에 따르면 분노에 있어 형상적인 것은 '복수의 욕구'(appetitus vindictae)로서 영혼의 측면에서 발견되며, 반면 질료적인 것은 신체적 운동(commotio corporalis)과 관련된 것으로서 '심장 주변으로 피가 치솟는 현상'(accensio)을 가리킨다고 한다.

먼저 토마스는 분노를 형상적인 것의 관점에서 고찰하면 분노는 감각적 욕구에도 있을 수 있고, 의지(지성적 욕구)에도 있을 수 있다고 말한다. 이 의지에 따라 사람은 복수하려는 의지를 가질 수 있는데, 이러한 관점에서 분노는 선한 것일 수도 있고 악한 것일 수도 있다고 토마스는 주장한다. 즉 어떤 사람이 합당한 정의의 질서에 따라(secundum debitum iustitiae ordinem) 복수를 추구한다면, 예를 들어 어떤 사람이 법의 질서를 준수하면서 죄의 시정을 위해 복수를 추구한다면, 이것은 '죄에 대한 분노'(irasci contra peccatum)로서 덕에 속하며, 반면에 어떤

285 분노(화)는 대체로 나쁜 것으로 이해되었다. 이에 대해서는 Gertrude Gillette, *Four Faces of Anger. Seneca, Evagrius Ponticus, Cassian, and Augustine*, Lanham · Boulder · New York · Toronto · Plymouth: University Press of America, 2010 참조.

사람이 질서를 잃고 복수를 욕구한다면 죄가 된다는 것이다. 이러한 사람은 법의 질서 밖에서(praeter ordinem iuris) 복수를 욕구하기 때문이거나, 또는 죄를 없애려는 의도 보다는 죄인의 제거를 의도로 복수를 추구하기 때문이다. 이것은 죄에 대한 분노가 아니라 '형제에 대한 화(분노)'(irasci in fratrem)라고 토마스는 말한다. 토마스는 이러한 형상적 요소의 관점에서 스토아학파와 아리스토텔레스 학파 간에는 아무런 불일치가 없다고 본다. 그에 따르면 스토아학파도 복수의 의지가 때로는 덕스러운 것임을 인정했기 때문이다.

그러나 토마스는 두 번째 관점인 질료적인 것, 다시 말해 격렬한 심장 운동과 관련해서는, 두 학파 간의 논쟁이 생겨난다고 파악한다. 덕의 선은 바로 원리적으로는(principaliter) 이성의 판단에 놓여 있는데, 그러한 심장의 운동으로 인해 이성의 판단이 방해를 받게 되기 때문이다. 즉 사람이 어떤 이유로든 분노하게 되면 이성의 판단이 흐려지고, 결국 덕을 해치는 결과를 가져올 수 있다. 그런 한에서는 분노가 악한 것으로 보인다는 것이다.

(2) 스토아학파의 오류와 분노의 선한 측면

이상의 구별에 따르는 고찰 후 토마스는 스토아학파의 입장을 비판한다. 그는 우리가 주의 깊고 올바르게 고찰한다면, 스토아학파가 세 가지 관점에서 잘못 고찰했다는 것이 밝혀지게 된다고 말한다.

첫째, 스토아학파는 '단적으로 최선인 것'(id quod est optimum simpliciter)과 '특수한 경우에 최선인 것(...에게 최선인 것)'(id quod est optimum huic)을 구분하지 않았다는 점에서 잘못을 범했다. '단적으로 더 좋은(선한) 어떤 것'이 '특정한 관점에서는 더 좋은(선한) 것'이 아닐 수 있기 때문이다. 예를 들면 토마스에 따르면 '철학함(philosophari)'은 '돈을 가짐'보다 단적으로 더 좋은 것이지만, 생활이 곤궁한 사람에게는 돈이 있는 것이 더 좋은 것이다. 그리고 사나움은 개의 본성적 조건에 따르면 개에게 단적으로 좋은 것이지만, 사람에게는 좋은 것은 아니다.

인간의 선은 인간의 본성을 따른다. 그런데 토마스는 인간의 본성은 영혼과 육체로, 지성적 본성과 감각적 본성으로 구성되어 있다고 이해한다. 그러므로 인간이 전체로서, 즉 지성적 부분과 감각적 부분 그리고 육체의 관점에서 전체적으로 덕에 복종하는 것이 바로 인간의 선에 속하게 된다. 그래서 토마스는 인간의 덕을 위해서는 '합당한 복수의 욕구'가 영혼의 이성적 부분뿐 아니라 감각적 부분 그리고 육체에도 속하고, 또 육체 자체는 덕에 봉사하도록 움직여질 것이 요구된다고 말한다.

둘째, 스토아학파는 분노와 같은 정념이 '이성의 판단'(iudicum rationis)과 이중의 방식으로 관계한다는 것을 고려하지 못했다.[286] 즉 분노의 정념이 일어났다고 무조건 이성의 판단이 흐려지는 부정적 효과만 있는 것이 아니다. 토마스에 따르면 한편으로 정념은 이성의 판단에 선행하는 방식으로(antecedenter)으로 이성의 판단과 관계한다. 이렇게 선행하는 정념은 항상 이성의 판단을 방해할 수밖에 없다. 그 이유는 영혼은 정신의 고요함 속에서(in tranquillitate quadam mentis) 최고로

286 정념과 의지적 행위의 관계에 대해서는 서병창, 「감정과 이성의 정치적 관계 - 토마스 아퀴나스를 중심으로」, 『가톨릭철학』 24(2015), pp. 73-106 참조.

(maxime) 진리를 판단할 수 있기 때문이다. 그래서 토마스는 아리스토텔레스를 인용해서 쉬는 동안(고요 속에서) 영혼이 인식하고(sciens) 현명해진다고(prudens) 말하였다.

그러나 다른 한편 정념은 이성의 판단에 후행적으로(consequenter) – 즉 판단의 결과로서 – 관계하기도 한다. 이성이 판단하고 복수의 양태에 질서를 부여한 후에, 정념이 일어날 수 있기 때문이다. 토마스는 이러한 방식으로 일어난 분노 및 다른 정념은 판단이 이미 내려진 후이기 때문에 이성의 판단을 방해하지 않고, 오히려 행위 실행의 촉진을 도울 수 있다고 본다.

셋째, 스토아학파는 분노 및 다른 정념을 올바르게 파악하지 못한 점에서 오류를 범했다. 욕구의 모든 운동이 정념은 아님에도 불구하고, 그들은 정념과 다른 욕구의 운동을 구별하지 않았다는 것이다. 토마스에 따르면 어떤 욕구 운동은 지성적 욕구인 의지에 있고, 정념은 감각적 욕구 안에만 있는 것인데, 스토아학파는 의지와 감각적 욕구를 제대로 구별하지 못했다는 것이다. 그들은 정념을 잘 질서 지어진 이성의 적도(適度, temperies)를 '넘어선' 욕구 운동으로 파악하였기 때문에, 정념을 마치 '영혼의 질병'(morbus)과 같이 본 것이다. 마치 신체의 병들이 건강함이라는 적도를 벗어나는 것과 같다. 이러한 점에서 스토아학파의 관점에서 분노를 포함한 모든 정념이 악한 것일 수밖에 없다고 토마스는 말한다.

그러나 그의 분노에 대한 이해에 의하면 사실 분노는 감각적 욕구의 운동이고, 그러한 운동은 이성에 의해 질서가 부여될 수 있다. 그러므로 분노는 이성의 판단을 따르는 한에서, 행위의 실행을 촉진하면서 이성에 봉사할 수 있다. 토마스에 따르면 인간 본성의 조건에 따라 감각적 욕구는 이성에 의해 움직일 것이 요구된다. 그러므로 토마스는 아리스토텔레스를 따라 어떤 분노는 선한 것이고 덕에 부합되는 것이라 말할 수 있다고 주장한다.

2. 죄로서 분노[287]

(1) 욕구의 형상적 대상에 따르는 욕구 운동의 평가

토마스가 분노에 대해 두 번째로 제기한 문제는 분노를 죄라고 말할 수 있는가이다. 이 문제에 적절하게 답하기 위해서 토마스는 다시 한번 분노의 본질적 규정을 상기시킨다. 그에 따르면 분노는 일종의 욕구 운동으로서, 무엇인가를 피하려는 운동(fuga)이 아니라 무엇인가를 얻으려는 욕구(prosecutio)의 운동을 포함하고 있다. 분노는 어떤 것을 얻으려는 욕구라는 것이다. 잘 알려진 것처럼 추구의 적합한 대상(conveniens obiectum)은 선이고 악이 아니며, 반대로 악은 회피의 대상이지 추구의 대상이 아니다. 그런데 이러한 질서를 벗어난 추구나 회피의 운동, 즉 선을 회피하거나, 악을 추구하는 것은 악한 것이다. 악을 사랑하거나 욕구하고 또 악에 대해서 기뻐하는 것이거나, 반대로 선한 것을 피하려 하고 선한 것에 대해서 고통스러워하는 것이 그러한 것들이다.

---

287 De malo, q. 12, a. 2: "분노는 죄인가, 아니면 죄가 아닌가?(utrum ira possit esse peccatum vel non)"

그런데 분노는 일종의 악, 즉 '이웃에게 가하기를 바라는 상해'에 대한 욕구를 포함하고 있다. 이러한 관점에서 분노는 나쁜 욕구 운동으로서 죄에 속하는 것으로 보인다. 그러나 토마스에 따르면 분노는 이웃에게 이러한 악을 욕구하되, 그 악을 악의 관점에서가(sub ratione mali) 아니라 '선의 관점에서'(sub rationi boni), 즉 정의로운 복수(iustum vindicativum)의 관점에서 욕구하는 것이다.[288] 분노하는 사람은 [다른 사람이] 자신에게 행한 '불의'(iniuria)를 갚기 위해서 다른 사람에게 해를 입히기를 욕구하기 때문이다. 이처럼 분노 운동의 대상은 두 측면을 가지고 있다.

그런데 토마스는 욕구 운동은 대상의 질료적 측면보다는 형상적 측면에 따라 판단해야 한다고 말한다. 이에 따라 분노의 대상에서 '복수의 욕구'(불의의 시정)라는 형상적 측면과 '다른 사람에게 해를 입힘'이라는 질료적 측면 가운데, 형상적인 측면을 근거로 해서 욕구 운동의 가치를 판단해야 할 것이다. 그러할 경우 분노는 '악의 추구'라기 보다는 '선의 추구'로 보아야만 할 것이다. 분노는 '이웃에게 해를 끼침'(질료적 측면)이라는 악을 '불의함의 시정'이라는(형상적 측면) 선의 관점에서 추구하는 것이기 때문이다.

그런데 여기에서 토마스는 악에 대한 추구는 모두 악한 것이지만, 선에 대한 추구가 모두 선한 것은 아니라는 점을 강조한다. 선을 향한 욕구 운동의 선악 여부를 올바로 판단하기 위해서는, 욕구되는 선이 '참되고 단적인 선'(verum et simpliciter bonum)인지, 아니면 '외양적

---

288 이러한 점에서 분노는 미움(odium)과 다르다(이에 대해서는 De malo, q. 12, a. 4co. 참조).

인, 그리고 특정한 관점의 선'(apparens et secundum quid bonum)인지 고찰해야만 한다. 토마스에 따르면 단적인 그리고 참된 의미의 선(vere et simpliciter bonum)에 대한 추구는, 예를 들어 지혜에 대한 사랑과 욕구 및 그것에 대한 기쁨은 선하다. 그러나 외양적으로, 그리고 특정한 관점에서는 선하지만, 단적으로 그리고 사실상 악한 것의 추구는 악한 것이다.

(2) 정의롭지 못한 복수에 대한 추구로서 악한 분노

이제 토마스는 이상의 고찰을 우리의 문제, 즉 분노가 죄인가라는 문제에 적용한다. 이상의 고찰에 따르면 만일 분노가 진정으로 정의로운 것인 한에서의 복수에 대한 욕구라고 한다면, 그러한 분노는 선한 것이고 덕스러운 분노라고 할 것이다. 토마스는 이러한 종류의 분노를 '열정적 분노(ira per zelum)'라 부른다. 그러나 반면에 분노가 겉으로는 정의롭지만 참된 의미에서는 정의롭지 않은 복수(apparens iusta et non vere iusta)를 욕구한다면, 그러한 분노는 죄가 된다. 토마스는 이러한 분노를 그레고리우스를 인용하면서 '악한 분노(ira per vitium)'라고 불렀다.

이제 죄가 되는 분노를 자세히 살펴보기 위해서는 어떤 경우에 복수가 정의롭지 못한 것인지 고찰해 보아야 한다. 사실 정의롭지 못한 복수도 겉으로는 정의롭게 보일 수 있다. 그 이유는 이성이 복수해야만, 즉 시정 해야만 한다고 판단하는 어떤 불의함이 먼저 있었기 때문이다. 이러한 불의가 시정되어야만 한다는 점에서 복수의 욕구로서 분노는 일단은 선을 추구하는 것으로 보일 수 있다. 그러나 토마스에 따르면 그 복수가 단적인 의미에서 그리고 참된 의미에서도 정의로운 것이 되려면 합당한 정의의 질서(debitus ordo iustitiae)를 보존해야만 한다. 어떤 불의함이 자기 자신에게 가해졌다 하더라도 그것을 시정하려 할 때는 올바른 방식으로 이루어져야만 하는데도 그렇지 않았을 경우 부당한 복수의 욕구가 생겨나게 되고, 그러한 분노는 올바르지 못한 분노, 즉 죄가 되는 것이다. 토마스에 따르면 이것은 아마도 (1) 어떤 사람이 마땅한 것보다 더 큰 복수를 추구했기 때문이거나, 또는 (2) 어떤 사람이 권한이 없음에도 불구하고 자기 권위로 복수를 추구했기 때문이다. 또는 (3) 합당한 목적에 맞지 않게(non debito fine) 복수를 추구했기 때문이다. 이러한 경우에 분노는 정의롭지 않은 복수로서 죄가 된다는 것이다.

이것을 토마스는 아리스토텔레스를 인용하여 설명한다. 즉 아리스토텔레스는 분노한 사람이 불의의 시정이 올바르다는 이성의 판단에 따라 처음에는 이성에 귀 기울였지만, 분노를 표출하는 전체 과정에서 이성이 지시하는 올바른 복수의 질서를 따르지 않았기 때문에, 이성에 완전히 귀 기울지 않은 것과 같다고 말하였다. 이는 마치 명령 전체를 다 듣기도 전에 명령을 수행하려고 해서, 잘못을 범하는 시종(侍從)의 행태와 유사한 행태를 보이는 것이다.

3. 대죄로서 분노[289]

토마스는 앞 절에서 분노는 정당한 분노가 있고 죄가 되는 분노가

289 De malo, q. 12, a. 3: "분노는 대죄인가?(utrum ira sit peccatum mortale)"

있다고 말하였다. 이 절에서 그는 분노가 죄일 경우, 그 죄는 대죄인가 아니면 소죄인지 묻는다. 이 문제에 대해서 토마스는 먼저 도덕적 행위는 대상으로부터 종적 규정성을 부여받기 때문에, 도덕적 행위가 유적으로 선한지, 아니면 악한지 여부는 대상에 따라 고찰되어야만 한다는 것을 상기시킨다. 그래서 만일 악하다면, 그때 대죄인지, 소죄인지를 판단해야만 한다는 것이다.

분노의 대상은, 앞에서 살펴보았듯이, 분노가 악한 것인 한에서, '불의한 복수'(vindicata iniusta)이다. 이것은 정의의 합당함에 반하여 이웃에게 가해진 상해이며, 대죄의 본질적 규정에 따라 대죄를 가리킨다. 왜냐하면 '정의의 의무'(debitum iustitiae)는 계명(praeceptum)에 속하는 것으로서, 무엇이든 정의에 반하는 것은 모두 계명에 반하는 것이고, 그러한 것은 대죄이기 때문이다. 따라서 토마스에 따르면 '악한 분노'(ira per vitium)는 유적으로 대죄라고 말할 수 있다. 이러한 종류의 분노(화)는 이웃이 자기에게 먼저 가한 손상 때문에 이웃에게 부당한 방식으로 해를 끼치려는 의지이기 때문이다.

그러나, 위에서 여러 차례 설명했듯이, 유적인 대죄 가운데 어떤 것은 행위의 불완전성 때문에 소죄가 될 수도 있다. 그런데 토마스에 따르면 인간의 행위는 두 측면에서 불완전할 수 있다. 첫째, 어떤 행위는 행위자의 측면에서(ex parte agentis) 불완전할 수 있다. 인간의 본래적 행위의 원리는 이성인데, 이 이성의 판단에 앞서, 감각적 욕구(sensualitas)에만 속하는 인간의 행위는 불완전하다고 할 수 있다. 간통이나 살인과 같은 대죄를 저지르는 감각적 욕구의 운동도 이러한 점에서는 소죄로 판단될 수 있다고 한다. 둘째, 너무 작아서 없는 것처럼 생각되는 대상의 측면에서 행위가 불완전한 것으로 평가될 수 있다. 이성이 '작은 것'을 무로서 파악하기 때문이다. 예를 들어 어떤 사람이 남의 물건을 훔쳤더라도 훔친 사람이나 피해자 모두 아무것도 아니라고 여길 정도로 소량의 물건만을 훔쳤다면, 비록 절도라는 행위는 그 자체로 대죄가 된다고 하더라도, 이 경우에는 소죄라고 말해야 한다는 것이다.

토마스는 이 고찰을 분노에 적용한다. 이에 따라 유적으로 대죄로 평가되는 분노도 이 두 가지 측면에서 소죄가 될 수 있다. 첫째, 이성의 동의 없이 갑작스럽게 분노의 운동이 일어났을 경우 소죄가 될 수 있다. 둘째, 분노로 인해 발생한 해가 미미한 경우에는 소죄가 될 수 있다. 예를 들어 어떤 사람이 자기 자식에게 화를 내면서 그의 머리카락이나 귀를 조금 잡아당겼다든지 하는 것은 대죄라고 할 수 없다.

그러나 정의를 준수하지 않고, 이성을 통해서 숙고하고 동의한 후 심각한 해를 가함으로써 복수하기를 욕구한다면, 그러한 분노는 항상 대죄가 된다고 토마스는 강조한다.

4. 분노, 미움, 시기의 비교[290]

분노, 미움 그리고 시기는 외적으로 유사한 모습을 띠고 있으며 그래서 구분하기 어려운 점이 있다. 토마스는 이 세 가지 죄를 비교하여 어떤 점에서 차이가 있고 어떤 점에서 일치하는지 고찰한다.

290 De malo, q. 12, a. 4: "분노는 미움과 시기에 비해 가벼운 죄인가?(utrum ira sit levius peccatum odio et invidia)"

이와 관련하여 토마스는 먼저 이 세 가지 죄의 유사성을 보여준다. 그의 파악에 따르면 분노의 죄는 언급된 다른 죄들과 대상에 있어서 일치한다. 분노의 대상은 '선의 관점에서 가해지는 어떤 악'(malum aliquod inferendum sub ratione cuiusdam boni)으로서, 선과 악을 모두 포함하고 있다. 악의 측면에서 분노는 다른 사람의 악을 욕구하는 미움과 일치하며, 또한 선에 대해 고통을 느끼는 시기와도 일치한다. 한편 욕구된 선의 측면에서(ex parte boni desiderati) 선에 대한 무질서한 욕구인 욕정과 일치한다.

그런데 절대적인 관점에서(absolute) 말하자면, 분노는 위에서 언급된 세 가지 죄와 비교해서 덜 심각한 죄라고 토마스는 말한다. 미움은 이웃의 악을 '악의 관점에서'(sub rationi mali) 욕구하는 것이고, 시기는 선의 관점에서 이웃의 선에 대립하는 반면, 분노는 정당한 복수라는 선의 관점에서가 아니라면 이웃의 악을 추구하지도 이웃의 선을 방해하지도 않기 때문이다. 그래서 토마스는 미움과 시기가 '그 자체로' 악을 지향하거나, 선의 방해를 지향하기 위해 하는 것을 분노는 그 자체로 선을 지향하기 위해 한다고 말한다. 그러나 분노도 '우유적으로' 악을 지향하는 것도 사실이다. 그런데 본질적인 것은 우유적인 것보다 강하기 때문에, 시기와 미움은 악의에 있어서(in malitia) 분노의 죄를 능가한다.

이와 유사하게 욕정의 죄와 비교해도 분노의 죄는 덜 심각한 죄라고 할 수 있다. 욕정은 감각적 쾌락이라는 선을 지향하는 반면, 분노는 이성에 따르는 것인 '외양적으로 정의로운 것'(apparens iustum)이라는 선을 무질서하게 추구하는 죄이다. 그런데 이성의 선이 감각적 선보다 더 선한(좋은) 것이기 때문에, 단적으로 말해 분노가 욕정보다 더 덕에 가까이 접근해 있다고 할 수 있다. 이러한 관점에서 토마스는 아리스토텔레스를 따라 '욕정을 자제하지 못하는 사람(incontinens concupiscentiae)'이 '분노를 참지 못하는 사람(incontinens irae)'보다 더 혐오스럽다고 말하였다.

이상의 비교 후에 토마스는 윤리적 문제를 다룰 때 고려해야 할 중요한 사항을 언급한다. 즉, 그는 위와 같은 비교는 각 죄의 유(genera peccatorum)의 관점에서 이루어진 것이고, 어떤 특수한 '상황'에서는 분노가 다른 어떤 죄보다 더 심각한 죄가 될 수 있다는 것을 기억해야만 한다고 덧붙인다.

5. 죄종으로서 분노[291]

분노는 죄종으로서 다른 많은 죄를 낳을 수 있다. 주지하다시피 죄종이란 그것으로부터 목적인의 관점에서 다른 죄들이 생겨나는 죄를 가리킨다. 그런데 많은 경우에 분노의 목적인 복수를 하기 위해 많은 것이 무질서하게 생겨날 수 있다. 이렇게 무질서하게 생겨난 것들이 바로 죄라고 할 수 있다.

이제 어떠한 종류의 죄가 생겨나는지 설명하기 위해 토마스는 그레고리우스의 분류에 따라 분노로부터 생겨날 수 있는 여섯 가지 죄를 열거하고, 그러한 분류의 근거를 제시한다. 그레고리우스의 분류에 따

291 De malo, q. 12, a. 5: "분노는 죄종인가?(utrum ira sit vitium capitale)"

르면 분노의 여섯 딸은 몸싸움(rixae), 마음의 동요(tumor mentis), 욕설(contumeliae), 고함(clamor), 분개(indignatio), 신성모독(blasphemia)이다.

토마스의 파악에 의하면 그레고리우스의 분류 근거는 분노를 첫째, 마음 안에(in corde) 있는 한에서, 둘째, 입 안에(in ore) 있는 한에서, 셋째, 행위로 이어지는 한에서(secundum quod procedit usque ad opus) 고찰할 수 있다는 데 있다.

분노가 마음 안에 있는 한에서 (1) 분노의 원인의 측면에서, 즉 '가해진 불의'와 관련하여 죄가 분노에서 생겨날 수 있다. 사람들은 자기에게 가해진 해가 부당하며 불의하다고 생각할 때 분노하고, 화를 낸다. 그러한 경우에야 복수가 정당한 것이 되기 때문이다. 그런데 토마스에 따르면 해를 끼친 사람이 해를 입은 사람보다 지위가 낮고, 후자에 복종하는 사람이라면, 그만큼 더 해를 끼치는 행위가 질서를 벗어난 행위가 된다. 그래서 이 경우 분노하는 사람은 자기에게 가해진 해를 생각하면서 자기 마음속에서 그가 당한 불의함을 과장하게 된다. 이로부터 그는 해를 입힌 사람의 무도함에 보복을 가하게 된다. 이것을 분개(indignatio)라고 부른다. 분노가 마음 안에 있는 한에서 (2) 화를 내는 사람이 욕구하는 것의 측면에서 분노로부터 또 다른 악덕이 생겨난다. 분노에 휩싸인 사람은 복수할 수 있는 다양한 길과 방법을 고안해내기 때문이다. 그리고 그러한 생각을 통해서 그의 마음이 끓어오르게 된다. 이렇게 분노로부터 마음의 동요(tumor mentis)가 생겨난다.

분노는 말로서 표출된다. 자기가 불의를 당하는 것을 허용한 (3) 신에 대항해서 말로 화를 내기도 하고 – 이로부터 신성모독(blasphemia)이 생겨난다 –, 불의를 가한 이웃에 대해서 말로 화를 내기도 한다. 그런데 토마스에 따르면 후자에는 다시 두 가지가 있다. 하나는 어떤 사람이 특별히 불의를 표현하지 않고 무질서하게 말을 형제에게 퍼부어대는 (4) 고함(clamor), 즉 분노의 운동을 드러내는 무질서하고 혼란스러운 말이 생겨날 수 있다. 다른 하나는 형제에게 상처를 주는 불의한 말까지 할 때, 예를 들어 어떤 사람이 형제에게 '바보'라고 말할 때, 생겨난다. (5) 욕설(contumelia)이 여기에 속한다.

마지막으로 분노는 행위로 이어질 수 있다. (6) 즉 분노로 인해 몸싸움(rixae)이 생겨날 수 있다. 이렇게 해서 상해(vulnerationes), 살인(homicidia) 등과 같은 악이 계속해서 생겨날 수 있다고 토마스는 말한다.

제8장

탐욕(avaritia)

1. 다른 죄와 구별되는 탐욕의 죄로서의 특징[292]

(1) 일반적 죄로서 탐욕과 특수한 죄로서 탐욕

토마스는 탐욕, 라틴어로 avaritia라는 말은 어원적으로 '돈에 대한 무질서한 욕망'(inordinata cupiditas pecuniarum)을 지시한다고 말한다. avarus(탐욕스러운 자)라는 말은 이시도루스에 따르면 '돈에 욕심이 많은 사람'(avidus aeris)을 가리키기 때문이다. 토마스는 이러한 어원적 해석이 avaritia가 그리스어로 philargyria를, 즉 'amor argenti(은에 대한 사랑)'를 가리킨다는 사실과도 잘 조화를 이룬다고 보았다. 이렇게 avaritia라는 말을 이해하면, 탐욕은 '돈'에 대한 욕망으로서 '돈'이라는 특수

292 De malo, q. 13, a. 1: "탐욕은 특수한 죄인가?(utrum avaritia sit vitium speciale)"

한 질료를 갖는 특수한 죄(peccatum speciale)인 것으로 보일 수 있다. 그렇지만 토마스는 avaritia라는 말을 비유적으로 넓게 이해하면 돈에 국한되지 않고 '모든 재화(선)에 대한 무질서한 욕망'(inordinata cupiditas quorumlibet bonorum)을 지시하는 말로 확대될 수 있다고 말한다. 이러한 관점에서 고찰하면 탐욕은 일반적인 죄(peccatum generale)가 된다. 모든 죄는 '무질서한 욕구를 통한 가변적 선(commutabile bonum)으로의 전향'을 포함하고 있기 때문이다. 그래서 『축자적 창세기 주해』의 아우구스티누스를 인용하면서 토마스는 한편으로 사람들이 필요(마땅한 정도) 이상으로 어떤 것을 욕구하는 일반적 탐욕(avaritia generalis)이 있고, 관습적으로는(usitatius) '돈에 대한 사랑'(amor pecuniae)이라 불리는 특수한 탐욕(avaritia specialis)이 있다고 말한다.

이렇게 탐욕을 일반적 죄와 특수한 죄로 구분하는 근거는 탐욕이 '소유에 대한 무질서한 사랑'(inordinatus amor habendi)이라는데 있다고 토마스는 설명한다. '소유'(habere)라는 말은 한편으로는 공통적으로(communiter), 다른 한편으로는 특수하게(specialiter), 즉 '우리가 하기를 바라는 것을 할 수 있게 해주는 것을 가지고 있음'의 의미로 이해될 수 있다고 한다. 토마스에 따르면 소유가 이렇듯 두 가지로 이해되듯이, '무질서한 소유의 욕망'인 탐욕도 두 가지 의미로 이해할 수 있다는 것이다. 즉 일반적으로(generaliter) 탐욕은 '그것이 무엇이든 모든 사물을 소유하려는 무질서한 사랑'(inordinatus amor habendi quamcumque rem)이라는 의미로 이해되고, 다른 한편 특수하게 '모든 사람이 돈이라는 이름으로 이해하는 소유물을 소유하려는 사랑'으로 이해할 수 있다고 한다. 아리스토텔레스가 말했듯이 그 소유물의 가치를 돈으로 측정하기

때문이라는 것이다.[293]

(2) 후한 인심과 정의에 대립하는 죄로서 탐욕

죄는 덕과 대립한다. 그러므로 다른 죄와 구별되는 특수한 죄로서 탐욕의 특징을 살펴보기 위해서는, 소유물이나 돈에 관련된-물론 다른 방식으로 관련되었지만-덕과의 관계에서 탐욕을 고찰할 필요가 있다. 토마스에 따르면 정의(iustitia)와 후한 인심(liberalitas)이 이러한 덕에 속한다. 정의는 소유된 사물 사이에 성립되는 '동등성의 중용(medium aequalitatis)'으로서, 모든 사람이 자기에게 합당한 몫(quod sibi debetur)을 갖는 것을 의미한다. 한편 후한 인심(선심)은 '영혼의 감정에 있어서 중용(medium in affectionibus animae)'으로서, 돈을 지나치게 사랑하거나 욕심내지 않고, 마땅히 그래야만 하는 때와 마땅히 그래야만 하는 장소에서 돈을 기쁘게 괴로워하지 않고 나누어 주는 것을 의미한다.

이에 따라 덕과 대립하는 죄로서 탐욕을 후한 인심과 대립하는 것으로 볼 수도 있고, 정의와 대립하는 것으로 볼 수도 있다. 이에 따라 후한 인심과 대립하는 것인 한에서 돈을 과도하게 사랑하는 탐욕은 '돈의 지출에 있어서 결핍'(defectus circa emissiones pecuniarum), 그리고 '돈의 획득과 보존에 있어서 과잉'(superfluitas circa acquisitionem et retentionem)을 포함하고 있다. 한편 아리스토텔레스가 『윤리학』 제5권에서 말하듯이 탐욕을 정의에 대립하는 것인 한에서 탐욕을 이해하면,

293 Aristoteles, *Ethica Nicomachea*, 1119b(『니코마코스윤리학』, 강상진 김재홍 이창우 옮김, 서울: 이제이북스, 2006, 제4권 제1장, p. 121참조).

탐욕스러운 사람은 정의에 반해서 합당한 것 이상으로 다른 사람의 것을 취하거나, 보유하는 사람을 가리킨다고 토마스는 말한다. 토마스는 탐욕과 정의를 대립시키는 이유를 '후한 인심'과 대립하는 악습은 탐욕이 아니라 '인색함'(illiberalitas)이라는 데서 찾는다.[294]

2. 대죄로서 탐욕[295]

탐욕에 대해 토마스가 제기한 두 번째 물음은 탐욕이 대죄인가이다. 이 문제를 살펴보기 위해서, 위에서 구별하였듯이, 정의와 대립하는 악습으로서의 탐욕과 후한 인심과 대립하는 죄로서의 탐욕을 나누어서 고찰해야 한다. 토마스는 먼저 정의와 대립하는 것인 한에서 탐욕은, 행위가 불완전하지 않은 한, 항상 대죄라고 파악한다. 정의와 대립하는 한에서 탐욕은 '다른 사람의 것(aliena)을 불의하게(iniuste) 취하거나 보유하는 것'이기 때문이다. 다른 사람의 것을 부당하게 취하고 보유하는 행위 자체는, 비록 그것을 향한 최초의 욕구 운동은 대죄가 아니지만, 항상 대죄라고 말할 수 있다.

한편 토마스는 후한 인심과 대립하는 죄로 이해되는 한에서 탐욕은 '돈에 대한, 그리고 돈을 통해서 획득될 수 있는 모든 것에 대한 사

294 토마스에 따르면 이러한 입장은 크리소스토모스의 입장과 일치한다고 한다. 한편 『신학대전』에서 토마스는 탐욕(avaritia)을 정의의 가능적 부분, 즉 정의와 연결된 덕 중에서 후한 인심(liberalitas)과 대립하는 악습으로 분류하였다(Summa Theologiae, IIa-IIae, q. 118 참조).

295 De malo, q. 13, a. 2: "탐욕은 대죄인가?(utrum avaritia sit peccatum mortale)"

랑과 욕망에 있어서 과잉(excedere)'을 가리킨다고 말한다. 그런데 이때 공통적인 의미에서 욕망과 사랑을(de desiderio et amore) 말한다면, 탐욕이 항상 대죄는 아니며, 반면에 엄밀한 의미에서(strincte) 사랑과 욕망을 말할 때면 항상 대죄가 된다고 한다.

토마스에 따르면 그 이유는 사랑과 욕망은 선과 관계하는데, 본래적인 의미에서 그리고 주된 의미에서 선(좋은 것)은 목적이고, 목적과 관련된 것(목적으로 질서 지어진 것, 즉 수단)은 오직 목적의 질서 때문에 좋은 것(선)으로 규정될 수 있기 때문이다. 우리는 목적에 도달하기 위해서 수단을-목적에 이르기 위해 좋은 것으로서-욕구하기 때문이다. 그러므로 목적이 본래적 의미에서 그리고 주된 의미에서 사랑과 욕망의 대상이고, 수단은 이차적으로(secundario) 사랑과 욕망의 대상이 된다. 따라서 토마스는 만일 가변적 선에 목적을 두는 한에서 탐욕을 가변적 선에 대한 사랑과 욕구로 부른다면, 그러한 탐욕은 항상 대죄라고 말해야만 할 것이라고 말한다. 가변적 선을 목적으로 지향하는 것은(converti ad bonum creatum sicut ad finem) 궁극적 목적으로서 불변적 선으로부터의 등돌림(aversio ab incommutabili bono)을 의미하며, 궁극적 목적은 오직 하나이기 때문이다.

그러나 토마스는 탐욕을, 공통적 의미에서의 사랑과 욕망의 관점에서 고찰해서-즉 목적 및 수단에 대한 사랑과 욕망으로 공통적으로 이해하면-이 세상에 대한 무질서한 사랑이나 욕구로 이해한다면 탐욕은 항상 대죄가 되는 것은 아니라고 말한다. 가변적이고 세속적인 선을 사랑하고 세상일에 매여 있어도 마음이 그리스도에서 벗어나지 않고, 또한 그 가운데 어떤 것도 그리스도보다 앞세우지 않는 사람들이 있기 때문이라고 토마스는 말한다.

3. 죄종으로서 탐욕[296]

(1) 행복의 세 가지 조건에 따른 죄종의 분류

토마스는 탐욕을 죄종 가운데 하나로 분류하기 위해 '죄종이란 다른 많은 죄가 그것을 향해 질서 지어진 주된 목적을 가진 죄'로서, 목적인의 관점에서 이로부터 다른 많은 죄가 생겨나는 죄를 가리킨다는 것을 재차 강조한다. 그런데 토마스의 행복론에 의하면 행복(beatitudo)은 '인생 전체의 목적(finis totius humanae vitae)'으로서, 모든 사람이 욕구하는 것이다. 이에 따라 토마스는 인간사에서 참된 것이건 겉으로만 그런 것이건, 어떤 것이 행복의 조건을 분유하고 있다면, 그것은 목적의 유에서 우선성(principalitas)을 갖게 될 것으로 본다.

그런데 토마스는 아리스토텔레스를 따라 행복의 조건으로 세 가지를 들고 있다. 행복은 '완전한 선'(perfectum bonum)이고, '자기충족적'(per se sufficiens)이며, '즐거움(기쁨)을 동반'(cum delectatione) 한다는 것이다. 그런데 어떤 선(좋은 것)은 '탁월성'(excellentia)을 갖는 한에서 '완전'한 것이다. 따라서 탁월성은 주된 의미에서(principaliter) '가욕구적인 것(appetibile)'으로 보인다. 이러한 의미에서 '교만'이나 '헛된 영광'이 죄종으로 간주된다. 한편 감각적 사물의 영역에서 최고의 쾌락은 음식과 성

296 De malo, q, 13, a, 3: "탐욕은 죄종인가?(utrum sit vitium capitale)"

적인 것의 접촉(tactus)과 관련된다. 그러므로 이러한 관점에서 탐식과 미색이 죄종으로 분류될 수 있다. 마지막으로 토마스는 보에티우스를 인용하면서 부(divitia)가 '가변적(세속적) 선의 충족성'을 최고로 약속하는 것이라고 말한다. 이에 따라 부에 대한 무질서한 욕구인 탐욕이 죄종으로 간주 될 수 있는 것이다.

(2) 죄종으로서 탐욕이 낳는 죄

탐욕은 일곱 가지의 죄를 낳는 죄종이다. 토마스는 그레고리우스의 『도덕론』으로부터 인용한 일곱 가지 "탐욕의 딸"을 열거한다. 배신(proditio), 사취(fraus), 속임수(fallacia), 위증(periuria), 동요(inquietudo), 강제(violentia), 그리고 '동정심에 반하는 비정함'(contra misericordiam obduratio) 등이 바로 그것이다. 토마스는 그레고리우스가 분류한, 탐욕으로부터 파생되는 이 일곱 가지 죄를 탐욕의 두 가지 계기들, 즉 '보유에 있어서 과잉'과 '획득에 있어서 과잉'의 측면에서 구별하여 설명한다.

첫째, 토마스는 보유에 있어서 과잉(superabundare in retinendo)의 측면에서 탐욕은 '동정심에 반하는 비정함'(obduratio contra misericordiam) 또는 '몰인정함'(inhumanitas)을 낳는다고 말한다. 탐욕스러운 사람은 자기가 동정심 때문에 자기 물건을 다른 사람에게 나눠주지 않도록 자기 마음을 완고하게 만들기 때문이다.

둘째, 토마스에 따르면 '획득에 있어서(in accipiendo) 과잉'의 측면에서 탐욕은 다시 두 가지 방식으로 나누어서 고찰될 수 있다. (1) 죄가 탐욕스러운 자의 마음 안에 있는 한에서 고찰될 수 있다. 이렇게 되면 탐욕으로부터 '마음의 동요(inquietudo)'가 생겨난다. 탐욕을 품게 되면 사람은 지나친 조심과 마음을 쓰게 되는데, 탐욕스러운 사람은 돈으로 충족되지 않기 때문이라는 것이다. (2) 죄가 행위의 실행에 있는 한에서 고찰될 수 있다. 이렇게 탐욕스러운 사람은 다른 사람의 것을 취함에 있어서 때로는 힘(vi)을 이용하며 – 이러한 방식으로 '강제(violentia)'가 생겨난다 –, 때로는 간계(dolus)를 이용하는데, 이때 간계가 말을 통한 것이라면 '일상적 말'에 있어서는 속임수(fallacia in simplici verbo)가 있을 수 있다고 한다. 이를 이용해 다른 사람을 속여서 이득을 취하게 된다. 한편 토마스에 따르면 '맹세한 말'에 있어서는 '위증(periurium)'이 생겨난다. 그런데 간계가 행위를 통해서 이루어지면, 사물과 관련해서 사취(fraus)가 생겨나고, 인격의 관점에서는 배신(proditio)이 생겨난다. 이것은 탐욕 때문에 그리스도를 밀고한 유다의 경우에서 명백히 알 수 있다고 토마스는 말한다.

4. 이자를 받고 돈을 빌려주는 행위의 죄[297]

탐욕과 관련하여 토마스는 오늘날의 관점에서 매우 흥미로운 문제를 제기한다. '이자를 받고 돈을 빌려주는 행위'(dare pecuniam mutuo ad usuram)를 대죄로 볼 수 있는가의 문제이다. 이자를 받고 돈을 빌려

297 De malo, q. 13, a. 4: "이자를 받고 돈을 대여하는 것은 대죄인가?(utrum mutuare ad usuram sit peccatum mortale)"

주는 행위는 오늘날의 관점에서는 지나친 고리(高利)가 아닌 다음에는 당연한 일로 여겨진다. 그런데 토마스는 – 토마스 당대의 일반적 이해이기도 한데 – 이자를 받고 돈을 빌려주는 일은 대죄로 간주하였다.[298] 더 나아가 토마스는 고리대금은 금지되었기에 죄가 되는 것이 아니라, 죄이기에 금지된 것이라고까지 말한다. 그러한 행위는 자연적 정의(iustitia naturalis)에 반한다는 것이다.

토마스는 이것은 이미 '이자(usura)'라는 말로부터 분명하다고 말한다. 어원적으로 이자라는 말은 사용(usus)이라는 말로부터 생겨났는데, 이는 돈을 직접 사용하는 대신 돈의 사용에 대한 보상(premium)을 취하는 것으로서, 마치 돈의 사용 자체를 판매한 것과 같다는 것이다. 그런데 토마스는 사물에 따라 서로 다른 사용이 있다는 점을 고려해야만 한다고 지적한다.

첫째, '사물의 사용'이 바로 '사물의 실체 자체의 소비(consumptio substantiae ipsarum rerum)'인 그런 사물들이 있다. 예를 들면 와인의 본래적 사용은 그것을 마시는 것이고, 이러한 점에서 와인의 사용을 통해서 와인의 실체가 소비된다. 밀과 빵도 마찬가지이다. 중요한 것은 돈의 사용도 이러한 종류에 속한다는 것이다. 토마스에 따르면 돈의 본래적 사용은 다른 사물들의 교환을 위해 소비된다는 데에 있다. 교환을 위해서 화폐가 발명되었기 때문이다.

둘째, 사용이 실체의 소비가 아닌 사물들이 있다고 한다. 예를 들어 집의 사용은 거주인데, 거주의 본질적 규정에는 집이 파괴된다는 것

298 이에 대해서는 앨버트 존슨, 스티브 툴민, 『결의론의 남용』, 권복규, 박인숙 옮김, 서울: 이화여자대학교 생명의료법연구소, 2011, pp. 193–207 참조.

이 속하지 않는다. 물론 집에 거주하게 되면 집이 망가지기도 하고 보수 유지를 통해서 더 좋아지기도 하지만, 이러한 것은 집 자체에는 우유적인 일이라고 한다. 옷이나 말(馬)과 같은 사물도 이와 같은 종류에 속한다. 토마스에 따르면 이러한 사물은 그 자체로 말하자면 사용을 통해서 실체가 소모되는 것이 아니다. 그래서 사물 자체와 사용을 분리해서 팔 수도 있고, 함께 팔 수도 있다. 예를 들어 우리는 집을 팔면서도 집의 사용을 한시적으로 보유할 수 있다. 마찬가지로 우리는 집의 사용을 판매하면서 집의 재산권과 소유권을 보유할 수 있다.

그러나 사용과 실체 자체가 다르지 않은 사물은 사정이 다르다. 이 경우 우리가 그러한 사물의 사용을 어떤 누구에게 허락했다면 그 사물 자체에 대한 소유권도 함께 허락하는 것이고, 그 역의 관계도 성립된다. 따라서 어떤 사람이 빌린 돈 전체를 되돌려준다는 계약 하에 돈을 빌려주면서, 돈의 사용에 대해서도 어떤 보상을 받기를 바란다면, 그는 돈의 사용과 돈의 실체를 분리해서 판매하는 것이 명백하다는 것이다. 토마스에 따르면 돈은 실체와 사용이 일치하는 사물의 종류에 속하기 때문에, 이자를 받고 돈을 빌려주는 것은 '있지 않은 것'을 판매하는 것이거나 또는 같은 물건을 두 번 파는 셈이 된다. 그리고 이러한 행위는 명백하게 자연적 정의의 개념에 반하는 것이라고 토마스는 주장한다.

토마스는 이러한 근거에서 이자를 받고 돈을 빌려주는 행위는 그 자체로 대죄에 해당한다고 주장한다. 와인이나 음식과 같은 사물처럼 그것의 실체가 사용을 통해서 소비되는 그러한 사물에도 같은 논거가 적용된다.

제9장

탐식(gula)

1. 죄로서 탐식[299]

토마스는 제14문제에서 일곱 번째 죄종으로서 탐식에 대해서 고찰한다. 토마스는 탐식이 죄라는 것을 보이기 위해서 여기에서도 영혼의 악(malum animae)은 '이성 밖에 있음(이성을 벗어남)'(praeter rationem esse)이라는 디오니시우스의 말을 인용한다. 이에 따라 토마스는 이성의 규칙에서 벗어날 때마다, 죄가 생겨날 수 있다고 보고 있다. 죄라는 것은 '질서를 잃은 행위' 또는 '악한 행위'이기 때문이다. 그런데 토마스는 '이성의 규칙에서 벗어남(a regula rationis discedere)'은 외적 행위에서 그리고 영혼의 내적 정념에서도 모두 발생할 수 있다고 주장한다. 외적 행위나 정념은 본래 이성의 규칙을 통해 질서 지어져야만 하는 것이기

299 De malo, q. 14, a. 1: "탐식은 죄인가?(utrum gula sit peccatum)"

때문이다. 그래서 이성의 규칙에 복종하기 어려운 정념일수록, 그러한 정념에서 더 많은 죄가 생겨날 수 있다.

그런데 토마스는 다른 어떤 정념보다 쾌락(delectatio)이 이성에 따라 질서 지우기(secundum rationem ordinare) 어려운 정념이고, 특히 자연적 쾌락(delectatio naturalis)은 우리의 현 생명과 연관되어 있기에 이성에 복종시키기에 매우 어렵다고 말한다. 먹고 마시는 데서 오는 쾌락이 그러한 종류의 쾌락에 속한다. 사람은 먹고 마시지 않으면 삶을 살 수 없기 때문이다. 그러므로 이러한 쾌락과 관련해서 이성의 규칙을 벗어나는 일이 가장 많이 벌어진다. 탐식은 바로 이러한 먹고 마시는 일이 주는 쾌락에 대한 욕구가 이성의 규칙을 벗어날 때 생겨나는 죄로서, 토마스는 탐식을 '취식의 조절되지 않은 욕구'(immoderatus appetitus edendi)라고 부른다.[300]

그런데 주의해야 할 점은 탐식이라는 죄는 단순히 (먹고 마시는) 외적 행위에 있는 것이 아니라는 사실이다. 탐식의 죄 자체는 결과로서만, 즉 '음식에 대한 무질서한 욕망'으로부터 생겨나는 한에서 외적 행위의 죄라는 것이다. 즉, 먹고 마시는 행위 자체가 문제가 아니라, 무질서한 욕망으로부터 비롯된 먹고 마시는 행위가 문제가 된다는 것이다. 이것은 비단 탐식에만 해당하는 것이 아니라 정념과 관련된 다른 모든 악습에도 해당한다. 그러므로 토마스는 탐식은 원칙적으로 정념과 관계된 죄로서, 음식과 음료에 대한 욕구와 쾌락과 관련된 한에서, 절제(temperantia)의 덕에 대립하는 죄라고 말한다.

300 『신학대전』에서 탐식은 절욕(abstinentia)에 대립하는 악습으로 "먹고 마시는 것에 대한 질서를 잃은 욕구(inordinatus appetitus edendi et bidendi)"로 규정된다(Summa Theologiae, IIa–IIae, q. 148, a. 1co.)

2. 탐식의 대죄 여부[301]

탐식에 대한 두 번째 문제는 탐식의 대죄 여부인데, 토마스는 이 문제를 고찰하기 위해 먼저 이 문제의 의미를 명확히 밝힌다. 위에서 살펴보았듯이 살인이나 간통과 같은 유적인 대죄도 행위의 불완전성 때문에 소죄가 될 수 있고, 반대로 유적으로 소죄라 하더라도 대죄로 전환될 수 있다. 그러므로 토마스는 '어떤 죄가 대죄인가'라는 물음은 일반적으로 '그 죄가 유적으로(ex suo genere) 대죄인가'라는 물음으로 이해해야 한다고 말한다.

이와 마찬가지로 탐식의 대죄 여부를 묻는 물음도 '탐식은 유적으로 대죄인가'라는 의미로 이해해야 한다. 그런데 토마스에 따르면 도덕적 행위(의지적 행위)의 종(species)은 대상에 의해 결정된다. 그러므로 어떤 죄의 대상이 영적 생명의 원리인 카리타스와 대립한다면, 그 죄는 유적으로 또는 종적으로(ex sua specie) 대죄가 될 수밖에 없다. 예를 들어 신성모독(blasphemia)은 그 대상 때문에 신에 대한 사랑(dilectio Dei)의 관점에서 카리타스와 대립하고, 살인은 이웃에 대한 사랑(dilectio proximi)의 관점에서 카리타스와 대립한다. 그래서 이 두 죄는 모두 유적으로 대죄로 규정된다.

토마스는 이제 탐식의 대죄 여부를 결정하기 위해서는 탐식도 이러한 종류의 죄에 속하는지 물어야 한다고 말한다. 그에 의하면 탐식의 죄는 본질적으로 먹고 마시는 것이 주는 쾌락에 대한 무질서한 욕

---

301 De malo, q. 14, a. 2: "탐식은 대죄인가?(utrum gula sit peccatum mortale)"

망(concupiscentia inordinata)에 있다. 그래서 사실 음식에 대한 쾌락은, 그 자체로 고찰하면, 신에 대한 사랑의 관점에서도, 이웃에 대한 사랑의 관점에서도 카리타스와 대립하지 않는다. 그러나 여기에 무질서(inordinatio)가 더해지게 되면, 그 무질서가 어떤 종류의 것인가에 따라 [카리타스와] 대립할 수도 있고, 대립하지 않을 수도 있다. 토마스에 따르면 음식이 주는 쾌락에 대한 욕망은 두 가지 방식으로 질서(규칙)를 벗어날 수 있기 때문이다.

첫째, 이 욕망은 궁극적 목적의 질서를 배제하는 방식으로 질서를 벗어날 수 있다. 이러한 방식의 무질서는 음식의 쾌락을 궁극적 목적으로(ut finem ultimum) 욕구할 때 생겨날 수 있다. 한 사람에게 궁극적 목적이 여럿이 있을 수는 없기 때문이다. 이러한 방식의 무질서는 궁극적 목적으로서 사랑받아야만 하는 신에 대한 사랑의 관점에서 카리타스를 배척하게 된다. 따라서 이러한 관점에서 탐식은 대죄가 된다는 것이다.

둘째, 음식이 주는 쾌락에 대한 욕망은 궁극적 목적의 질서가 보존된 채, 단지 수단의 관점에서 무질서할 수 있다고 한다. 예를 들어 어떤 사람이 빵이나 술에 대한 큰 욕망을 갖고는 있지만, 그럼에도 그렇게 함으로써 신의 계명을 넘어서는 것을 바랄 만큼 그렇게 큰 욕망은 아닐 수 있다. 그러한 무질서는 카리타스와 대립하지 않기 때문에 대죄라고 할 수 없다.

토마스에 따르면 탐식의 본질적 규정에는 분명히 '욕망의 무질서'가 포함되어 있다. 그러나 궁극적 목적의 질서를 파괴하는 무질서가 탐식의 본질적 규정에 속하지는 않는다. 그러므로 탐식은 종의 관점에서(secundum rationem speciei) 대죄는 아니지만, 위에서 언급한 두 종류의 무질서 가운데 어떤 무질서가 여기에서 발생하는가에 따라 때로는 대죄일 수 있고, 때로는 소죄일 수도 있다고 토마스는 주장한다.

3. 탐식의 종류[302]

이 절에서 토마스는 탐식의 종류에 대해서 고찰한다. 토마스가 이 문제를 다루는 방식은 그레고리우스의 분류가 적절한지 묻고 답하는 방식이다. 그레고리우스는 『도덕론』에서 탐식은 다섯 가지 방식으로 우리를 유혹한다고 말하면서 탐식의 종류를 나누었다고 한다. 그에 따르면 음식이 필요한 시간에 앞서 음식에 대한 욕구가 찾아오기도 하고, 때로는 사치스러운 음식을 욕구하기도 한다. 그리고 때로는 취식할 음식이 섬세하게 조리되어야 한다고 욕구하기도 하고, 양에 있어서 적도를 넘어서거나, 잴 수 없을 만큼 뜨거운 욕구 때문에 죄를 짓기도 한다는 것이다. 이러한 것들이 다음의 한 구절에 요약되어 있다. "급하게(praepropere), 사치스럽게(laute), 지나치게(nimis), 게걸스럽게(ardenter), 까다롭게(studiose)". 이제 토마스는 이와 같은 그레고리우스의 분류가 적절한 것인지 자신의 분류기준을 가지고 검토하는 방식으로 이 절의 문제를 고찰한다.

302 De malo, q. 14, a. 3: "탐식의 종류가 적절하게 분류되었는가?(utrum convenienter assignentur species gulae)"

(1) 죄의 종적 분류기준

토마스는 탐식의 종류를 구분하는 작업을 하기 전에, 먼저 도덕적 행위의 종을 구별하기 위해서는 동인(motiva), 즉 의지적 행위에 고유한 대상(propria obiecta)에 우선적으로 주목해야 한다고 말한다. 의지를 움직이는 대상(동인)은 '의지의 형상'과 같은 것이기 때문이다. 즉, 토마스에 따르면 의지적 행위는 다양한 동기에 따라서 구분되며, 이는 자연물이 작용인의 다양한 형상에 따라 구분되는 것과 같다.

그런데 토마스는 하나의 동일한 동인이 사람이 다양한 상황에서 덕의 중용을 벗어나는 행위를 하게 되는 원인이 될 수도 있다고 말한다. 이 경우 '질서를 잃은 다양한 상황'에 따라 죄의 종류를 구별할 수는 없다. 예를 들어 탐욕의 죄에서 사람은 하나의 동일한 동인, 즉 '돈을 모으기 위해' 다양한 적절하지 않은 상황에서도 – '그래서는 안 되는 시간과 장소에서, 그래서는 안 되는 사람으로부터(다양한 상황들)' – '남의 것을 취하려는 행위'를 한다. 여기에서 탐욕이라는 행위의 종을 결정하는 것은 '돈을 모음'이라는 '하나이고 동일한 동인'이며, 이 경우 언급한 여러 상황은 탐욕의 종을 결정하는 요인이 되지 않는다는 것이다. 따라서 이러한 관점에서 탐욕의 다양한 종이 생겨나지 않는다.

그러나 만일 죄를 짓는 다양한 동인들이 있을 수 있다면, 그 경우에는 다양한 상황으로부터 다양한 탐욕의 종이 생길 수도 있었을 것이다. 예를 들어 '베품에 있어서 결핍(defectus dationis)' 때문에, 또는 '수취에 있어 과잉(abundantia acceptionis)' 때문에 그러한 다양한 상황들에서 질서를 벗어나려는 경향성을 보이게 된다면, 다양한 상황들이 탐욕의 종을 구별하는 기준이 될 수도 있었을 것이다.

(2) 탐식의 분류

따라서 토마스에 따르면 탐식의 종은 탐식의 다양한 동인에 따라 구분되어야 한다. 그런데 토마스는 탐식은 '먹고 마시는 것이 주는 쾌락에 대한 무질서한 욕망'이라고 정의하였다. 따라서 탐식과 관련된 무질서는 '쾌락'과 관련될 수도 있고 또는 '욕망'과 관련될 수도 있다.

먼저 쾌락과 관련된 무질서의 원인을 생각해 보면, 토마스에 따르면, 쾌락의 원인은 자연적이거나 인위적(artificialis)이다. 어떤 사람이 값비싸고 엄선된 식재료로 만든 음식을 먹는 데서 과잉된 쾌락을 느끼는 경우, 이 쾌락의 원인은 자연적인 것이라고 할 수 있다. 반면에 어떤 사람이 아주 섬세하게 조리된 음식을 지나치게 욕구하는 경우에, 쾌락의 원인은 인위적인 것이다. 따라서 자연적 원인과 관련해서는 (1) '사치스럽게(laute) 먹는 것'이고, 인위적 원인의 관점에서는 (2) '까다롭게(studiose) [먹는 것]'이라고 말할 수 있다.

한편 욕망의 측면에서 무질서는 운동인과 관련된 세 가지 종류의 무질서를 구별할 수 있다. 욕망도 하나의 운동(쾌락을 향하는 욕구능력의 운동)이기 때문이다. 그래서 토마스는 이러한 측면에서 탐식의 운동을 물체 운동의 격렬함에 대한 고찰과 비교하여 분류한다.

첫째, 우리는 [운동의 격렬함을] 운동이 그것의 종결점에 이르기 전에 고찰할 수 있다. 종결점을 향해 서둘러 운동하는 것이 이에 해당한다. 탐식과 관련해서 어떤 사람이 제때를 기다리지 못하고 음식을

'빨리' 먹으려고 하는 경우로서, (3) '급하게[먹기](praepropere)'라고 부르는 탐식의 종을 얻게 된다. 둘째, 운동의 격렬함을 종결점에 도달함의 관점에서(in ipsa perventione ad terminum) 고찰할 수 있다. 음식에 대한 욕망이 격렬하면, 사람들은 무질서한 방식으로 음식을 취하게 되는바, (4) '게걸스럽게(ardenter[먹기])'라 불리는 탐식의 종이 생겨난다. 셋째, 물체적 운동의 무질서한 격렬함을 운동이 종결점에 도달한 이후의 관점에서 고찰할 수 있다. 즉 이 운동이 종결점에서 멈추지 않고 더 진행하는 경우를 가리킨다. 이러한 관점에서 어떤 사람이 자연이 요구하는 적절한 양의 음식에서 멈추지 않고 계속해서 먹으려고 절도 없이(immoderate) 음식을 욕망할 때, (5) '지나치게 [먹기](nimis)'라는 탐식의 종류가 생겨난다고 토마스는 말한다.

이처럼 토마스는 총 다섯 종류의 탐식을 분류한다. 그리고 이 분류는 그레고리우스가 열거한 다섯 가지 탐식의 종류와 대응한다는 것이다.

4. 죄종으로서 탐식[303]

토마스는 죄종으로서 탐식을 말하기 위해, 죄종은 목적인의 관점에서 다른 죄를 파생시키는 죄를 가리킨다고 되풀이해서 말한다. 즉 죄의 대상이 다수가 그것에 대해 큰 욕구를 갖는 것인 한에서, 그리고 무엇보다도 죄의 대상이 모든 사람이 자연적으로 욕구하는 것인 행복과

303 De malo, q. 14, a. 4: "탐식은 죄종인가?(utrum gula sit vitium capitale)"

의 유사성을 갖는 한에서, 다른 죄를 생겨나게 하는 죄를 가리킨다. 그런데 행복의 조건 중 하나가 바로 즐거움 또는 쾌락(delectatio)으로서, 이것이 없이는 행복이 있을 수 없다. 따라서 최대의 쾌락 중 하나인 음식과 음료에 대한 쾌락과 관련된 탐식의 죄는 죄종이라고 할 수 있다.

이에 따라 토마스는 탐식의 '딸'이라 불리는, 탐식으로부터 생겨나는 죄들은 음식과 음료에 대한 절도를 잃은 쾌락에서 생겨날 수 있다고 본다. 이 죄는 먼저 신체의 측면으로부터 고찰될 수 있다. 이와 관련된 탐식의 '딸'이 (1) 불결함(immunditia)이다. 지나치게 많은 음식을 취함으로써 신체의 불결함이 생겨난다고 한다.

한편 영혼의 측면으로부터 탐식의 '딸'을 고찰할 수 있다. 토마스에 따르면 영혼은 육체를 다스리는 일을 하는데, 영혼에 의한 육체의 통치는 절제되지 않은 음식의 쾌락 때문에 다양한 방식으로 방해를 받게 된다. 첫째, 이성의 관점에서 방해를 받는다. 이성의 예리함이 음식의 지나친 섭취나 섭취에 있어서 신경 씀으로부터 무뎌질 수 있다. 육체의 하위능력들이 음식의 무질서한 섭취를 통해서 방해를 받게 되면, 이성 자체도 결과적으로 방해를 받게 되기 때문이다. 이렇게 해서 (2) '지성적 인식에 있어서 인식의 무뎌짐'(hebetudo sensus circa intelligentiam)이 생겨난다. 둘째, 감정(심정)의 관점에서(in affectu) 무질서가 뒤따른다. 이성의 통치가 마비됨으로써 감정(심정)이 안정되지 않고 무질서하게 될 수 있는데, (3) 이를 부적절한 환희(inepta laetitia)라 한다. 셋째, 말의 관점에서 무질서함(inordinatio locutionis)이 뒤따른다. 이렇게 (4) 수다스러움(multiloquium)이 생기게 된다. 이성이 말에 대해서 숙고하지 않을 때, 사람들은 불필요한 말들로 빠져들기 때문이다. 넷째로, 행위의 관점에서 무질서함이 생긴다. 이것이 (5) 버릇없음(scurrilitas), 즉 외적 태도에서의 조롱거리(iocularitas quaedam in exterioribus gestibus)인데, 이것은 외적 지체들을 총괄하는 이성의 결핍으로부터 생겨난다고 한다.

이상과 같은 토마스의 분류는 역시 그레고리우스의 『도덕론』에 출처를 두고 있다. 즉 토마스는 그레고리우스의 분류에 따라 탐식의 "다섯 딸"(inepta laetitia, scurrilitas, multiloquium, immunditia, et hebetudo sensus circa intelligentiam)을 열거한 것이다.

제10장

미색(luxuria)

1. 죄로서 미색[304]

(1) 욕망의 무질서와 행위 자체의 무질서

토마스는 죄종에 대한 각론의 마지막으로 여덟 번째 죄종인 미색(迷色)을 다룬다. 이와 관련하여 그는 모든 미색의 행위가 죄가 되는지부터 묻는다. 미색은 탐식과 마찬가지로 절제의 덕과 대립하는 악습이다. 토마스는 탐식이 먹고 마시는 것에 있어서 접촉(tactus)의 쾌락을 주는 것과 관련된 절도 있는 욕망으로서의 절제에 대립하는 악습인 것과 마찬가지로, 미색은 성적인 것과 관련된 접촉의 쾌락에 대한 욕망을 절

304 De malo, q. 15, a. 1: "모든 미색 행위가 죄인가?(utrum omnis actus luxuriae sit peccatum)"

도 있게 하는 덕으로서 절제[305]와 대립하는 악습이라고 규정한다.

토마스에 따르면 미색은 원칙적으로 '과잉의 관점에서' 성적 쾌락의 욕정과 관련된 무질서를 포함한다. 그런데 이러한 욕정의 무질서는 내적 정념에만 있을 수 있거나, 또는 외적 행위에서도 발견될 수 있다. 미색의 외적 행위는 (외적 행위를 낳는) 무질서한 욕정 때문에만 무질서한 것이 아니라, 그 자체로도 무질서한 것일 수 있다는 것이다. 무질서한 욕정에는 쾌락에 대한 욕구 때문에 '그 자체로 무질서한 행위를 함'이 속하기 때문이다.

토마스는 이것을 돈에 대한 욕망에서도 분명하게 알 수 있다고 말한다. 즉 한편으로 자기에게 합당한 돈을 획득하거나 보유하려는 욕망 자체가 질서를 잃어버릴 수 있다. 이 경우 '(자기에게 합당한) 돈의 획득이나 보유' 행위 자체는 죄가 아니고, 그 행위가 무절제한 욕망으로부터 생겨난 한에서 죄가 된다. 그러나 다른 한편으로 때로 돈에 대한 무질서한 욕망으로부터 심지어 다른 사람의 것을 취하거나 보유하기를 의지(意志)하기도 하는 일이 생겨나기도 한다. 이 경우 [자기 것이 아닌 것을] '취하거나 보유하는 행위'는 그 자체로 질서를 잃어버린 행위이며, 단지 무질서한 욕망으로부터 나온 행위인 한에서 무질서한 행위로 규정되는 것만은 아니다.

토마스는 미색에도 같은 논리를 적용할 수 있다고 말한다. 미색은 어떤 경우 내적 욕망(욕정)의 무질서함만을 포함하고 있을 수 있다. 예를 들어 무절제한 욕정으로 자기 아내와 잠자리를 원하는 남자의 경우

305 『신학대전』에서 미색은 절제의 덕 중 정결(castitas)에 대립하는 악습으로서 다뤄진다(Summa Theologiae, IIa-IIae, qq. 153-154).

가 여기에 해당한다고 한다. 자기 아내와 잠자리를 같이 하는 행위는 그 자체로는 질서를 잃은 행위가 아니지만, 절도 없는 욕정 때문에 그러한 경우에는 변질되어 질서를 잃은 행위가 될 수 있다는 것이다. 그러나 토마스에 따르면 다른 한편으로 미색은 욕망의 무질서함과 함께 외적 행위 그 자체의 무질서도 있다고 한다. 그는 혼인 행위를 벗어나서 성적 기관을 사용하는 모든 경우에 외적 행위 자체의 무질서함이 있다고 주장한다.

(2) 행위 자체의 무질서에서 기인하는 미색의 죄

토마스는 방금 위에서 언급한 미색 행위가 그 자체로 무질서한 행위라는 것은, 합당한 목적에 비례하지 않는 모든 인간적 행위는 무질서한 행위라는 사실로부터 분명히 알 수 있다고 말한다. 예를 들어 음식을 취하는 것은 건강하기 위해서인데, 그러한 목적에 어긋나는 취식은 무질서한 것이라고 할 수 있다. 그런데 토마스는 성적 기관의 사용 목적은 '자식의 출산과 교육'(generatio et educatio prolis)에 있다고 보았다. 그래서 자식의 출산과 교육이라는 목적에 부합되지 않는 모든 성적 기관의 사용은 그 자체로 무질서한 행위로 규정된다는 것이다.

이러한 관점에서 보자면 성적 기관을 이용한 행위가 남녀 간의 관계 외에서 일어나게 된다면 자식의 출산이라는 목적에 반하는 행위가 되기 때문에 무질서한 행위가 된다고 할 수 있다. 다른 한편 토마스에 따르면 법적인 혼인 관계 외의 모든 남녀 간의 관계는 자식의 합당한 교육이라는 목적에 적합하지 않기 때문에 그 자체로 무질서한 행위로 규정된다. 그에 따르면 혼인법은 자식의 아버지를 확인하는 것을 막는 난교를 배척하기 위해서 제정되었기 때문이다. 모든 남자가 모든 임의의 여자와 무차별적으로(indifferenter) 성교를 하고, 또 그와 관계한 여자가 임의의 다른 남자와 관계하는 것을 막지 않는다면, 아버지를 확인하는 것이 불가능할 것이고, 그 결과 자식의 양육에 있어서 아버지의 관심이 제거될 것이라고 한다. 인간은 본성적으로 자식의 확인과 양육에 마음을 쓰며, 이러한 일은 특히 아버지에게 더 중요하다고 토마스는 말한다. 그의 생각에 의하면 교육은 영유아의 경우에는 어머니에게 속하지만, 나중에는 아들을 교육하고 훈육하고 전 생애에 걸쳐 자식이 번영하게 만드는 것은 아버지의 일이기 때문이다. 이러한 이유에서 토마스는 모든 남성과 여성의 성적결합이 난교를 배척하는 혼인법의 테두리 밖에서 이루어지게 되면 그 자체로 무질서한 것임이 분명하다고 말한다. 그래서 토마스는 어떠한 결혼제도이든[306] 결혼제도 밖에서의 남녀 간의 (혼외) 결합은 모두 무질서한 것으로 규정될 수밖에 없다고 주장한다.

따라서 토마스는 모든 미색의 행위는 행위 자체의 무질서 때문에 죄가 되거나, 또는 무질서한 욕정만으로도 죄가 된다고 말한다. 물론 토마스는 욕망의 무질서가 일차적으로 그리고 그 자체로 미색에 속한다고 말한다. 이러한 맥락에서 토마스는 아우구스티누스를 인용하면서 미색은 육체의 악습이 아니라, 절제가 무시된 채 육체적 욕정을 왜곡되게 사랑하는 영혼의 악습이라고 말한다.

306 토마스에 따르면 혼인의 방식이 일부일처제인지, 일부다처제인지 또는 다처일부제인지는 문제가 되지 않는다.

2. 대죄로서 미색[307]

바로 앞에서 살펴본 것처럼 미색의 행위는 행위 자체의 무질서 때문에 무질서한 행위라고 말할 수 있고, 또한 욕망의 무질서 때문에 무질서한 행위가 될 수 있다. 따라서 미색의 대죄 여부는 이점을 고려해서 판단해야만 한다.

첫째, 토마스에 따르면 예를 들어 어떤 사람이 욕정을 품고 자기 아내에게 접근할 때처럼, 행위 자체의 무질서는 없고 오직 욕망(욕정)의 무질서만으로도 미색의 죄가 생겨날 때가 있다. 그런데 이때에도 구별이 필요하다고 한다. 궁극적 목적의 질서를 배제하는 무질서가 있을 때도 있고, 그렇지 않은 때도 있기 때문이다. 궁극적 목적의 질서를 파괴할 경우, 예를 들면, 어떤 남자가 신의 계명을 준수하지 않고 성교행위의 쾌락을 자제함 없이 자기 부인뿐 아니라, 심지어 다른 여자와 관계를 하려고 할 정도로 성적 욕망을 가질 수 있다. 그러한 성적 욕망은 대죄가 된다는 것이다. 욕정을 결혼의 테두리 안에 묶어두지 않으려고 하기 때문이다,

욕망(욕정)의 무질서가 궁극적 목적의 질서를 파괴하지 않을 경우는 이와 다르다. 예를 들어 어떤 사람이 과도한 욕정을 가지고 있지만, 신의 계명에 반해서 행위 하기보다는 쾌락을 억누르려고 하며, 또한 자기의 부인이 아니라면 어떤 여자와도 관계하지 않는 경우가 있다. 토마스에 따르면 이러한 경우에 질서를 잃은 욕정이 있는 것은 분명하지만,

307 De mali, q. 15, a. 2: "모든 미색의 행위는 대죄인가?(utrum omnis actus luxuriae sit peccatum mortale)"

그 욕정(욕망)이 결혼의 범위 안에 놓여있고, 그래서 이 경우는 소죄가 된다. 토마스는 탐식의 경우에서도 이와 유사한 논증을 전개했었다.

둘째, 그 행위의 무질서 자체 때문에 미색의 죄가 생겨나는 경우, 즉 행위가 자식의 생산이나 교육이라는 목적에 비례하지 않기 때문에, 미색의 행위가 생겨난다면, 이 경우 미색의 행위는 항상 대죄가 된다고 토마스는 주장한다. 그의 주장에 의하면 그것은 생명과 연관이 된 죄이기 때문이다. 그는 살인이나 절도의 예를 들고, 이것과 비교한다. 예컨대 사람의 목숨을 빼앗는 살인이나, 생명의 보존을 위해 필요한 재화를 훔치는 절도가 대죄라는 것을 누구나 잘 알고 있다. 그런데 정자에는 가능태의 의미에서 인간이 있는바, 다른 어떤 외적인 사물보다 더 생명과 관련이 있다고 한다. 그래서 토마스에 따르면 정자의 배출과 관련된 무질서는 가능태에 있는 인간의 생명에 관한 것이고, 그러므로 그러한 종류의 모든 미색의 행위는 유적으로 대죄가 된다.

이상의 고찰로부터 토마스는 이러한 종류의 미색의 행위는 유적으로(ex suo genere) 대죄라고 결론 내린다. 한편 토마스는 내적 욕구(appetitus interior)는 대상으로부터 종적 규정성을 취하기 때문에, 무질서한 행위에 대한 욕구 자체도 만일 그것이 이성의 숙고로부터(cum ratione deliberata) 나온 것이라면 그래서 완결된 것(completus)이라면 대죄가 되지만, 만일 그렇지 않다면 그러한 욕구는 소죄가 될 수 있다고 덧붙인다.

3. 미색의 구분[308]

토마스는 미색의 종류를 적절히 구분하기 위해서는 욕망의 측면으로부터의 무질서와 행위 자체의 무질서를 구별하고, 이 중에서 더 심각한 죄를 낳는 무질서를 기준으로 미색의 구분을 진행해야 한다고 한다. 앞 절에서 살펴보았듯이 욕망의 무질서는 항상 대죄는 아니지만, 반면에 행위 자체의 무질서는 항상 유적으로 대죄이다. 따라서 토마스는 행위 자체의 무질서의 측면에서 미색의 종을 구별할 필요가 있다고 말한다.

행위 자체의 무질서로 인해 죄로 규정되는 미색의 죄는 그로부터 자식의 출산이 이루어질 수 없거나, 아니면 자식의 양육을 방해하기 때문에 생겨난다. 먼저 토마스는 자식의 출산이 뒤따르지 않는 미색의 무질서는 '자연에 반하는 죄(vitium contra naturam)'가 된다고 말한다.

다른 한편 자식에 대한 합당한 양육이 뒤따라 나올 수 없다는 점으로부터 미색의 행위 자체가 무질서한 행위로 규정될 수도 있다. 이러한 무질서는 남성에게 여성이 혼인법을 통해 정해지지 않았기 때문에 생겨난다고 한다. 그런데 토마스에 따르면 이렇게 여성이 정해지지 않은 경우는 세 가지가 있다. 첫째, 단적으로(simpliciter) 배우자로 결정되지 않은 경우가 있다. 이러한 경우에 사통(fornicatio)의 죄가 생겨난다. 사통은 결혼하지 않은 사람들 간의 결합을 가리킨다. forcinatio는 fornix라는 말, 즉 '장식된 아치(ab arcu trumphali)'라는 말로부터 왔는데, 그러

308 De malo, q. 15, a. 3: "미색은 적절하게 분류되었는가?(utrum species luxuriae convenienter distinguantur)"

한 장소에서 매매춘이 이루어졌기 때문이라고 한다. 둘째, [혼인법이 허락하지 않기 때문에 결정될 수 없어서] 결정되지 않을 수 있다. 이것은 근친 관계 때문에 그럴 수 있는데, 이 경우에는 근친상간(incestus)이 생겨난다. 다른 한편 정결 또는 순결 때문에(propter aliquam sanctitatem vel puritatem) 혼인법이 허락하지 않는 경우가 있는데, 이 경우에는 '강간'(stuprum)의 죄가 생겨난다. 셋째, 혼인법에 따라 어떤 여성이 다른 사람에게 속하는 사람으로 정해진 경우에 일어날 수 있고 – 이 경우 간통(adulterium)의 죄가 생겨난다 –, 또는 결혼법이 아닌 다른 양태로 다른 사람에게 속하는 사람으로 정해진 경우가 있다. 즉 딸의 보호를 책임지는 아버지의 집으로부터 딸을 강탈하는 경우가 여기에 해당하며, '약탈'(raptus)의 죄가 생겨난다고 한다.

4. 죄종으로서 미색[309]

쾌락(즐거움)은 행복의 조건 중 하나이기 때문에, 쾌락을 대상으로 갖는 죄는 죄종이라 할 수 있다.[310] 그러한 죄는 다른 죄가 그것을 목적으로 하는, 최고로 가욕구적인 목적을 갖기 때문이다. 그런데 미색의 행위는 성적 쾌락을 목적으로 갖는데, 토마스에 따르면 성적 쾌락은 육체적 쾌락 중에서 가장 큰 쾌락으로서 다른 많은 죄가 이것을 목적으로 범해진다고 한다. 그러므로 미색은 다른 많은 죄를 낳는 죄종이라 할

309 De malo, q. 15, a. 4: "미색은 죄종인가?(utrum luxuria sit vitium capitale)"
310 이러한 분류방법은 탐욕을 다룰 때 사용되었다(De malo, q. 13, a. 3)

수 있다.

토마스는 미색으로부터 여덟 가지 죄들이 생겨날 수 있다고 한다. 그는 그레고리우스의 구분을 받아들여 정신의 맹목(caecitas mentis), 고찰의 결여(inconsideratio), 항구성의 결여(inconstantia), 판단의 성급함(praecipitatio), 자기애(amor sui), 신을 미워함(odium Dei), 현세에 대한 애정(affectus, scilicet praesentis saeculi), 그리고 미래의 절망(desperatio futuri)이 미색의 딸이라고 말한다.

토마스는 죄의 원인으로서 정념에 대해 고찰하면서 정념이 영혼의 상위능력에 영향을 미치는 방식으로 '영혼의 주의력 분산'을 이야기하였다. 즉, 영혼의 지향이 하위능력의 작용에 집중되게 되면, 상위능력의 작용이 약해지고, 그 결과 질서를 잃게 된다는 것이다. 바로 이러한 일이 미색의 작용에서 일어날 수 있다. 가장 강력한 쾌락인 성적 쾌락을 낳는 촉각과 같은 하위 능력으로 영혼의 지향이 집중되면, 이성과 의지와 같은 상위능력은 필연적으로 결함을 겪게 된다는 것이다.

첫째, 이성과 관련된 결함이 생겨난다. 토마스에 따르면 행위와 관련된 이성, 즉 실천이성은 목적의 인식, 수단의 숙고, 수단의 적절성에 대한 판단, 그리고 명령이라는 네 가지 중요한 작용을 통해서 인간의 도덕적 행위를 인도한다. 이 중에서 첫 번째 작용, 즉 지성의 직관(intellectus)은 이것을 통해 사람이 목적에 대해서 올바르게 평가하게 하는 작용을 한다. 행위에 있어서 목적은 원리와 같은 것인데, 이것이 방해를 받게 되면, (1) '정신의 맹목(caecitas mentis)'이라는 미색의 딸이 생겨난다. 실천이성의 두 번째 작용은 '행해야만 하는 것의 숙고'(consilium de agendis)로서 이것이 욕정에 의해 파괴되면 (2) '고찰의 결여

(inconsideratio)'라는 결함이 생겨난다. 세 번째 작용은 '행해야만 할 것의 판단'(iudicium de agendis)으로서, 이것이 미색에 의해서 방해를 받게 되면 (3) '(판단의) 성급함(praecipitatio)'이 생겨난다. 즉 사람들이 이성의 판단을 기다리지 않고 성급하게 동의하는 경향성을 가질 때 생겨나는 죄이다. 네 번째 작용은 '행해야 할 것의 명령'(praeceptum de agendo)으로서, 이것도 미색에 의해 방해를 받을 수 있다. 즉 자기가 내린 판단을 유지하지 않고 다른 마음을 갖게 된다. 이러한 관점에서 (4) '항심의 결여(inconstantia)'라는 결함이 생겨난다고 한다.

둘째, 욕구의 측면에서 생겨나는 결함, 즉 심정(affectus)의 무질서와 관련해서 미색으로부터 생겨날 수 있는 죄가 있다. 이를 고찰하기 위해서는 토마스는 두 가지를 고려해야만 한다고 말한다. 첫째로 고려할 것은 의지가 목적으로서 지향하는 쾌락에의 욕구이다. 이러한 관점에서 (5) '자기-사랑(amor sui)'이라는 죄가 미색으로부터 생겨난다고 한다. 이것은 사람들이 무질서하게 자기 자신을 위해 쾌락을 욕구할 때 생겨난다. 그리고 이와 대비되어, 신이 욕정적 쾌락을 금지하는 한에서 (6) '신에 대한 미움(odium Dei)'이 생겨난다. 한편 둘째로 어떤 사람이 이 목적을[=쾌락] 좇도록 하는 것들, 즉 수단에 대한 욕구를 고려해야만 한다. 이러한 관점에서 (7)'현세에 대한 애정(affectus praesentis saeculi)'이, 즉 세속인들이 추구하는 목적의 수단이 되는 모든 것들에 대한 욕구가 생겨난다. 이와 대비되어 (8)'미래세대에의 절망(desperatio futuri saeculi)'이 생겨난다. 현세적인 육체적 쾌락을 지나치게 사랑하게 되면, 영적인 즐거움을 가볍게 여기게 되기 때문이다.

이상과 같이 여덟 가지의 미색으로부터 생겨나는 죄를 열거하고 토마스는 죄종에 대한 모든 논의를 마친다. 사실상 이로써 『악론』의 본래 주제에 대한 고찰은 끝이 났다고 말할 수 있다. 그러나 실제로는 『악론』의 고찰은 나중에 추가된 부분인 악령론을 남겨두고 있다.

제3부

악령론(de daemonibus)

총 16개 문제로 구성된 『악론』의 마지막 문제는 악령(마귀)에 대한 것으로, 악한 영적(지성적) 존재자의 악이 고찰대상이다. 토마스는 여기에서 인간과 같은 정신적 존재자이지만 인간과 달리 육체가 없는 순수 영적인 존재자, 그래서 인간과 달리 감각적 욕구나 육체의 경향성 및 충동에 의해 움직여지지 않는 존재자에 의해 악한 행위가 어떻게 발생하는지 고찰하면서, 인간의 악과 죄의 문제를 재고찰하고 있다.[311] 악령과 관련된 물음은 사실 천사를 둘러싼 물음들만큼이나 논쟁적이다. 신의 존재에 대한 의심이 있는 것도 부인할 수 없는 사실인 터에, 신의 존재보다 더 확증이 어려워 보이는 순수 영적인, 그것도 악한 영적 존재자와 관련된 물음은 허구적으로 보일 수 있다.[312] 그러나 그렇다고 해서

311 Christian Schäfer, *Thomas von Aquins gründlichere Behandlung der Übel*, pp. 221–222 참조.

312 신의 존재는 신의 결과인 피조물을 통해서 증명할 수 있다. 반면 천사나 악령의 존재는 직접 경험할 수도 없고, 결과를 통해서 원인을 찾는 방식으로 증명하기

악령의 악에 대한 이론이 토마스의 악론에서 중요하지 않은 주제라는 의미는 아니다. 악한 행위의 원인을 다루면서 이미 경험하였듯이, 토마스는 제16문제에서도 악행에 대한 악령의 영향에 대해 언급한다. 더욱이 토마스는 제16문제에서 총 12개 절에 걸쳐 악령에 대한 물음을 제기하고 있는데, 이는『악론』에서 가장 긴 논고 중의 하나이기 하다.[313]

여기에서 토론되는 악령에 관한 물음들은 내용에 따라 네 종류로 분류할 수 있다.[314] 즉, 악령의 본성(aa. 1–2), 악령의 죄와 타락(aa. 3–5), 악령의 인식(aa. 6–8), 악령의 인간 및 하위 존재에 대한 영향(aa. 9–12)으로 나뉠 수 있다. 이를 순서대로 살펴보도록 하겠다.

도 어렵다. 그러나 '천사의 증명 가능성'을 긍정적으로 보기도 있다. Gregory T. Doolan, "Aquinas on the Demonstrability of Angels", in: Tobias Hoffmann(ed.), *A Companion to Angels in Medieval Philosophy*, ed. Tobias Hoffmann, Leiden · Boston: Brill, 2012, pp. 13–44 참조.

313 제16문제는 비록『악론』의 한 부분을 차지하고 있지만 다른 부분들과 단절된 논고로 보인다. 특히 제3문제와 유기적 관계를 형성하지 않은 것으로 보아 더욱 그렇게 보인다(Therese Scarpelli Cory, "Attention, intentionality, and mind-reading in Aquinas's De malo, q. 16, a. 8", pp. 167–168 참조). 제6문제와 함께 추후에 삽입된 것으로 보인다(J. 와이스헤이플,『토마스 아퀴나스 수사』, p. 543; M. V. Dougherty, Introduction to: M. V. Dougherty(ed.), *Aquinas's Disputed Questions on Evil*. A Critical Guide, p. 3 참조).

314 Therese Scarpelli Cory, "Attention, intentionality, and mind-reading in Aquinas's De malo, q. 16, a. 8", p. 168 참조. 우리의 풀어 읽기도 이 구성을 따랐다.

제1장
악령의 본성

1. 악령의 비육체성[315]

(1) 지성작용에 대한 반성을 통한 비물질적 존재자의 발견

악령에 대한 첫 번째 물음은 악령의 육체(corpus)와 관련된 문제이다. 사실 토마스 자신도 아우구스티누스를 인용하면서 악령이 본성적으로 육체와 결합된 존재인가 또는 그렇지 않은가는 그리스도교 신앙에 큰 중요성을 갖지 않는 문제라고 고백한다. 토마스 자신은 악령이 육체가 없는 존재자라는 입장을 택하고 있다.

토마스는 이 문제에 대해서 진실을 알고자 한다면 먼저 물체적인

315 De malo, q. 16, a. 1: "악령은 본성적으로(자연적으로) 자기와 결합된 육체를 갖는가?(utrum Daemones habeant corpora naturaliter sibi unita)"

것(corporeum)과 비물체적인 것(incorporeum)에 대해서, 그리고 악령에 대해서 지금까지 연구된 내용을 비판적으로 살펴볼 필요가 있다고 말한다. 이러한 목적에서 토마스는 비물질적 존재자의 존재에 대한 일종의 철학사를 서술하기 시작한다. 토마스가 악령의 육체 문제를 다루는 방법은 이처럼 먼저 철학사적 서술을 통해서 철학자들의 오류를 지적함으로써 악령이 육체를 가지고 있다는 주장이 불합리하다는 것을 보이고, 이로부터 악령은 본성적으로 결합된 육체를 갖지 않는다는 주장을 전개하는 것으로 보인다. 이 문제와 관련된 토마스의 철학사적 지식의 원천은 주로 아우구스티누스의 『신국론』으로 보인다.

이와 관련하여 토마스는 첫째, 존재하는 것은 오직 물체뿐이며, 순수한 정신적 존재자는 없다는 주장의 타당성을 검토하는 것으로부터 철학사적 서술을 시작한다. 아리스토텔레스를 따라 토마스는 이러한 입장은 자연 철학자로부터 비롯되었다고 인식하고, 이러한 의견으로부터 마니교의 오류가 파생되었다고 말한다. 토마스의 설명에 의하면 마니교 신봉자들은 신(Deus)도 일종의 물체적 빛(lux corporea)이라고 가정했다고 한다. 이러한 오류는 그들이 지성을 통해 감각적 표상을 넘어서지 못했다는 데서 기인한다. 그런데 토마스는 비물질적인 것의 존재는 지성 작용을 근거로 분명하게 증명된다고 주장한다. 아리스토텔레스가 증명하였듯이 지성 작용은 어떤 물체의 작용이 아니기 때문이다.

(2) 비물질적 존재자로서 영적 존재자의 존재 방식에 대한 다양한 이견의 불합리성 반박

둘째로 토마스는 비물질적인 존재자의 존재를 인정하면서도, 그것들이 물체로부터 분리되어 존재하지는 않는다는 주장을 반박한다. 이러한 입장에 따르면 심지어 신도 세계영혼(anima mundi)이라는 주장까지 하게 된다는 것이다.

그런데 토마스에 따르면 이러한 주장은 아낙사고라스(Anaxagoras)에 의해 반박되었다고 한다. 아낙사고라스는 지성(intellectus)이 모든 것을 움직이는 보편적 능력(universalis virtus)이며, 그러한 원리로서 지성은 어떤 것과도 섞여 있어서는 안 된다고 주장하였다. 아리스토텔레스는 또한 이를 운동의 영원성을 통해서(per motus perpetuitatem) 증명하였다. 그에 따르면 운동의 영원성은 제일 운동자의 무한한 능력에 의하지 않고서는 생겨날 수 없는 것이다. 그런데 무한한 능력(infinita virtus)은 어떤 크기 안에 있을 수 없다. 그래서 토마스의 이해에 의하면 아리스토텔레스는『자연학』에서 제일 원동자(primus motor)는 어떠한 물체적 크기(magnitudo corporalis)도 갖지 않는다는 결론을 내렸다. 한편 토마스는 플라톤은 추상의 길을 통해서(per viam abstractionis) 모든 것이 물체라는 의견을 배척하고, 물체의 개념 없이도 인식될 수 있는 선(bonum)과 일자(unum)는 물질성 없이 제일 원리 안에 존립한다고 주장하였다고 말한다.

그런데 어떤 학자들, 예를 들어 오리게네스와 같은 학자는 제일 원리, 즉 신은 물체도, 물체와 결합 된 존재자도 아니라고 전제한 후, 이러한 조건은(물체로부터 분리됨) 오직 신에게만 속하는 것이고, 신을 제외한 영적 실체들은 모두 물체와 결합해 있다고 주장하였다고 한다. 그러나 토마스에 따르면 이러한 주장도 명확한 논거를 통해서 반박될 수 있다고 한다. 즉 자기의 본질적 규정에 따라서(secundum propriam rationem) 어떤 것과 결합 된 것이 아니라, 자기와 다른 어떤 것을 통해서(secundum aliquid aliud) 결합 된 사물은 그 다른 것 없이도 존재할 수 있다는 것이다. 예를 들어 불은 자기 본성에 속하지 않는 다른 요소들과 섞이지 않고서도 존재할 수 있다. 반면에 우유(accidens)는 실체 없이는 존재할 수 없다. 실체 없이 존재할 수 없음이 우유의 본질적 규정에 속하기 때문이다. 그런데 토마스에 따르면 지성은 지성인 한에서, 즉 자기 본질적 규정의 관점에서는 물체와 결합하지 않는다. 다만 다른 힘(능력)과 관련해서(secundum alias vires) 물체(육체)와 결합할 수 있을 뿐이다. 그러므로 이러한 관점에서 보자면 지성적 존재자 중에서 본성적으로 물체와 결합 되지 않은 것들이 존재한다는 것은 분명하다는 것이다. 그런데 신은 그러한 지성보다도 높은 존재이므로 신의 물체와의 결합 여부는 물음의 여지조차 없다.

(3) 자연물 또는 영혼의 변형으로서 악령의 이해에 대한 반박

토마스는 아리스토텔레스를 따르는 사람들(Aristotelis sectatores)은 악령이 존재하지 않는다는 주장을 전개했다고 설명한다. 그들은 사람들이 악령의 속성이고 작용이라고 생각하는 것이 사실은 천체나 다른 자연물로부터 생겨나는 것이라 주장하였다는 것이다. 그러나 토마스에 따르면 이러한 입장들은 명백히 잘못이다. 그에 따르면 결코 자연적 원인으로는 환원할 수 없는 악령의 작용들이 있기 때문이다. 예를 들어 악령에게 사로잡힌 사람이 그가 전혀 알지 못하는 언어를 구사하는 현상이 바로 그러한 것을 입증해 준다는 것이다. 이와 같은 일은 어떤 지성으로부터가 아니라면 일어날 수 없는 일이라는 것이다.

이러한 고찰은 결국 악령이 존재한다는 것을 인정하지 않을 수 없게 만들 것이다. 그러나 토마스에 따르면 그런 결론에 도달한 사람들도, 예를 들어 플로티누스(Plotinus)는 악령은 인간의 영혼이라는 주장을 한다. 즉 아우구스티누스를 인용하면서 토마스는 플로티누스가 죽은 사람들의 영혼이 공로가 있다면 신성을 갖춘 존재가 되고, 처벌을 받아야 하는 영혼은 악령으로 변화한다는 주장을 했다고 말한다.

그러나 토마스는 이와 같은 '어떤 하나의 비물체적 능력이 어떤 다른 실체로 변화할 수 있다'는 주장은, 예컨대 '영혼이 악령의 실체로 변할 수 있다'는 주장은 아무런 근거가 없다고 본다. 또 육체에서 분리된 영혼이 여기 지상 위를 떠돈다는 생각 역시 합리적인 생각이 아니라고 한다. 그에 따르면 의로운 자들의 영혼은 신의 수중에 있고, 죄인들의 영혼은 즉시 이 세상으로부터 치워져 버리기 때문이다.

(4) 악령의 공기 육체 반박

그래서 토마스는 이러한 견해가 반박된 후 다른 사람들은 이성적 혼을 가진 살아 있는 존재자에는 세 종류, 즉 신들, 인간, 및 악령이 있다고 주장하게 되었다고 전한다. 이들에 따르면 신들은 천체(celestia corpora)를 갖고, 악령들은 공기 육체(aerea corpora)를, 인간은 지상적(terrena) 육체를 갖는다는 것이다. 이렇게 플라톤은 물체로부터 총체적으로 분리된 지성적 실체들이 있고, 그 아래에 물체와 결합 된 세 가지 실체들의 질서들을 상정하였다. 그러나 악령과 관련해서 이 마지막 입장도 다음과 같은 이유로 불가능하다고 토마스는 주장한다.

첫째, '공기'(aer)는 전체에 있어서 또는 부분적으로 균질적(simile) 물체이기 때문에, '공기'의 어떤 부분이 영혼을 가졌다고 가정한다면 전체 '공기'가 영혼을 가졌다는 것은 필연적이기 때문이다. 그렇지만 이것은 명백히 거짓으로 보인다. 그 이유는 전체 '공기' 안에는 어떠한 생명의 작용도 포착되지 않기 때문이라고 토마스는 말한다.

둘째, 영혼을 가진 하위 물체는 다양한 영혼의 작용을 해야 하므로 유기체일 수밖에 없다. 그런데 물체는 모두 반드시 그 자체로 한계지어질 수 있고 형태화될(terminabile et figurabile) 수 있을 때 유기체일 수 있는데, '공기'는 그러한 속성을 갖지 않는다. 따라서 '공기'는 영혼을 가진 것일 수 없다는 결론이 나온다는 것이다.

셋째, 형상이 질료 때문에 있는 것이 아니라, 질료가 형상 때문에 존재한다. 그러므로 육체가 이러저러한 속성을 가지고 있어서 영혼과 결합하는 것이 아니라, 영혼의 작용, 즉 지각 작용(sensus)이나 어떤 운동(motus)을 위해 육체가 영혼과 결합할 필요가 생기는 것이다. 그런데 '공기'의 어떤 부분의 운동도, 생명체(animata)를 움직이는 천체의 운동과 달리 사물을 산출하기 위해 필수적인 것이 아니다. 그런 이유로 토마스에 따르면 영적 실체는 공기육체를 움직이기 위해서 공기 육체와 결합한다고 말해야 할 것이다.

그래서 만일 악령이 육체와 결합한다면 그것은 우리의 경우와 마찬가지로 지각 작용을 위한 것이라고 말할 수 있는데, 토마스는 이것도 받아들일 수 없는 견해라고 한다. 감각은 모든 감각의 기초인 촉각(tactus) 없이는 있을 수 없는데, '공기'와 같은 단순한 물체(corpus simplex)들이 촉각기관(organum tactus)이 될 수는 없기 때문이다. 따라서 어떠한 공기 육체라도 혼을 가질 수 없다는 결론이 도출된다. 이러한 고찰을 토대로 토마스는 악령의 육체 문제에 대해 최종적으로 비물질적 존재자로서 악령은 본성적으로 그들과 결합한 육체를 갖지 않는다고 결론을 내린다.

2. 악령의 악의 성격: 본성적 악 또는 의지의 악[316]

(1) 본성적 악의 의미

토마스는 악령에 대한 두 번째 문제로 악한 영적 존재인 악령의 '악함'이 본성에 있는지, 아니면 의지에 있는지 묻는다.[317] 악령의 존재 방식에 관한 첫 번째 문제보다 이 두 번째 문제가 이 책의 주제와 관련해 더 중요한 문제이다.

이에 대해 토마스는 악령이 본성적으로 악한 존재인지 여부를 먼

316 De malo, q. 16, a. 2: "악령은 본성적으로 악한가, 아니면 의지가 악한가?(utrum Daemones sint natura mali, vel voluntate)"

317 이에 대한 설명으로 Christian Schäfer, *Thomas von Aquins gründlichere Behandlung der Übel*, pp. 221–238 참조.

저 검토한다. 이와 관련하여 토마스는 먼저 어떤 것이 '악하다(나쁘다)'라고 말할 수 있는 두 가지 방식을 구분한다. 첫째, 어떤 것은 절도나 살인과 같은 행위처럼 '그 자체로 악'(in se malum)하기 때문에 악하다고 말할 수 있다. 이러한 악은 '단적인 악'(simpliciter malum)이다. 둘째, 어떤 것은 '다른 어떤 사람 또는 사물에 악(malum alicui)'할 때, 악하다(나쁘다)고 말할 수 있다. 이러한 관점에서 고찰하면 어떤 것은 '단적으로는 선하지만(bonum simpliciter) 특정한 관점에서는 악(secundum quid malum)'할 수 있다. 예를 들어, 정의(iustitia)는 그 자체로 그리고 단적으로 선한 것이지만, 정의 때문에 처벌받는 폭도에게는 악한 것으로 여겨질 수 있다는 것이다.

그런데 토마스에 따르면 [위의 두 가지 방식 중 어떠한 방식으로 말해지건], 어떤 것이 '본성적으로 악하다'(naturaliter malum)는 말은 두 가지로 이해할 수 있다. 첫째, 어떤 사물의 본성(natura ipsius)이나 본성의 한 부분(aliquid naturae eius) 또는 본성에서 유래하는 속성(proprium accidens consequens naturam)이 ['단적으로' 또는 '다른 것에게'] 악하다는 말로 이해할 수 있다. 둘째, 어떤 것은 '악을 향한 본성적(자연적) 경향성(naturalis inclinatio ad malum)'이 있어서 본성적으로 악하다고 말할 수 있다. 예를 들어 어떤 사람이 신체 기질상(propter complexionem) 본성적으로 화를 잘 낸다거나 쾌락 추구적이라고 말할 수 있다는 것이다.

(2) 악령의 악으로서 본성적 악의 부적절성

토마스는 이제 '본성적 악'의 이 두 가지 의미가 악령의 악을 설명해 줄 수 있는지 검토하기 시작한다. 그에 의하면 '본성적 악'의 첫 번째 의미에서 어떤 것은, 그 안에 본성적으로(자연적으로) '대립성'(contrarietas)이 있는 것들의 경우, 본성적으로 [다른 것에게] 악하다고 말할 수 있다. 예를 들어 불은 물에 대해 대립적인 성질을 가지고 있다. 따라서 불은 그 자체로는(in se) 선하지만, 물에 대한 대립성으로 인해 '물에 본성적으로 악한 것'이다. 그리고 그 역도 성립한다. 같은 근거로 늑대는 양에게 본성적으로 악한 존재이다. 즉 '특정한 관점에서' '다른 것에게 악'할 수 있다. 그러나 토마스는 어떤 사물이 이러한 방식으로(대립성이 내재해 있다는 의미에서) '그 자체로(in se)' ['다른 것에 악'한 것이 아니라, 단적으로] 악할 수는 없다고 주장한다. 이 말은 모순을, 즉 어떤 것이 본성적으로 자기 자신과의 대립성을 가지고 있다는 의미를 함축하고 있기 때문이다. 모든 것은 자신에게 합당한 완전성(perfectio sibi debita)을 결여하고 있는 한에서 악하다고 말하고, 반면에 자기 본성에 속하는 것에 도달한 만큼 그만큼 완전한 것이기 때문이다. 따라서 토마스는 디오니시우스를 인용하면서 이러한 관점에서 악령도 본성적으로 악하지 않다고 말한다.

한편 '본성적으로 악함'의 두 번째 의미에서, 즉 악에 대한 본성적 경향성을 근거로 어떤 사물이 악하다고 하는 것도 악령에게는 적용될 수 없다고 토마스는 말한다. 이와 관련하여 토마스는 악령이 육체로부터 분리된 지성적 존재자라는 관점에서도, 그리고 악령에게 고유한 형태의 육체가 있다는 가정하에서도 악령은 악을 향한 자연적 경향성을 가질 수 없다고 주장한다.

먼저 그는 악령이 물체로부터 분리된 지성적 실체라면, 이러한 악에 대한 경향성이 내재할 수 없다는 주장을 전개한다. 토마스는 이에 대해 두 가지 근거를 제시한다.

첫째, 욕구(appetitus) 자체가 욕구 주체의 경향성(inclinatio appetentis)이기 때문이다. 그런데 지성적 실체인 한에서 지성적 실체에는 '단적인 선(bonum simpliciter)'에 대한 욕구가 내재해 있다. 그러므로 지성적 실체의 모든 자연적 경향성은 단적인 선을 향하고 있다. 그런데 토마스에 따르면 자연(본성)은 자기와 유사한 것(sibi simile)을 향한 경향성을 갖고 있다. 따라서 모든 것은 본성상 선하기 때문에, [모든 사물의] 자연적 경향성은 항상 선한 어떤 것을 향하고 있다는 결론이 나온다. 그렇지만 [어떤 사물의] 자연(본성)적 경향성이 향하는 그 선은 특수한 선(bonum particulare)으로서 단적인 선과 대립하거나, 또는 다른 사물의 특수한 선과 대립할 수 있다. 이것은 곧 보게 되겠지만 복합적 존재자에게서 나타나는 현상이다. 그런 한에서 단적인 악(malum simpliciter)에 대한, 또는 다른 사물의 악(malum alicuius alterius)에 대한 자연적 경향성이 있다고 말할 수 있다. 예를 들어 감각의 관점에서 쾌락적인 것을(in delectabile secundum sensum) – 이것은 특수한 선(particulare bonum)이다 – 지향하는 욕정의 경향성은(concupusicentiae inclinatio), 만일 그것이 조절되지 않은 욕정이라면(immoderata), 단적인 선인 이성의 선(bonum rationis)과 대립한다.

그러므로 토마스에 따르면 악령이 감각적 욕구가 없는 지성적 실체라면, 단적인 악을 향한 자연적(본성적) 경향성이 내재해 있을 수 없다는 것이 분명하다고 한다. 위에서 말했듯이 본성의 경향성은 모두 '자기와 닮은 것'을 향하게 되어 있고, 따라서 '자기에게 적합하고 선한

(좋은) 것(sibi conveniens et bonum)'을 향하기 때문이다. 그런데 그 자체로 악한 것(in se malum)이 아니라면, 어떤 것도 단적으로 악한 것(malum simpliciter)이 아니다. 이에 따라 토마스는 '단적인 악'을 향한 자연적 경향성은 두 본성으로 구성된 복합 실체에 - 그것의 하위 본성이 '하위 본성에는 적합하고, 단적으로 선한 것에 주목하는 상위 본성에는 대립하는 어떤 특수한 선'을 향한 경향성이 있는 그러한 복합 실체에 - 속한다는 결론을 내린다. 예를 들어 이성과 감각으로 구성된 인간은, 이성의 선에는 대립하지만, 육체적 감각에는 적합한 어떤 것을 향한 자연적 경향성을 가지고 있다. 그러나 악령이 육체로부터 분리된, 지성적이고 단순한 실체라면, 이러한 경향성이 설 자리가 없다는 것은 분명할 것이다.

두 번째로 토마스는 만일 - 앞 절에서 반박되었지만 - 악령들이 본성적으로 자기와 결합한 육체를 가지고 있다고 가정하더라도, 악령들은 본성 전체의 관점에서 보자면 악한 것을 향한 자연적 경향성이 내재해 있다고 말할 수 없다는 주장을 전개한다.

그러한 주장의 첫째 이유는 질료는 형상 때문에 존재한다는 데 있다고 토마스는 말한다. 그러므로 어떤 한 종의 전체 질료가 - 아주 드물게 어떤 부패(파괴) 때문에 일어날 수는 있지만 - 그 종의 형상적 선(bonum formale)에 본성적으로 대립할 수는 없다. 그래서 악령에게 그것들의 육체적 본성으로부터 악을 향한 경향성이 내재하는 것은 가능하지 않다는 것이다.

두 번째 이유로 토마스는, 아우구스티누스의 『축자적 창세기 주해』를 인용하면서, 악령들은 우리와 달리 육체에 복종하지 않고, 오히려 육체가 그들에게 복종하며, 또한 육체를 그들이 의지하는 모든 형태로 변형할 수 있기 때문이라고 말한다. 그러므로 악령이 육체 때문에 선을 방해하는 어떤 자연적 경향성을 갖는다는 불가능하다고 말해야 한다는 것이다. 이로부터 토마스는 악령은 육체로부터 분리된 지성적 존재자로 고찰하든, 아니면 육체가 있다고 가정하든, 결코 본성적으로 악하지 않다는 것은 명백하다고 말한다.

(3) 악령의 악으로서 의지의 악

이상의 고찰로부터 토마스는 이제 악령들이 본성적으로 악하지 않다면, 그들의 악은 오직 그들의 의지로부터만 설명될 수 있다는 결론에 이르게 되었다. 즉 악령은 의지에 있어 악하다(voluntate malum)는 것이다. 이에 대해서 살펴보자.

토마스는 의지를 포함한 욕구는 '가욕구적인 것을 향한 경향성'(inclinatio in appetibile)임을 알아야 한다고 말한다. 그리고 자연적 욕구가 자연적 형상을 따르듯이, 감각적 욕구이든 이성적 또는 지성적 욕구이든 모든 욕구는 '파악된 형상(forma apprehensa)'을 따른다고 말한다. 각 욕구의 대상은 그 욕구에 대응하는 파악 능력에 의해 파악된 선이라는 것이다. 구체적으로 말하자면 지성적 욕구는 지성에 의해 파악된 선을, 그리고 감각적 욕구는 감각에 의해 파악된 선과 관계한다.[318] 따라서 토마스에 따르면 욕구의 악은 욕구를 낳는 파악에서 벗어남으로써(discordere ab apprehensione) 생겨나는 것이 아니라, 욕구가 상위규칙(superior regula)에 부합되지 않기 때문에 발생한다는 것이다. 그러므로

318 이에 대해서 토마스는 De malo, q. 6에서 상세하게 논의하였다.

토마스는 욕구에 악이 발생하는지 알기 위해서는 욕구의 경향성을 낳는 파악 능력이 어떤 상위규칙에 의해 지도되는 능력인지 살펴보아야만 한다고 말한다.

토마스에 따르면 만일 파악 능력이 그것을 지도하는 상위의 규칙을 갖지 않는다면, 그러한 파악 능력에 의해 생겨나는 욕구 안에 악이 있다는 것은 불가능하다. 그런데 토마스는 상위규칙을 갖지 않는 파악 능력은 두 존재자에게서 발견할 수 있다고 한다. 먼저 이성이 없는 동물들에게서 발견할 수 있다. 이성이 없는 동물의 파악은 그것을 지도하는 상위의 규칙을 갖지 않기 때문에 동물들의 욕구에는 악이 있을 수 없다. 오히려 그러한 이성이 없는 동물이 '파악된 감각적 형상'에 따라 움직여져 욕정을 갖거나 성을 내는 것은 좋은 것이라고 한다. 두 번째로 토마스에 따르면 신의 지성도 상위의 규칙을 갖지 않는다. 그러므로 신의 욕구나 의지에는 악이 있을 수 없다는 것이다.

그런데 토마스는 인간에게는 상위규칙에 의해 지도되어야 하는 두 능력의 파악이 있다고 말한다. 하나는 감각적 인식(cognitio sensitiva)이다. 이것은 이성에 의해 인도되어야만 한다. 다른 하나는 이성적 인식(cognitio rationis)으로, 인간의 이성적 인식은 신적 지혜(sapientia)나 신법(lex divina)에 의해 인도되어야만 하기 때문이다.[319] 이러한 관점에서 인간의 욕구에 두 가지로 악이 생겨날 수 있다. 첫째, 토마스에 따르면 감각적 파악이 이성에 따라 규율되지 않기 때문에 인간의 욕구에서 악이 생겨난다고 말할 수 있다. 이러한 맥락에서 토마스는 디오니시우스를 인용하면서 인간의 악은 '이성 밖에 있음'(praeter rationem esse)이라고

319 이에 대해서는 De malo, q. 1, a. 3에서 논의되었다.

말한다. 둘째, 인간 이성은 신적 지혜와 신법에 따라 인도되어야만 하는데도 불구하고, 그렇지 않을 때 욕구에서 악이 생겨난다고 할 수 있다. 이러한 점에서 암브로시우스를 따라 토마스는 죄는 '신법의 이탈(transgressio legis divinae)'이라고 말한다.

그러나 토마스에 따르면 인간과 달리 신체로부터 분리된 실체, 즉 순수정신적 실체는 오직 하나의 인식, 즉 지성적 인식(cognitio intellectualis)만이 있다. 그러므로 그들에게는 오직 하나의 상위규칙, 즉 '신적 지혜'라는 규칙만이 있고, 그것에 의해 인도받아야 한다. 그러므로 순수정신적 실체가 만일 상위규칙인 신적 지혜의 질서를 따르지 않을 때, 이러한 실체의 의지에 악이 생겨난다고 말할 수 있을 것이다. 이러한 고찰로부터 토마스는 순수정신적 실체인 악령은 본성에 있어서 악한 것이 아니라, 의지에 있어서 악하다고 결론을 내린다.

제2장
악령의 죄와 타락

1. 악령의 악으로서 신과의 동등성에 대한 욕구[320]

(1) 신과의 절대적 동등성에 대한 욕구의 불가능성

토마스는 악령은 의지에 있어서 악한 존재라고 앞 절에서 말하였다. 그렇다면 구체적으로 무엇을 의지(意志)하였기 때문에 악령이 악한 존재자가 되었는가? 토마스는 이 문제에 대해서 다양한 권위자들이 악령들은 신과의 동등성을(divinam aequalitatem) 질서를 벗어나는 방식으

320 De malo, q. 16, a. 3: "악령은 신과의 동등성을 욕구했는가?(utrum Diabolus appetierit aequalitatem divinam)"

로 욕구함으로써 죄를 지었다는 주장으로 기울어진 것으로 보인다고 말한다. 이제 토마스는 이 '신과의 동등성'에 대한 욕구가 어떤 의미인지를 밝힘으로써 악령의 죄를 설명한다.

이와 관련하여 토마스는 악령이 절대적인 의미에서(absolute) 신과의 동등성을 욕구했다는 것은 있을 수 없다고 주장한다. 그 이유는 동등성(aequalitas)이란 비교되는 두 대상의 상호관계를 의미하는데, 신과 악령 사이의 관계에서 동등성은 신의 측면에서도, 악령의 측면에서도 가능하지 않기 때문이다.

첫째, 토마스는 신의 측면으로부터 신과 악령 사이에 동등성이 없다는 것이 분명하다고 말한다. 어떤 것이 신과 동등하기는 불가능할 뿐 아니라, 이것은 신의 본질에 대한 규정성에 어긋나기 때문이다. 즉, 신은 본질적으로(per suam essentiam) '스스로 존립하는 존재'(ipsum esse subsistens)인데 그러한 존재가 둘 이상이 될 수는 없다는 것이다. 이것은 분리되어, 스스로 존립하는 인간의 이데아나 흼의 이데아가 둘일 수 없는 것과 마찬가지이다. 신이 아닌 모든 것은 '존재의 분유'를 통해서(participans esse) 존재하는데, 존재를 분유하는 것이 '본질적 존재(essentialiter ipsum esse)'와 동등할 수 없다는 것은 필연적이다. 그런데 토마스에 따르면 순수한 영적 존재인 악령에게 이러한 사실이 알려지지 않을 수는 없다고 한다. 예지적 실체(intelligentia) 또는 분리된 지성은 본성적으로 자기 실체를 인식하기 때문이다. 그러므로 악령은 '자기의 존재(suum esse)'가 상위 존재를 분유한 존재라는 것을 본성적으로 인식하고 있었고, 이러한 본성적 인식은 악령에게도 아직은 죄로 인해 파괴되지 않았다는 것이 토마스의 생각이다. 그러므로 악령의 지성은 신과의 동등성이 자기 자신에게 가능한 것으로 파악할 수는 없었을 것이다. 그리고 누구도 자기에게 불가능한 것으로 파악된 것을 지향하지는 않기 때문에, 악령의 의지가 절대적 의미에서 신과의 동등성을 의지하도록 움직여지는 것은 불가능하다고 토마스는 말한다.

둘째, 절대적 동등성의 욕구가 불가능하다는 것은 동등성을 욕구하는 천사의 측면에서도 분명히 알 수 있다. 의지는 항상 '자기 자신에게' 또는 '다른 존재자에게' 좋은(선한) 어떤 것(bonum vel sibi vel alii)을 욕구하기 때문이다. 그런데 토마스에 따르면 악령이 다른 존재자를 위해서가 아니라 – 악령은 죄를 짓지 않고(sine peccato) '성자가' 성부와 동등하기를(신과의 동등성이 성자에게 좋은 것으로) 의지(意志)할 수 있었을 것이기 때문이다 –, 자기 자신을 위해서(자기 자신에게 좋은 것으로서) 신과의 동등성을 욕구하였기 때문에 죄를 지었다고 한다.

그런데 여기에서 왜 악령의 측면에서 악령이 '자기 자신을 위해서 좋은 것'으로서 신과의 절대적 동등성을 의지하는 것이 불가능한지 설명이 필요하다. 토마스는 아리스토텔레스를 인용하면서 모든 사람은 자기 자신을 위해서 선을 욕구하며, 만일 그가 다른 사람이 된다면, 자기에게[=다른 사람이 되기 전의 자기] 무슨 일이 일어나더라도 신경 쓰지 않는다고 말한다. 그래서 천사도 그것이 있게 되면 자기가 더 이상 자기 자신으로 남아 있을 수 없게 되는 것을 욕구하지는 않는다는 것이다. 그런데 신과의 절대적 동등성을 욕구한다는 것은 신과 같은 존재가 된다는 것을 의미하는 것이다. 다시 말하면 '신과의 절대적 동등성을 욕구하던 천사'가 절대적 동등성을 얻으면, 그는 더 이상 동등성을 욕구하던 천사와 동일한 천사가 아닐 것이다. 그러므로 만일 악령이 신과 동등하게 된다면 – 비록 이것이 불가능한 일일지라도 – , 이미 그 자신은 과거와 동일한 존재자가 아닐 것이다. 자기보다 높은 본성의 등급으로 변화되면, 기존의 그의 종이 파괴될 것이기 때문이다. 사정이 이렇다면 천사는 신과 절대적으로 동등해져서 더 이상 과거와 동일한 자기 자신이 남아있지 않게 되기를 바라지는 않을 것이 분명하다고 토마스는 보고 있다. 그러므로 악령이 자기 자신을 위해서도 신과의 절대적 동등성을 욕구할 수는 없다는 결론이 남는다.

비슷한 논거로 토마스는 악령은 신에게 절대적으로 복종(Deo subiectus)하지 않기를 욕구할 수도 없다고 본다. 이것은 실제로 불가능하며, 또 악령 자신도 이것이 가능하다고 인식하지도 않기 때문이다. 그리고 또 만일 악령이 신에게 완전히 복종하지 않는다면, 악령은 더 이상 존재할 수도 없을 것이기 때문이다.

(2) 악령의 신과의 동등성 욕구의 양태

남는 문제는 악령은 과연 어떤 방식으로 신과의 동등성을 욕구하는 죄를 지었는가이다. 이에 답하기 위해 토마스는 먼저 [악령의] 본성의 질서에 속하는 것으로 말해질 수 있는 것[=본성의 질서에 속하는 것]에는 악령의 악이 존립할 수 없다고 지적한다. 그의 주장에 의하면 악은 가능태(능력)와 현실태(작용)가 분리될 수 있는 그러한 것에 있지, 항상 현실태에 있는 것에는 악이 없기 때문이다.[321] 그런데 토마스는 악령을 포함해서 모든 천사는 창조의 시점에 이미 그들의 자연적 완전성

321 악의 주체에 대한 고찰 참조(De malo, q. 1, a. 2).

에 속하는 모든 것을 소유하도록 창조되었다고 주장한다. 본성에 속하는 모든 것들이 이미 현실태에 있다는 것이다. 그러나 영적 존재자들도 신의 은총을 통해서 소유하게 되는 초자연적 선(supernaturalia bona)에 대해서는 가능태에 놓여있었다고 한다. 그러므로 악령의 죄는 자연적(본성적) 질서에 속하는 것에 있지 않고, 오직 '초자연적인 어떤 것'과 관련되어 있다는 결론을 내릴 수밖에 없다.

이로부터 토마스는 악령의 첫 번째 죄는 신에 대한 완전한 직관에 놓여있는 초자연적 행복을 소유하기 위해서 신의 은총을 통해서 자기를 궁극적 완성으로서의 신으로 고양하려 하지 않고, 은총을 베푸는 신 없이 자기 본성의 능력을 통해서 – 물론 자기의 자연(본성)에 작용하는 신 없이는 본성 작용을 할 수도 없다 – 지복을 얻으려고 했다는 데 있다고 말한다. 자기보다 높은 어떤 존재의 은총을 통하지 않고, 자기 본성의 힘을 통해서 지복을 소유하는 것은 오직 신에게만 고유한 것이다. 그러므로 토마스에 따르면 바로 이러한 점에서 악령은 신과의 동등성을 욕구한 것이라고 할 수 있다. 그리고 또한 이러한 점에서 악령은 신에게 복종하지 않기를 욕구했다고 한다. 즉 자기 본성의 힘 너머에 있는 은총의 필요를 인정하지 않았다는 것이다. 이러한 결론은 또한 악령은 어떤 악을 욕구함으로써 죄를 지은 것이 아니라, 어떤 선(bonum), 즉 궁극적 행복을 욕구하면서, 그것을 얻기 위해 합당한 질서를 따르지 않고, 즉 신의 은총을 통하지 않고 얻으려고 욕구함으로써 죄를 지었다는 것을 의미한다.

2. 악령의 죄의 시점[322]

(1) 문제의 어려움과 이견(異見)의 반박

토마스는 악령은 본성에 있어서 선하지만, 자기 본성의 힘만으로 지복에 이르려고 했다는 점에서 죄를 범했다고 말하였다. 이러한 주장은 악령의 창조와 죄 사이에 시간적 또는 논리적(개념적) 계기가 구분된다고 전제하는 것처럼 보인다. 그런데 이 구분이 시간적 구분인지 아니면 단순한 논리적 구분인지, 아니면 실제로 어떠한 구분도 할 수 없는지 생각해 보아야만 한다.

토마스는 이 문제의 어려움을 아우구스티누스도 이에 관해 명확한 답을 주지 못했을 뿐 아니라, 『축자적 창세기 주해』와 『신국론』에서 각각 상반된 입장을 개연적으로 보았다는 점에서도 찾고 있다. 이러한 상황에서 토마스의 보고에 따르면 토마스 당대에 '악령은 첫 창조의 순간에(in primo instanti suae creationis), 비록 본성적으로는 아니지만, 죄를 짓는 자유로운 결단의 운동을 통해서, 악했다'는 주장을 편 학자들이 있었다고 한다.[323] 토마스는 다른 파리 대학교의 신학자들과 함께 이 주장에 반대한다. 그는 악령은 창조와 동시에 죄를 짓지 않았고, 오히려 선한 존재자로 창조되었고, 그 후에야 죄를 짓게 되었다는 것이 성서적 권위로부터 분명하다는 의견을 취한다. 그런데 토마스는 자기의 주장

---

322 q. 16, a. 4: "악령은 창조의 순간에 죄를 범할 수 있었나?(utrum Diabolus peccare potuerit in primo instanti suae creationis)"

323 이 입장은 1241년 파리대학에서 단죄된 제5명제이다(On Evil, trans. Regan, p. 462, n, 162 참조)

이 성서적 권위로부터 분명하지만, 왜 그러한지, 즉 왜 악령이 창조의 순간에는 죄를 범할 수 없었는지, 비록 어렵기는 하지만, 반드시 그 근거를 탐구해야만 한다고 주장한다.

토마스는 이에 대해 학자들이 제공한 두 가지 근거를 검토하고 있다. 첫째, 어떤 학자들은 신에 의해 창조된 천사의 본성에서 그 근거를 찾는다. 이에 따르면 창조의 순간에 천사는 신에 의해 창조된 그대로 선해야만 한다. 그렇게 함으로써 그들은 어떤 것이 훼손되지 않고 순수하면서(integrum) 동시에 감소되었다(diminutum)라는 모순적 진술을 피하고자 했다. 그런데 토마스는 죄책의 악(malitia culpae)과 본성의 선성(bonitas naturae)이 모순적으로 대립하는 것이 아니며, 오히려 죄책의 악은 그것의 주체로서 본성의 선성에 기반을 두고 있다고 지적함으로써 이 주장의 타당성을 반박하였다. 게다가 이러한 주장은 천사가 창조의 순간에 전적으로 훼손되지 않은 통전적 본성을 가졌지만, 천사의 의지의 저항으로 인해 즉시 그것의 훼손되지 않은 순수성이 방해를 받는 방식으로 창조되었다는 말과 같다. 마치 태양이 떠오르자마자 공기를 비추지 못하게 방해를 받는다는 말과 같이 부적절하다는 것이다.

다른 학자들은 모든 죄에는 숙고(deliberatio)가 요구된다는 판단에서 근거를 찾는다. 이 입장에 따르면 숙고는 즉각적(in momento)일 수 없으므로 천사의 죄도 즉각적일 수 없다는 것이다. 즉 천사는 죄를 짓고 난 후에야(in termino peccati) 악한 존재가 되기 때문에, 악령은 창조의 순간에는 악할 수 없다는 것이다. 그러나 토마스에 따르면 이 주장은 천사의 지성을 인간 지성의 양태로 판단한 오류를 범하고 있다. 즉 인간의 지성은 추론적(discursivus)이지만,[324] 천사의 지성은 추론과 탐구 없이(absque discursu et inquisitione) 진리를 파악할 수 있다고 한다. 따라서 천사는 진리를 파악하는 바로 그 첫 순간에 선택(eligere), 즉 자유로운 결단의 작용을 할 수 있다는 것이다. 이는 마치 인간이 숙고를 통해서 확실성에 이른 바로 그 순간에 무엇을 행할지 선택하게 되는 것과 같다. 그래서 만일 인간도 숙고 없이도 무엇이 일어나야 하는지 확실성을 가질 수 있다면, 바로 첫 순간에 즉시 선택을 할 수 있을 것이다. 따라서 천사가 숙고없이 첫 순간에 무엇을 욕구해야 하는지 파악할 수 있다면, 파악과 같은 순간에 즉시 선택을 할 수 있었을 것이다. 이에 따라 천사가 창조의 순간에 죄를 범할 수 없었던 이유는, 창조의 순간에 자유로운 결단의 작용인 선택을 할 수 없었기 때문이 아니었다고 할 수 있다. 그러므로 토마스는 다른 이유를 찾아야 한다고 주장한다.

(2) 두 종류의 시간과 이에 대응하는 운동

이러한 견해들이 갖는 난점들을 지적하여 모두 물리치고 난 후 토마스는 자신의 근거를 제시한다. 우리의 문제에서 해결해야 할 어려운 점은 악령에 있어 본성의 창조와 악의 선택을 구별하고, 그것들을 동시적인 것이 아니라 연속적인 것으로 파악하되, 그러한 구별과 파악이 순수한 영적 존재인 악령의 본성과 대립하지 않도록 해야 한다는 것이다.

이를 위해서 토마스는 두 종류의 시간에 의해 측정되는 운동을 구

324 그래서 인간의 지성은 사변적인 문제에서 논증을 통해서 진행하고, 행위의 영역에서는 숙고를 통해 진행해야만 한다고 덧붙인다. 숙고(consilium)는 일종의 탐구(inquisitio)이기 때문이다.

별해야만 한다고 말한다. 하나는 '시간을 낳는 시간(tempus quod causat tempus)에 의해 측정되는 운동'과 '시간에 의해 측정되지만, 시간을 낳지는 않는 운동'을 구별해야만 한다는 것이다. 전자의 예는 천체의 첫 번째 운동(primus motus caeli)과 같은 것이고, 후자의 예로는 동물의 운동(motus animalium)을 들 수 있다. 후자의 운동, 즉 동물의 운동에서는 시간의 연속과 운동의 연속이 항상 대응하지 않아도 된다. 예를 들어 동물이 멈춰 서 있어도, 시간은 흐르기 때문이다. 시간은 운동과 정지를 모두 측정하기 때문이다. 반면에 전자의 운동, 즉 시간을 낳는 운동에서는 시간의 연속(successio temporis)과 운동의 연속(successio motus)이 대응해야만 한다고 한다. 이러한 운동의 선-후는 시간의 선-후를 낳는다는 것이다. 이러한 운동에서 서로 구별되는 것은 모두 다른 시점(순간)들에 있어야만 하고, 반면에 구별되지 않는 것들은 다른 순간에 존재하지 않는다고 토마스는 말한다. 그래서 천체의 운동이 멈추면 시간도 멈춘다고 한다.

(3) 악령의 본성의 창조와 악의 선택의 비동시성

토마스는 이제 이러한 운동의 구별을 염두에 두고 천사들의 사유(conceptiones)와 욕구 운동(affectiones)에 시간적 연속성이 있는지 고찰한다. 토마스는 '신은 시간을 통해 천사를 움직인다'고 말한 아우구스티누스를 인용하면서 천사들의 사유와 욕구 운동 사이에 시간적 연속성(temporalis successio)이 있다고 말하였다. 천사도 모든 것을 동시에 현실적으로 인식할 수는 없기 때문이다. 그에 따르면 한 천사가 하나의 상(species)을 통해서 모든 것을 인식할 수는 없고, 서로 다른 것은 서로 다른 상을 통해서(diversa diversis speciebus) 인식해야 한다. 그런데 천사는 위계가 높을수록 더 소수의 형상을 통해 더 많은 것을 인식할 수 있다. 디오니시우스에 따르면 상위의 천사, 상위의 예지체(intelligentia)는 더 보편적 지식이 있으며, 더 보편적 상이 있어서, 더 많은 가지적 대상을 인식할 수 있다고 한다. 이와 비슷하게 인간도 뛰어난 지성을 가질수록, 적은 것을 단서로 더 많은 것을 인식할 수 있다. 토마스에 따르면 오직 신만이 '하나의' 자신의 본질로 모든 것을 인식할 수 있다. 이에 반해 인간은 많은 것을 동시에 현실적으로 인식하지 못한다. 인간의 지성은 다양한 상에 의해 완전하고 최종적으로 현실화될 수 없기 때문이다. 이는 같은 몸(idem corpus)이 여러 형태(figura)를 갖지 못하는 것과 마찬가지이다.

그래서 토마스는 천사도 인식을 위해 다양한 상이 필요한 것들은 동시에 인식할 수 없고, 상들의 연속에 따라 연속적으로밖에 인식할 수 없다고 말한다. 그런데 이러한 천사의 인식 운동의 연속성은 '천체에 의해 야기되는 시간'에 의해 측정될 수 없다고 한다. 높은 것은 낮은 것에 의해 측정될 수 없는데, 천사의 인식 운동은 천체보다 높은 존재론적 위상을 갖기 때문이다. 오히려 그 역으로 연속적으로 일어나는 천사의 사유와 욕구의 운동이 그러한 시간의 다양한 순간들을 만들어 내게 된다고 한다.

따라서 토마스는 천사는 하나의 상으로는 인식할 수 없는 것들에 대해서, 천사는 '그의 시간의 다양한 순간들 속에서(in diversis instantibus sui temporis)' 움직여야만 한다고 말한다.

그런데 토마스는 앞 절에서 악령은 본성적으로 선하고, 본성을 넘어서 있는 것, 즉 은총에 속하는 것에 대해서 죄를 지었다고 말하였다. 그에 의하면 이 초본성적인 것과 천사가 본성적으로(자연적으로) 인식하는 것 사이에는 큰 간격이 있다. 이 간격은 본성적으로 인식되는 것 사이의 간격보다 훨씬 넓은 간격이다. 그런데 악령은 본성적으로 인식되는 것(omnia naturaliter cognita)도 그것 사이의 간격 때문에 하나의 상으로(per unam speciem) 동시에(simul) 모든 것을 파악하지 못한다고 한다. 그렇다면 악령이 '본성적으로 인식되는 것'과 초본성적인 것(supernaturalia)을 동시에 인식할 수 없다는 것은 더더욱 분명할 것이다. 천사의 운동은 일차적으로는 자기에게 본성적인 것(sibi connaturale)으로 향하는 운동이고, 이를 통해서 본성을 넘어서 있는 것에 도달하게 된다. 따라서 천사는 창조의 순간에는 본성적 인식을 하고, 이러한 인식에 따라서는 아무런 죄를 짓지 않는다고 말해야만 한다. 그러나 그 이후에 본성을 넘어서 있는, 초본성적인 것을 지향할 수도 있고, 또는 초본성적인 것으로부터 등을 돌릴 수도 있다. 즉 죄를 지을 수 있다는 것이다.

따라서 토마스의 이러한 관점에서 보자면 천사는 창조의 순간에는 신을 향한 완전한 지향을 통해서 지복을 누리는 것도(non beatus), 신에게 등을 돌림으로써 죄인이 되는 것도(neque peccator) 아니라고 말해야만 한다.

3. 악령의 자유로운 결단과 선의 재선택 가능성[325]

(1) 자유로운 결단의 대상으로서 '다양한 것'의 세 의미

1) 오리게네스의 오류

토마스는 천사들이 의지의 자유로운 결단(liberum arbitrium)을 통해서 악을 선택해 악령으로 전락하였다고 말하였다. 그런데 자유로운 결단이란 악뿐만 아니라 선도 선택할 수 있는 능력으로 보인다. 이와 관련하여 토마스는 악을 선택한 악령의 자유로운 결단이 다시 선을 선택할 수 있는지 묻는다. 이 문제를 고찰하면서 토마스는 오리게네스의 오류를 지적하면서 논의를 시작한다.

그에 따르면 오리게네스는 모든 피조물의 자유로운 선택이 모든 상태에서(in quolibet statu) 선으로도, 악으로도 향할 수 있다고 판단한 점에서 잘못을 범했다는 것이다. 오리게네스는 악령도 언젠가는 자유로운 결단을 통해 선으로 되돌아갈 수 있고, 신의 자비로 죄의 용서를 받을 수 있을 것이라고도 생각하였다. 그런데 아우구스티누스에 따르면 오리게네스는 이뿐만 아니라 다른 이유로도 교회의 비판을 받았는데, 그 이유는 특히 언급된 오리게네스의 입장은 "비록 자비로워 보이기는 하지만 그 입장대로라면 사실상 성도들에게 부여되는 것이 진짜 불행과 가짜 행복이기 때문이다. 진짜 불행인 것은 성도들도 결국 그런 불행으로 벌을 받을 것이기 때문이고, 가짜 행복인 것은 언젠가 끝나버

325 De malo, q. 16, a. 5: "악령에게서 자유로운 결단이 선으로 되돌아갈 수 있는가?(utrum liberum arbitrium in Daemonibus possit redire ad bonum)"

릴 그런 행복에서는 영원한 선을 즐기는 참되고 안전한 기쁨을 간직하지 못하는 까닭이다. 다시 말해 그것을 잃을까 하는 두려움이 전혀 없는 확실한 기쁨을 간직하지 못한다."[326]는 것이다. 토마스에 따르면 오리게네스는 악령이 선을 다시 선택할 수 있다고 주장하는 것과 같은 근거에서 선한 천사와 인간도 언젠가는 자유로운 결단으로 죄를 짓고 지복의 상태에서 떨어져 나갈 수 있다고 주장하였기 때문이다. 토마스는 이러한 주장이 성서의 가르침에 대립하는 것이라고 비판한다.

토마스는 오리게네스가 자유로운 결단의 능력에 그 자체로 속하는 것이 무엇인지 올바르게 파악하지 못했기 때문에 이러한 오류에 빠졌다고 평가한다. 토마스는 인간은 어떠한 상태에서도 자유로운 결단 능력이 없이는 존재하지 않는다고 보고 있다. 자유로운 결단은 이성을 갖춘 존재자에 속하는 작용이다. 자유로운 결단의 본질적 규정에는 다양한 것(diversa)에 대해 열려 있다는 것이 속하기 때문이다. 반면 인식을 전적으로 결여한 사물은 오직 하나(unum)로만 결정되어 있다. 이성이 없는 동물도 비록 어떤 종류의 결단을 하지만, 본성에 의해 결정된 판단을 따르는 선택(결단)이므로 다른 길로 벗어날 수 없어서 결코 자유로운 선택이라고 말할 수 없다. 예컨대 늑대를 본 양은 '달아나지 않을 수 없다'. 반면에 토마스에 따르면 이성이나 지성이 있는 존재자는, 그것의 결단(선택)이 '다수의 것'(multa)과 관계하는 지성이나 이성의 파악을 따르는 한에서, 모두 자유로운 결단을 통해 작용한다. 이처럼 오직 '다양한 것'에 대해 열려 있는 이성을 갖춘 존재자의 결단만이 자유로운 결단이라고 할 수 있다는 것이다. 그러므로 자유로운 결단의 본질적 규

326 『신국론』, 제21권 제17장(성염 옮김, p. 2493)

정을 고찰하기 위해서 우리는 이제 자유로운 결단이 관계하는 '다양한 것'이 과연 무엇을 의미하는지 자세히 살펴보아야만 한다.

2) 다양성의 세 가지 의미

토마스에 따르면 이 '다양성'은 세 가지 관점에서 고찰할 수 있다고 한다.[327]

첫째, 목적에 도달하기 위해서 선택되는 것들[즉, 수단]의 차이의 관점에서 '다양성'을 고찰할 수 있다. 모든 사물에는 본성적으로 그것이 자연적 필연성(naturalis necessitas)을 갖고 욕구하는 하나의 목적이 있다. 토마스에 따르면 자연은 항상 하나(unum)를 지향하기 때문이다. 그러나 이 하나의 목적을 향해 다수의 것이 질서 지어져 있을 수 있다. 그러한 이유로 이성적 또는 지성적 본성을 가진 욕구는 목적을 위한 다양한 수단을 선택함으로써 다양한 것을 지향할 수 있게 된다. 여기에서 신에게서도 이러한 관점의 다양성이 고찰될 수 있는가라는 문제가 제기될 수 있다. 토마스의 파악에 의하면 신은 본성적으로 목적으로서 자기의 선성(bonitas)을 지향하며, 또한 자기의 선성을 의지(意志)하지 않을 수 없다(non potest non velle). 이러한 측면에서 보면 신에게는 이러한 의미의 다양성이 없는 것처럼 보인다. 그러나 토마스에 따르면 다양한 양태와 질서(등급)의 사물들이 신의 선성을 향해 질서 지어져 있다. 따라서 신의 의지는 그 자체로는 다른 것으로 향할 수 없는 그런 방식

327 이 부분의 해석에 대해서는 Ludger Oeing-Hanhoff, "Zur thomistischen Freiheitslehre", in: Theo Kobusch/Walter Jaeschke(hg.), *Metaphysik und Freiheit. Ausgewählte Abhandlungen*, München: Erich Wewel Verlag, 1988, pp. 262-283, 여기에서는 pp. 268 이하 참조.

으로, 그의 작용 결과(피조물) 가운데 어느 하나의 것으로만 향하지 않는다. 토마스는 바로 이러한 점에서 신도 선택의 자유(libertas arbitrii)가 있다고 말한다. 천사와 인간도 자기 앞에 본성적으로 놓인 목적(finem naturaliter sibi praestitutum)으로서 지복(beatitudo)이 있다. 그래서 천사와 인간은 본성적으로 행복을 욕구하며, 불행을 의지할 수는 없다. 그러나 하나의 궁극적 목적으로서 이 지복을 향해 다양한 것들이 질서 지어져 있을 수 있다. 따라서 인간과 천사는, 선하든 악하든, 하나의 목적에 이르는 다양한 수단을 선택한다는 점에서 다양한 것을 향할 수 있다.

둘째, 다양성을 선과 악의 차이의 관점에서(secundum differentiam boni et mali) 이해할 수 있다. 그런데 토마스는 이러한 의미에서의 다양성은, 이것이 잘못을 범할 수 있는 본성에서(in natura deficere potenti) 발견되는 한에서, 자유로운 결단에 본질적으로 속하는 것이 아니고, 우유적으로(per accidens) 속하는 것이라고 주장한다. 다시 말해 이러한 다양성은 일종의 결함으로부터 비롯되는 것이라 할 수 있다. 그에 의하면 의지의 고유한 대상은 선으로서, 의지는 그 자체로 선을 향해 질서 지어져 있다. 그러므로 악을 향한 의지의 지향도, 악이 '선의 관점에서'(sub ratione boni) 파악되었기 때문에, 발생하는 것이다. 그런데 악을 선으로 파악하는 것은 파악하는 능력인 이성 또는 지성의 결함(defectus)에 속하는 것으로서, 바로 이 결함으로부터 선택의 자유(libertas arbitrii)가 야기된다고 할 수 있다. 그런데 토마스에 따르면 '활동(작용)에 있어서 결함이 있음'은 어떤 능력의 본질적 규정에 속하지 않는다. 예를 들어 시각 능력의 본질에 '희미하게 봄'이 속하지 않는 것과 같다. 그러므로 토마스는 악을 지향할 수 없도록 그렇게 오직 선만을 지향하는 자유로운 결단이 있을 수 있다고 주장한다. 신과 복된 천사와 복된 인간의 의지가 그렇다. 그런데 신은 본성적으로(ex natura) 그렇고, 반면에 복된 인간이나 천사는 은총의 완전성으로부터(ex perfectione gratiae) 결코 악을 지향할 수 없도록, 선을 지향하는 자유로운 결단을 갖는다는 차이가 있다.

셋째, 자유로운 결단이 생겨나는 다양성을 변화의 차이의 관점에서(secundum differentiam mutationis) 고찰할 수 있다. 그런데 토마스에 따르면 [자유의지의 변화라는 의미의] 이 다양성은 [대상의 측면에서] 다양한 것을 의지하는 데에서 성립하는 것이 아니라, 결단 주체의 측면에서 다양성 또는 변화를 가리킨다. 왜냐하면 [변화(운동)하지 않는] 신(神)도, 다양한 시간과 다양한 사람에게 적절한 것인 한에서, 다양한 것이 일어나기를 의지하기 때문이다. 자유로운 결단의 변화는 어떤 사람이 동일한 시간에 이전에 의지했던 것과 똑같은 것을 의지하지 않거나, 반대로 이전에 의지하지 않았던 것을 의지하는 데서 성립한다.

그런데 토마스는 이러한 의미의 다양성도 그 자체로 자유로운 결단의 본성에 속하는 것이 아니라, 가변적 본성의 조건에 따라 [자유로운 결단에] 우유적으로 속하는(accidit) 것이라고 주장한다. 예를 들어 '다양한 방식으로 본다'는 것이 시각 능력의 본질적 규정에 속하는 것이 아니라, 보는 주체의 상태에(propter diversam dispositionem videntis) 달려 있기 때문이다. 즉 눈이 처음에는 뚜렷하게 보다가 피로 등과 같은 이유로 나중에는 흐릿하게 볼 수 있다. 이것은 보는 사람의 다양한 상태 때문에 생겨나는 일이다. 이와 마찬가지로 자유로운 결단의 가변성 또는 다양성은 자유 결단의 본질적 규정에는 속하지 않고, 변화 가능한 본성에(in natura mutabili) 속하는 한에서, 자유로운 결단에 우유적으로 속하는(accidit) 것이다. 즉, 우리의 자유로운 결단이 내적 원인과 외적 원인 때문에 변화하기 때문에 이러한 다양성이 생겨난다는 것이다.

토마스는 자유로운 결단의 내적 원인으로 이성과 욕구(의지)를 들고 있다. 따라서 내적 원인에 의한 변화는 한편으로는 이성 때문에 일어날 수 있다. 예를 들어 어떤 사람이 이전에는 모르던 어떤 것을 나중에 알게 되는 경우가 있다. 다른 한편으로는 욕구(의지) 때문에 변화할 수도 있다. 즉, 욕구가 정념이나 습성에 의해 다른 상태가 되어(dispositus) 이전에는 자기에게 적합하지 않은 것으로 파악되어 추구하지 않던 것을 자기에게 적합한 것으로 지향할 수 있다는 것이다. 그래서 이 경우 정념이나 습성이 사라지게 되면 더 이상 적합한 것으로 여겨지지 않게 된다. 예컨대 분노에 싸여 있는 사람과 평상심을 유지하는 사람에게 적합한 것으로 여겨지는 것이 다를 수 있다. 다른 한편 자유로운 결단은 외적 원인에 의해서도 변화할 수 있다. 예를 들어 신은 은총을 통해서(per gratiam) 인간의 의지를 악한 것으로부터 선한 것으로 변화할 수 있다.

(2) 악령의 선의 재선택 불가능성

토마스는 분명하게 말하고 있지 않지만, 자유로운 결단의 본질적 규정에 대한 오리게네스의 잘못은 특히 세 번째와 관련이 있는 것으로 보인다. 우리의 문제는 악령이 악의 선택 후에 다시 선을 선택할 수 있는가라는 문제이기 때문이다. 의지의 악으로 특징지어지는 악령이 의지의 변화가 없이는 이전에 했던 선택과 다른 선택을 하지는 않을 것이기 때문이다. 그런데 과연 악령의 의지의 자유로운 결단이 어떤 원인에 의해 변화를 경험할 수 있는가?

토마스는 자유로운 결단의 변화를 가져오는 내적 원인과 외적 원인 모두 천사의 경우에는 첫 번째 선택 후에는 작용하지 않는다고 말한다. 그 이유는 첫째, 천사는 자기의 본성에 속하는 것에 대해서는 본성적으로 불변하기 때문이다. 변화라는 것은 '어떤 것에 대해 가능태에 있는 것'에 속하는 것이기 때문이다. 그런데 천사들은 그들이 본성적으로 인식할 수 있는 모든 것에 대한 인식을 현실태에 있어서 소유하고 있다는 것이 그들의 본성에 속한다. 반면 인간은 다만 제일원리에 대한 인식만을 본성적으로 현실태로 갖고 있을 뿐이고, 이 원리로부터 추론을 통해서 결론의 인식으로 진행한다. 또한 천사들은 그들의 본성적 인식에 속하는 모든 것을 원리 자체 안에서(in ipsis principiis) 직관한다. 그러므로 우리의 인식은 제일원리에 대해서만 불변적이지만, 천사의 지성은 자연적으로(본성적으로) 인식하는 모든 것에 대해서 불변적이다. 즉, 가능태에서 현실태로의 변화를 겪지 않는다는 것이다. 그런데 토마스에 따르면 의지는 지성에 비례하기 때문에, 변화하지 않는 지성을 가진 천사의 의지도 본성의 질서에 속하는 것과 관련해서는 변화하지 않는다고 말해야 한다.

그런데 앞에서 살펴본 것처럼 천사는 '초자연적 것(supernaturalia)을 향한 운동'과 관련해서는 가능태에 놓여있다. 즉, 천사는 초자연적인 것으로 향할 수도 있고, 그것으로부터 등을 돌릴 수도 있다. 그리고 이와 같은 운동이 천사에게 있을 수 있는 유일한 운동(변화)이라고 할 수 있다. 그래서 천사는 전향을 함으로써(convertendo) 또는 등 돌림으로써(avertendo) 본성의 등급으로부터 초본성적인 것으로 움직여진다. 그런데 '어떤 것에 더해지는(advenit) 것'은 모두 그 어떤 것의 본성의 양태에 따른다. 따라서 토마스에 따르면 불변하는 천사의 본성에 따라 천사는 초자연적 선과 관련된 전향(지향)이나 등돌림에 있어서도 불변적으로 유지된다는 결론이 나온다.

둘째, 외적 원인의 측면에서도 천사는 첫 번째 선택 이후에 선과 악에 있어서 불변한다고 토마스는 말한다. 천사들은 일단 첫 번째 선택을 하게 되면 순례의 길이 끝나기 때문이다. 그래서 첫 번째 선택을 통해서 최고선으로부터 등을 돌리고, 등돌림에 고착되어 있는 악령을 그 악으로부터 풀어주기 위해 은총을 더 주입한다는 것은 신적 지혜의 본질에 속하지 않는다는 것이 토마스의 주장이다. 토마스에 따르면 이처럼 악령은, 그의 첫 번째 선택의 힘이 모든 선택에 지속적으로 작용하고 있기에, 자유로운 선택을 통해 다양한 것 가운데서 선택을 한다고 하더라도 모든 것에 있어서 죄를 짓는다는 것이다.

제3장
악령의 인식

1. 의지에 의한 악령의 인식에 있어서 오류 가능성[328]

(1) 자연적 인식 대상의 인식에 있어서 오류 불가능

악령의 인식과 관련된 문제 가운데 첫 번째 문제로 토마스는 악령의 인식에 있어서 오류의 문제를 다룬다. 이 문제는 이미 악령의 죄를 다루면서 어느 정도 다뤄진 바 있다. 앞 절에서도 토마스는 악령이 다시는 선으로 되돌릴 수 없는 방식으로 악을 선택하게 된 근본적인 이유는 자기 자신의 본성의 힘만으로 초본성적 지복을 누리고자 하는 자유

328 De malo, q. 16, a. 6: "악령의 지성이 어두워져 오류가 발생할 수 있는가?(utrum intellectus Daemonis sit obtenebratus ut in eum cadat error)"

로운 결단에 있다고 말하였다. 이러한 결단은 분명히 잘못된 결단(선택)으로서 최고선에 대한 잘못된 '의견'을 형성함으로써 발생한 것으로 보인다. 이 절에 토마스는 이와 관련된 문제를 인식론의 관점에서 다루고 있다.

토마스에 따르면 '잘못된 의견'(falsa opinio)이란 결함 있는 지성의 작용(defectiva operatio intellectus)이다. 이는 기형체의 출생이 자연의 결함 있는 작용인 것과 비교 가능하다고 한다. 이러한 이유에서 아리스토텔레스는 '지성의 악'(malum intellectus)은 거짓(falsum)이라고 말하였다고 한다. 그런데 토마스는 모든 결함 있는 작용은 항상 원리의 결함으로부터 생겨난다고 말한다. 기형체의 출생도 일종의 원리인 정자의 결함 때문에 발생한다. 그러므로 잘못된 의견이나 잘못된 평가(aestimatio)와 같은 결함 있는 인식 작용도 인식의 원리(원천)와 관련된 결함으로 인해 발생한다고 말해야 할 것이다. 인간은 많은 경우(plerumque) 합당하지 않은 추론으로부터(ex indebita ratiocinatione) 잘못된 의견을 형성한다는 사실에서 이것을 알 수 있다. 그런데 토마스는 어떤 것이든 그것이 본성상 현실태에 놓여있는 것과 관련해서는 잘못이 생기지 않는다고 한다. 오직 가능태에 놓여있는 것에 대해서만 잘못이 생길 수 있다는 것이다. 악의 본질적 규정에서 이미 살펴본 것처럼 오직 가능태에 있는 것만이 완성(완전성)이나 결핍(결여)을 겪을 수 있기 때문이다. 한편 현실태(actus)와 결여는 서로 대립하는 것인데, 결함(defectus)은 바로 결여에 속하는 것이다.

그런데 토마스에 따르면 천사나 악령과 같은 순수 지성적 존재자는 그들의 본성의 조건에 따라(secundum conditionem suae naturae) 그들의 인식능력이 자연적으로(본성적으로) 관계하는 모든 것에 대해 완전한 인식(perfecta notitia)을 현실적으로(actu) 갖고 있다. 그들은 원리로부터 결론으로 추론적으로 사유하지 않고, 원리가 인식되면 즉각적으로 그 안에서 결론을 직관하기 때문이다. 그렇지 않고 만일 원리에 대해서는 인식의 현실태에 있지만, 결론에 대해서는 인식의 가능태에 있다면 – 인간의 인식 양태가 이러하다 –, 이성의 추론을 통해서 원리에 의한 결론의 인식을 획득해야만 했었을 것이다. 그러나 토마스는 디오니시우스를 인용하면서 방금 언급한 추론적 인식을 지성적 존재자로부터 제외한다.

사실 토마스에 의하면 인간도 본성적으로 알려지는 것인 제일 원리(prima principia naturaliter nobis nota)와 관련해서는 잘못된 의견을 형성하지 않는다. 여기에 대해서는 다만 인식하는가, 또는 그렇지 않은가(즉, 지와 무지)의 문제만 있을 뿐이다. 따라서 이와 마찬가지로 천사도 그들이 자연적으로 인식하는 것에 대해서는 어떠한 잘못된 의견이 있을 수 없다. 그런데 악령은 죄를 짓더라도 그들의 본성에 속한 것은 잃지 않는다. 오히려 그들에게 자연적으로 주어진 것들(data naturalia)은 여전히 손상되지 않고 뛰어난 방식으로(splendidissima) 그들에게 남아있다고 한다. 그러므로 토마스에 따르면 악령은 자연적 인식에 속하는 것에 대해서는 잘못된 의견을 가질 수 없다는 결론이 도출된다.

(2) 교만한 의지에 의한 월권적 판단에 기인하는 오류

바로 위에서 언급한 것처럼 '가능태에 있는 것'만이 그것과 관련한 결함이나 결여를 경험할 수 있다. 따라서 악령은 그것이 가능태에 놓여있는 영역에 대해 잘못된 의견을 형성할 수 있을 것이다. 토마스에 따르면 악령은 비록 자연(본성)적으로 인식될 수 있는 것에 대해서는 항상 인식의 현실태에 놓여있지만, 자연적으로 인식될 수 있는 것을 넘어서는 것에 대해서는 가능태에 있다고 한다. 그리고 악령은 자기 본성을 넘어서는 것을 인식하기 위해서는 자기 본성보다 높은(상위의) 빛(lumen superius)에 의해 조명되어야 한다.

토마스는 상위의 빛에 의한 조명의 필요성을 다음과 같이 논증한다. 어떤 능동적 힘(virtus activa)이 높은 힘일수록, 그만큼 더 넓은 작용범위와 영역으로 확대될 수 있다. 예를 들어 높이 뜨는 해가 더 많은 지역을 비추는 것에 비유할 수 있을 것이다. 이와 마찬가지로 인식능력은 더 높을수록 그만큼 더 많은 것의 인식으로 확장될 수 있다. 인식에 있어 상위 지성(superio intellectus)이 하위 지성(inferior intellectus)보다 뛰어난 영역이 있다. 이 영역에 대해 하위지성은 가능태에 있고, 이에 대한 인식을 위해서는 상위 지성에 의해 완성될 필요가 있다는 것이다.

따라서 신의 인식에 속하는 것에 대해 천사의 지성은 모두 가능태에 있고, 그것을 인식하기 위해서는 초자연적 빛에 의한 조명, 즉 신의 은총의 빛(lumen gratiae divinae)이 요구된다. 토마스에 따르면 바로 그러한 영역의 인식에 있어서 모든 천사는 오류와 결함이 있을 수 있다는 것이다. 그렇지만 천사마다 다른 방식으로 오류가 생겨난다. 선한 천사도 초본성적인 것에 대해서 결함이 있을 수 있지만, 그들에게는 '단순한 부정의 결함(defectus simplicis negationis)'이 있을 뿐이라고 한다. [즉 그들은 신에 대해 – 만일 신에 의해 조명되지 않으면 – '무지'하게 되지만] 디오니시우스에 따르면 선한 천사들은 [조명을 통해서] 이러한 무지로부터 풀려날 수 있다. 그러나 토마스에 따르면 천사에게 '잘못된 의견의 결함(defectus falsae opinionis)'은 있을 수 없다. 선한 천사의 의지는 잘 질서 지어진 의지이기 때문에 선한 천사는 지성을 자기의 인식의 한계를 넘어서는 것의 판단에 적용하지 않기 때문이다. 우리는 '무지'에 대한 고찰을 하면서 '인식에 있어서 오류'도 '의지적인 것'인 한에서 죄가 된다는 것을 확인하였다. 이러한 고찰이 선한 천사와 악한 천사(악령)의 오류에 대한 고찰에 적용되고 있다.

그러나 토마스에 따르면 선한 천사와 달리 악한 천사는 그것의 의지가 질서를 벗어나 있고, 교만하기 때문에, 주제넘게(praesumptuose) 자기의 인식을 넘어서는 것의 판단에 지성을 적용함으로써 잘못된 의견을 형성할 수 있다. 한편 초본성적인 것에 대한 잘못된 의견의 형성은 사변적인 영역과 실천적인 영역 모두에서 생겨날 수 있다. 절대적으로(absolute), 즉 실천적 고려 없이 성급히 잘못된 판단을 내리는 것인 한 사변적인 영역에서의 잘못이 생겨나고, 초본성적인 것과의 질서에 따라 어떤 것을 욕구하고, 행해야만 하는지 잘못된 평가와 판단을 내리는 한에서 실천적 영역에서의 오류가 생겨난다는 것이다. 우리는 이러한 실천적 영역에서의 오류에 대해서는 의지의 악을 고찰하면서 이미 살펴보았다.

2. 미래사의 인식[329]

(1) 미래사 그 자체의 인식

악령의 인식과 관련된 두 번째 문제로 토마스는 악령이 미래사(futura)를 인식할 수 있는지 묻는다. 그에 의하면 미래사는 두 가지 방식으로, 즉 미래사 그 자체로(in seipsis) 인식되거나, 또는 원인 안에(in suis causis) 있는 한에서 인식될 수 있다.

미래사는 그 자체로 인식될 수 있지만, 토마스는 오직 신만이 미래사를 이러한 방식으로 인식할 수 있을 뿐이라고 말한다. 그 이유는 미래사는, '미래'의 일인 한에서, 자체로 존재(esse in seipsis)를 아직 갖지 않기 때문이다. 토마스의 초월자(transcendentia)론에 따르면 존재자(ens)와 참(verum)은 서로 교환적으로 사용 가능한 개념들이다. 그에 따르면 참의 본질적 규정은 '가지성'(intelligibilitas)에 있다.[330] 즉, 어떤 것은 존재하는 한에서 인식될 수 있다는 뜻이다. 그러므로 토마스의 관점에서는 오직 참된 것(verum), 다시 말해 존재하는 것에 대해서만 인식이 있고, 따라서 미래의 관점에서(in ratione futuri) 미래사와 관계하는 인식으로 미래를 그 자체로 인식하는 것은 불가능하다는 것이다.

이것은 '미래'의 본질적 규정으로부터 알 수 있는 사실이다. 과거, 현재 및 미래는 시간의 차이로서 시간적 질서를 지시한다. 그래서 어떤

329 De malo, q. 16, a. 7: "악령은 미래사를 인식하는가?(utrum Daemones cognoscant futura)"

330 De veritate, q. 1, a. 1 co. 참조.

식으로든 시간 안에 있는 것은 미래의 관점에서[즉, '아직 오지 않음'(아직 존재하지 않은 것)으로서의] 미래사와 관계하게 된다. 이에 따라 시간적 질서 안에 있는 인식작용이 미래사를 '그 자체로' 인식하는 것은 불가능하다고 할 수 있다. 그런데 토마스의 주장에 의하면 모든 피조물의 인식이 바로 시간에 종속된 인식(cognitio subiacens ordini temporis)이라고 한다. 그러므로 피조물이 미래를 그 자체로 인식하는 것은 불가능하며, 이러한 인식은 오직 신에게만 고유한 것이라 말할 수 있다.

그렇다면 신은 어떻게 미래를 그 자체로 인식할 수 있는가? 토마스에 따르면 신의 인식은 전체 시간의 질서를 넘어서(supra totum ordinem temporis) 있다. 그래서 어떤 시간의 부분도 과거(지나간 것)나 미래(아직 오지 않은 것)의 관점에서 신의 작용과 관계를 맺지 않는다. 시간의 진행 그리고 전체 시간 속에서 벌어지는 모든 일이 신의 통찰(aspectus)에 현재적으로(praesentaliter) 그리고 그것에 대응하는 모습으로(conformiter) 신의 통찰 아래 놓여있다는 것이다. 그래서 토마스는 신의 순수직관(simplex intuitus)은 동시에 모든 것 위로, 그것도 모든 것 각각의 것이 자기 시간 안에(in suo tempore) 있는 한에서, 그 모든 것 위로(super omnia) 향하고 있다고 말한다.

토마스는 여기에서 이것을 공간의 질서와의 비교를 통해서 설명한다. 운동과 시간에서 선차적(prius)-후차적인 것(posterius)은 '크기'에서의 선차적-후차적인 것(prius et posterius)을 따르기 때문이다. 이와 마찬가지로 신은 현재, 과거 및 미래라는 질서의 관점에서 서로 관계하는 모든 것들을 '현재적으로(praesentaliter) 직관'하게 된다. 시간의 질서 아래에 놓인 직관을 가진 존재자는 결코 이러한 일을 할 수 없다. 토마스는 이러한 신의 직관 방식을 마치 높은 곳에 자리 잡은 사람이 아래 길로 지나가는 사람들 모두를 동시에 보는 것과 비교한다. 이 사람은, 비록 아래 길로 지나가는 사람 가운데 어떤 한 사람이 다른 사람보다 앞서 있다는 것을 알지만, 그 사람들을 자기와 비교해서 '[자기] 앞에 있는 사람' 또는 '[자기] 뒤에 있는 사람'으로 보지 않을 것이다. 그러나 이와 달리 아래 길 위에서 행인의 질서에 놓여있는 사람들은 자기보다 앞서는 사람 또는 자기보다 뒤에 있는 사람만을 볼 수 있을 뿐이다. 시간의 질서 아래에 놓인 사람이 사물을 보는 방식이 바로 이렇다고 할 수 있다. 그러므로 토마스는 신을 제외한 어떤 존재도, 악령도 포함하여, 미래사를 오직 '미래(아직 오직 않은 것)'의 관점에서밖에 인식하지 못하며, 오직 신만이 미래사를 그 자체로 인식할 수 있을 뿐이라고 말한다.

(2) 원인 안에서 미래사의 인식

다른 한편 미래사는 원인 안에(in causis) 존재하는 한에서 인식될 수 있다. 그런데 토마스에 따르면 미래사는 세 가지 방식으로 원인 안에 존재한다. 첫째, 어떤 미래사는 오직 가능태로서 원인 안에 있을 수 있다. 미래사는 동등한 정도로 '존재(esse)할 수도, 존재하지(non esse) 않을 수'도 있기 때문이다. 이러한 미래사는 존재와 비존재의 관점에서 우연적인 것(contingentia)이라고 부른다. 둘째, 어떤 미래사는 원인 안에 가능태로 존재하지만, 결과의 산출에 있어 어떠한 방해도 받지 않을 수 있는 능동인으로서의 원인 안에 존재한다. 이러한 미래사는 원인으로부터 필연적으로(ex necessitate) 생겨난다고 말할 수 있다. 셋째, 어떤 미래사는 원인 안에 가능태로 존재하고, 또 능동인으로서 원인 안에 존재하지만, 이 능동인이 결과의 산출에 있어 방해를 받을 수 있는 원인일 수 있다. 이에 따라 이러한 미래사는 필연적으로 일어나지 않고, 많은 경우에(ut in pluribus) 발생할 수 있다.

이제 토마스는 이 세 가지 방식으로 원인 안에 존재하는 미래사는 각기 다른 방식으로 인식될 수 있다고 말한다. 위에서 말했듯이, 모든 것은 현실태에 있는 한 인식될 수 있고, 가능태에 있는 한 인식되지 않는다. 따라서 존재와 비존재에 대해 모두 열려 있는 미래사는(첫 번째 방식) 원인 안에 있는 한에서 확정적으로(determinate) 미리 인식될 수 없고, 오직 선언의 방식으로(sub disiunctione), 즉 '[그것은] 존재하게 될 것이거나 또는 존재하게 되지 않을 것이다'로만 인식될 수 있다. 한편 원인으로부터 필연적으로 생겨나는 것으로서 원인 안에 있는 미래사는(두 번째 방식) 인간에 의해서도 확실성 있게 원인 안에서 인식될 수 있고, 악령이나 천사에 의해서는 더 확실하게 원인 안에서 인식될 수 있다. 자연적 원인의 힘은 인간보다는 천사에게 더 잘 알려지기 때문이다. 그러나 많은 경우에 발생하는 미래사는(세 번째 방식) 원인 안에서 전적인 확실성을 통해서 인식되지 않고, 오직 추측을 통해서(per coniecturalem cognitionem) 인식될 수 있다. 그런데 선한 천사나 악한 천사는 이러한 미래사를 원인 안에서 인간보다 더 확실하게 인식할 수 있다.

그러나 토마스에 따르면 어떤 방식으로 인식하든 간에, 원인 안에서 미래사를 인식하는 것은 원인의 결과에 대한 '현재적' 경향성(praesens inclinatio causae ad effectum)을 인식하는 것일 뿐이다. 그러므로 이러한 인식은 결코 본래적 의미에서 미래를 인식하는 것이 아니라, 현재를 인식하는 것이라고 말할 수 있다. 그러므로 본래적 의미에서 미래사에 대한 인식은 오직 신의 몫일 뿐이다. 따라서 토마스는 악령은 미래사를 미래사로서 인식할 수 없다고 말한다.

3. 마음 안에 있는 생각의 인식[331]

(1) 표지(기호)를 통한 내적 생각의 인식

사람의 생각은 마음 안에 감춰져 있는 또는 감출 수 있는 것으로 여겨진다. 그래서 밖으로 표현하지 않으면 다른 사람의 생각을 알 수 없고, 그로 인해 소통의 단절과 오해가 발생하기도 한다. 그런데 인간보다 높은 존재자로 규정된 악령이 인간의 마음 안에 감춰진 생각을 알 수 있을까? 토마스는 이 문제에 대해 먼저 아우구스티누스를 인용하면서 자신의 논지를 펼쳐간다. 그에 따르면 아우구스티누스는『축자적 창세기 주해』에서 악령들이 인간의 생각을(cogitationes hominum) 어떤 식으로든 인식할 수 있다는 것을 보여주는 분명한 표지가 있다고 말하였다.

그런데 토마스에 따르면 생각은 두 가지 방식으로 인식될 수 있다. 하나는 어떤 사람이 자기 생각을 인식하는 경우처럼 생각을 그 자체로

331 De malo, q. 16, a. 8: "악령은 마음의 생각을 인식하는가?(utrum Daemones cognoscant cogitationes cordium)" 이에 대해서는 Therese Scarpelli Cory, "Attention, intentionality, and mind-reading in Aquinas's De malo, q. 16, a. 8", 참조.

(in seipsis) 인식하는 것이고, 다른 하나는 어떤 신체적 기호를 통해(per aliqua corporalia signa) 인식하는 것이다.

토마스는 이 가운데 두 번째 방식을 먼저 설명한다. 그런데 그에 의하면 이 신체적 기호를 통한 생각의 인식은 사람의 내적 생각이 특정한 정념으로 연결될 때 분명하게 나타난다. 사람이 어떤 정념에 강하게 빠지게 되면 외적으로 표지가 나타나게 된다. 예를 들어 심하게 겁을 먹은 사람이 새파랗게 질리거나, 소심한 사람이 얼굴이 빨갛게 되는 경우를 볼 수 있다. 이러한 표지는 눈치가 없는 사람도 쉽게 알아챌 수 있다. 그렇지만 노련한 의사는 심지어 정념이 약하더라도 맥박을 통해서 지각되는 심장의 변화를 통해서 포착할 수 있다. 토마스에 따르면 악령들은 이렇게 내적 외적 신체의 표지들을 통해서 속 생각을 읽어내는 일을 사람보다 훨씬 더 잘할 수 있다고 한다. 따라서 토마스는 악령이 이러한 방식, 즉 신체로 나타나는 표지나 기호를 통해서 사람의 내적인 생각을 인식할 수 있다고 주장한다.[332]

(2) 생각 그 자체의 인식

1) 상의 측면에서 내적 생각 그 자체의 인식

그러나 토마스는 악령이 이러한 방식으로 '생각을 그 자체로'(cogitationes in seipsas) '볼'(videre) 수 있는지는 알기 어려운 문제라고 – 역

332 토마스는 악령은 영혼이 어떤 표지를 몸으로 보였을 때, 소리로 표출된 인간의 기질 상태(dispositiones) 뿐 아니라, 사유로 파악된(cogitatione conceptas) 기질 상태도 아주 쉽게 안다고 한 아우구스티누스의 말을 덧붙인다.

시 아우구스티누스를[333] 인용하면서 - 말한다. 토마스는 이 어려운 문제를 탐구하기 위해서는 사유 안에 있는 두 가지 요소에 주목해야 한다고 말한다. 스콜라철학의 인식론은 사유를 '상'(species)과 '상의 사용'(usus speciei)으로 설명한다. 이에 따르면 상은 '그것을 통해서 어떤 것이 인식되는 수단이나 원리'와 같은 것이고, 그것을 '사용'하는 것이 바로 사유(cogitare) 또는 지성적 인식(intelligere)이다. '사용'은 영혼의 능력이나 습성을 작용으로 '적용'(applicare)하는 것을 가리키기 때문이다.[334] 인간의 사유와 관련된 문제를 다루기 위해서는 바로 이 두 요소에 주목해야 한다는 것이다. 그런데 오직 신만이 형상과 존재가 다르지 않듯이, 신만이 '인식된 상'과 '인식 작용'이 다르지 않다. 신에게는 인식 작용 자체가 바로 인식하는 주체 자신이기 때문이다. 반면에 신을 제외한 피조물은 인식하는 주체와 인식 작용, 그리고 인식 작용의 수단(원리)인 상이 구별된다.

가지상(species intelligibilis)과 관련해서 토마스는 먼저 모든 지성은 자기에 대해 상위에 있는 지성(intellectus superior)의 가지상과 하위에 있는 지성(intellectus inferior)의 가지상에 대해 각기 다른 방식으로 관계를 갖는다는 점에 유의해야 한다고 말한다. 상위지성의 가지상은 보다 보편적인 것이고,[335] 따라서 하위지성의 가지상을 통해서는 파악될 수 없

333 여기에서 토마스는 아우구스티누스가 이 문제를 해결하지 않고 남겨두었다고 말한다. 토마스가 전하는 바, 아우구스티누스에 따르면 악령이 어떤 경험을 통해 생각을 인식하는 것은 분명하지만, 생각하는 사람의 몸을 통해 악령에게 지각 가능한 어떤 표지가 주어지는 것인지, 아니면 악령이 어떤 또 다른 영적 능력으로 사람의 생각을 아는 것인지 알기에는 이 문제가 너무 어렵거나 아니면 전적으로 해결할 수 없는 문제라고 하였다.

334 Summa Theologiae, Ia–IIae, q. 16, a. 1co. 참조.

335 토마스에 따르면 상위의 지성은 더 보편적인 상을 가지고 인식하기 때문에, 하

기 때문이다. 따라서 하위지성은 상위지성의 가지상을 완전하게 인식할 수 없다. 그러나 상위지성은 '하위지성 안에 있는 것'을 '보다 특수한 것'(magis particulares)으로서 완전하게 인식할 수 있고, 더 보편적인 가지상에 따라서 '하위지성 안에 있는 것'에 대한 판단을 내릴 수 있다.[336]

스콜라철학의 존재론적 위계에 따르면 순수정신적 존재인 천사 또는 악령이 인간보다 더 높은, 상위의 지성이라는 것은 분명하다. 따라서 토마스에 따르면 본성의 질서에서 인간의 지성보다 상위에 있는 천사의 지성은, 악한 천사이든 선한 천사이든, 우리 영혼 안에 존재하는 상을 인식할 수 있다.[337]

2) '상의 사용'의 측면에서 내적 생각 그 자체의 인식

그러나 상의 사용의 경우에는 사정이 다르다. 왜냐하면 '사용'(usus)은 지성이 아니라 의지의 작용이기 때문이다. 능력이나 습성의 사용, 즉 능력이나 습성의 작용(actus)은 그것의 선(bonum)이며, 선은 의지의

위지성보다 더 적은 인식의 원리를 통해서 더 많은 것을 인식할 수 있다.

336 예를 들어 '동물'에 대한 상과 '말'에 대한 상이 있다고 생각해 보자. 동물의 상은 말의 상보다 더 보편적이고, 말의 상을 자신 안에 포함하고 있다. 반면에 말의 상은 동물의 상을 포함하고 있지 않다. 따라서 말의 상을 통해서 동물을 인식할 수 없다. 그러나 동물의 상은 말을 포함하고 있는 한에서, 동물의 상을 통해서 말을 동물보다 더 특수한 것(동물의 특수한 종류)으로 파악할 수 있고, 이에 대한 명제(판단)를 구성할 수 있다.

337 그런데 '상'은 인식 대상이 아니라, 인식의 원리 또는 시작이다(Summa Theologiae, Ia, q. 85, a. 2co. 참조). 이것을 통해서 실제로 사유가 일어날 뿐이다. 따라서 인간의 지성(가능 지성) 안에 이런, 저러한 종류의 '상', 예를 들어 '말'에 대한 상이 있다는 것은 인간 지성이 '말에 대한 사유'를 할 수 있는 '능력' 또는 '가능성'이 있다는 것만을 의미한다. 말에 대해 '실제로 사유'를 하고 있는지 또는 '어떤 사유'를 하고 있는지 아는 것을 의미하지 않는다. 그런 의미에서 '상'의 인식은 인간의 '사유(생각)' 자체에 대한 인식이 아니다. 사유 자체는 '상의 사용'을 통해 이루어진다.

대상이기 때문이다. 따라서 실제 사유(actualis cogitatio)를 가리키는 상의 사용(usus specierum intelligibilium)은 의지에 달려 있다. 우리는 '우리 안에 습성적으로 존재하는 상'(species habitualiter in nobis existentes)[338]을, 그것을 사용하기를 의지(意志)할 때, 사용하기 때문이다. 이러한 맥락에서 토마스는 아베로에스를 인용하면서 '습성은 사람들이 의지할 때마다 사용하는 것'이라고 말한다.

이제 문제는 악령이나 천사가 과연 우리의 의지 운동을 알아차릴 수 있는가이다. 토마스는 인간의 의지 운동은 사물의 최고 질서(summus ordo)인 최고선(summum bonum)에 의존한다고 말하고 있다. 그 근거는 의지는 자신의 본래적(고유한) 대상으로서 어떤 특수한(개별적) 선이 아니라 보편적 선(bonum universale)에 관계하는데, 이 보편적 선의 뿌리가 바로 최고선이라는 데 있다. 토마스는 이 최고선을 플라톤이나 아리스토텔레스는 '최고 원인'(altissima causa)라고 불렀다고 덧붙인다. 그런데 그에 의하면 하위 원인은 '상위 원인의 질서 아래에 놓여있는 것'을 인식할 수 없다. 상위 원인 자체와 상위 원인에 의해 움직여지는 것만이 '상위 원인의 질서 아래에 있는 것'을 인식할 수 있다는 것이다. 이것을 토마스는 왕으로부터 직접 명령을 받는 시민의 예를 들어 설명한다. 왕으로부터 직접 명령을 받는 시민은 비록 관료에게 복종하는 위치에 있지만, 그 관료도 왕이 시민에게 직접 내린 명령이 무엇인지 알 수 없다. 오직 명령을 내리는 왕과 왕의 명령을 직접 받은 시민만이 명

338 토마스는 상을 지성 안에 '습성적으로 존재한다'고 파악하고 있다. 이러한 점에서 상은 지성 안에 '대상적으로', - 토마스의 용어로는 '인식된 것으로서'(ut intellectum) 존재하는 개념(conceptus)과는 다르다. De potentia, q. 9, a. 5co. 참조.

령의 내용을 알 수 있을 뿐이다.

그런데 토마스의 주장에 의하면 인간의 의지는 오직 신에 의해서만 내적으로 움직여질 수 있다. 따라서 의지 운동 및 의지적 사유(즉, 상의 사용)의 운동은 신의 명령(질서)에 직접 예속되어 있다. 그런 한에서 의지는 오직 신에 의해서만 내적으로 움직여질 수 있다. 따라서 토마스는 악령도 어떤 다른 존재자도 상의 사용이라는 의미의 사람의 '내적 생각'을 인식할 수 없고, 오직 신, 그리고 의지하고 사유하는 인간만이 그것을 알 수 있다고 주장한다.

제4장

악령의 능력과 그것이 인간 및 하위 존재자에 미치는 영향

토마스는 악령과 관련된 마지막 주제로서 악령이 인간을 포함한 하위 존재자에게 미칠 수 있는 영향에 대해 고찰한다. 어떤 의미에서 바로 앞에서 다뤄진 '인간 마음의 인식'도 포괄적으로 악령의 영향력으로 볼 수 있는 여지가 있다. 그러나 이 부분에서 토마스는 특히 물체에 미치는 악령의 영향에 주목하고 있다. 이러한 것에 대한 고찰을 통해서 악령이 인간에게 영향을 미칠 수 있는지, 있다면 어떤 방식으로 영향을 미칠 수 있는지 살펴보고자 하는 의도로 보인다. 이와 관련하여 이미 악령이 설득의 방식으로 인간에게 죄의 기회원인이 된다고 말했을 때 부분적으로 논의된 바 있다.[339] 그런데 토마스는 제9절 이후의 문제를

339 Cory는 제3문제와 제16문제 사이의 유기적 연결이 없다는 것이 제16문제가 독립된 논고라는 간접 증거가 된다고 보았다(Therese Scarpelli Cory, "Attention, intentionality, and mind-reading in Aquinas's De malo, q. 16, a. 8", p. 167 각주

스콜라철학의 자연학에 바탕을 두고 답하고 있는데, 사실 이러한 자연학적 지식은 현대의 자연과학적 지식과 부합하지 않는 면이 적지 않다. 그러므로 이와 관련된 토마스의 논증들을 상세히 따라가기보다는 간략하게 요약적으로 토마스의 결론을 전달하는 것으로 만족할 수밖에 없는 경우가 적지 않다는 것을 미리 밝힌다.

1. 물체의 변형[340]

토마스는 첫 물음으로 악령이 물체의 형상을 변화시킴으로써 물체를 변화시킬 수 있는지 묻는다. 즉 영적인 실체들이 하위의 물체들을 변형시킬 수 있는지 묻고 있다.

이 문제의 해결은 세계의 질서에 대한 이해에 달려 있다. 토마스는 신에 의해 창조된 것들 간에는 질서가 있고, 세계의 선(bonum universi)은 곧 질서의 선(bonum ordinis)이라는 아우구스티누스의 말을 받아들인다. 그런데 토마스에 따르면 이 질서는 신에 의해 산출된 모든 피조물이 복종하는 것이지만, 신 자신은 이 질서의 원인으로서 이 질서에 앞서 있으며, 이 질서에 복종하지 않는다고 한다.

토마스는 모든 것은 형상을 통해서 자신의 고유한 작용을 한다고 말한다. 그러므로 이 사물의 질서는 형상의 탁월성의 관점에서뿐만 아

3 참조).

340 De malo, q. 16, a. 9: "악령은 물체를 변형시킬 수 있는가?(utrum Daemones possint transmutare corpora)"

니라, 결과적으로 작용과 운동의 관점에서도 관찰할 수 있다. 즉, 사물은 형상이 섬세할수록(subtilior) 그만큼 더 높은 작용을 한다. 그런 이유로 토마스는 디오니시우스를 인용하면서 가장 낮은 것(infimum)은 중간의 것(medium)을 통해서 가장 높은 것(supremum)에 의해 움직여지게 된다고 말한다. 이러한 질서 관계는 '작용을 받는 것(피동자)'과 '작용을 하는 것(작용자)' 사이의 필연적 비례관계에도 적용된다. 존재자 가운데 가장 높은 것은 가장 보편적인 능력이 있는데, 가장 낮은 등급의 피동자는 이 보편적 작용영향을 직접 받아들일 수 없고, 특수하고 제한된 중간 능력을 통해서만 보편적 작용영향을 받아들일 수 있기 때문이다.

토마스는 이것을 물체의 질서에서 확인할 수 있다고 말한다. 토마스에 따르면 천체는 인간 및 어떤 다른 '완전한' 동물의 출산 원리지만, 그것들에 직접 작용하는 대신 정자 안에 있는 특수한 힘을 매개로 작용하기 때문이다. 물론 이러한 자연학적 이해에 따르면 어떤 불완전한 동물은 정자 없이 천체의 힘만으로 산출될 수 있다고 한다. 그런데 어떤 결과가 작용자에 의해서 '강하게' 산출되려면 작용자가 결과에 가까이 있을 필요가 있다. 우리는 멀리 떨어져 있는 작용자로부터 약한 결과가 산출되는 것을 경험할 수 있다. 예를 들어 불은 멀리 떨어져 있더라도 어떤 물체를 따듯하게 만들 수는 있지만, 그 물체를 불붙이려면 그것에 가까이 있어야만 한다. 멀리 떨어져 있는 물체에 불을 붙이려면 그 불을 전달하는 매체가 필요하다.

토마스에 따르면 신이 아닌 다른 어떤 상위의 원인이 물체에 작용하는 방식도 이와 같다는 것이다. 위에서 말한 것처럼 완전한 동물의 산출은 동물에 고유한 힘을 매개로 천체로부터 야기되지만, 불완전한 동물의 산출은 매개 없이도 직접 일어날 수 있다. 또는 멀리 떨어져 있는 불이 불을 전달해주는 매개가 없으면 불을 붙이지 못하고 단지 열기만을 전할 수 있는 것과 같다. 그런데 천사는 존재자의 위계에서 천체보다 높은 위치에 있다고 한다. 따라서 천사가 직접 물체들을 형상적으로 변형시킬 수는 없을 것이다. 이에 따라 토마스는 영적 존재자는 자기들이 변형하려는 것 또는 산출하려는 결과에 비례하는 어떤 물체적 작용인(작용자)의 도움을 통해서 간접적으로만 그러한 작용을 할 수 있다고 생각했다.

2. 물체의 장소이동[341]

토마스는 다음 문제로 악령들이 물체의 장소 운동을 일으킬 수 있는지 묻는다. 그는 이 문제를 다루기 위해서는 작용 능력의 작용과 관련하여 사물의 질서를 고찰해야만 한다고 말한다. 여기에서 분명히 아리스토텔레스 자연학의 영향이 두드러지게 나타나는 것으로 보인다. 그런데 작용 능력의 작용에 있어서 사물의 질서는 사물의 본성에 따라서 뿐만 아니라, 운동의 관점에서도 주목할 수 있다. 운동 간에도 질서가 있기 때문이다. 토마스에 따르면 운동 간의 질서는 두 가지 관점에서 고찰될 수 있다고 한다.

첫째, 운동의 본래적 규정성에 따라(secundum propriam rationem) 고

341 De malo, q. 16, a. 10: "악령은 물체를 장소적으로 움직일 수 있는가?(utrum Daemones possint movere corpora localiter)"

찰할 수 있다는 것이다. 이러한 관점에서 장소 운동은 다른 운동들과 이중의 관계를 갖는다. 하나는 장소 운동이 운동 중에서 첫 번째 운동(primus motuum)이라는 점에서 다른 운동들과 관계를 갖고, 다른 하나는 장소 운동은 가동적인 것(mobile)에 최소한의 변화만 일으킨다는 점에서 다른 운동과 비교된다. 다른 운동들은 사물을 내적으로, 즉 질이나 양 또는 실체적으로 변화시키는데 반해, 장소 운동은 사물들을 외적으로만, 즉 장소의 변화만을 일으키기 때문이다.

그런데 토마스는 물체들은 다른 운동보다 장소 운동을 통해서 영적 실체에 의해 움직여지는 것이 적절하다고 말한다. 그 이유는 첫째, 후차적인 것은 선차적인 것을 매개로 완전해지기 때문이다. 이러한 점에서 영적 실체는 첫 번째 운동인 장소 운동을 매개로 다른 운동(변화)을 일으킨다고 할 수 있다. 두 번째 이유는 멀리 떨어져 있는 작용자는 직접적으로 약한 결과밖에는 산출할 수 없기 때문이다. 즉, 멀리 떨어져 있는 작용자인 영적 실체는 장소 운동이 일으킬 수 있는 아주 작은 물체의 변화만을 직접적으로 산출할 수 있을 뿐이고, 다른 운동이 일으킬 수 있는 더 큰 변화들은 산출할 수 없다는 것이다.

둘째, 운동 간의 질서를 '움직여지는 것(가동적인 것)의 질서'에 따라 고찰할 수 있다는 것이다. 예를 들어 이 질서에 따르면 천구의 운동은 원소의 운동보다 앞선다. 이러한 질서에 따라 상위의 영적 실체가 상위의 물체를 움직이는 것이 적절하다. 이에 따라 상위의 영적 실체가 상위의 천체를 움직이듯이, 악령과 같은 하위 영적 실체도 하위 물체를 장소적으로 움직일 수 있다고 볼 수 있다는 것이다.

그런데 악령이 어떻게 이렇게 하위 물체를 움직일 수 있는 능력을 갖게 되었는지에 관해서는 여러 가지 의견이 있다고 토마스는 말한다. 즉 본성의 조건으로부터 갖게 되었다는 견해, 또는 죄의 형벌로부터 갖게 되었다는 견해가 있다. 토마스에 따르면 전자는 악령은 신이 천체의 질서를 관장하도록 위임한 천사 중의 하나일 뿐이고 최고 천사 중의 하나는 아니라고 말하는 학자들의 의견이고, 후자는 그레고리우스의 견해로서 그는 악령은 죄로 인해 벌을 받아 타락한 최고 천사 중 하나라는 견해를 피력하였다고 한다.

3. 감각적 인식에 미치는 영향[342]

(1) 실재하지 않는 사물의 감각적 현전 가능성

토마스는 악령론의 마지막 두 문제에서 악령이 인간의 인식에 미칠 수 있는 영향에 대해 고찰한다. 이에 대한 첫 번째 문제로 제11절에서는 감각적 인식에 대한 영향 및 영향의 방식에 대해서 고찰한다. 이와 관련하여 토마스는 악령이 실제로 존재하지 않는 사물에 대한 감각 지각이 일어나도록 영향을 미칠 수 있는지, 미칠 수 있다면 그것이 어떻게 일어나는지 묻는다. 이 문제는 바로 앞에서 다룬 물체의 장소이동에 미치는 영향에 대한 논의를 바탕에 깔고 있으며, 또한 감각 지각에 대한 이론이 아울러 전제되고 있다.

342 De malo, q. 16, a. 11: "악령은 감각적 인식능력에 영향을 미칠 수 있는가?(utrum possint immutare vim cognoscitivam sensus)"

먼저 토마스는 악령이 어떤 사물이 인간에게 감각 가능한 것으로 나타나게 하는 작용을 한다는 것이 경험적으로 명확하고 또 이에 대한 명확한 지표들이 있다고 주장한다. 이러한 현상은 악령이 어떤 때에 인간의 감각 앞에, '자연에 의해 형성되어 미리 존재하고 있는 것'이거나, 또는 '악령이 종자적 원인을 이용하여 스스로 형성한 외적 물체'를 현전시킴으로써 생겨난다고 한다. 토마스는 이에 대해서는 의심의 여지가 없다고 말한다. 인간의 감각 지각이 감각 가능한 물체의 현전에 의해 영향을 받는 것은 자연적인 일이기 때문이다. 우리의 감각은, 예컨대 시각은 사물이 앞에 놓여있을 때 시각 작용을 하지만, 즉 그 사물을 보지만, 사물이 없을 때는 볼 수 없다는 것은 분명하다.

그런데 문제가 되는 것은 악령이 실제로 존재하지 않는 사물이 인간에게 나타나게 하는 경우이다. 토마스는 때때로 악령이 실제로 존재하지 않는 사물이 인간에게 나타나게 할 수 있다고 말한다. 그러나 '어떻게 일어나는지(qualiter fieri possit)' 의문이라고 말한다. 토마스는 바로 이 문제를 감각에 대한 악령의 영향이라는 맥락에서 이 절에서 다루고 있다.

토마스는 이 문제를 아우구스티누스의 견해를 소개하면서 다루기 시작한다. 그에 따르면 아우구스티누스는 『축자적 창세기 주해』에서 실제로 존재하지 않는 사물이 감각에 현전하는, 가능한 세 가지 방식을 상정하였다. 이것에 대해 직접 설명하기 전에 토마스는 아우구스티누스가 이 문제를 다루는 맥락을 먼저 살펴본다. 그의 파악에 의하면 아우구스티누스는 어떤 사람들은 '인간 영혼 안에' 예언의 능력이 있다는 견해를 가졌다고 주장했다. 그는 이러한 견해는 인간 영혼이 이데아의 분유를 통해서 모든 것에 대한 인식을 소유하고 있다는 플라톤의 견해와 맥을 같이한다고 보고 있다. 그런데 아우구스티누스는 이러한 주장의 타당성을 의심하였다고 한다. 만일 영혼이 '자기의 능력 안에' 예언능력이 있다면, 인간은 원할 때마다 항상 예언을 할 수 있어야 하는데, 이것은 명백히 잘못된 의견이라는 것이다. 따라서 인간은 예언할 수 있기 위해서 어떤 외적인 것, 그것도 물체가 아니라 영적 실체(spiritus)의 도움을 받을 필요가 있다는 결론이 남는다고 한다. 이제 아우구스티누스는, 토마스의 설명에 따르면, 그렇다면 어떤 방식으로 영적 실체는 영혼이 어떤 것을 지각하도록 도움을 줄 수 있는가를 묻고, 이에 대해서 세 가지 가능성을 언급했다고 한다.

첫째, 육체가 어떤 것(aliquid)을 가지고 있는데, 이것이 영혼을 고양시켜, 영혼 안에 이미 존재하고 있지만, 아직 지각되지 않았던 어떤 '지시하는 유사상'(significantes similitudines)을 볼 수 있는 상태에 이르게 한다는 것이다. 이는 마치 기억 안에 많은 것이 직관되지 않은 채 담겨 있는 것과 비교할 수 있다. 둘째 가능성은 영혼 안에 [이미 존재하고 있던 것이 아니라] 과거에는 존재하지 않았던 유사상이 [영적 실체에 의해 영혼 안에] 산출될 수도 있다는 것이며, 셋째 가능성은 유사상이 어떤 영적 실체 안에 있고, 영혼이 자신의 한계로부터 벗어나 영적 실체로 고양되어, 그 안에서 유사상을 보게 될 수 있다는 것이다.

(2) 물체의 장소이동을 통한 감각 지각에 대한 영향

위 세 가지 가능성 가운데 토마스는 먼저 세 번째 가능성은 전적으로 불가능하다고 말한다. 인간 영혼은 현재의 삶의 조건에서는 영적이고 비물체적 실체의 본질을 볼 수 있도록 고양될 수 없기 때문이다. 현재의 삶의 조건에서 인간은 감각적 표상(phantasma) 없이는 인식할 수 없는데, 문제는 감각적 표상을 통해서는 영적 실체의 본질을 인식할 수 없다는 데 있다. 하물며 영적 실체의 정신 안에 있는 가지상에 대한 통찰을 갖는 것은 더더욱 불가능하다. 오직 인간 안에 있는 영(spiritus)만이 인간에게 속하는 것, 그리고 인간 영혼의 지성적 인식에 속하는 것을 알 수 있을 뿐이다. 따라서 분명한 것은 인간의 감각 표상적 관조이든 또는 감각적 직관이든 – 그것이 감각적인 능력의 작용인 한에서 –, 그것은 가지적 존재자인 영적 실체나 영적 실체 안에 있는 가지상을 지각할 수 있도록 고양될 수는 없다는 것이다.

따라서 토마스에 따르면 아우구스티누스가 영혼이 자기 자신 안에서 [영적 실체의 가지상을] 보는지, 아니면 다른 영과의 '결합'(commixtio)을 통해서 보는지는 불분명하다고 덧붙였을 때, 이 '결합'은 영혼이 영적 실체를 봄으로써 있는 것이 아니라, 영적 실체가 영혼에 대해 어떤 작용을 함으로써 있다고 이해해야만 한다. 그러므로 '결합'은 영적 실체의 작용영향으로 이해해야지, 영적 실체 자체 또는 영적 실체 안에 있는 어떤 것으로 이해할 수 없다는 것이다. 이에 따라 인간 영혼이 영적 실체와 실체적으로 결합하여, 이 영적 실체 안에 있는 가지상을 볼 수 있다는 주장은 배제될 수밖에 없다.

마찬가지로 두 번째 가능성, 즉 이전에는 존재하지 않던 유사상이 영혼 안에 새로이 생겨남으로써 실제로 존재하지 않는 사물의 감각적 지각이 일어난다는 가능성도 배제된다. 악령은 새로운 형상들을 물체 안에 주입할 수 없기 때문이다. 그러므로 악령은 새로운 형상을 감각과 감각적 표상 안으로도 주입할 수 없다. 감각이나 감각적 표상은 신체기관 없이는 어떤 것도 수용할 수 없기 때문이다.

따라서 세 선택지 중에서 첫 번째 선택지만 남게 된다. 즉, 육체 안에 어떤 것이 미리 존재하여, 영과 체액의 장소적 변화를 통해서 어떤 변화가 감각기관의 원리(원천)에 일어나고, 그 결과 영혼이 감각적 직관이나 감각적 표상의 직관을 통해서 [실제로 존재하지 않는] 사물을 보게 된다는 것이다. 앞 절에서 밝혀졌듯이 악령들은 물체의 장소 운동을 일으킬 수 있다고 말하였기 때문에 이러한 작용은 가능해 보인다고 토마스는 말한다. 그런데 자연의 작용에서도 영과 체액의 장소 변화로부터 어떤 것이 상상(감각적 표상)이나 감각에 의해 지각되곤 한다. 이러한 이론은 아리스토텔레스가 꿈의 현상을 설명하면서 체액의 변화와 운동을 근거로 도입한데서도 설득력이 있는 것으로 여겨진다. 토마스의 설명에 따르면 『잠과 꿈에서』에서 아리스토텔레스는 꿈의 원인을 지정하면서 동물이 잠을 잘 때, 많은 혈액이 감각 원리로 내려가게 된다고 말하였다. 그리고 이와 동시에 감각 가능한 것(sensibilia)의 운동으로부터 남겨져, 감각적 증기 안에 보존되어 있던 운동과 인상도 감각 원리로 함께 내려가서 파악 원리를 움직이게 된다. 이렇게 하여 감각 원리가 마치 외적 사물에 의해 움직여진 것처럼, 어떤 사물이 감각에 현전하게 된다는 것이다.[343] 토마스의 설명에 의하면 물체의 장소이동을 일으킬 수 있는 악령은 이러한 방식으로 잠을 자는 사람들뿐만 아니라 깨어 있는 사람들의 상상력과 감각을 움직일 수 있다고 한다. 이러한 영향에

343 이에 대해서는 De malo, q. 3, a. 4 부설 참조.

대한 고찰은 악행의 외적 원인에서 살펴보았듯이, 인간의 악한 행위의 원인에 대한 고찰에 있어서 중요한 역할을 하였다.

4. 인간 지성에 대한 악령의 영향[344]

앞 절에서 토마스는 장소이동을 통한 체액의 변화를 통해서 악령들이 감각에 영향을 미칠 수 있다고 하였다. 이제 그는 악령론의 마지막 문제로 악령이 지성에도 영향을 미칠 수 있는지 묻는다. 이와 관련하여 토마스는 악령의 작용은 두 가지 관점에서 고찰할 수 있다고 말한다. 첫째, 악령의 고유한 본성의 능력의 관점에서(ex virtute propriae naturae) 악령이 할 수 있는 것이 무엇인지를 고찰해야만 한다는 것이고, 둘째, 악령의 의지의 악으로부터(ex malitia propriae voluntatis) 악령이 자기의 고유한 능력을 어떻게 사용하는지 고찰해야만 한다는 것이다.

토마스의 주장에 의하면 본성적 능력의 측면에서 악령이 할 수 있는 것은 선한 천사들이 할 수 있는 것과 같다. 악령이나 선한 천사는 모두 영적 존재자로서 동일한 본성을 소유하고 있기 때문이다. 그러나 의지의 측면에서는 큰 차이가 있다. 악령은 악한 의지를 갖고서(secundum malitiam voluntatis), 선한 천사는 선한 의지를 갖고서 작용을 하기 때문이다. 이에 따라 선한 천사는 사랑으로(카리타스로) 인간이 진리의 완전한 인식을 얻고 선을 얻도록 도움을 주는 반면, 악령은 진리의 완전한

344 De malo, q. 16, a. 12: "악령은 인간 지성에 영향을 미칠 수 있는가?(utrum possint immutare hominis intellectum)"

인식을 비롯한 다른 많은 선을 방해한다고 말할 수 있다.

선한 천사나 악령이 어떻게 지성 작용의 진리 인식에 도움을 주거나 방해할 수 있는지 이해하기 위해서는 인간의 지성 작용은 두 가지 관점에서, 다시 말해 가지적 빛(lumen intelligibile)과 가지상(species intelligibiles)의 관점에서 완전성에 이르게 된다는 것을 생각해야만 한다. 토마스는 '가지상'과 '가지적 빛'을 두 가지 지성 작용인 사물의 파악(apprehensio rerum)과 판단(iudicium)에 각각 대응하는 요소로 이해한다. 파악은, 말하자면, 사물의 본질에 대한 파악을 의미하고, 판단은 본질에 대한 파악을 토대로 사물에 여러 가지 속성이 속한다('S는 P이다')는 판단을 내리는 것을 의미한다. 여기에서 토마스는 인간 지성은 상(species)에 따라 사물을 파악하고, 가지적 빛에 따라 파악된 것에 대한 판단(iudicium de apprehensis)을 내린다고 주장한다. 그런데 그에 의하면 인간 영혼에는 자연(본성)의 질서에 따라 천사의 빛보다 열등한 위치에 있는 자연적 가지적 빛(lumen naturale intelligibile)이 내재해 있다. 그렇지만 열등한 위치의 인간 지성의 빛은 천사의 빛을 통해서 더 완전하게 판단할 수 있도록 강화될 수 있다. 그런데 토마스가 보기에 인간 지성의 빛을 강화하는 일을 선한 천사는 지향하지만, 악령은 지향하지 않는다. 그러므로 선한 천사는 이러한 방식으로 인간 영혼을 움직여서 진리를 인식하도록 도움을 주지만 악령들은 그렇게 하지 않는다는 것이다.

가지상의 측면에서도 선한 천사는 인간의 지성이 어떤 것을 인식하도록 움직일 수 있다. 그러나 천사는 가지상을 인간 지성 안에 주입하는 방식이 아니라, 어떤 외적 표지(signa exterius)를 제공함으로써, 인간 지성이 이 표지를 기회로 다른 어떤 것을 파악하도록 자극하는 방식으로 인간 지성을 움직인다. 사실 사람도 이러한 방식으로 다른 사람을 도울 수 있다. 그런데 선한 천사나 악령은 이러한 방식으로 지성을 움직이는 것을 넘어서서, 그렇게 하는 것이 어떤 가지적인 것을 파악하는 데 적합한 한에서, 어떤 특정한 방식으로 감각 표상(species imaginaria)을 내적으로 배열(disponere)하고 질서 지어 놓을 수도 있다.

그런데 토마스는 선한 천사는 인간의 선을 위해서 이러한 일을 하지만, 악령은 인간의 악을 위해서(ad hominis malum) 그러한 일을 한다고 생각한다. 악령은 죄의 작용 결과의 관점에서(quantum ad effectum peccati), 즉 인간이 자기가 파악한 것을 근거로 인간을 교만하게 만들거나, 또는 다른 죄를 짓도록 움직이기 위해서, 또는 진리 인식의 방해 관점에서, 즉 이미 파악한 것을 통해서 인간이 자기가 어떻게 해결해야 할지 모르는 문제에 대해서 의심을 하거나 오류에 빠지도록 함으로써 진리 인식을 방해한다는 점에서, 인간의 악을 위해 그러한 일을 한다는 것이다.

이상의 고찰과 함께 토마스의 악에 대한 토론이 종결된다.

나가며

나가며

무지에 대한 토마스의 고찰에 따르면 도덕적 악에 대한 지식은 우리가 '모르고 범하는 죄'를 막아준다. 무엇이 잘못인지 알지 못한다면 실제로 범한 잘못도 잘못인지 모르고 넘어가게 될 것이다. 잘못을 범하고서도 모르는 상태는 마치 병중에 있으면서도 알지 못하는 것과 같다. 건강을 유지하려면 우리 자신의 상태를 점검해 보는 것이 필요하다. 마찬가지로 우리가 모르고 범하는 잘못이 없는지도 살펴야 할 것이다. 우리가 "알아내지 못한 죄"일지라도 만일 알 수 있고 알아야만 하는 사실의 무지로 인한 것이라면 우리의 탓이 될 것이다. 이와 관련하여 토마스의 악과 죄종에 대한 고찰은 내용상으로 오늘날의 관점에서 동의하기 어려운 부분도 있겠지만, 우리가 악을 피하고 선을 행하기 위해 필요한 하나의 중요한 통찰을 제공할 수 있다.

그러나 악에 대한 지식은 선을 행하고 악을 피하기 위한 필요조건일 뿐이지 결코 충분한 조건이 될 수는 없다. 도덕적 행위는 토마스가 강조하듯이 실천이성과 의지로 이루어지기 때문이다. 우리는 너무나 자주 알면서도 잘못을 범한다. 의지 자체가 실천이성의 숙고, 판단과 명령을 따르지 않을 수 있기 때문이다. 그러나 무지로부터의, 정념으로부터의 해방이 실천이성에 의한 의지의 복종을 보장하는 것이 아니다. 오히려 의지 자체의 불완전하고 비뚤어진 성향이야말로 도덕적 악의 가장 중요한 요인일 것이다. 그러므로 이것은 육체와 영혼의 합성체인 인간에게만 일어나는 일이 아니다. 토마스에 따르면 심지어 육체가 없는 순수 지성적 존재자도 알아야 할 모든 것을 본성적으로 알고 있으면서도 의지의 교만으로 잘못을 범하고 악령이 되고 말았다.

그런 점에서 신이 아닌 모든 창조된 존재자는 악을 피하지 못할 운명에 처해 있는 것으로 보인다. 토마스는 선성을 결여할 수 있는 존재자가 있어야 세계가 완성되기 때문에, 선을 결여할 수 있는 존재자는 결국 언젠가는 선을 결여하게 된다고 말한다.[345] 우리가 겪게 되는 악이든 아니면 범하게 되는 악이든 인간은 본성상 악을 피할 수 없다는 말일 것이다. 토마스가 악의 원인을 설명하면서 강조하였듯이 우리 자신의 선과 완성을 추구하는 과정에서 비록 의도한 것은 아니라 할지라도 우리 행위가 다른 존재자에게 해가 될 수 있는 위험성에 노출되어 있다. 선의로 한 일이 나쁜 결과를 가져오는 일을 너무나 자주 목격한다.

의지의 지향을 완전히 선으로 고정시키고, 선 외에는 다른 것을 결코 의지(意志)하지 않을 수 없게 되기란 인간에게 본성적으로 불가능하다.[346] 신이 인간의 의지를 오직 선으로 굳게 묶어주어 결코 악을 의

345 Summa Theologiae, Ia, q. 48, a. 2co. 참조.

346 De veritate, q. 24, a. 7co. 참조.

지(意志)할 수 없게 되는 지복의 상태에서만, 영광의 상태에서(in statu gloriae)만 가능할 뿐이다.[347] 그러나 본성상 피할 수 없는 것이라 할지라도, 피할 수 없다고 체념하는 것도 본성에 어긋나는 일이다. 토마스가 강조하였듯이 악을 피할 수 있도록 초본성적 도움을 받을 수 있다는 것이 본성에 속하기 때문이다. 결국 우리에게 필요한 것은 악이 무엇인지, 도덕적 악이 무엇인지 살펴보고 그 지식에 맞게 행동하려는 의지를 본성을 넘어서는 도움을 통해 다지는 일이라 하겠다.

"Et ne nos inducas in tentationem, sed libera nos a malo. Amen"(우리를 유혹에 빠지지 않게 하시고 악에서 구하소서. 아멘)

347 De veritate, q. 24, a. 12co. 참조.

참고문헌

Thomas Aquinas, *Sancti Thomae Aquinatis Quaestiones Disputatae cum Quodlibetis* vol. I, Parma, 1856, pp. 219–424.

Thomas Aquinas, quaestiones disputatae de malo, in: *S. Thomae Aquinatis Doctoris Angelici Quaestiones Disputatae Volumen II.* Cura et studio P. Bazzi, M. Calcaterra, T.S. Centi, E. Odetto, P. M. Pession. Turin Rome: Marietti, 1953, pp. 437–699.

Thomas Aquinas, *Sancti Thomae de Aquino Quaestiones disputatae de malo*, Textum Taurini 1953 editum et automato translatum a Roberto Busa SJ in taenias magneticas denuo recognovit Enrique Alarcón atque instruxit. (www.corpusthomisticum.org)

Thomas Aquinas, S. Thomae Aquinatis Opera omnia iussu impensaque Leonis XIII P.M. edita, tomus 23: *Quaestiones disputatae De malo,* Rom/Paris 1982. (www.corpusthomisticum.org)

Thomas Aquinas, quaestiones disputatae de potentia, in: *S. Thomae Aquinatis Doctoris Angelici Quaestiones Disputatae Volumen II.* Cura et studio P. Bazzi, M. Calcaterra, T.S. Centi, E. Odetto, P. M. Pession. Turin Rome: Marietti, 1953, pp. 7–276.

Thomas Aquinas, *Quaestiones quodlibetales*, Cura et studio P. Fr. Raymundi Spiazzi, Turin: Marietti, 1956.

Thomas Aquinas, *Summa Theologiae*, I, II, III, Cura et studio Sac. Petri Caramello, Matietti, 1952ff.

Thomas Aquinas, *On Evil*, Translated by Richard Regan. Edited with an Introduction and Notes by Brian Davies, New York: Oxford University Press, 2003.

Aertsen, Jan, *Medieval Philosophy and the Transcendentals. The Case of Thomas Aquinas*, Leiden – New York – Köln: E. J. Brill, 1996.

Aertsen, Jan, "Thomas Aquinas on the Good: The Relation between

Metaphysics and Ethics", in: Scott MacDonald & Elenore Stump(ed.), *Aquinas's Moral Theory. Essays in Honor of Norman Kretzmann*, Ithaca & London: Cornell University Press, 2008, pp. 235 – 253.

Aertsen, Jan, *Medieval Philosophy as Transcendental Thought. From Philip the Chancellor (ca. 1225) to Francisco Suárez*, Leiden – Boston: Brill, 2012.

Barry, Robert J. *From Metaphysical to Moral Evil: Thomas Aquinas' Theory of Evil and Sin in the Disputed Questions De Malo, Questions One to Three,* Ann Arbor 1996(Boston College Dissertation).

Bradely, Denis J. M., "Thomas Aquinas on Weakness of the Will", in: Tobias Hoffmann(ed.), *Weakness of Will from Plato to the Present*, Washington D.C. 2008, pp. 82–114

Cook, Edward, *The Deficient Cause of Moral Evil According to Thomas Aquinas*, Washington, D.C. 1996.

De Young, Rebecca Konyndyk, "The promise and pitfalls of glory: Aquinas on the forgotten vice of vainglory", in: M. V. Dougherty(ed.), *Aquinas' Disputed Questions on Evil. A Critical Essay*, Cambridge: Cambridge University Press 2016, pp. 101–125.

Doolan, Gregory T., "Aquinas on the Demonstrability of Angels", in: Tobias Hoffmann(ed.), *A Companion to Angels in Medieval Philosophy,* ed. Tobias Hoffmann, Leiden · Boston: Brill, 2012, pp. 13–44.

Dougherty, M. V.(ed), *Aquinas's Disputed Questions on Evil. A Critical Guide*, Cambridge: Cambridge University Press, 2016.

Gallagher, David M., "Free Choice and Free Judgment in Thomas Aquinas", in: *Archiv für Geschichte der Philosophie* 76(1994), pp. 247–277.

Hödl, Ludwig, "Die metaphysische und ethische Negativität des Bösen in der Theologie des Thomas von Aquin", in: C. Colpe und W. Schmidt–Biggemann (hrsg.), *Das Böse. Eine historische Phänomenologie des Unerklärlichen*, Frankfurt am Main: Suhrkamp, 2016, pp. 137–164.

Gillette, Gertrude, *Four Faces of Anger. Seneca, Evagrius Ponticus, Cassian, and Augustine*, Lanham · Boulder · New York · Toronto · Plymouth:

University Press of America, 2010

Hoffmann, Tobias(ed.), *Weakness of Will from Plato to the Present*, Washington D.C.: CUA Press, 2008

Bonnie Kent, *Virtues of the Will. The Transformation of Ethics in the Late Thirteenth Century*, Washington D. C., 1995.

Kent, Bonnie and Dressel, Ashley, "Weakness and willful wrongdoing in Aquinas's De malo", in: M.V. Dougherty(ed.), *Aquinas's Disputed Questions on Evil*, Cambridge 2016, pp. 34–55.

Knasas, John F.X., *Aquinas and the Cry of Rachel. Thomistic Reflections on the Problem of Evil*, Washington D.C.: The Catholic University of America Press, 2013.

Kobusch, Theo, *Christliche Philosophie. Die Entdeckung der Subjektivität*, Darmstadt: WBG, 2006.

Jensen, Steven J., "Venial sin and the ultimate end", in: M. V. Dougherty(ed.), *Aquinas's Disputed Questions on Eveil. A Critical Guide*, Cambridge: Cambridge University Press 2016, pp. 75–100

Leonhardt, Rochus, *Glück als Vollendung des Menschseins. Die beatitudo-Lehre des Thomas von Aquin im Horizont des Eudämonismus-Problems,* Berlin · New York: Walter de Gruyter, 1998.

Maritain, Jacques, *Saint Thomas and the Problem of Evil*, translated by Gordon Andison, Milwaukee: Marquette University Press, 1942.

McCluskey, Collen, *Thomas Aquinas on Moral Wrongdoing*, Cambridge: Cambridge University Press, 2017.

Mühlum, Christoph, *Zum Wohl des Menschen, Glück. Gesetz, Gerechtigkeit und Gnade als Bausteine einer theologischen Ethik bei Thomas von Aquin,* Bonn: Berstein, 2009.

Osborne, Thomas M. Jr., "Practical Reasoning", in: Brian Davies, Elenore Stump (eds), *The Oxford Handbook of Aquinas*, New York: Oxford University Press, 2012, pp. 276–286.

Osborne, Thomas M. Jr., "The goodness and evil of objects and ends", In: M. V. Dougherty(ed.), *Aquinas's Disputed Questions on Evil. A Critical Guide*, Cambridge: Cambridge University Press, 2016, pp. 126–145.

Platon, *Res Publica*, Platonis Opera Tomus IV, Burnet (ed), Oxford, 1978.

Rahner, Karl. *Grundkurs des Glaubens, Einführung in den Begriff des Christentums*, Freiburg–Basel–Wien 1984(칼 라너, 『그리스도교 신앙 입문』, 이봉우 옮김, 왜관: 분도출판사, 1994).

Rohnheimer, Martin, *The Perspectice of Morality. Philosophical Foundations of Thomistic Virtue Ethics*, tr. Gerald Malsbary, Washington D.C.: Catholic University of America Press, 2011.

Saarinen, Risto, *Weakness of Will in Renaissance and Reformation Thought*, New York: Oxford, 2011.

Oeing–Hanhoff, Ludger, "Zur thomistischen Freiheitslehre", in: Theo Kobusch/Walter Jaeschke(hg.), *Metaphysik und Freiheit. Ausgewählte Abhandlungen,* München: Erich Wewel Verlag, 1988, pp. 262–283

O'Rourke, Fran, "Evil as privation: the Neoplatonic background to Aquinas's De malo, I", in: M. V. Dougherty(ed.), *Aquinas's Disputed Questions on Evil. A Critical Guide*, Cambridge: Cambridge University Press, 2016, pp. 192 – 221.

Schäfer, Christian, *Thomas von Aquins gründlichere Behandlung der Übel. Eine Auswahlinterpretation der Schrift De malo*, Berlin: Akademie Verlag, 2013.

Shanley, Brian J., O.P., "Divine Causation and Human Freedom in Aquinas", in: *American Catholic Philosophical Quarterly* 72(1998), pp. 99–122

Schockenhoff, Eberhard, "The Theological Virtue of Charity (IIa–IIae, qq. 23 – 46)", in: Stephen J. Pope (ed), *The Ethics of Aquinas*, Washington D.C.: Georgetown University Press, 2002, pp. 244 – 258.

Sweeney, Eileen C., "Aquinas on the Seven Deadly Sins: Tradition and Innovation", in: pp. Richard G. Newhauser and Susan J. Ridyard(ed.), *Sin in Medieval and Early Modern Culture. The Tradition of the Seven Deadly Sins*, Croydon: York Medieval Press, pp. 85–106.

Trottmann, Christian, *La Vision Béatifique. Des disputes scolastiques à sa définition par Benoît XII*, Rome: Ecole Française de Rome, 1995.

Welte, Bernhard, "Thomas von Aquin über das Böse", in: Bernhard Welte,

Gesammelte Schriften II/1. Denken in Begegnung mit den Denkern I; Meister Eckhart, Thomas von Aquin, Bonaventura, Eingeführt und bearbeitet von Markus Enders, Freiburg · Basel · Wien: Herder, 2007, pp. 246–261.

Wippel, John, "Metaphysical themes in De malo, I", in: M. V. Dougherty(ed.), *Aquinas's Disputed Questions on Evil. A Critical Guide,* Cambridge: Cambridge University Press, 2016, pp. 12–55.

자크 르 고프, 『연옥의 탄생』, 최애리 옮김, 서울: 문학과 지성사, 1995.

김율, 「성 토마스의 후기 저작에 나타난 의지와 지성의 작용통일성과 의지의 자유」, 『가톨릭철학』 7(2005), pp. 206–231.

조지 그라시아, 『스콜라철학에서의 개체화』, 이재룡 · 이재경 옮김, 서울: 가톨릭출판사, 2003.

박주영, 『악이란 무엇인가 – 토마스 아퀴나스 철학에서 악의 문제에 대한 연구–』, 서울: 누멘, 2012.

서병창, 「감정과 이성의 정치적 관계 – 토마스 아퀴나스를 중심으로」, 『가톨릭철학』 24(2015), pp. 73–106.

아리스토텔레스, 『니코마코스 윤리학』, 이창우 · 김재홍 · 강상진 옮김, 서울: 이제이북스, 2006.

아우구스티누스, 『선의 본성』, 성염 역주, 서울: 분도출판사, 2019.

아우구스티누스, 『신국론』, 4 vols., 성염 역주, 왜관: 분도출판사, 2004.

아우구스티누스, 『삼위일체론』, 성염 역주, 왜관: 분도출판사, 2015

레오 엘더스, 『토마스 아퀴나스의 형이상학』, 박승찬 옮김, 서울: 가톨릭출판사, 2003.

오유석, 「아우구스티누스의 감정론. – pathos, apatheia, propatheia, eupatheia를 중심으로–」, 『지중해지역연구』 19(2017), pp. 73–100.

이상섭, 「토마스 아퀴나스의 개념과 실재–토마스 '개념'론에 대한 하나의 해석」, 『동서철학연구』 27(2003), pp. 187–212.

이상섭, 「보편학으로서의 형이상학과 지성의 존재 – 아리스토텔레스 형이상학의 대상규정을 둘러싼 논쟁의 한 사례–」, 『중세철학』 9(2003), pp. 107–141.

이상섭, 「선한 사람(homo bonus), 복된 사람(homo beatus): 토마스 아퀴나스의 이상적 인간에 대한 연구 – 덕의 연결(connexio virtutum)이론을 중심으로 –」, 『철학논집』 38(2014), pp. 67-102.
이상섭, 「의지의 자유선택에 있어서 이성의 역할 – 토마스 아퀴나스에게서 의지와 이성의 관계에 대한 하나의 고찰」, 『철학연구』 145(2018), pp. 325-350.
이상섭, 「도미니코회 내의 아베로에스 행복론의 비판과 수용– 토마스 아퀴나스의 아베로에스 비판과 이에 대한 디트리히의 재비판을 중심으로–」, 『서양고전학연구』 45(2011), pp. 311-337.
장영란, 『아리스토텔레스의 인식론』, 서울: 서광사, 2000.
조규만, 『원죄론-인류의 연대성, 죄의 보편성』, 서울:가톨릭대학교 출판부, 2000.
앨버트 존슨, 스티브 툴민, 『결의론의 남용』, 권복규, 박인숙 옮김, 서울: 이화여자대학교 생명의료법연구소, 2011.

찾아보기

ㄱ

가욕구적인 것(appetibile) 7~9, 11, 13, 17, 24, 287, 298, 353, 393
감각의 벌(poena sensibilis=각고) 206~208
감각적 표상(phantasia) 263, 297, 383, 438, 439
결과(effectus) 88, 110, 125, 272, 293, 295
결여(privatio) 15, 44, 48, 63, 145
　선의 결여(privatio boni) 4, 14, 20, 27, 42, 64, 73, 103, 106
　순수한 결여(privatio pura) 99
　순수하지 않은 결여(privatio non pura) 99
경향성(inclinatio) 30, 50, 56, 127, 130, 132, 133, 169, 171, 222, 253, 278
교만(superbia) 280, 287, 289~297, 299~302

ㄷ

대죄(peccatum mortale) 96, 161~163, 179, 235~243, 250~253, 255
　유적으로 대죄(ex genere) 80, 240
등(을) 돌림(aversio) 119, 169, 190, 207, 208, 253, 263, 352

ㅁ

목적(finis) 8, 81
무지(ignorantia) 139~155, 144, 188
　극복할 수 없는 무지(ignorantia invincibilis) 143, 154, 155
　의도된 무지(의지된 무지, ignorantia voluntaria) 151
미색(luxuria) 287, 368~378
미움(odium) 321, 324, 339

ㅂ

벌(poena) 35, 183, 188, 269, 276
　감각의 벌(poena sensibilis=각고) 206
　상실의 벌(poena damni=실고) 206~208
부정(negatio) 6, 15, 35, 315
분노(ira) 157, 288, 333~347
불행위(omissio)의 죄 67

ㅅ

선(bonum) 7, 17, 72, 127, 224, 320, 324, 384, 400, 427
　결함있는 선(bonum deficiens) 28, 30, 32~34, 36, 118
　단적인 선[단적으로 선한 것] (bonum simpliciter) 35, 389, 391
　보편적 선(bonum universale) 9, 298, 428
　영혼의 선(bonum animae) 287
　외양적 선(apparens bonum) 324
　참된 선(vere bonum) 24, 324

특수한 선(bonum particulare) 5, 6, 9, 10, 11, 13, 16, 47, 224, 229, 230, 298, 327, 328, 391, 392
선택(electio) 163, 170
선택의 자유(libertas arbitrii) 410
소죄(peccatum veniale) 96, 244~279
성령 173~181
수단 17, 168, 227, 249, 267, 270, 294, 309, 352, 377, 409, 410
시기(invidia) 288, 314, 316~322
신(Deus) 383
신법(lex divina) 34, 58, 60, 98, 394

ㅇ

악(malum) 7, 34, 52, 64, 72, 304
벌의 악(malum poenae) 36, 147
죄책의 악(malum culpae) 36, 147
단적인 악(malum simpliciter) 45, 391, 392
특정한 관점에서 악(malum secundum quid) 45
악령(daemon) 115, 124~126, 129~138, 174, 299, 300, 378, 380~383, 385, 386~393, 395~404, 406, 407, 408, 412~420, 422, 423, 424, 425~431, 433~436, 438~442, 445
악행(peccatum)(=죄) 52~54, 123
악의(malitia) 166, 167, 170~173, 181,
완전성(perfectio) 17, 39, 72, 109, 204, 291
영광(gloria) 211
영적 태만(accidia) 288, 323~332
영혼의 허약함(infirmitas animae) 155, 157, 161,162, 164, 166, 170, 171
욕구(appetitus) 8, 287, 296, 320, 391
감각적 욕구(appetitus sensitivus) 298
자연적(본성적) 욕구(appetitus naturalis) 130, 222, 290
올바른 욕구(appetitus rectus) 291
원인(causa) 87
본질적 원인(causa per se) 24
우유적 원인(causa per accidens) 27
원정의(iustitia originalis) 85, 148, 185, 188, 389
원죄(peccatum originale) 37, 148, 182, 183, 188~190, 192~200, 203, 204, 206~212, 214
의지(voluntas)
의지적(voluntarius) 34, 40, 58~60, 149~151, 154, 155, 162~164, 166–168, 171
의지(意志)하다(velle) 24, 34, 216, 226
의지의 자유(libertas voluntatis) 34
은총(gratia) 109, 237
이성(ratio) 157, 197
이성 밖에 있음(esse praeter rationem) 75
인색(illiberalitas) 87, 351

ㅈ

자유로운 결단(선택)(liberum arbitrium) 123, 219, 407
작용(actio, actus) 262, 427
적용(applicatio) 262, 427
정념(passio) 42, 157, 159~166, 170
죄(peccatum) 52, 53, 54, 123
공동의 죄(peccatum commune) 188
현행의 죄(peccatum actuale) 38, 147, 148, 187, 188, 192, 198, 199, 201, 203, 207, 209, 210, 211, 269
죄과(罪科, reatus) 237, 253~277
죄종(peccatum capitale) 281~288
죄책(culpa) 34, 36, 70, 117, 118, 142
주체(subiectum) 44, 64, 245
악의 주체(subiectum mali) 5, 14~16, 19, 20, 21, 23, 52, 121, 399
존재(esse) 13, 15, 231, 422
존재자(ens) 4, 7, 12, 76, 224, 420
지성(intellectus) 384

ㅊ

철학함(philosophari) 336

ㅋ

카리타스(caritas) 48, 49, 104, 105, 176, 242~251, 253, 257, 271~279, 294, 317, 318, 327~361, 440
쾌락(delectatio) 25, 31~34, 330~331, 359~361, 364, 368~369

ㅌ

탐식(gula) 87, 287, 358~367
탐욕(avaritia) 287, 348~355

ㅎ

행위(actio, actus) 262, 427
내적 행위(actio interior) 254
외적 행위(actio exterior) 54, 222
의지적 행위(actio voluntaria) 162
헛된 영광(inanis gloria) 68, 287, 303~313
후한 인심(liberalitas) 350, 351